신약을 읽다

죠이선교회는 예수님을 첫째로(Jesus First)
이웃을 둘째로(Others Second)
나 자신을 마지막으로(You Third) 둘 때
참 기쁨(JOY)이 있다는 죠이 정신(JOY Spirit)을 토대로
하나님 나라의 확장을 위해 지역 교회와 협력, 보완하는
선교 단체로서 지상 명령을 성취한다는 사명으로 일합니다.

죠이선교회출판부는 그리스도를 대신한 사신으로
문서를 통한 지상 명령 성취와 하나님 나라 확장을 위해 노력합니다.

죠이북스는 죠이선교회의 임프린트입니다.

C A S K E T
E M P T Y

신약을 읽다

데이비드 파머 지음
이대은 옮김

죠이북스

차례

감사의 글

내가 **빈 무덤**(CASKET EMPTY) **프로젝트**에 참여하게 된 것은 하나님의 은혜와 그리스도의 몸에 대한 살아 있는 증거다. 모든 글쓰기 프로젝트는 단체와 개인의 상당한 후원을 필요로 한다. 나는 고든콘웰 신학대학원에서 처음으로 성경이 하나님의 구속 이야기이며, 그 중심에는 예수 그리스도가 있다는 사실을 배웠다. 나는 이 선물을 준 고든콘웰에 정말로 감사한다. 또한 이곳에서 나는 지금까지 수십 년간 복음 안에서 나와 평생을 함께한 친구들과 동료들을 얻었다. 그 무엇보다도 고든콘웰에서 구약학 겸임 교수로 섬기고 있는 유능하고 경건한 아내, 크리스틴 파머 박사와 하나님의 말씀에 대한 경이로움을 나누고 있다. 아내는 나에게 성경에 대한 깊은 통찰을 아낌없이 베풀었고, 지금까지도 구약과 신약의 연계성을 주시하도록 끊임없이 나를 격려하는 근원이다.

내가 신학대학원에서 들은 첫 수업은 게리 프라티코(Gary Pratico) 박사가 가르친 히브리어였다. 게리 교수는 교실에 들어오더니 "주와 같은 신이 어디 있으리이까"라는 뜻인 "미가"의 이름을 통해 살아 계신 하나님을 소개했고, 나는 게리 교수가 말을 뗀 지 5분도 되지 않아 울기 시작했다. 그 수업에서 캐롤 카민스키는 내 옆에 있었다. 나는 우리의 우정, 그리고 캐롤의 남편인 매트와 함께 즐겁게 성경을 나누고 교회 생활했던 것을 감사한다. **빈 무덤**(CASKET EMPTY) **프로젝트**에서 신약 부분을 함께 해달라는 요청은 나에게 놀라운 특권이었다. 그리고 이 프로젝트에서 캐롤의 리더십과 비전과 열정은 너무나 소중한 것이었다. 우리는 커버넌트 신학대학원(Covenant Seminary)의 학장으로 있는 제이 스칼라(Jay Sklar) 박사와 친구인데, 그가 우리의 협업을 제안했던 것이 계기가 되었다.

몇몇 다른 기관과 사역 단체를 통해서 이 자료를 개발하고, 가르치고, 다듬을 기회가 있었다. 나는 2011년 해럴드 존 오켕가 협회(Harold John Ockenga Institute) 및 교회 갱신을 위한 슈메이커 센터(Shoemaker Center for Church Renewal)가 고든콘웰에서 주최한 목회자 컨퍼런스에서 이 책의 내용을 처음으로 발표했다. 데이비드 혼(David Horn) 박사와 그의 헌신된 스태프, 특히 새미 김(Saemi Kim)은 모두에게 의미 있는 시간을 만들어 냈다. 또한 신시내티 대학(University of Cincinnati)에서 네비게이토(Navigator) 학생 대표들에게 **빈 무덤**(CASKET EMPTY)을 가르칠 기회가 있었다. 하나님의 말씀에 대한 그들의 열정이 나의 열정도 각성시켰다. 기독학생회(Inter-Varsity Christian Fellowship)에도 초대되어 뉴잉글랜드 지역을 섬기는 캠퍼스 스태프들과 한 주간 집중 과정을 함께했다. 우리는 함께 신약의 선교를 현대에 어떻게 상황화할 수 있을지에 대해 깊이 나눴다. 로고스 바이블 소프트웨어는 일리노이 주 시카고에서 열린 패스

터럼 컨퍼런스에서 **대망 시대**에 관한 초안을 나눌 기회를 주었다. 트레이닝 리더스 인터내셔널은 그리스 아테네에서, 여러 해 여름에 걸쳐 이 자료를 아프리카, 유럽, 중동, 아시아의 현지인 목회자들과 나눌 수 있게 해 주었다. 나는 하나님의 말씀에 대한 기근을 끝내기 위해 신학 교육을 최우선순위로 삼은 데런 칼슨(Darren Carlson)의 비전 넘치는 리더십에 감사드리고 싶다. 또한 파나요티스 칸타르지스(Panagiotis Kantartzis) 목사는 그리스 아테네의 퍼스트 에반젤리컬 교회(First Evangelical Church)에서 열린 목회자 컨퍼런스에 나를 초대해 주셨고, 나는 그곳에서 **빈 무덤**(CASKET EMPTY)을 발표하고 말씀을 전했다. 파나요티스 목사의 사역 비전은 오늘날 교회에 대한 하나님의 선교에 대해서 내 눈을 열어 줬다. 플로리다 주 잭슨빌 고든콘웰 부학장 라이언 리브즈(Ryan Reeves) 박사는 감사하게도 몇 년 동안 대학원의 신약 개관 수업을 이 책으로 가르치게 해 주었다. 나는 또한 매사추세츠 주 해밀턴에 있는 주 캠퍼스에서 이 내용으로 가르칠 수 있는 기회를 준 성경 신학 분과 동료들에게 감사한다. 하나님이 우리를 교실에서 만나 주신 귀중한 시간이었다.

오하이오 주 신시내티에 있는 켄우드 뱁티스트 교회(Kenwood Baptist Church)는 이 프로젝트 내내 나의 사역 기지가 되었다. 나는 담임 목회자로서, 매우 탁월하고 헌신된 사역 팀과 함께 예수 그리스도를 섬기는 특권을 누렸다. 가장 먼저 이 자료로 청년부를 가르쳤는데, 성경의 역사적인 맥락을 더욱 알고자 하는 그들의 사모함이 나를 더욱 나아가도록 만들었다. 지난 5년간 매주 진행했던 남성 성경 공부 시간도 이 책을 더욱 자세하게 다듬을 수 있는 좋은 환경을 제공했다. 형제들은 이 강연을 여러 가지 방식으로 다듬어 주었다. 켄우드에서 하나님은 그리스도 안에서 열네 개의 모국어를 사용하며, 네 세대에 걸쳐 있고, 사회 및 교육 배경이 다양한 사람들을 새롭게 하셨다. 우리는 복음의 좋은 소식을 전하며, 전 세계에서 벌어지는 하나님의 선교에 참여하기 위해 함께 애를 썼다.

몇몇은 이 책을 완성하는 데 결정적인 도움을 주셨다. 고든콘웰 구약학 교수인 캐롤 카민스키 박사는 몇 번에 걸쳐 전체 원고를 읽고, 표현을 명료하게 고쳐 주고《구약을 읽다》와 신학적인 연계성을 더 분명히 드러내도록 수없이 많은 조언을 해 주었다. 또한 감사하게도 출판을 위해서 원고를 편집하고 준비하는 일에 상당한 시간을 아낌없이 할애해 주었다. 사라 슐렉(Sarah Sulek)은 하나님이 주신 디자인 능력을 발휘하여 신약 연대표를 멋지게 구성해 주었고, 디자이너인 니콜 림(Nicole Rim)은《신약을 읽다》표지 삽화를 만들었다. 로이스(Lois)와 케이티 베스컴(Katie Bascom)은 각 장별로 초안을 읽고 내 글쓰기 실력을 엄청나게 향상 시켜주었다. 라일 피오르(Lyle Fiore)는 신중하게 최종 원고를 검토했다. 스테파니 오코넬(Stephanie O'Connell)은 이 책과 짝인 파워포인트 자료를 편집하였고, **빈 무덤 미디어**(CASKET EMPTY Media)에 엄청난 도움을 줬다. 휘트니 캐헌(Whitney Cahan)은 전체 원고를 읽고 멋진 편집 기술로 모든 성경 구절이 정확하게 인용되었는지 살펴 주었다. 히브리 유니언 칼리지(Hebrew Union College)와 메이슨 공공 도서관(Mason Public Library)의 유능한 직원들은 내게 필요한 자료들을 공급해 주었다. 사랑하는 자녀인 살로메이(Salome)와 조나단(Jonathan)은 어린 나이에도 처음으로 참석한 목회사 컨퍼런스에서 전체 순서에 참여하며 자신의 공책에 상당히 많은 것을 기록했다. 아이들은 부모인 우리와 함께 하나님의 말씀에 대한 엄청난 사랑을 나누며, 죽으시고 다시 사신 예수 그리스도의 위대함을 공유할 수 있는 대화 상대자로 성장하고 있다. 마지막으로, 정말로 넓은 마음을 품은 두 그리스도인 가정이 바다 옆에 있는 자택을 개방하여 글을 쓰기 위한 조용한 휴식처로 삼게 해 주었다. 나는 햇빛이 아름답게 비치는 파도를 내려다 보면서 종종 앞으로 임할 "물이 바다를 덮음같이 여호와를 아는 지식이 세상에 충만할"(사 11:9) 그 날을 그려볼 수 있었다.

데이비드 파머

한국어판 서문

빈 무덤(CASKET EMPTY) 신약 스터디 가이드의 한국어판 출간은 저에게 크나큰 영광입니다. 죠이북스와 죠이의 유능한 편집팀의 뛰어난 성취에 깊은 감사를 표합니다. 특히 이번 출간에 헌신적인 노력을 기울여 준 이성민 편집장에게 특별한 감사를 전합니다. 죠이북스는 신학적인 내용을 다루는 부분에서나 아름다운 형태를 다루는 부분에서나 예민한 감각으로 매력적인 결과물을 만들어 냈습니다. 그리스도 안에서 형제자매 된 한국의 독자들이 이 도구를 손쉽게 접하고 사용할 수 있게 되었다는 사실에 더욱 기쁨이 샘솟습니다.

내가 고든콘웰 신학교의 학생이었을 때, 주님의 은혜로 많은 한국인 학생들과 친구들을 알게 되었습니다. 나는 그들을 통해 중보 기도와 성령의 능력에 대해 많은 것을 배웠고, 매콤한 한국 음식의 즐거움도 알게 되었습니다. 우리는 함께, 하나님의 영광과 이 세상 가운데 진행 중인 그분의 역사에 관해 많은 것을 배웠습니다. 주님은 한국 교회 안에서와 한국 교회를 통해서 매우 경이로운 일들을 이루셨습니다. 그분은 신실한 순교자들을 기쁘게 받으셨고 여러 세대에 걸쳐 선교사들을 일으키셨습니다. 그러한 한국의 독자들과 함께 그리스도를 섬기는 것이 제게는 특권입니다.

빈 무덤(CASKET EMPTY) 프로젝트는 하나님의 백성이 성경을 그리스도가 중심에 계신 하나의 거대한 구속 이야기로 읽도록 돕고자 하는 바람에서 탄생했습니다. 바울 사도는 그리스도의 죽음과 부활을 가장 중요한 사건으로 보았습니다(고전 15:3-4). 고든콘웰 구약학 교수인 캐롤 카민스키 박사(《구약을 읽다》 저자)는 전 세계 교회에 그리스도의 중심성을 널리 알리기 위해 헌신적 노력을 기울여 왔습니다. 또한 캐롤의 통찰력 있는 리더십과 우정은 지속적인 격려와 지원의 원천이었습니다. 캐롤에게 깊은 감사를 표합니다. 우리가 개발한 이 도구를 주님께서 미국뿐 아니라 중앙 아메리카와 아시아, 유럽, 아프리카 전역에서 사용하시는 것을 우리는 경외함으로 함께 지켜보고 있습니다.

창세기에서 요한계시록까지, 역사에 흐르는 하나님의 구속 계획은 이 땅의 모든 민족, 모든 나라, 모든 족속을 포함하여 펼쳐집니다(창 12:3). 성경에서 가장 감동적인 단락 중 하나에서, 우리는 우리 구속의 목적이 하늘의 예배에 있음을 봅니다. 우리의 끝없는 찬양은 "죽임을 당하사 각 족속과 방언과 백성과 나라 가운데에서 사람들을 피로 사서 하나님께 드리시고 그들로 우리 하나님 앞에서 나라와 제사장들을 삼으셨으니 그들이 땅에서 왕 노릇"(계 5:9-10) 하게 하신 하나님의 어린양 예수 그리스도의 무한한 가치에 의해 터져 나옵니다. 이에 우리는 감사하며 한 목소리로 크게 외칩니다. “구원하심이 보좌에 앉으신 우리 하나님과 어린양에게 있도다”(계 7:10).

그리스도의 십자가는 우리의 죄가 용서받는 장소입니다. 그의 빈 무덤은 우리의 새 삶이 시작되는 장소를 의미합니다. 예수께서는 당신이 땅에서 들리면 모든 사람을 자신에게로 이끌겠다고 약속하셨습니다(요 12:32). **이 빈 무덤**(CASKET EMPTY)이라는 도구를 사용하고 가르치고 나누는 모든 사람이 “섬김을 받으려 함이 아니라 도리어 섬기려 하고 자기 목숨을 많은 사람의 대속물로 주려”(마 20:28) 오신 인자 예수 그리스도께 더 가까이 이끌리기를 기도합니다.

종교개혁 500주년을 맞는 2017년 10월,

오하이오 주 신시내티에서

데이비드 파머(신약학 박사)

들어가는 글

성경은 창세기로 시작해서 요한계시록으로 끝나는 하나의 구속 이야기다. 하나님은 자신의 이 이야기를 온 세상에 드러내시기 위해 세 개의 다른 언어로, 수천 년에 걸쳐, 66권의 책을 주의 감동으로 기록되게 하셨다. 하나님은 다양한 대륙, 연령, 사회 계급을 배경으로 지닌 저자들을 감동시켜 우리 모두에게 전해지도록 하신 것이다. 성경을 하나로 묶는 핵심은 그리스도 안에서 드러난 하나님의 정체와 성품, 그리고 그리스도 안에서 이루어지는 하나님의 인류 구원 계획이다. **빈 무덤**(CASKET EMPTY) 성경 시리즈는 사람들이 예수 그리스도를 중심에 두고 역사를 통한 하나님의 구속 계획을 이해할 수 있도록 도움을 주려고 한다.

성경은 하나의 **구속 이야기**다. 우리는 성경을 읽을 때 살아 계신 하나님의 비할 데 없는 위격(位格, person)을 알게 된다. 하나님의 방식은 우리의 방식보다 높다. 하나님은 의로우신 동시에, 경건하지 않은 자들을 의롭게 하시는 분이다. 또한 우리는 성경을 읽을 때 우리 자신을 알게 된다. 우리는 하나님의 형상으로 만들어진 존재다. 하지만 죄의 속임수에 넘어가 타락한 존재다. 우리는 성경에서 모든 민족을 향한 구속 계획을 배우는데, 이 계획은 하나님의 아들이신 예수 그리스도의 죽음과 부활

안에서 극적으로 성취된다. 그리스도의 십자가 죽음에서 용서받는 길을 발견하고, 예수의 부활에서 영생의 확실한 소망을 발견한다. 성령으로 변화되어 갈 때, 우리는 생명이 새롭게 됨을 깨닫는다. 따라서 모든 성경 연구는 마땅히 우리를 위해 죽으신 어린양을 찬양하고 예배하도록 이끌어야 한다(계 5:9-10).

성경은 **역사를 통한** 하나의 구속 이야기다. 성경은 세상이 창조되는 것으로 시작하여 만물이 완성되는 것으로 마무리된다. 시간, 공간, 인간의 경험은 성경이라는 준거 틀(frame of reference) 밖에서 존재할 수 없다. 성경과 무관한 인간, 집단, 사회는 존재하지 않는다. 우리는 **무덤**(CASKET)이라는 단어를 통해 구약을 연구하며, 하나님의 구원 목적이 구약의 여섯 시대를 통해 드러나는 것을 배웠다. 구원을 이루시려는 하나님의 목적은 **창조**(CREATION)로 시작한다. 하나님은 **아브라함**(ABRAHAM)을 부르시고, **시내**(SINAI)에서 아브라함의 후손들과 언약을 맺으시면서 이 목적을 이어가신다. 하나님의 구원 계획은 **왕정**(KINGS) 시대에도 그대로 진행되어 왕정 제도가 확립되고 다윗 왕은 영원한 왕위를 약속받는다. 하지만 하나님은 그들에게 심판을 내리셔서 **포로**(EXILE)가 되도록 하신다. 마지막 **성전**(TEMPLE) 시대에 부분적인 회복이 일어나고 미래의 소망을 생생하게 제시하면서 하나님의 계획은 확실히 지속된다.

우리는 이제 신약으로 여행을 떠날 것이다. 그래서 하나님의 구속 계획이 그리스도 안에서 어떻게 성취되는지를 살펴볼 것인데, 여전히 중요한 것은 역사다. 성경은 시간과 무관하게 추상적인 원칙들을 나열한 책이 아니다. 성경은 하나님의 구원 행위를 역사에 따라 서술한다. 성경의 사건들이 역사적으로 실제 있었던 일이 아니라면, 우리의 믿음은 헛되고 우리는 여전히 죄 가운데 있을 것이다. 무엇보다도 그리스도가 살아나지 않으셨다면, "모든 사람 가운데 우리가 더욱 불쌍한 자"(고전 15:19)다.

성경은 **예수를 중심으로 하는**, 역사를 통한 하나의 구속 이야기다. 성경은 다른 어떤 주제보다도 예수의 삶, 죽음, 부활에 대해 많은 분량을 할애한다. 예수는 종교 지도자들에게 모세가 자신의 날에 "대하여 기록하였음이라"(요 5:46)고 말씀하신다. 또한 예수의 제자들은 "모세가 율법에 기록하였고 여러 선지자가 기록한 그이를 우리가 만났으니 요셉의 아들 나사렛 예수니라"(요 1:45)고 주장한다. 예수는 성경에서 여러 차례 제자들에게 "자기가 예루살렘에 올라가 장로들과 대제사장들과 서기관들에게 많은 고난을 받고 죽임을 당하고 제삼일에 살아나야 할 것"(마 16:21; 참고 마 17:22-23)을 나타내셨다. 엠마오로 향하는 길에서는 제자들에게 성경이 자신의 죽음과 부활에 관한 것임을 가르치셨다(눅 24:26-27). 이는 성경에서 하나님의 구속 계획의 중심이 예수라는 사실을 상기시킨다.

우리 연구에서 중요한 본문은 고린도전서 15장 1-4절이다. 여기에서 바울은 복음, 즉 하나님의 "좋은 소식"을 요약한다. 복음에는 예수가 메시아이며 하나님의 아들이라는, 하나님의 장엄한 선포가 담겨 있다. 복음은 믿는 자들이 서 있는 진리를 대변한다. 복음은 "그로 말미암아 구원을"(고전 15:2) 받는 수단을 제공한다. 바울은 하나님이 주신 복음의 핵심 진리를 엄숙하게 증언한다. 바로 그리스도의 죽음과 부활이다. "내가 받은 것을 먼저 너희에게 전하였노니 이는 성경대로 그리스도께서 우리 죄를 위하여 죽으시고 장사 지낸 바 되셨다가 성경대로 사흘 만에 다시 살아나사"(고전 15:3-4). 이 구절은 원서 제목과 표지의 신학적 근거가 된다. 예수의 죽음(구약 원서 책 표지의 십자가로 대변됨)과 부활(신약 원서 책 표지의 비어 있는 무덤으로 대변됨)은 우리에게 성경 이야기의 지향점을 제시한다. 앞으로 살펴보겠지만, 예수 그리스도는 구약의 소망을 성취하시고 하나님의 구속 계획을 이루신다. 예수의 부활은 새로운 창조의 시작을 나타낸다. 그분은 아브라함의 씨다. 그분은 시내에서 받은 율법을 이루신다. 예수께서는 다윗 왕조로 오신 약속된 왕이시다. 그분은 포로에서 회복되게 하신다. 그분은 절대로 무너지지 않을, 하나님이 직접 임재하는 살아 있는 성전을 지으신다. 메시아이신 예수 안에서 하나님의 모든 약속은 "예"와 "아멘"(고후 1:20)이 된다.

• **신약 순서**

신약 공부를 시작할 때 가장 먼저 성경의 목차 부분을 펴 보기 바란다. 그러면 신약에는 스물일곱 권의 책이 있다는 것을 볼 것이다. 그 시작은 마태복음이며, 마지막은 요한계시록이다. 신약은 크게 네 가지 자료로 구분할 수 있다. 즉, 복음서(4권), 역사서(1권), 서신서(21권), 예언서(1권)다. **신약에서 처음 나오는 네 권을 복음서라고 한다.** 그 이유는 이 네 권이 약속된 메시아이신 예수께서 오셨다는 좋은 소식에 집중하기 때문이다. 사복음서는 마태복음, 마가복음, 누가복음, 요한복음으로 나뉜다. 복음서 저자들은 메시아이신 예수의 탄생, 삶, 공생애, 죽음, 부활, 승귀(높임 받으심, exaltation)를 충실하게 기록했다.

두 번째 자료는 역사서다. 그렇다고 다른 신약 성경들이 역사와 무관한 기록이라는 말은 아니다. 다만 사도행전은 누가가 메시아의 승천 이후에 있었던 역사적 사건을 서술했기에 역사서로 구분하는 것이다. 누가는 높임 받으신 예수께서 제자들에게 성령의 권능을 주셔서 모든 나라에 복음을 선포하게 하심으로써, 이 세상에서 계속해서 일하고 계심을 신실하게 제시한다.

세 번째 자료는 서신서다. 신약 성경에는 편지가 스물한 편이 있다. 편지들은 그리스도를 믿는 믿음을 공유했던 초대 교회 공동체들에 보낸 것이었다. 이 편지들은 기독교 교리, 그리스도인의 정체성, 하나님의 백성이 예수 그리스도의 제자로서 어떻게 살아야 할 것인가에 대한 지침들을 제공한다. 신약의 편지를 읽을 때, 연대기 순서로 배치된 것이 아니라는 사실을 명심해야 한다. 스물한 편의 편지는 저자별로 묶여 있다. 즉, 바울(13편), 히브리서 저자(1편), 야고보(1편), 베드로(2편), 요한(3편), 유다(1편) 순이다. 각 저자별로는 편지의 분량에 따라 순서가 정해진다. 예를 들어, 로마서는 바울의 편지 중 신약에서 가장 처음에 등장한다. 그것은 바울이 로마서를 가장 먼저 작성했다거나, 로마서가 가장 중요한 편지이기 때문이 아니다. 다만 분량이 가장 많기 때문이다. 빌레몬서는 바울의 마지막 편지인데, 이는 빌레몬서가 가장 중요하지 않거나 덜 중요하기 때문이 아니라 가장 짧기 때문이다.

네 번째 자료는 예언서다. 예언서는 한 권으로 바로 요한계시록이다. 이 책은 그리스도의 현재 통치와 미래의 영광에 관한 포괄적인 계시를 담고 있다. 요한계시록은 그리스도께서 다시 돌아오실 때 있을 역사의 완성을 바라보는 내용이다. 악은 패배하고 뱀은 심판 받을 것이다. 에덴동산으로 시작했던 성경은, 즉 새 예루살렘으로 하나님이 영원히 자기 백성과 거하시는 하나님의 도성으로 마무리된다.

◆ 빈(EMPTY)이라는 단어

무덤(CASKET)이라는 단어는 구약을 하나의 구속 이야기로 읽고 다양한 책을 역사적 맥락에 맞게 확인하는 데 도움이 되었다. **빈**(EMPTY) 역시 신약에서 같은 방식으로 여러분에게 도움을 줄 것이다. 신약에서 하나님의 구속 계획은 다섯 시대로 구분된다. 시대별로 각각의 명칭과 연도를 표시했다. **대망 시대**(**E**xpectations, 주전 430-6년), **메시아 시대**(**M**essiah, 주전 6년-주후 33년), **오순절 시대**(**P**entecost, 주후 33-65년), **가르침 시대**(**T**eaching, 주후 33-95년), **아직 임하지 않은 시대**(**Y**et-to-come, 주후 95년-그리스도의 재림)이다. 각 명칭은 해당 시기에 발생한 일을 설명하는 것으로서, 첫 글자를 조합하면 **EMPTY**가 된다.

◆ 하나님의 구속 계획에서 핵심적인 전환점들

각 시대는 핵심 사건으로 "구별"된다. 중요한 지도자의 등장이나 결정적인 사건에 따라 역사를 구성하듯이, 하나님도 우리에게 구속 계획 내에서 핵심적인 순간들을 기억하라고 가르치셨다(신 5:15; 사 46:8-9; 눅 24:6-7; 딤후 2:8). 우리는 시대별로 그리스도 안에서 구원을 이루시려는 하나님의 계획이 드러나는 핵심 사건들과 그 연도를 확인할 것이다. 또한 시대별로 해당하는 신약의 내용도 배울 것이다. 연도, 핵심 사건, 각 시대에 해당하는 인물들과 함께 **빈**(EMPTY)이라는 단어를 기억한다면, 하나님의 구속 이야기가 신약에서 어떻게 성취되는지를 파악하는 데 유용한 틀이 될 것이다. 또한 전체 단어 **빈 무덤**(CASKET EMPTY)은 예수를 중심에 두고서 성경의 전체 흐름을 기억하는 간단한 방법이 될 것이다.

◆ 왜 빈 무덤(CASKET EMPTY)인가?

빈 무덤(CASKET EMPTY)은 우리에게 예수 그리스도의 죽음과 부활이 하나님의 구원 계획의 중심이라는 사실을 상기시킨다. 왜냐하면 "아담 안에서 모든 사람이 죽은 것같이 그리스도 안에서 모든 사람이 삶을 얻으리라"(고전 15:22)라고 했기 때문이다. 아버지는 우리를 사랑하셔서 자기 아들을 보내어 우리를 위해 죽게 하신다(요 3:16). 영생은 아버지가 세상에 보내신 예수 그리스도를 아는 것이다(요 17:3). 예수 그리스도는 "세상 죄를 지고 가는 하나님의 어린양"(요 1:29)이시다. 베드로는 예수께서 "친히 나무에 달려 그 몸으로 우리 죄를 담당하셨으니 이는 우리로 죄에 대하여 죽고 의에 대하여 살게 하려 하심이라"(벧전 2:24; 참고 사 53:5)고 말한다. 바울은 "우리가 아직 죄인 되었을 때에 그리스도께서 우리를 위하여 죽으심으로 하나님께서 우리에 대한 자기의 사랑을 확증하셨느니라"(롬 5:8)고 기록한다. **빈 무덤**(CASKET EMPTY)은 우리의 시선을 그리스도의 십자가로 돌리게 한다(고전 2:2; 갈 6:14).

또한 **빈 무덤**(CASKET EMPTY)은 비어 있는 그리스도의 무덤이 새 창조의 시초임을 알린다. 그리스도의 부활은 예수께서 속죄제물로 받아들여졌음을 입증한다(눅 24:5-7). 사망의 권세가 멸해진다(히 2:14; 계 1:17-18). 참소하던 자가 쫓겨났기 때문에 "이제 그리스도 예수 안에 있는 자에게는 결코 정죄함"(롬 8:1; 참고 계 12:10)이 없다. 그리스도의 부활은 "잠자는 자들의 첫 열매"이며, 우리의 부활을 확증하는 사건이다(고전 15:20). 구약 연구에서 아브라함이 "부활 신앙"을 소유했다는 사실을 기억할 것이다. 그는 하나님이 죽은 것을 살리신다고 믿었다(창 15:6; 참고 계 12:10). 이 "부활 신앙"은 초기 교회의 특징이며, 또한 오늘날 믿는 자들의 특징이기도 하다. 우리는 하나님이 죽은 자 가운데서 예수를 살리셨음을 믿는 자들이다(롬 4:23-25). 이 책의 원제목, **빈 무덤**(CASKET EMPTY)이 상징하는 메시아의 부활은 기독교 신앙의 핵심이다.

더 나아가 **빈 무덤**(CASKET EMPTY)은 우리에게 그리스도의 죽음과 부활을 기독교 제자도의 본이자, 신약 윤리의 전형으로 받아들이게 한다. 예수께서는 말씀하신다. "누구든지 나를 따라오려거든 자기를 부인하고 자기 십자가를 지고 나를 따를 것이니라"(마 16:24). 우리는 날마다 우리의 행동과 태도로 그리스도의 죽음을 닮아 가며, 그리스도 안에서 우리에게 부여된 새 생명에 따라 살아가도록 부름 받았다(빌 2:5-11). 바울은 이렇게 기도한다. "내가 그리스도와 그 부활의 권능과 그 고난에 참여함을 알고자 하여 그의 죽으심을 본받아 어떻게 해서든지 죽은 자 가운데서 부활에 이르려 하노니"(빌 3:10-11).

마지막으로, **빈 무덤**(CASKET EMPTY)은 우리가 모든 민족에게 주신 하나님의 위대한 구속 이야기를 전하도록 돕는다. 하나님이 품으신 그 위대한 목적을 경외하며 설 때에만, 우리는 그에 대한 감사함으로 기꺼이 우리 삶을 드리게 된다(롬 12:1-2). 그리스도의 구원의 역사를 주목할 때에만, 그리스도의 사랑이 우리로 하여금 선교 사역에 헌신할 수밖에 없도록 만든다(고후 5:14). 우리의 마음이 그리스도만을 높일 때에만, 우리는 구속받은 자들의 영원한 찬송에 참여할 준비가 된다. 그들은 선포한다. "죽임을 당하신 어린양은 능력과 부와 지혜와 힘과 존귀와 영광과 찬송을 받으시기에 합당하도다"(계 5:12). 우리는 "하늘 위에와 땅 위에와 땅 아래와 바다 위에와 또 그 가운데 모든 피조물"과 함께 "보좌에 앉으신 이와 어린양에게 찬송과 존귀와 영광과 권능을 세세토록 돌릴지어다"(계 5:13)라고 외칠 것이다.

◆ 신약 연대표

이 책은 신약 연대표와 함께 사용하도록 고안되었다. 이 책을 읽을 때는 반드시 연대표를 옆에 펼쳐 놓아야 한다. 이 책의 커버는 연대표로 이용할 수 있도록 제작했다. 또한 구약 연대표도 함께 놓고 본다면 큰 유익이 있을 것이다. 나는 지역 교회, 대학원 교실, 소그룹 공부, 선교지, 목회자 컨퍼런스 등등 어느 곳이든 **빈 무덤**(CASKET EMPTY)을 가르칠 때마다, 구약과 신약 연대표 두 개를 항상 배치한다. 두 연대표를 함께 펴서 보면, 그리스도 안에서 하나님이 이루시는 구속의 목적이 성경적으로, 신학적으로 어떻게 연결되는지 보일 것이다. 이 책을 읽을 때에는 인용된 성경 구절도 다 찾아볼 것을 권한다. 모든 구절은 다른 표시가 없는 한 개역개정에서 인용한 것이다.

◆ 여섯 가지 그림은 여섯 시대를 나타낸다

첫 장을 시작하기에 앞서, **빈**(EMPTY)에 해당하는 각 시대를 나타내는 다섯 개 그림이 어디에 있는지 연대표에서 파악하라. 각 시대에 해당하는 연도와 그림을 암기한다면 신약의 줄거리를 이해하는 데 도움이 된다. 각 시대에 해당하는 그림에 대한 간략한 설명이 아래에 있다.

◆ 대망 시대에 해당하는 그림은 상상하는 모양의 구름이다

대망 시대에 해당하는 **상상하는 모양의 구름**은 하나님이 메시아로 주실 왕과 그 왕국에 대한 기대감을 나타낸다. 이 **상상하는 모양의 구름** 안에는 **파란 왕관**이 있는데, 이는 구약의 **왕정 시대**에서 직접 따온 것이다. 이 왕관은 유다 자손으로 오실 다윗 왕조의 왕을 상징한다. **대망 시대**는 구약의 마지막 선지자 말라기(주전 430년)에서 그리스도의 탄생(주전 6년)까지의 시기를 아우른다. 이 시대를 중간기(intertestamental period)라고 칭하기도 한다. 하나님은 주권적으로 역사를 움직이셔서, 하나님 나라를 향해 나아가는 과정에 네 개의 세상 왕국이 있게 하신다(단 2:1-45, 7:1-

28). 이 중간기를 통해 하나님은 메시아의 왕림에 대한 기대감을 조성하신다. 하나님은 자신의 백성이 세상과 타협하지 않도록 지키시고 나라들을 자신에게로 인도하신다. 하나님은 자기 백성들을 인도하셔서 성경을 연구하며 적기에 임할 이스라엘의 소망을 기다리게 하신다.

• 메시아 시대에 해당하는 그림은 파란 왕관이다

메시아 시대에 해당하는 **파란 왕관**은 하나님이 자기 아들인 예수 그리스도, 즉 메시아 안에서 의로운 통치를 행하심을 상징한다. 이 그림은 구약 연대표에서 직접 따온 것으로서, 다윗의 왕권이 예수 안에서 성취되었음을 보여 준다. **메시아 시대**는 예수의 탄생(주전 6년)으로 시작하여 예수의 죽음과 부활(주후 33년)까지 이어진다. 예수는 약속된 메시아로서, 다윗의 자손이자, 아브라함의 자손이다(마 1:1; 참고 창 12:1-3; 삼하 7:12-16). 역사를 통한 하나님의 구속 계획은 이제 그리스도 안에서 성취된다. 예수는 때가 찼으며 하나님 나라가 임하였음을 선포하신다(막 1:14-15). 예수는 말과 행동과 순종의 삶으로 하나님 나라를 증명하신다. 예수의 죽음은 세상의 죄를 속하였고, 예수의 부활은 새로운 창조의 여명을 열었다(마 20:28; 사 53:11).

• 오순절 시대에 해당하는 그림은 불이 내리는 구름이다

오순절 시대에 해당하는 그림은 **불이 내리는 구름**으로, 오순절에 하나님이 성령을 교회에 부어 주셨음을 상징한다. 이 그림은 구약 연대표에 나오는 한 가지 중요한 요소를 발전시킨 것이다. 이스라엘의 죄 때문에, 한때 성막과 성전을 덮고 있던 하나님의 임재의 구름이 떠나 버렸던 일을 기억할 것이다(겔 9-11장). 이제 높임 받으신 예수 그리스도가 모든 백성, 즉 남자와 여자, 젊은이와 노인, 부유한 자와 가난한 자에게 성령을 부으신다(행 2장; 참고 욜 2:28-32). 성령은 하나님의 직접적인 임재로서, 권능을 주신다. 성령이 믿는 자들을 충만하게 하시면, 그들은 의와 선교와 섬김의 삶을 살게 된다. 그리하여 초대 교회의 증인들은 예루살렘에서 시작하여 유대와 사마리아와 땅끝까지 이른다(행 1:8).

• 가르침 시대에 해당하는 그림은 두루마리다

가르침 시대에 해당하는 **두루마리** 그림은 초대 교회의 가르침을 상징한다. 이 그림은 의도적으로 토라 두루마리처럼 보이도록 고안했다. 교회의 가르치는 사역은 반드시 구약을 포괄해야 한다. 구약에서 하나님은 어느 날 하나님의 말씀이 예루살렘에서부터 나오면 전 세계 모든 민족이 그 말씀을 배우려 할 것이라고 약속하셨다(사 2장; 미 4장). 예수께서는 제자들에게 모든 민족을 가르치라고 명령하셨다(마 28:20; 딤전 2:7). 신약성경 대부분은 예수가 주님이시며 구주라는 진리를 증언하는 자들이 계속 확장되어 나가는 상황에서 세워진 그리스도인 공동체에 보낸 편지다(엡 4:21). 이 편지들은 하나님의 백성이 세상에서 어떻게 살아야 하는지에 대한 지침을 제공한다.

• 아직 임하지 않은 시대에 해당하는 그림은 새 예루살렘이다.

아직 임하지 않은 시대에 해당하는 그림은 **하늘에서 임하는 새 예루살렘**으로서, 하나님의 도성을 상징한다. 그 도성 가운데에는 생명나무가 있고 누구나 그 열매를 먹을 수 있다. 새 예루살렘은 에덴동산에서 시작한 하나님의 구속 이야기가 어느 도성에서 끝난다는 점을 보여 준다. 하나님의 도성은 신랑을 맞이하기 위해 단장한 신부처럼 임한다(계 21장). 그 안에는 하나님의 보좌에서 생명수가 흘러나온다(계 22장). 하나님과 어린양은 생명나무에 다시 접근할 수 있게 하신다. 모든 나라에서 온 헤아릴 수 없이 많은 무리가 그리스도에게로 모여들면서 그리스도에 대한 증언들이 확장되어 나갈 것이다(계 7장). 거기에는 더 이상 악, 죄, 저주가 없다. 에덴에서 상실되었던 하나님의 임재의 축복이 영원히 회복될 것이다(창 2-3장; 계 22장).

신약 연구를 시작하면서, 나는 **빈 무덤**(CASKET EMPTY) 책이 하나님에 대한 여러분의 사랑을 증진하며, 여러분의 정신과 마음이 그리스도의 위격과 사역으로 사로잡히며, 성령이 여러분의 삶을 사용하셔서 여러분을 부르신 모든 곳에서 성령의 일을 행하게 하시기를 기도한다. 나는 여러분이 모든 하나님의 백성과 함께 "그의 힘의 위력으로 역사하심을 따라 믿는 우리에게 베푸신 능력의 지극히 크심이 어떠한 것"(엡 1:19-20)을 경험하게 되기를 기도한다. 아멘.

1장 대망 시대

Expectations

이 장을 읽을 때는 신약 연대표를 앞에 두고 중요한 인물들과 사건들을 확인할 것을 권한다. 특히 이번 장에는 그렇게 하는 것이 중요하다. 왜냐하면 친숙하지 않은 자료들을 많이 접하기 때문이다. 이 첫 장을 읽을 때는 반드시 인내심을 발휘해야 할 것이다. 당시 사람들은 하나님의 구속 계획이 어떻게 드러날지를 보기 위해 400년을 기다렸다는 사실을 명심하라. 핵심 사건들을 중심으로 하나님이 이 시대에 어떻게 일하셨는지를 보여 주려고 한다. 이 장에 나온 각 소제목들은 연대표에서 바로 따온 것이다. 추가로 참고 구절들을 이 장 곳곳에 제시할 것이다. 외경과 요세푸스의 내용도 인용하여, 핵심 사건들과 인물들을 생생하게 기억하도록 할 것이다.

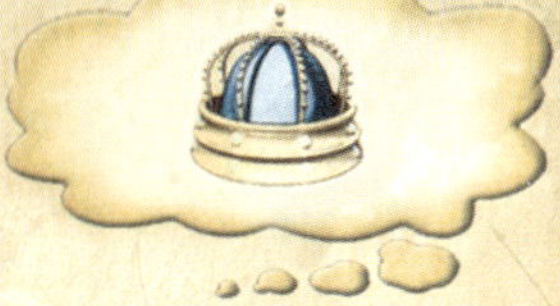

미리 보는 대망 시대

대망 시대는 구약의 마지막과 신약의 시작 사이에 있는 기간을 다룬다. 보통 이 기간을 중간기(intertestamental period)라고 한다. 말라기와 마태복음 사이에는 400년 이상 되는 시간의 간극이 존재한다. 사람들은 이 시대에 하나님이 침묵하셨거나 아무런 활동을 하지 않으셨다고 잘못 생각한다. 물론 이 시대에는 정경에 추가될, 하나님이 감동하신 선지자의 목소리는 들리지 않는다. 하지만 하나님은 이스라엘이 애굽에서 400년 동안 출애굽을 통한 구속을 준비하도록 하신 것처럼, 이 400년을 사용하셔서 세상이 자기 아들을 통한 구속을 준비하게 하신다. 이 시대 내내 하나님은 이스라엘 및 모든 나라에서 오실 왕에 대한 기대감을 조성하신다. 이제 세상 나라들도 하나님의 백성과 전면적으로 접촉하게 되면서 하나님의 말씀에 접근할 수 있게 되었다. 하나님의 백성들은 고난을 통해 겸비하게 되었으며, 하나님은 자기 백성들을 고난에서 구하시고 순결하게 하셔서 자신의 약속이 성취될 것을 기다리게 하신다.

대망 시대에는 주전 6세기 다니엘 선지자에게 주신 하나님의 말씀에 따라 하나님이 주권적으로 역사를 움직이신다. 바벨론 왕 느부갓네살(Nebuchadnezzar)이 머리는 순금, 가슴은 은, 넓적다리는 놋, 발은 철과 진흙으로 이루어진 한 신상에 관한 꿈을 꿨던 일을 기억할 것이다. 그리고 사람이 손대지 않은 한 돌이 그 신상을 때려 산산조각으로 부서뜨렸고, 신상은 바람에 사라져 버린다. 하지만 그 돌은 거대한 산처럼 솟아올라 온 땅을 채운다. 하나님은 다니엘에게 이 환상의 해석도 주셨다. 그 해석은 이 세상에 네 왕국이 연달아 등장한다는 것이었다. 그 왕국들은 바벨론, 바사(페르시아, Persian), 헬라(그리스, Greece), 로마다. 또한 돌은 다섯 번째 왕국인 하나님 나라를 상징하는데, 이 왕국은 다른 모든 왕국을 대체하고 영원히 지속될 것이다.

이후 다니엘 선지자는 폭풍우가 치는 바다에 대한 꿈을 꾼다. 네 마리의 무시무시한 짐승들이 사나운 바다에서 일어난다. 사자, 곰, 표범이 나타나고 마지막으로 쇠 이빨과 뿔을 지닌 짐승이 등장한다. 이 생물들은 폭력으로 주권을 행사하며 통치 아래 있는 자들을 겁박한다. 그런데 갑자기 하늘이 열리고, 하늘의 만군이 섬기는 하나님이 영광스러운 보좌에 앉아 계신다. 다섯 번째로 나타난 인자 같은 이가 하나님의 보좌에 다가가면서 짐승들의 통치는 제거된다. 인자는 인간이지만 신이며, 하나님의 형상을 지닌 충성된 아들이다. 그는 절대로 멸하지 않는 영원한 왕국을 받는다. 모든 백성과 나라들과 다른 언어를 말하는 모든 자들이 그에게 영광을 돌린다. 신상의 계시와 마찬가지로, 네 짐승 역시 바벨론, 바사, 헬라, 로마의 통치자들로 해석된다. 다섯 번째 통치자는 메시아, 즉 인자로서 하나님 나라를 다스리실 것이다. 아마도 **대망 시대**에 가장 중요한 구약 말씀은 다니엘서 7장 13-14절일 것이다.

> 내가 또 밤 환상 중에 보니 인자 같은 이가 하늘 구름을 타고 와서 옛적부터 항상 계신 이에게 나아가 그 앞으로 인도되매 그에게 권세와 영광과 나라를 주고 모든 백성과 나라들과 다른 언어를 말하는 모든 자들이 그를 섬기게 하였으니 그의 권세는 소멸되지 아니하는 영원한 권세요 그의 나라는 멸망하지 아니할 것이니라

인자의 영원한 통치를 향하는 세상 나라들은 구약 연대표의 **포로 시대** 아래 부분에 제시되어 있는데, 메시아가 임하셔서 영원한 왕국을 세우시리라는 기대감을 조성한다.

성경을 읽는 독자들에게 **대망 시대**는 모호하고 친숙하지 않은 부분이다. 신약 연대표를 보면 이 부분에 굵은 글씨로 된 제목이 다섯 개 있는데 하나님의 구속 계획이 어떻게 진행되는지를 파악하는 데 도움이 될 것이다. 반드시 그 내용을 연대표에서 확인하자. 이야기에서 **첫 번째로 발생하는 핵심적인 움직임은 이스라엘이 헬라 세계의 일부로 편입되는 사건이다.** 이는 주전 330년 알렉산더 대왕(Alexander the Great)으로 알려진 헬라의 통치자를 통해 이루어진다. 하나님은 주권적으로 알렉산더의 정복 전쟁을 일으키셔서 세계의 모든 나라를 자기 백성과 접촉하게 하신다. 하나님께 대항하는 세상의 다른 이야기들에 물들어 있던 이방 나라들이 드디어 이스라엘에 스스로를 드러내신, 참되시고 살아 계신 한 분 하나님을 접하게 된 것이다.

두 번째 핵심적인 움직임은 이스라엘이 알렉산더의 후계자들 사이에서 벌어진 전쟁 때문에 큰 고난을 당하는 것이다. 하지만 이러한 고난에도 불구하고 하나님은 여전히 일하고 계시는 것을 본다. 하나님은 헬라 왕의 마음을 움직이셔서 예루살렘 성전의 거룩함을 지키게 하셨고, 심지어 헬라 왕을 감동하셔서 성경을 헬라어로 번역하는 일을 후원하게 하신다. 그리하여 이방 나라들도 하나님의 말씀에 접근할 수 있게 되었다.

대망 시대에 나타나는 **세 번째 핵심적인 움직임은 하나님이 마카베오 왕조(the Maccabees)를 통해 이스라엘을 구원하신 일이다.** 하나님의 백성들은 지배적인 헬라 문화 아래에서 살아가면서도 타협하지 않기 위해 애를 썼다. 하지만 헬라 문화와 생긴 갈등은 결국 폭력 사태로 분출되었다. 안티오코스 4세 에피파네스(Antiochus IV Epiphanes)가 예루살렘 성전을 더럽히고, 성경을 따르는 믿음을 불법으로 규정하면서 고난은 더욱 심각한 지경에 이르렀다. 수천 명이 죽음을 당했다. 하지만 하나님은 마카베오라는 제사장 가문을 통해 주전 167-164년에 자신의 백성을 구원하신다. 성전은 다시 봉헌되었고 이방의 통치는 사라졌다.

네 번째 핵심적인 움직임은 이스라엘이 로마의 통치 아래 굴복한 일이다. 마카베오 가문의 자손들도 왕위에 오르면서, 결국 이방 나라들과 다를 것 없음이 입증되었다. 왕위 계승을 두고 벌어진 내부의 싸움은 로마의 개입을 초래한다. 로마의 장군 폼페이우스(Pompey)가 예루살렘을 포위한 뒤 지성소에 진입했고, 이스라엘은 주전 63년에 다시 외국의 지배를 받게 된 것이다. 이스라엘은 가이사 아구스도(Caesar Augustus)가 세운 로마의 통치에 굴복했고, 분봉 왕 헤롯 대왕의 지배를 받는다. 헤롯은 가혹하게 통치하였고 대규모 건축 사업을 일으켜 백성들의 고통을 심화시켰고, 하나님께서 다시 일하시기를 바라는 소망을 돋우었다.

연대표에서 **대망 시대**에 굵은 글씨로 되어 있는 **다섯 번째 소제목은, 이스라엘이 구약에서 주신 하나님의 약속을 기다리며 메시아를 고대하는 상황에서 일어난 사건 중 가장 중요한 일이었다.** 세상의 왕국이 계속해서 등장하리라는 예언은 모두 이루어졌다. 바벨론, 바사, 헬라, 로마가 차례대로 번성했다. 하나님의 백성은 성경을 통해 역사적으로 그 다음에는 하나님 나라와 인자의 영원한 통치가 있을 것을 알았다. 이 간절한 대망의 때에 하나님의 백성들은 성경을 찾는다. 그들은 하나님의 약속을 연구하고, 가르치고, 간구한다. 이스라엘의 소망이 하나님의 백성들의 마음을 채운다. 하나님 나라가 임할 것이다. 충성된 인자가 다스리실 것이다. 다윗의 자손이 보좌에 앉으실 것이다. 속죄가 이루어질 것이다. 새 언약이 사람들의 마음에 새겨질 것이다. 성령이 모든 민족에게 부어질 것이다. 아브라함의 축복이 모든 나라에 미칠 것이다. 죽은 자 가운데서 부활이 있을 것이다. 최후의 심판이 있고, 죄는 심판 받을 것이다. 하나님은 의가 있는 곳인 새 하늘과 새 땅을 창조하신다. **대망 시대**가 끝으로 향할수록, 구속 역사의 다음 움직임은 메시아의 탄생일 수밖에 없다. 때가 찬 것이다.

이 시대의 핵심 연도는 주전 430년과 주전 6년이다. 주전 430년은 구약의 마지막 선지서인 말라기가 작성된 대략적인 연도다. 주전 6년은 메시아이신 예수께서 탄생하신 대략적인 연도다. 이 시대에 중요한 다른 연도들도 있다. 주전 330년, 즉 구약이 끝나고 100년 후에 알렉산더 대왕이 바사 제국에 승리한다. 이는 다니엘 선지자가 말한 세 번째 왕국, 즉 헬라로 전환되었음을 나타낸다. 주전 167-164년, 하나님은 마카베오라는 제사장 가문을 통해 자기 백성을 구하신다. 그리고 성전이 다시 봉헌된다. 주전 63년에 로마 장군 폼페이우스가 예루살렘을 포위하고 지성소로 들어간다. 이는 다니엘의 네 번째 왕국, 즉 로마로 전환되었음을 나타낸다.

이 시대의 배경이 되는 성경은 구약 전체이며, 특히 선지서가 그렇다. 그렇기 때문에 이 시대에 하나님의 백성들이 약속의 성취를 기다리며 구약 성경을 읽고 연구하고 기도한 것이다. 정경은 아니지만 이 시대를 이해하는 데 매우 중요한 문서들이 있다. 후에 이를 외경이라고 하는데 특히 마카베오서 1-4권이 이에 해당한다. 마카베오서는 신/구약 중간 시대에 헬라어로 기록된 유대 문헌이다. 비록 고대에 이 자료들은 하나님의 영감으로 쓰여진 것으로 취급되지는 않지만, 이 시대를 이해하는 데 귀중한 1차 자료다. 몇몇 스터디 바이블(NRSV 같은)에 외경이 포함되어 있기 때문에 유용한 자료로 쉽게 접근할 수 있다. 마카베오서 1-4권은 여러 차례 인용할 것이고, 구체적으로 명시할 것이다. 또한 이 시대의 중요한 자료로 유대인 역사가 요세푸스(Josephus)의 글이 있다. 그는 주후 37년부터 100년까지 살았던 인물로서, 주요 저작으로는《유대 고대사》(*Jewish Antiquities*)와《유대 전쟁사》(*The Jewish War*)가 있다. 이 자료는 이 시대에 대해 고대인이 직접 기술한 것으로서 매우 중요하다. 이 자료들은《고대사》또는《전쟁사》로 인용하고 책과 문단의 숫자를 기입하도록 하겠다.

대망 시대에 해당하는 그림은 **상상하는 모양의 구름**이다. 이는 하나님이 이스라엘 선지자들에게 주신 계시를 떠올리게 한다. 중앙의 **파란 왕관**은 오실 메시아를 상징하는 것으로서, 메시아는 구약의 모든 기대를 이루신다(사 52:7; 슥 14:9; 벧전 1:10–12). 연대표를 보면 이 부분 말미에 이스라엘의 대망이 지니는 열 가지 측면이 있다. 이 열 가지는 소망이라는 다이아몬드를 세심하게 다듬은 절삭면과 같다. 또한 구속이라고 하는 엄청난 천체에 있는 별들과 같다. 이것들이야말로 바울이 말한 "이스라엘의 소망"의 본질이다(행 28:20).

하나님이 오실 왕에 대한 기대감을 조성하시다……

신약 연대표에서 이 굵은 글씨로 된 큰 제목은 **대망 시대**에 하나님이 행하실 주된 구속 활동을 규정한다. 하나님은 역사의 각 단계를 준비하시면서, 모든 인류가 사랑하는 아들의 계시를 받을 준비가 되도록 일하신다. 구약 연대표에서 연대표를 관통하는 굵은 **푸른 화살**을 확인하자. 이 선은 구약 연대표의 마지막과 **메시아 시대**의 **파란 왕관**을 연결한다. 이는 신약이 구약 이야기의 연속임을 상기시킨다. **대망 시대** 내내 소망은 고조되었고, 이 선은 메시아의 탄생을 향해 나아간다. 몇몇 지점에서는, 이 선이 매우 옅어져 시야에서 거의 사라지는 것 같기도 하다. 하지만 하나님은 큰 고난의 때에도 여전히 일하신다. 이제 그 선은 다시 보이기 시작하고, 색도 진해진다. 파란 선은 결국 메시아의 탄생을 가리키는 화살로 선명하게 드러난다. "이는 물이 바다를 덮음같이 여호와의 영광을 인정하는 것이 세상에 가득"(합 2:14)하게 되면서, 메시아가 왕 되시는 것을 나타내는 이 파란색은 신약 연대표 전반으로 퍼져 나간다. 연대표 곳곳에 이 땅의 **통치자들의 모습이 동전**에 담겨 있다는 점에 주목하라. 통치자들은 때로 엄청난 주장을 펴기도 하지만, 그들은 무채색인 회색으로 나타날 뿐이다. 통치자들은 앞을 내다볼 수 없다. 하나님의 구속 계획이 영원히 다스리실, 그 영광이 절대로 쇠하지 않을 분의 통치를 향해 진행될수록 이 땅의 통치자들은 작아지고 존재감도 사그라진다. "세상 나라가 우리 주와 그의 그리스도의 나라가 되어 그가 세세토록 왕 노릇 하시리로다"(계 11:15)라고 하며 그분에게만 찬양 드릴 날이 올 것이다.

◆ 이스라엘이 헬라 세계의 일부가 되다

신약 연대표 **대망 시대** 부분에 굵은 글씨로 된 첫 소제목은 이스라엘이 헬라 세계의 일부가 되면서 하나님의 구속 계획이 진전했음을 말한다. 헬라는 다니엘 선지자의 계시에서 바벨론과 바사 이후에 세 번째로 등장하는 나라다. 구약의 말미에 이스라엘은 인도에서 애굽까지 이르는 광대한 바사 제국에 속한 작은 변방에 불과했다. 그래서 에스라와 느헤미야 시대에 바사 사람들은 이스라엘을 "강 건너편"(스 4:10)에 있는 땅으로만 알았다. 실질적인 권력은 페르세폴리스*(Persepolis)에서 흘러 나왔다. 여러 지역에서 보낸 공물이 바사의 금고를 채웠고, 관리들은 기념비적인 만국의 문(Gate of All Nations)을 지나 도시로 들어갔다. 하나님의 주권적인 계획으로 바사는 곧 타도되었고, 알렉산더 대왕의 정복 활동을 통해 이스라엘은 헬라 세계의 일부가 되었다(단 2장, 7장). 그 결과 이방 나라들은 하나님의 백성과 만나고 하나님의 말씀이라는 보물을 접하게 된다. 이 시기에 있던 중요한 사건들은 더욱 광대한 그레코-로만(Greco-Roman) 세계를 바라는 문화적인 기대감을 형성하기도 한다. 이러한 문화적인 기대감은 대안적인 이야기를 만들어 내는데, 그 안에서 사람들은 이스라엘의 하나님을 믿도록 부름을 받는다. 우리는 성경의 구속 이야기가 언제나 이와 대립하는 가짜 이야기와 만난다는 점을 기억해야 한다. 사람들이 믿음으로 성경의 이야기 안에 들어오면, 이러한

* 그리스어로 '페르시아의 도시'를 의미한다. 페르시아인들은 '파르사'(Parsa)라고 부른다.

대립되는 이야기들은 전복되거나 재설정된다. 그리고 심지어 어떤 면으로는 그 이야기 자체가 구속을 받기도 한다.

• 바사 헬라 전쟁

바사 제국과 헬라 제국이 벌인 전쟁은 신/구약 중간기의 지정학적 전경을 바꾸어 놓는다. 여기서 구약의 마지막 시대에 등장하는 바사 제국의 초기 역사를 간단히 살펴보려고 한다. 이 제국은 **대망 시대**를 이해하는 데 필요한 배경이 되기 때문이다. 바사 왕인 다리오(다리우스 1세, Darius I, 주전 522-486년)는 정복 전사로서 바사 제국의 국경을 크게 확장시켰다. 하나님이 다리오 왕 통치 초반에 그를 감동시키셔서 예루살렘 성전을 재건하는 비용을 부담했다는 사실을 기억할 것이다(스 6:1-12). 연대표 **동전 그림**에서 다리오의 모습을 확인할 수 있다. 다리오는 헬라 제국을 정복하려고 애썼지만, 그 유명한 마라톤 전투에서 패하고 만다. 바사 군대는 6,400명이 전사했는데 아덴(아테네) 군대는 단지 192명만이 전사했다. 이 승리 후에 페이디피데스(Pheidippises)라는 헬라 군사가 42킬로미터를 달려 아덴으로 돌아가서 "우리가 이겼습니다!"라는 말을 전한 후에 쓰러진다. 그가 달렸던 길은 오늘날 현대 마라톤에 영감을 제공했다.

마라톤 전쟁이 있은 지 10년 후, 바사 사람들은 다리오의 아들이자 후계자인 아하수에로(크세르크세스, Xerxes, 주전 486-465년)의 지휘 아래로 들어갔다. 바사식(페르시아식) 이름인 사야르사(Xshayarsha)는 "사람의 통치자"라는 뜻이다. 히브리어로 이 이름을 악하슈베로시(Akhashewerosh)라고 옮겼으며, 여러 성경에서 아하수에로(Ahasuerus)로 번역했다(에 1:1). 크세르크세스는 헬라어 표기로, 몇몇 영어 성경에서 이 헬라어 표기를 사용하여 크세르크세스라고 부르기도 한다. 크세르크세스와 아하수에로는 발음이 많이 다르지만, 실제로는 동일한 바사 이름을 헬라어와 히브리어로 옮긴 것이다. 아하수에로는 아버지의 패배를 복수하기로 다짐한다. 그는 전례가 없을 정도로 대규모 군대를 불러 모은다. 46개의 속국에서 함대를 파견했고, 4,000척이 넘는 배가 소집되었다. 아하수에로가 이끄는 엄청난 군대는 아시아와 유럽을 가르는 좁은 수로인 헬레스폰투스(Hellespont) 해협에 집결했다. 그는 두 개의 부교를 건설하여 바다를 건너도록 명령했다. 그런데 갑자기 폭풍우가 일어 부교가 끊어지고, 강력한 조류에 유실되고 만다. 분노한 아하수에로는 지휘관들에게 채찍으로 바다를 300번 때리게 한다. 바다가 자신의 말에 순종하지 않았다는 이유였다. 또한 자신의 영광에 협조하지 않았다는 이유로 철 족쇄를 물에 떨어뜨렸다. 그는 지체 없이 건축 책임자들을 참수하고 새로운 다리를 만들도록 했다.

결국 아하수에로는 헬라 제국으로 건너갔고, 바사 대사들은 미리 각지로 가서 "흙과 물"을 항복의 표시로 요구했다. 스파르타의 왕 레오니다스(Leonidas)는 모든 무기를 내려놓을 것을 요구받자, 다음과 같이 유명한 말을 남긴다. "와서 가져가시오." 스파르타인 300명으로 이루어진 군대는 며칠 동안 협소한 통로를 지켜 낸다. 그런데 지역의 목동인 에피알테스(Ephialtes)가 그들을 배신하고 바사 사람들을 이끌고 산을 돌아가 스파르타인들을 포위하도록 돕는다. 300명의 스파르타인들은 모두 죽고 말았다. 전투의 결과를 알리고 자결한 한 사람을 제외하고는 말이다. 아하수에로는 레오니다스의 사체를 참수하도록 명령했다. 하지만 후에 사람들은 시신을 찾아 명예롭게 장사를 지냈다.

주전 480년, 바사 군대가 아덴에 도착했다. 바사 군인들은 예술 작품과 조각품들을 파괴한 뒤 도시를 불태워 버린다. 바사 해군도 남은 헬라 연합 함대와 전쟁을 마무리하기 위해 도착했다. 헬라 정치가인 테미스토클레스(Themistocles)는 기지를 발휘하여 아하수에로에게 항복한다는 거짓 메시지를 보내어 바사 함대를 살라미 섬 맞은편의 좁은 해협으로 인도한다. 바사 왕은 전투를 보기 위해 해안가에 있는 황금 옥좌에 앉아 있었다. 동이 튼 직후 살라미 해전이 벌어진다. 어마어마한 규모인 바사 함대는 좁은 해협에서 오히려 걸림돌이 되었고, 기동이 용이한 헬라 전함에 의해 파괴되었다. 아하수에로는 이 재앙을 보고 왕복을 찢고 울부짖는다. 그는 혼란에 빠진 채, 내키지 않지만 45일에 걸쳐 헬레스폰투스로 급하게 돌아왔다. 주전 479년 수산(궁전이 있는 곳이란 뜻, 수사, Susa)에 도착한 후, 아하수에로는 폐위한 전 왕비를 버리고 에스더를 새로운 왕비로 삼았다(에 2:16-17). 아하수에로의 성격을 보면 에스더가 왕 앞에 나아가기를 두려워한 이유가 명쾌하게 설명된다(에 4:11). 에스더 이야기는 하나님께서 이 난폭하고 적대적인 세계에서 어떻게 주권적으로 자신의 백성을 지키시는지를 보여 준다. 에스더는 구약의 마지막에 해당하지만 이는 신/구약 중간 시대의 가장 큰 교훈으로 밝혀지게 된다.

◆ 헬라 고전 문화의 황금기

바사 전쟁에서 승리한 헬라 제국은 고전 문화의 황금기를 이끈다. 이는 신/구약 중간 시대를 연구하는 우리에게 매우 중요하다. 앞으로 보겠지만, 헬라 문화는 성경의 소망과 대립되는 일련의 소망들을 만들어 내기 때문이다. 아덴 정치가 페리클레스(Pericles)는 불에 타 버린 아크로폴리스의 폐허 위에 호화로운 건축 프로그램에 착수한다. 그중 핵심은 파르테논(Parthenos)으로 알려진 신전으로서, 처녀 여신인 아테나 파르테노스에게 봉헌한 것이었다. 파르테논은 이러한 건축 목적을 확실하게 담고 있었다. 파르테논은 미묘한 착시 현상을 사용하여 전체 구조물에 직선이 하나도 없다. 멀리서 보면 파르테논은 사람의 시각에 완벽해 보인다. 앞뒷면에 삼각형으로 된 박공•(pediment, 고대 헬라식 건축에서 건물 입구 위의 삼각형 모양)에는 실물 크기의 조각상들이 있었다. 동편 박공은 아테나가 제우스의 머리에서 탄생하는 모습을 묘사하고 있으며, 서편 박공은 아테나와 포세이돈이 도시의 수호신이 되는 영광을 차지하기 위해 다투는 모습을 그려 낸다. 파르테논의 네 면에는 밝게 채색한 양각으로 새긴 조각품들이 있었다. 네 면은 각기 역사나 신화에 따른 전투 장면에 할애되어 있었다. 내부 신전에는 외벽을 따라 약 160미터가량 양각으로 된 프리즈(frieze, 내부 기둥과 지붕 사이 부분)가 이어진다. 파르테논의 프리즈에는 총 192개의 형상이 있는데, 이는 마라톤 전투에서 죽은 아덴 사람들을 불멸의 존재로 만든다. 또한 파르테논의 프리즈는 신전의 입구

• 박공

까지 향하는 신성한 행진 가운데 인간과 신이 뒤섞여 있는 모습을 보여준다. 한때 파르테논 내부에는 12미터에 달하는 금과 상아로 만든 아테나 신상이 우뚝 솟아 있었다. 그 신상은 44달란트, 즉 1,100킬로그램에 달하는 금으로 덮여 있었다. 이렇게 아테나 여신은 아덴의 보물 중 상당 부분을 차지한다. 파르테논은 고전 예술의 정점이자 헬라 문화의 영속적인 상징물로 여겨진다.

헬라 제국은 또한 철학, 예술, 문학, 과학에서도 황금기를 지난다. 당시는 철학자 소크라테스(Socrates), 플라톤(Plato), 아리스토텔레스(Aristotle)의 시대였다. 조각가인 페이디아스(Phidias)는 새로운 기술적 성취를 이루었다. 상아와 금으로 만든 12미터의 헬라 신 제우스 상은 이후에 세계 7대 불가사의에 포함되기도 한다. 역사가 헤로도토스(Herodotus)와 투키디데스(Thucydides)도 이 시기에 왕성하게 활동했다. 아이스킬로스(Aeschylus), 소포클레스(Sophocles), 에우리피데스(Euripides), 아리스토파네스(Aristophanes)와 같은 시인들은 희곡을 만들었고, 오늘날까지도 상연된다. 철학자 이소크라테스(Isocrates)는 대담하게도 헬라가 전 세계를 가르치는 역할을 부여 받았다고 주장한다. 다른 나라들에 대한 헬라 문화의 이 자신만만한 태도는 하나님의 백성과 괴리되었을 때만 존재할 수 있는 것이었다. 모든 것은 하나님의 주권적인 손 아래서 곧 바뀌고 만다.

▶▶▶ 신약 연대표

연대표에서 **파르테논 그림**을 확인하자. 이 그림은 대립되는 이 문화적 종교적 관점을 상기시킨다. 바울은 후에 바로 이 신전을 뒤로 한 채 "우주와 그 가운데 있는 만물을 지으신 하나님께서는 천지의 주재시니 손으로 지은 전에 계시지 아니하시고"(행 17:24; 참고 창 1:1) 라고 선포한 것이다. 이 때문에 연대표에 있는 지도의 아덴 지역에도 파르테논을 표시해 놓았는데, 이러한 배경에서 바울이 아덴 사람들에게 메시지를 전했음을 상기시키기 위함이다. 연대표 뒤편 **신약 신학을 이해하기 위한 핵심 주제**에 파르테논에 대한 간단한 설명이 있다.

• 알렉산더가 바사를 물리치고 동방에서 헬라의 통치를 수립하다(단 8장)

이 시대의 이야기에서 다음 움직임은 동방에서 헬라의 통치가 수립된 것이다. 알렉산더 대왕은 마게도냐(마케도니아) 왕인 필리포스 2세(Philip II)의 아들이다. 알렉산더는 아리스토텔레스에게 직접 고대의 전통을 배웠고 폭넓은 군사 훈련을 받았다. 알렉산더의 아버지가 주전 336년 암살을 당하자 알렉산더는 약관의 나이에, 유능한 장수들과 탁월한 무기를 갖춘 잘 훈련된 마게도냐 군대를 물려받았다. 알렉산더는 2년 동안 헬라에서 자신의 세력을 다진 후 이제는 다리오 3세(Darius III)가 다스리고 있는 바사 제국 정복에 나선다. 알렉산더는 중부와 북부 헬라를 건너 신중하게 아하수에로의 길을 되짚어간다. 주전 334년에는 3,000명의 군인과 5,000명의 기병을 이끌고 헬레스폰토스를 건넌다. 알렉산더는 창을 땅에 던지고 트로이 전쟁의 영웅인 아킬레스(Achilles)의 무덤 주위에서 춤을 춘다. 알렉산더는 자신을 새로운 아킬레스라고 여겼고, 심지어 원정 때도 호머(Homer)의 《일리아드》(*Iliad*)를 옆에 두고 잠들었다.

고대 트로이 지역에서부터 시작하여 알렉산더는 계속해서 승리를 거두며 아시아 지역을 휩쓴다. 그리고 마침내 다리오 3세(Darius III)가 이끄는 바사 군대와 주전 333년 이수스에서 조우한다. 바사 군대는 10만 명이 넘었고, 다리오 3세가 그 중심에 있었다. 마게도냐 군대는 고작 4만 명이었다. 알렉산더는 바사 군 진형의 약점을 간파하고 기병들에게 다리오 3세의 전차를 향해 곧장 돌격하도록 명한다. 바사의 왕은 어머니, 아내, 두 딸을 버리고 전장을 떠나고 만다. 다리오 3세는 화평을 청하며 왕가의 안전한 귀환과 정치적 동맹을 대가로 10,000달란트를 주겠다고 제안한다. 알렉산더는 이를 거부하고 다리오 3세에게 자신이 전투에서

승리하였기 때문에 이제는 자신을 동등한 입장이 아닌 아시아의 왕이라고 칭해야 한다고 일깨운다.

알렉산더는 동부 지중해 해안을 따라 내려가며 바사의 해군력을 차단하고 바사 제국의 서쪽 절반을 통합한다. 알렉산더는 두로(티레, Tyre)를 일곱 달이나 포위 공격하는데 이 섬을 육지와 영원히 연결하게 될 토지 매립 공사를 진행하였고, 결국 주전 332년에 그 섬을 차지한다. 다리오 3세는 다시 사절단을 보내 10,000달란트와 유브라데(유프라테스) 강에서 에게 해까지의 모든 영토를 주고, 자신의 딸과 결혼할 것을 제안했다. 알렉산더는 자신은 돈이나 땅이 필요하지 않으며, 자신이 원해야만 다리오 3세의 딸과 결혼할 것이라고 응답한다. 알렉산더는 수리아(시리아) 내륙으로 침입하여 많은 곳을 함락했는데, 몇몇은 무력으로 점령했으며, 몇몇은 스스로 굴복했다. 그는 남쪽으로 이동하여 두 달 후에는 해안에 있는 가사(가자) 지역을 점령했다. 이곳에서 하루나 이틀이면 예루살렘이 도달할 수 있다는 점을 기억하자.

이스라엘은 바로 이 순간, 헬라 세계의 일부로 편입된다. 알렉산더는 예루살렘의 대표단을 만날 준비를 한다. 당시 이스라엘의 대제사장은 얏두아(Jaddua)로서 하나님의 백성들에게 보호해 줄 것을 기도하라고 요청한다. 하나님은 계시를 통해 대제사장에게 도시의 문을 열고 대제사장 의복을 입은 채로 알렉산더를 맞이하라고 가르친다. 알렉산더는 이스라엘의 대제사장을 보고 경배하며 그 앞에 절한다. 알렉산더의 지휘관들은 놀라서 왜 이 사람에게 경외감을 표하는지 묻는다. 알렉산더는 자신이 이미 마게도냐에 있을 때 꿈에서 이 옷을 입은 사람을 봤다고 말한다. 알렉산더는 지금까지 그와 같은 옷을 입은 사람을 보지 못했기 때문에 그 직분을 주신 하나님을 경외하고, 하나님이 자신의 목적을 위해 군대를 지휘하신다는 것을 확신한다. 예루살렘의 종교 지도자들은 다니엘서 두루마리를 펼쳐 알렉산더에게 하나님이 헬라의 한 사람이 바사 제국을 멸망할 것을 약속하셨다고 보여 준다(단 8장). 알렉산더는 예루살렘 성전에서 하나님께 제사를 드리고 하나님의 백성들이 조상의 법을 따르도록 승인한다(요세푸스, 《고대사》. 11.325-339).

알렉산더의 관대한 조건은 자신을 받아들인 다른 도시들에 제시한 조건들과도 일치한다. 예루살렘 성전에서 제사를 드리고 제사장들을 대우한 것은 헬라, 두로, 애굽(이집트), 바벨론의 신들에게 경배를 드린 것과 유사하다. 다만 이 만남에서 뚜렷하게 구분되는 한 가지는 하나님의 말씀이다. 여호와는 다니엘 선지자에게 이 시대의 왕국들이 어떻게 이어질지 예언으로 드러내셨다(단 2장, 7장). 다니엘은 또 다른 계시에서 두 개의 뿔이 달린 숫양을 본다(단 8:3-4). 그 숫양은 서쪽과 북쪽과 남쪽을 향하여 받고 모든 땅이 자신의 발아래 있다고 주장한다. 아무도 이에 맞설 수 없었다. 이 숫양은 정확히 이 방향으로 확장한 메대 바사(Medo-Persian) 제국을 의미한다. 다니엘은 숫염소가 땅에 닿지도 않은 채로 서쪽에서 오는 것을 본다(단 8:5). 그 염소는 분노하여 곧장 달려가 숫양을 치고 짓밟는다. 아무도 그 숫양을 염소의 힘에서 구할 수 없었다. 하나님은 다니엘에게 이 계시의 해석을 주셨다. "네가 본 바 두 뿔 가진 숫양은 곧 메대와 바사 왕들이요 털이 많은 숫염소는 곧 헬라 왕이요 그의 두 눈 사이에 있는 큰 뿔은 곧 그 첫째 왕이요"(단 8:20-21). 다니엘이 받은 계시는 세부 내용까지 정확하게 알렉산더의 원정과 일치한다. 역사를 통한 하나님의 구속 목적에는 나라들이 연속으로 나타나 이스라엘을 준비시키고, 전 세계가 메시아를 준비하는 과정도 포함되는 것이다.

알렉산더는 이스라엘에게 자체 법을 따라 살아갈 수 있는 권리를 부여한 뒤에 애굽에 알렉산드리아를 건설한다. 이 도시는 알렉산더의 이름을 따라 건설한 스무 개의 도시들 중에 가장 거대하고 중요한 도시였다. 이 도시는 문화와 배움의 중심지가 된다. 이 도시의 규모와 부유함은 로마에 버금갈 정도였다. 이후 알렉산더는 동쪽의 바사 제국을 향해 진군하여 아무 제지 없이 유브라데 강과 힛데겔(티그리스) 강을 건넜다. 주전 331년 다리오 3세는 또 한 번 거대한 병력을 집결하여 가우가멜라(Gaugamela, 이라크 북부 지역) 평원에서 알렉산더를 맞을 준비를 한다. 비록 군사의 수는 크게 미치지 못했지만, 알렉산더는 바사 군대의 허를 찌른다. 다리오는 치열한 백병전 가운데 포위되었고 가장 먼저 전장에서 퇴각한다. 폼페이에서 발견된 알렉산더를 그린 모자이크 작품을 보면 다리오 왕의 얼굴에 서린 공포가 잘 나타나 있다. 바사의 본진이 무너지자 혼란에 빠진 군대는 궤멸하고 만다. 알렉산더는 신속하게 움직여 바벨론, 수산, 페르세폴리스(Persepolis)를 차지하고 그들의 엄청난 보화를 저항 없이 탈취한다. 그리고 금 180,000달란트를 요구하는 데 이는 배상하는데 두 세기가 소요될 정도로 충격적인 수치다. 알렉산더는 수백 킬로미터에 달하는 험난한 땅을 따라 다리오 3세를 추적하는 강행군을 펼쳤다. 그는 마침내 자신의 협력자에게 찔려 죽기 직전인 다리오 3세를 찾아낸다. 알렉산더는 그의 시체를 페르세폴리스에 보내어 조상들의 무덤에 장사를 지내도록 한다. 주전 330년 여름, 바사 제국은 알렉산더가 동방에 헬라 통치를 수립하면서 종말을 고한다.

알렉산더의 원정은 신약 시대에 그레코-로만(Greco-Roman) 세계에 제국을 건설하려는 모든 미래의 통치자들에게 영감이 되었다. 알렉산더는 멈추지 않고 21년 동안 원정에 나섰으며 결국에는 인도까지 진군했다. 총 이동 거리는 35,000킬로미터에 달하며, 종종 숫자적 열세에 놓였지만 전투에서는 한 번도 패배하지 않았다. 오늘날에도 군사 학교에서는 그의 전략을 연구하며 역대 최고로 뛰어난 전장 지휘자로 평가한다.

대망 시대를 연구하는 측면에서 보자면, 알렉산더의 정복 활동을 통해 동방과 서방은 대대적으로 접촉하게 되었다. 알렉산더는 자신이 정복한 문화들을 융합하기 위해 여러 가지를 시도했고, 그들을 자신의 유일한 통치 아래 한데 묶으려고 했다. 그는 제국에 새로운 지배 계층을 형성하기 위해 바사의 상류층들과 마게도냐 군사들 사이에서 10,000쌍 이상 결혼을 하게 만든다. 또한 바사의 왕복을 입기도 한다. 심지어 자신의 군사들에게 바사 식으로 절하며 경외감을 표하도록 했지만, 그들은 완전히 거부했다. 알렉산더의 원정 결과, 헬라 세계는 이스라엘의 하나님께 노출되었다. 이 만남으로 헬라인들은, 한 분 하나님을 섬기며 모든 인류에 대한 하나님의 목적과 역사가 담긴 성경을 소유한 백성을 알게 되면서, 경이로움과 경외감을 표한다. 그들이 나눈 대화를 담은 가장 오래된 기록은 헬라 철학자인 아리스토텔레스와 어느 이스라엘 현자의 대화다. 아리스토텔레스는 유대인 현자가 헬라어를 사용하고 헬라인의 정신을 지녔다는 점에 강한 인상을 받는다. 결국 아리스토텔레스는 자신이 유대인 현자를 가르친 것이 아니라, 오히려 유대인 현자가 자신을 가르쳤다고 결론 내린다. 이 매혹적인 사건은 세상이 성경의 하나님을 처음으로 만나면 경이로움을 느끼게 된다는 사실을 일깨워 준다. 우리는 나라들을 가르치고 그들을 유일한 통치자 아래에 하나로 규합하는 책임이, 세상이 아닌 우리에게 맡겨졌다는 사실을 상기할 필요가 있다(사 2:1-4; 마 28:19-20; 엡 1:22).

▶▶▶ 신약 연대표

잠시 시간을 내어 연대표에서 이 부분에 해당하는 몇 가지 그림들을 확인해 볼 것을 권한다. 무엇보다 먼저 **공격하는 군사**의 그림이 보일 것이다. 이는 구약 연대표에서 따온 것으로, 외세의 공격을 상징한다. 이 경우에는 바사와 헬라의 전쟁에 해당한다. 두 번째로 연대표 **대망 시대** 부분에서 **알렉산더의 형상이 담긴 동전**을 확인해야 한다. 연대표 뒷면에는 그림과 함께 간단한 설명도 있다. 이 동전은 알렉산더의 통치를 상징한다(주전 332–323년). 세 번째로 **표범**의 그림이 있는데 구약에 나오는 다니엘의 계시에서 따온 것이다. 이는 알렉산더가 바사 제국을 패퇴하면서 다니엘의 계시에 나오는 세 번째 왕국의 시대가 열렸다는 것을 가리킨다. 마지막으로 이미 **파르테논**의 그림을 확인했을 것이다. 이 그림은 헬라 문화의 영향력과 더불어, 헬라의 종교관이 하나님과 대립되는 것임을 상징한다.

◆ 이스라엘이 알렉산더의 후계자들의 전쟁으로 고난을 받다(단 11장)

대망 시대 아래에 굵은 글씨로 된 두 번째 소제목은 "이스라엘이 알렉산더의 후계자들의 전쟁으로 고난을 받다"이다. 하나님의 백성들은 알렉산더의 후계자들이 자신들의 땅 전역에서 격렬한 전쟁을 벌일 때도 하나님을 신뢰하는 법을 배워야만 한다. 이 고난에도 불구하고 하나님은 여전히 일하고 계신다. 하나님은 나라들의 흥망성쇠를 통제하신다. 하나님은 심지어 헬라 왕의 마음을 움직여 성경을 헬라어로 옮기도록 하신다. 잠언 21장 1절은 이렇게 선포한다. "왕의 마음이 여호와의 손에 있음이 마치 봇물과 같아서 그가 임의로 인도하시느니라."

주전 323년, 알렉산더는 헬라에 돌아가지 못한 채 33세에 바벨론에서 갑자기 죽는다. 그가 미래를 대비하여 세웠던 엄청난 계획들은 그가 남긴 문서에서 찾아볼 수 있다. 알렉산더는 거대한 해군을 조직하여 카르타고 원정길에 나서려고 했고, 북아프리카 전역을 연결하는 길과 항구를 건설하려고 했다. 또한 종교 중심지에 거대한 신전들을 세우려고 했으며, 애굽의 피라미드에 필적하는 규모로 아버지를 위한 묘를 헌정하려고 했다. 더불어 민족 간 혼합 결혼을 통해 혈연관계로 묶어 세상을 화목하게 하려고 했다. 여호와 하나님은 알렉산더를 사용하셔서 하나님의 주권적인 목표를 진척시키셨지만, 모든 민족을 하나로 묶는 역할은 메시아에게만 속한 것이다(시 2:8; 단 7:13-14). 알렉산더가 임종할 때, 휘하의 장군 네 명은 누구에게 왕국을 남겨 줄 것인지 물었다. 그러자 알렉산더는 이렇게 답했다. "가장 강한 자." 이는 "숫염소가 스스로 심히 강대하여 가더니 강성할 때에 그 큰 뿔이 꺾이고 그 대신에 현저한 뿔 넷이 하늘 사방을 향하여 났더라"(단 8:8)는 다니엘 선지자의 예언을 떠올리게 한다. 다니엘은 헬라 왕국이 정통 계승자가 아닌 자들에게 갈라질 것을 예언했다. "그러나 그가 강성할 때에 그의 나라가 갈라져 천하 사방에 나누일 것이나 그의 자손에게로 돌아가지도 아니할 것이요 또 자기가 주장하던 권세대로도 되지 아니하리니 이는 그 나라가 뽑혀서 그

외의 다른 사람들에게로 돌아갈 것임이라"(단 11:4). 우리는 이제 관심을 돌려 다니엘의 예언이 성취되면서 이후에 어떠한 일이 발생하는지 살펴볼 것이다.

알렉산더의 네 장수는 그의 계획을 파기한 채 유일한 통치자가 되기 위해 서로와 싸우는 데 열을 올린다. 이 장군들은 알렉산더의 후계자들로 알려졌다. 권력을 향한 투쟁은 두 세기가 넘도록 계속된다. 그들은 알렉산더의 후계자들이기 때문에, 연대표에서 그들의 통치를 설명하는 그림도 알렉산더다. 이는 그들을 통해서 알렉산더의 통치가 지속되었음을 나타낸다. 네 장군은 곧 둘로 줄어든다. 프톨레마이오스(Ptolemy)는 애굽의 알렉산드리아에서 통치한다. 셀레우코스(Seleucus)는 수리아의 안디옥(안타키아, Antioch)에서 통치한다. 이 두 장군이 익숙하지는 않겠지만 "ㅍ"이 들어가는 **프**톨레마이오스가 애굽을 다스리던 **파**라오(바로)의 지역을 통치했고, "ㅅ"이 들어가는 **셀**레우코스는 **수**리아를 통치했다고 기억하면 쉽다. 그들의 후손들은 프톨레마이오스 왕조와 셀레우코스 왕조를 이루는데, 여섯 차례에 걸친 수리아 전쟁을 벌인다. 무장이 잘 된 대규모의 애굽 군대와, 또 다른 무장이 잘 된 대규모의 수리아 군대가 양편에 있는 지도를 상상해 보라. 그렇다면 실제로 어디에서 싸움이 일어날 것인가? 이스라엘의 영토가 이 대립되는 세력 사이에 놓여 있다. 이스라엘은 군대가 진군하는 길목에 있었기 때문에 큰 고난을 당한다. 아들들은 전장에 끌려갔다. 자원들은 약탈 당했다. 하나님의 백성들은 전쟁과 연관되어 부수적으로 막대한 피해를 입는다. 다니엘서 11장에 나오는 북쪽 왕과 남쪽 왕이 바로 프톨레마이오스 왕조와 셀레우코스 왕조다.

• 이스라엘을 다스리는 프톨레마이오스(주전 301-200년)

프톨레마이오스 1세는 헬라의 문화와 지적 전통을 애굽의 종교 및 신학과 결합한 인물로 기억된다. 그의 왕조는 주전 31년 안토니우스(Mark Anthony)가 옥타비아누스(Octavian)에 패배하면서, 마지막 군주인 클레오파트라 7세(Cleopatra VII)가 목숨을 끊을 때까지 거의 300년간 유지되었다. 하나님의 백성들은 이 시기에 엄청난 고난을 당했지만, 하나님은 계속해서 세상 나라들이 자신의 말씀에 접근할 수 있도록 허락하시면서 기대감을 조성하신다.

• 프톨레마이오스 2세의 후원 아래 성경을 헬라어로 옮기다(칠십인 역)

프톨레마이오스 2세는 학식과 문화적 소양이 뛰어난 인물로 기억된다. 그의 후원 아래 알렉산드리아 도서관은 모든 분야의 지식을 획득하고, 또 더 넓은 헬라 세상에 퍼뜨렸다. 알렉산드리아의 세관 관리들은 책을 찾기 위해 상선들을 수색했다. 그렇게 모든 책을 압수하여 도서관용으로 사용할 복사본을 만들었다. 알렉산드리아 도서관은 세계에서 가장 큰 도서관으로 성장했다. 철학 논문에서 요리책에 이르기까지 소장 내용도 광범위했다. 이때 프톨레마이오스 2세는 하나님 말씀의 가치를 깨닫고, 이를 헬라어로 옮겨야 할 필요를 느꼈다. 그는 예루살렘의 대제사장에게 편지를 보내 그들의 율법을 히브리어에서 헬라어로 옮길 것을 요청한다.

대제사장은 열두 지파에서 각각 여섯 명씩 학식이 뛰어난 자들을 선정했다. 이 72명의 번역자들이 이스라엘에서 애굽으로 건너갔고, 헬라 왕은 그들을 환대하고 아낌없이 지원을 한다. 이레 동안 이어진 연회에서 프톨레마이오스 2세는 당시 정형화된 일종의 학술 토론회에서 번역자들에게 몇몇 윤리적인 질문을 던졌다. 그들이 내놓는 답변들은 모두 하나님과 명쾌하게 연결되어 있었다. 프톨레마이오스 2세는 이 사람들이 덕성과 이해력이 뛰어나다고 공언했다. 왜냐하면 그들은 모든 일에 하나님께 영광을 돌리고, 하나님이 모든 나라에 주권의 손을 펼치신다고 선포했기 때문이다. 이 번역 작업은 알렉산드리아의 해변 너머에 위치한 파로스(Pharos) 섬에서 이루어졌다. 그들의 번역본은 70명의 번역, 즉 칠십인 역(Septuagint)으로 알려졌고, 보통 로마 숫자를 따라 LXX(72명을 70명으로 단순화)라고 한다. 이는 고대 세계에서 처음으로 행해진 대규모 번역 작업이었다.

연대표 **가르침 시대**에 있는 지도에서 알렉산드리아의 **등대** 그림이 보일 것이다. 프톨레마이오스 2세는 하나님의 말씀을 번역한 위치인 파로스 섬에 등대를 건설한다. 등대의 높이는 137미터에 달했는데, 당시 사람이 만든 건축물 중에서 기자의 대 피라미드 다음으로 높았다. 또한 등대에서 밝히는 봉화는 160킬로미터 이상 비추었다. 이제 하나님의 주권으로 하나님 말씀의 끝없는 빛이 바로 그 섬에서 전 세계에 닿게 된다.

칠십인 역의 의의는 헬라어를 사용하는 광범위한 독자들이 하나님의 말씀에 접할 수 있게 되었다는 점이다. 또한 이 번역은 이스라엘 영토 밖에 거주하며 헬라어를 사용하는 유대인들의 필요에 응하는 것이기도 했다. 칠십인 역은 히브리어 원본에 충실하면서도 과도한 문자주의와 역동적 등가성*(dynamic equivalence) 사이에서 중도적인 입장을 유지하기 위해 애썼다. 또한 칠십인 역은 성경의 많은 핵심 용어들을 헬라어로 옮겼다. 신약의 저자들도 이 성경을 많이 읽었고, 구약을 인용할 때도 이 성경을 사용한다. 이 책에서도 이 번역을 여러 차례 언급할 것이다. 알렉산드리아의 필로(Philo of Alexandria)는 그리스도보다 한 세대 전에 태어난 주석가로서, 칠십인 역을 옮긴 번역자들이 모든 인류가 이 아름다운 명령으로 유익을 얻고, 성경에 따라 살아감으로 바르게 되기를 기도했다고 기록한다.

하나님의 말씀은 전 세계 역사를 통틀어 가장 널리 번역된 글이다. 아직도 자신의 모국어로 살아 계신 하나님의 말씀을 들어 보지 못한 자들이 있다. 주님께서 우리 세대에 번역자들을 세우셔서 이 거룩한 작업이 완성되기를 바란다.

* 성경을 문자 그대로 믿기보다 성경을 자기 생각에 맞게 해석하는 방법

• 셀레우코스 왕조가 이스라엘을 통치하다 (주전 198-142년)

주전 198년, 안티오코스 3세(Antiochus Ⅲ)가 프톨레마이오스의 장군 스코파스(Scopas)를 바니아스(Baneas)에서 패배시키면서 이스라엘은 셀레

우코스 왕조에게 넘어간다. 안티오코스 3세는 알렉산더의 장군인 셀레우코스의 증손자다. 알렉산드리아라는 이름의 도시를 스무 개나 건설한 알렉산더처럼 셀레우코스는 자신의 아들 안티오코스의 이름을 따서 열여섯 개의 도시를 만들어 안디옥이라고 명명한다. 이 도시 중 하나가 그리스도를 믿는 자들이 처음으로 그리스도인이라고 불렸던 곳이다(행 11:26). 안디옥 교회는 바울의 선교 여행의 주된 후원자였다. 이제 안티오코스 3세가 소아시아를 건너 헬라 지역까지 세력을 넓히자, 당시 부상하는 로마 세력도 이를 주목한다. 로마는 안티오코스에게 아시아 지역에 있는 헬라인을 로마가 보호할 권리를 인정하라고 요구한다. 로마가 전쟁을 선포한 후에 안티오코스는 그 전쟁에서 패배하고 토로스(Taurus) 산맥의 서쪽 편 영토를 포기한다. 그는 15,000달란트라는 어마어마한 배상금도 갚아야 했다. 또한 그의 아들인 안티오코스 4세는 볼모로 잡혀가 로마에서 자랐다.

• 안티오코스 3세가 이스라엘이 조상의 법대로 살도록 허용하다

안디오코스 3세가 처음으로 이스라엘까지 지배권을 확장하자, 예루살렘의 거주자들은 그를 받아들이고 군대에 필요한 것을 공급했다. 그 대가로 안티오코스 3세는 예루살렘에 이로운 칙령들을 내린다. 그는 세금을 면제하고 예루살렘 성전에서 드리는 제사를 위한 재원을 제공한다. 이 칙령 중 세 가지는 간접 전승으로 지속되었다(요세푸스, 《고대사》, 12:138-153). 이는 세상의 모든 나라가 하나님의 백성과 처음으로 조우(遭遇)하며 놀라게 될 매혹적인 또 다른 기회가 되었다. 안티오코스 3세는 이스라엘에 중요한 규정들을 많이 허락했다. 이스라엘은 조상들의 법, 즉 성경을 따라 사회를 운영하는 권리를 받았다. 또한 포도주, 기름, 유향, 레바논 삼나무도 공급받았다. 심지어 외국인의 입장과 금지된 제물을 통해 성전이 더럽혀지는 것을 막는 법령을 공개적으로 알린다(《고대사》, 12.145-146). 연대표에 나오는 **십계명** 그림은 안티오코스 3세의 호의적인 통치로 이스라엘이 하나님의 말씀에 따라 살 수 있었음을 말한다.

하지만 이스라엘에 대한 셀레우코스 왕조의 호의적인 자세는 계속되지 않았다. 안티오코스 3세는 고갈된 국고를 채우기 위해 바사의 엘리마이스(Elymais) 신전을 공격하다가 살해당한다. 그의 아들인 셀레우코스 4세가 그 자리를 대신해서 통치하지만, 몇 년 후 셀레우코스 4세도 살해당하고 그의 형제인 안티오코스 4세가 그 자리를 대신한다(주전 175-164년). 안티오코스 4세의 통치는 이스라엘에 공포와 엄청난 고난의 시간이었다. 고난은 극심했지만, 하나님은 자신의 약속에 신실하셨다. 하나님은 자기 백성들이 적대적인 문화에 완전히 멸망하도록 내버려 두지 않으시고, 이스라엘을 다시 구하실 것이다.

◆ 하나님이 마카베오 일족을 통해 이스라엘을 구하시다(주전 167-164년)

대망 시대 아래에 굵은 글씨로 되어 있는 세 번째 소제목은 하나님이 마카베오 일족으로 알려진 제사장 가문을 통해 이스라엘을 구원하셨음을 가르친다. 하나님은 다윗과 맺은 언약 때문에 이스라엘에 등불이 꺼지지 않도록 하신다(대하 21:7). 하나님의 백성들은 반드시 세상에 남아 있어야 했다. 왜냐하면 이스라엘을 통해 구속을 이루시려는 하나님의 목적은 아직 온전히 실현되지 않았기 때문이다. 이때에 하나님의 백성들은 믿음을 타협하라는 주위 문화의 압력으로 힘들어 했다. 세계관의 충돌은 폭력 사태로 분출되고 만다. 안티오코스 4세가 성전을 더럽히고 성경을 믿는 신앙을 불법으로 만들면서, 이스라엘의 고난은 새로운 지경에 들어섰다. 수천 명이 죽임을 당했고, 이제 하나님은 마카베오 일족을 통해 자기 백성을 구하시고 성전은 다시 봉헌된다.

▶▶▶ 신약 연대표

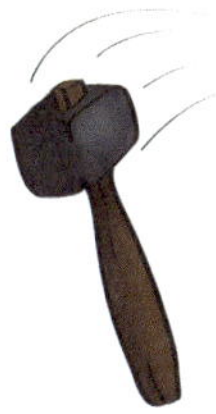

이 시대를 대변하는 **망치**를 연대표에서 찾아보자. 히브리어 *마케벳*(makkebet)은 "망치"를 뜻하는데, 하나님이 자기 백성을 구하기 위해 들어 쓰신 유다 마카베오(Judas Maccabeus)의 별명이 바로 이 단어다. 이 **망치** 그림에 대한 설명이 연대표 뒷면에 있다. 이 그림은 마카베오 가문이 안티오코스 4세에게 승리했다는 것을 기억하는 데 도움이 된다.

• 헬라 문화에 대한 태도를 두고 빚어진 이스라엘의 갈등(마카베오2서 4장)

우리는 이미 세계 나라들이 이스라엘의 하나님과 만나면서 긍정적인 반응을 보이는 모습을 여러 차례 목격했다. 그들은 처음으로 하나님의 신분과 성품과 목적을 알게 되었다. 하나님은 거룩하심, 능력, 자비가 비할 데 없이 아름다운 분이다. 하지만 슬프게도, 다른 나라들과 만나면서 오히려 하나님의 백성이 부정적인 영향을 받기도 한다. 이방 문화에 노출되면서 그 문화에 매혹된 것이다. 알렉산더의 정복 전쟁에 뒤이어 헬라에 대한 염원과 문화 기관들이 광범위하게 퍼져 나갔다. 헬라인들은 우상을 숭배하고 자신을 높이는 세계관을 이 세상에 가져왔다. 사람은 만물의 척도다. 헬라 문화에서 가장 고상한 형태의 성취는 영웅적인 행위, 운동 시합, 극장과 무대에서 이루어지는 신나는 즐길 거리들이었다. 헬라인들은 하나님과 대립되는 신화를 제시하는데, 이 신화에는 여러 신이 등장하고 추종자들은 그 신들의 성적 부도덕과 악행들을 그대로 반영한다. 신들과 영웅들의 형상을 담을 성전들이 건축되었다. 이렇듯 우상 숭배는 모든 지역을 보호하고 존경한다는 점을 보장하는 것이었다. 헬라인들은 또한 자신들의 문학, 그리고 성공에 대한 이해를 바탕으로 대안적인 교육 철학과 커리큘럼을 제시했다. 지도자 양성에 대한 헬라의 관점에 따라 운동을 통한 신체 단련과 대중 연설 기술로서 수사학을 강조했다. 이는 급속히 변하는 세계에 참여하고, 높은 지위에 오르며, 일을 얻기 위한 필수 기술이었다. 바울은 후에 복음 선포는 인간의 기술에 달린 것이 아니라 하나님의 능력과 그 말씀에 달린 것이라고 말하며 수사학에 의지하는 것을 거부한다(고전 1:18-31; 참고 렘 9:23-24). 바울은 운동선수의 심상을 사용하여 경건함을 훈련하는 중요성을 설명하기도 한다(고전 9:24-27). 지금은 당시 우세하고 공격적인 헬라 문화가 이스라엘에 엄청난 갈등을 초래했다는 사실만 파악하면 된다.

대제사장 오니아스 3세(Onias III)의 형제인 야손(Jason)이 새로운 대제사장으로 지명받기 위해 은 360달란트를 제시하면서, 헬라 문화를 두고 빚어진 갈등이 터져 나온다. 안티오코스 4세는 기꺼이 동의하고 야손에게 대제사장직을 주었고, 야손은 권력을 휘둘러 이스라엘이 헬라의 삶의 방식을 따르도록 만든다. 야손은 개혁을 일으켜 하나님의 율법과 반대되는 새로운 관습들을 도입한다. 하나님의 백성들은 외국의 양식을 받아들임으로써 "헬라화"(Hellenize) 되었다. 야손은 예루살렘의 중심지에 김나지움(gymnasium, 체육 학교)를 짓고 새로운 지배 계층을 양성한다. 체육 학교는 체육 훈련과 운동을 강조한다. 학생들은 독특한 헬라식 모자를 쓰고 나체로 교육 받았다. 헬라어 *기모스*(gynmos)는 "나체"라는 뜻이다. 그리고 이렇게 훈련하는 장소를 김나지움이라고 했다. 스포츠와 오락의 강력한 유혹은 하나님을 섬기기로 헌신한 자들도 거부하기 힘든 것이었다. 성전에서 사역하는 제사장들도 이러한 유혹으로 흔들리기 시작했다. 그들은 결국 레슬링이나 투원반 시합을 놓치지 않기 위해 하나님께 할 사역도 무시하는 지경까지 이르렀다(마카베오2서 4:10-15). 이 인간 중심적인 문화의 매력은 하나님의 말씀에 능통한 자들까지도 취하게 만들었던 것이다. 이 글을 쓰면서 나는 우리 사회가 스포츠와 오락을 가장 소중한 것으로 여긴다는 사실을 진지하게 생각하게 된다. 오늘날에도 수퍼볼에 삼십 초간 광고하는 금액이면, 내가 섬기고 있는 교회의 모든 사역을 4년간 후원할 수 있으며 수십 명의 선교사를 사역지로 보낼 수 있다는 사실이 나를 슬프게 한다.

• 안티오코스 4세가 성전을 약탈하고 강제로 "하나님의 율법"을 버리도록 만들다(단 8-9장; 마카베오2서 5-7장)

안티오코스 4세는 통치 초반에 성공을 거두면서 교만해진다. 그러면서 안티오코스 에피파네스(Epiphanes)라는 거창한 칭호를 취하는데, 이는 "하나님이 현현하다"라는 뜻이다. 하지만 이후에 헬라의 작가들은 그를 *에피마네스*(Epimanes), 즉 "광인"으로 불렀다. 그는 정치와 문화를 공격적으로 확장하는 정책을 펴기 시작한다. 그는 수리아, 블레셋(팔레스타인), 베니게(페니키아, Phoenicia)의 모든 지역이 자기 영토라고 주장하였고, 이는 프톨레마이오스의 애굽과 새로운 전쟁을 촉발시켰다. 안티오코스 4세는 스스로 애굽의 왕으로 등극하지만, 로마 원로원은 가이우스 포필리우스 라에나스(Gaius Popilius Laenas)를 보내 로마의 권익을 지키고자 한다. 안티오코스 4세는 로마의 사절을 반기며 친선을 제안한다. 하지만 포필리우스는 이를 즉각 거절하고 원로원이 자신의 손에 들려 준 칙령을 읽어 보라고 한다. 그 칙령은 안티오코스 4세의 즉각적인 철수를 요구하는 것이었다. 안티오코스 4세는 대규모 군대 앞에 서서 자신들의 친구들을 불러 어떻게 해야 할지 생각해 볼 기회를 달라고 했다. 포필리우스는 자신의 지팡이로 안티오코스 4세 주위에 천천히 원을 그린다. 그리고 그 원을 벗어나기 전에 마지막 결정을 내려야 한다고 말한다. 이 대치 상황이 바로 "한계를 정하다"(to draw a line in the sand)라는 말의 기원이다. 깜짝 놀란 안티오코스 4세는 결국 굴복하여 분노한 채 그곳에서 철수한다.

안티오코스 4세는 애굽을 떠나 예루살렘을 공격하여 자신의 분노를 터뜨린다. 그의 잔혹함에 대해서는 마카베오서에 생생하게 기록되어 있다. 안티오코스 4세의 군사들은 남녀노소를 가리지 않고 학살한다. 그 결과 3일 만에 8,000명이 죽임을 당했다. 안티오코스 4세는 예루살렘 성전에 들어가서 각종 기물들과 제물들, 그리고 은 1,800달란트를 탈취한다(마카베오2서 5:11-16, 21). 그러고 나서는 예루살렘과 유다에 칙령을 내려 성경을 따르는 신앙 행위를 불법으로 규정한다. 그는 번제와 제사를 금하고, 안식일을 지키지 못하게 했으며, 성소를 더럽혔다. 하나님의 백성들은 강제로 부정한 동물을 제물로 드렸으며, 아들들에게 할례를 행하지 못했다. 안티오코스 4세는 왕명에 순종하지 않는 자는 누구든지 죽이라고 공포한다(마카베오1서 1:44-50).

안티오코스 4세는 아덴의 원로 한 사람을 보내 자신의 칙령을 시행하도록 한다. 그 백성과 땅과 성소는 상상할 수 없는 수준으로 더럽혀졌다. 예루살렘 성전은 환락으로 가득 찼다. 제단은 끔찍하고 부정한 제물들로 뒤덮였다. 안식일을 지키는 것은 금지되었고, 절기를 지키거나 심지어 자신을 유대인이라고 말하는 것도 금지되었다(마카베오2서 6:1-6). 우리는 하나님의 백성들이 안티오코스 4세의 통치 아래에서 당한 박해를 도저히 가늠할 수조차 없을 것이다.

다니엘 선지자는 이미 이러한 고난을 예언했다. 다니엘은 "뿔"이 교만으로 솟아오르는 것을 봤다. 상번제는 폐지되었고 성전은 전복되었다. 그 뿔은 진리를 땅에 내던진다(단 8:9-12). 안티오코스 4세의 칙령에 의해 하나님의 백성들은 강제로 포도주와 술 취함의 신인 디오니소스를 기리는 행렬에 참여해야 했다. 또한 그들은 다른 달력을 사용해야 했으며, 매달 안티오코스 4세의 생일을 표시해야 했다. 그들은 이방의 제물을 드리고 금지된 음식을 먹으라는 압력을 받았다. 헬라의 생활 방식을 따르지 않는 자는 죽임을 당했다. 자녀에게 할례를 행했다는 이유로 두 여인을 도성 주위로 끌고 다니고서는 아들과 함께 성벽에서 떨어뜨려 버렸다. 안식일을 은밀하게 지키다가 발각되는 자는 화형을 당했다(마카베오2서 6:7-11). 엘르아살(Eleazar)이라는 노인은 일곱 형제와 어머니와 함께 금지된 음식을 먹지 않았다는 이유로 고문을 당했다. 안티오코스 4세는 그 늙은이의 옷을 벗기고 매를 쳤다. 그리고 다양한 도구로 고문을 가했다. 쓰러지면 간수가 옆구리를 차고 왕의 명령을 따르라고 윽박질렀다. 간수들이 콧구멍에 뜨거운 액체를 들이붓자, 노인 엘르아살은 눈을 들어 하늘을 보며 하나님께 이 땅을 정결하게 해달라고 마지막 기도를 읊조린다(마카베오4서 6:2-11, 24-29).

▶▶▶ 신약 연대표

연대표에서 이 시대는 안티오코스 4세, 또는 안티오코스 에피파네스로 알려진 인물이 그려진 **동전**으로 나타난다. 이 동전의 위치를 파악하고 연대표 뒷면에서 그의 통치에 대한 설명도 확인하자. 안티오코스 4세는 난폭하고 기행을 저지른 인물로 기억되는데, 특히 이스라엘에게 하나님의 법을 버리고 헬라의 생활 양식을 받아들이도록 강요했다. 그는 다니엘의 예언에서 땅에 진리를 버린 교만한 뿔로 확인된다(단 8:9–14; 참고 마카베오2서 5–7장; 마카베오4서 6–17장).

• 주전 164년 12월 성전을 재봉헌하다(하누카)

사람들이 믿음을 타협했지만, 이스라엘에 거주하는 수천 명은 여전히 왕에게 순종하기를 거부하고 있었다. 맛다디아(마타티아스, Mattathias)라는 제사장은 이방 신에게 제사를 드리고 금지된 음식을 먹으라는 강요를 받자, 왕 아래에 있는 모든 니리가 그에게 순종하더라도, 자신과 자신의 가족은 하나님의 법에 따라 살겠다고 선포한다(마카베오1서 2:19-22). 그의 친족 중 하나가 자신은 왕을 섬기겠다고 나서자, 맛다디아는 오래전 비느하스(Phineas)가 그랬듯이 하나님에 대한 열망으로 불타오른다(민 25:7-13). 그는 이방 신에게 제사를 드리려던 동족 이스라엘인을 죽인다. 그 후 맛다디아는 자신의 마을에서 소리를 높여 하나님에 대한 열망이 있는 자는 자신과 자기 아들에 동조하라고 외쳤다(마카베오1서 2:24-27).

마카베오(망치)라는 별명으로 알려진 맛다디아의 셋째 아들 유다(Judas)는 3년에 걸쳐 안티오코스 4세의 군사들을 물리친다. 벧술*(Beth-Zur)에서 결정적인 전투를 벌이기 전, 유다는 이스라엘의 구주 하나님께 다윗을 통해 교만한 골리앗을 물리치게 하신 하나님을 기억하며 자기 백성을 구원해 달라고 기도한다(마카베오1서 4:30-33). 안티오코스 4세를 물리친 후 유다와 그의 군사들은 성전 산**(Temple Mount)에 오른다.

* '암석(바위)의 집'이란 뜻. 헤브론 북쪽 6킬로미터 지점에 위치한 전략 요충지.

** 모리아 산이라고도 불리는 성전 산은 아브라함이 아들 이삭을 번제물로 바치려 했던 산으로 알려져 있다.

그들은 제단이 더럽혀지고 문들이 불탄 것을 보고 눈물 흘린다. 안뜰에는 잡목들이 무성하게 자랐고 제사장들이 사용하는 방들은 폐허가 되어 있었다. 유다는 경건한 제사장들을 정하여 성전을 정화하고 성전을 더럽힌 모든 것을 제거하도록 한다. 그들은 가공하지 않은 원석을 가져다가 제단을 다시 세운다. 안뜰을 다시 정결하게 하고 등 받침대나 탁자들과 같은 거룩한 성물들(holy vessels)을 새로 만들었다. 제단에는 향을 피우고 등에 불을 켰다. 성전에 진설병을 두고 장막을 달았다. 주전 164년 12월 14일 아침 일찍, 그들은 제단에서 번제를 드리며 예루살렘에서 여호와를 다시 예배하기 시작한다(마카베오1서 4:47-53). 성전은 훼손된 지 3년 만에 다시 봉헌된다. 이 기념일은 *하누카*(Hanukkah, 히브리어로 "헌신"을 의미함) 절기로 알려져 있다. 이 핵심 사건은 연대표에서 *메노라*(menorah)로 알려진 가지가 있는 **촛대** 그림으로 나타난다.

이 시기에 하나님의 백성들은 문화와 타협하면 세상에서 그들의 존재 자체가 위협받을 수도 있다는 중요한 교훈을 배운다. 안티오코스 4세 아래 벌어진 박해는 고난의 용광로로서 그들을 정제하는 역할을 했다. 비록 이스라엘은 순종하지 않았지만, 하나님이 아브라함과 다윗에게 하신 약속으로 인해 보존되었다. 성경을 보면 하나님의 주권적인 손길 아래에서 고난은 오히려 그 백성을 구속하는 역할을 하는 것으로 나타난다(욥 5:17-18; 잠 3:11-12; 렘 30:11, 31:18-19). 징계 가운데서도 하나님의 자비는 계속되며, 하나님은 자기 백성을 버리시지 않는다(마카베오2서 6:12-16). 하나님은 이 순간 마카베오 가문을 통해 이스라엘을 구원하신다. 하나님은 수적으로 훨씬 우세한 군대에게도 승리하게 하시고, 자신을 믿는 자들의 피를 통해 폭군을 패배시키신다. 안티오코스 4세는 자신의 군대가 패배했다는 사실을 들은 뒤 얼마 지나지 않아 바사의 성전을 약탈하는 와중에 죽고 만다(마카베오2서 9장). 엄청나게 교만한 안티오코스 4세였지만 연대표에 그의 동전은 잿빛일 뿐이다. 그는 앞일을 내다볼 수 없었다. 하나님은 영원히 조롱당하지 않으신다. 순교자들의 희생 죽음은 하나님이 압제를 몰아내도록 사용하시는 결정적인 수단이다. 그

들의 죽음은 희생 제물, 나라의 죄에 대한 대속물로 묘사된다(마카베오4서 17:20-22). 우리는 여호와가 **대망 시대**에도 일하고 계심을 기억해야 한다. 그분은 이스라엘과 온 나라들의 마음을 준비시켜, 단번에 생명을 주실 사랑하는 아들을 맞이하게 하셨다. 그 아들은 언젠가 제자들에게 이렇게 말하실 것이다. "인자가 온 것은 섬김을 받으려 함이 아니라 도리어 섬기려 하고 자기 목숨을 많은 사람의 대속물로 주려 함이니라"(마 20:28; 참고 사 53:10-12).

• "참된 선지자가 나타날 때까지" 하스몬 가(家)가 통치하다(마카베오1서 14:41)

마카베오가 주전 164년에 승리를 거둔 후 맛다디아 가문, 즉 이후에 하스몬 가(家)로 알려진 이들이 이스라엘을 통치한다. (하스몬 가는 하누카와 연결하면 쉽게 기억할 수 있다. 두 글자는 모두 "하"로 시작하기 때문이다.) 처음에 하스몬 가는 스스로를 "참된 선지자가 나타날 때까지"(마카베오1서 4:46, 14:41; 참고 신 18:15, 18) 통치하는 일시적인 지도자로 생각했다. 유다 마카베오가 주전 160년에 성전을 다시 봉헌하고 4년 뒤에 죽으면서, 가장 어린 동생인 요나단(Jonathan)이 나라를 이끌게 된다. 주전 152년, 요나단은 셀레우코스 왕조의 새로운 지도자인 알렉산더, 즉 안티오코스 4세의 아들에 의해 총독과 대제사장의 직분에 오른다. 요나단이 총독과 대제사장을 동시에 수행하려고 하자 독실한 이스라엘인들이 부정적인 반응을 보인다. 왜냐하면 이는 오직 메시아에게만 허용된 것이기 때문이다. 몇몇 학자는 이 사건 때문에 "의(義)의 교사"의 지도 아래 수많은 제사장들이 물러나게 된 것이라고 추론한다. 그리고 이로 인해 쿰란에 에세네 공동체가 형성된다. 우리는 사해 문서를 발견하면서 이 종교 집단에 대해서 알게 되었다. 그 문서에서 요나단은 "사악한 제사장"으로 언급되며, "의의 교사"와 빈번하게 대조된다. 그 외의 제사장이 아닌 일반인 지도자들은 물러나서 성경 연구에 전념하는 대리 대제사장직을 형성하는데, 그들은 제사장직에 요구되는 예식 조건들을 일상생활에 적용하기까지 한다. 이것이 바리새인으로 알려진 집단의 시초가 된다. 요나단의 대제사장직을 지지한 귀족 계층들은 사두개인들이 된다. 우리는 이 집단들에 대해 다음 장에서 더 깊이 알아볼 것이다. 현재로서는 하나님의 백성이 단지 이방 나라인 헬라의 통치 아래에서만 고난을 당한 것이 아니라, 경건하지 않은 지도자들 때문에 이스라엘 내부에도 갈등이 계속되면서 하나님의 백성들의 존재 자체가 위협을 받았다는 사실을 알아야 한다.

결국 마카베오의 다섯 형제 중 막내인 시몬(Simon)이 요나단의 자리를 이어받는다. 주전 142년, 시몬이 통치하는 기간에 셀레우코스의 수비대를 물리치면서, "이스라엘은 이방인의 모든 속박에서 벗어난다"(마카베오 1서 13:41). 이스라엘은 다시 독립 국가가 되었다. 이는 하나님의 백성들이 **포로 시대** 이후로 어느 정도의 자치권을 누린 첫 번째 시기였다. 하지만 그들의 행복감은 오래지 못했다. 하스몬 가 통치자들은 영토를 넓혀 나가지만 이스라엘에 있는 사람들의 심기를 불편하게 만든 것이다. 지도력을 위임받은 다른 사람들처럼, 그들 역시 세상적인 유혹을 거부하지 못했다. 하스몬 가는 헬라의 왕정 모형을 차용하고, 부유한 왕실 생활도 그대로 따랐다. 그들은 이름을 두 개 사용했는데, 하나는 히브리어 이름이고 다른 하나는 헬라어 이름이었다. 또한 헬라의 왕들처럼 권력의 상징으로 동전을 주조한다. 게다가 극장, 체육 학교(김나지움), 경기장 같은 이방 세계의 문화 기관들을 전역에 세운다.

이후 한 세기가 넘도록, 하스몬 가에 대한 대중의 분노는 커져만 간다. 어느 유력한 바리새인은 요한 힐카누스(John Hyrcanus, 주전 135-104년)에게 제사장직을 내려놓고 정부를 이끄는 것으로 만족하라고 말했지만 거절당한다. 힐카누스의 아들인 알렉산더 얀네우스(Alexander Jannaeus, 주전 103-76년)는 더욱 잔혹했다. 그가 초막절 기간에 성전 예식을 잘못 집행하자 순례자들이 그에게 귤을 던지면서 소요가 일었다. 그러자 얀네우스는 군사를 보내 6,000명을 죽인다. 이후에는 예루살렘에서 800명의 바리새인들을 십자가에 죽인다. 그는 바리새인들의 눈앞에서 그들의 아내와 자녀들을 죽이고, 자신은 첩들을 옆에 둔 채 술을 마시며 누워서 그들이 죽는 것을 지켜봤다(요세푸스, 《전쟁사》 1:97). 사해 문서 공동체는 잔혹한 얀네우스가 복수를 자행하여 산 채로 사람들을 나무에 매단 것을 슬퍼하는데, 바로 이 대규모 십자가형을 언급하는 것이다.

하스몬 가에 대한 통렬한 실망감으로 이스라엘은 더욱 간절하게 오실 메시아의 의로운 통치를 사모하게 되었다. 이 소망은, 주전 1세기에 기록된 바리새인과 관련된 열여덟 편의 기도 모음집에 여실히 드러난다. 이 기도문은 구약 선지서, 특히 이사야서와 예레미야서에서 나온 암시로 가득한데, 그 구약 말씀은, 하나님의 백성들은 하나님이 다시 일하시기를 기대하면서 성경을 찾아야 한다는 것을 통렬하게 일깨워 주는 역할을 한다.

◆ 이스라엘이 로마에 다시 굴복하다

네 번째 굵은 글씨로 된 소제목은 이스라엘이 외국 세력에 다시 굴복하게 되었음을 말한다. 하스몬 가의 통지자인 알렉산더 얀네우스는 주전 76년에 죽는다. 그러고 나서 그의 부인인 살로메 알렉산드라(Salome Alexandra)가 9년간 통치한다(주전 76-67년). 그녀는 유능하고 독실한 여왕으로 기억된다. 두 아들 힐카누스 2세(Hyrcanus II)와 아리스토불루스 2세(Aristobulus II)는 왕위를 놓고 심각한 갈등을 빚는다. 이로 인해 폭력 사태가 발생하면서 이스라엘은 내전이 발발하기 직전까지 향했고 예루살렘은 요새가 되었다. 두 형제는 모두 동방에 원정을 나가 있던 로마 장군 폼페이우스에게 호소한다. 이 위기로 이스라엘은 주전 63년 로마의 직접 통치 아래 넘어간다. 유대인 하스몬 가 아래 겨우 수십 년간 유지되었던 독립은 무너지고 말았다. 또한 로마 공화국은 이 시기에 내전을 통해서 제국으로 변모한다. 로마는 분봉 왕 헤롯을 통해 이스라엘을 지배한다. 이 시기에 하나님의 백성들은 엄청난 고난을 받고 겸비하여 성경 말씀을 보며 소망을 찾는다. 로마가 통치하게 되면서, 다니엘 선지자의 예언에 나온 네 번째 왕국도 등장한다. 이제 하나님의 구속 계획에서 다음에 나타날 움직임은 하나님 나라와 메시아 왕림이 될 것이라는 기대감이 더욱 고조된다.

▶▶▶ 신약 연대표

연대표에 로마 통치 시대는 **열 뿔 달린 짐승**으로 나타나 있다. 이는 구약에서 직접 따온 것으로 다니엘의 예언 중 네 번째 왕국을 말한다(단 2:40-44; 7:17-22). 다니엘은 네 번째 나라가 두렵고 강하여, 철 이빨로 모든 것을 삼켜 조각을 내 버리는 모습을 본다. 이 그림은 이 시대의 포학한 로마 통치를 떠올리는 데 도움이 된다. 로마는 네 번째 나라이기 때문에 하나님이 곧 자신의 영원한 왕국을 세우시리라는 기대감이 조성된다.

• 폼페이우스가 예루살렘을 포위하고 지성소에 들어서다(주전 63년)

보통 폼페이우스로 알려진, 그나이우스 폼페이우스 마구누스(Gnaeus Pompeius Magnus, 주전 106-48년)는 로마 공화정 시대 말기에 나타난 성공적인 장군이자 정치 지도자다. 폼페이우스는 정복 활동과, 나이와 계급에 기초한 전통적인 정치적 한계를 깨뜨리면서 출세를 거둔다. 폼페이우스는 아프리카에서 승리를 거둔 후에 개선 행진을 요구한다. 폼페이우스는 상관들보다 더 인기를 얻으려고, 자신이 이국적인 아프리카를 정복했다는 사실을 보이기 위해 코끼리가 끄는 전차에 탑승한다. 하지만 코끼리가 너무 커서 도시로 들어서는 문에 입장할 수 없었다! 폼페이우스는 서바나(스페인)과 갈리아에서도 승리를 거두고, 검투사 스파르타쿠스(Spartacus)가 이끄는 노예 반란을 진압한다. 수백 킬로미터에 달하는 로마로 향하는 압비오 가도(아피아 가도, Appian Way) 내내 스파르타쿠스 군에 속한 6,000명의 노예들을 일정한 거리마다 십자가에 매달았다고 하는데, 이는 로마의 폭력성을 그대로 보여 준다. 폼페이우스는 서른 다섯 나이에 집정관이라는 가장 높은 지위에 오른다. 2년 후에는 해군을 지휘하여 동부 지중해에서 해적을 소탕한다. 원로원의 보수파는 그를 수상하게 생각했지만, 율리오 가이사까지 포함하여 폼페이우스의 지지자들은 그에게 바다와 내륙 80킬로미터에 해당하는 해안가 지역의 통수권을 줘야 한다고 주장한다. 주전 66년 여름 말미에 이르러서는 그의 군대가 지중해를 장악하게 된다. 주전 64년에는 수리아로 진군하여 안티오코스 8세를 폐위한다. 그리고 이 지역을 로마의 식민지로 편입한다. 그러고 나서는 남쪽으로 이동하여 베니게에서도 로마의 패권을 확립한다.

주전 63년, 폼페이우스는 또 다른 결정적인 승리를 거둔다. 하스몬 가의 아들인 힐카누스와 아리스토불루스 사이에 내전이 일어나면서, 그 둘은 모두 폼페이우스에게 많은 선물을 보내며 자신을 지지해 달라고 호소한다. 폼페이우스는 헤롯 대왕의 아버지인 이두메 출신 안티파터(Antipater)의 개입을 통해 힐카누스의 편에 서게 된다. 이는 로마와 헤롯 가문이 앞으로 지속적으로 맺게 될 관계의 시발점이며, 우리 책에서도 앞으로 다룰 것이다. 폼페이우스는 예루살렘을 포위하고 성전 북쪽에 포위 경사로를 세웠다. 그렇게 석 달 후, 로마의 공성 망치가 성벽을 붕괴시켰다. 로마 군대는 도시에 들어갔고, 많은 제사장이 죽임을 당했다. 심지어 제단에서 예식을 진행하다가 죽은 제사장도 있었다. 수천 명이 로마의 잔혹한 약탈 과정에서 살해 당했다(요세푸스, 《전쟁사》, 1:150-152). 폼페이우스는 여호와께 봉헌된 등잔, 탁자, 금 용기, 많은 양의 향신료와 수천 달란트를 확인한다. 하지만 그는 이스라엘 하나님의 신상이나 형상이 전혀 없다는 점에 놀랐고, 예루살렘에서는 누구를 예배하는 것인지 궁금해 하며 떠난다. 그의 진입은 예루살렘 성전을 더럽혔고, 거룩한 곳이 부정해졌다. 연대표에 나오는 주전 63년은 **대망 시대**에 중요한 한 해를 나타낸다. 왜냐하면 이는 이스라엘이 로마에 넘어가며 외국의 통치에 다시 굴복한 순간이기 때문이다. 이제 다니엘의 예언에 나오는 네 번째 나라가 이 땅을 다스리게 된 것이다.

다니엘이 본 네 번째 나라가 철과 흙의 혼합물이라는 점을 기억하자(단 2:40-44). 이 나라는 강력하고 호전적이었지만, 매우 불안정하여 통합하기가 힘들다. 우리는 로마 역사 내내 이러한 역동성을 목격한다. 로물루스(Romulus)가 자신의 형제 레무스(Remus)를 죽인 처음 그 순간부터 가이사 아구스도(카이사르 아우구스투스, Caesar Augustus)가 내전으로 지친 사회를 다스리게 되기까지 말이다. 다니엘은 또한 네 번째 짐승이 "매우 강하며 또 쇠로 된 큰 이가 있어서 먹고 부서뜨리고 그 나머지를 발로 밟았으며"(단 7:7)라고 한다. 앞으로 보겠지만 로마는 수시로 사람을 바꾸면서 잔혹하게 이스라엘을 통치한다.

하지만 로마가 지배하게 되면서 성경을 잘 아는 사람들 사이에서는 이스라엘의 소망과 대망이 고조되었다. 하나님의 백성들은 네 번째 나라 후에는 하나님과 메시아의 나라가 이어질 것을 알았다. 하나님 나라는 절대로 멸망하지 않을 것이다. 사람이 손대지 않은 돌이 모든 나라를 부수고, 온 땅을 채우는 거대한 산이 될 것이다. 따라서 엄청난 고난 가운데서도 위대한 소망이 있었다. 왜냐하면 하나님은 역사를 통해 자신의 구속 계획을 성취하시기 때문이다. 하나님의 왕은 분명히 임할 것이며, 이스라엘의 영광과 계시의 빛이 모든 나라에 미칠 것이다.

• 율리오 가이사가 로마 공화정을 제국으로 바꾸다

이 시대에 로마 세계는 공화정에서 제국으로 급속하게 변모한다. 로마 사회는 레스 푸블리카(res publica, "공공의 것")에서 임페라토르(imperator, "황제" 또는 "정복 장군")가 통치하는 제국으로 변한다. 이러한 변화를 낳게 된 배경을 간단히 살펴보면 논의에 도움이 될 것이다. 로마 도시는 주전 753년에 세워진다. 로마의 시인 베르길리우스(Vergil)는 아이네이드(Aeneid)라는 로마의 국가 서사시를 쓴다. 그 시는 헬라가 트로이 전쟁에서 승리를 거둔 후 트로이 왕자인 아이네이아스(Aeneas)가 불타는 트로이를 도주하는 모습을 그린다. 그 트로이 왕자는 헬라의 영웅 오디세우스(Odysseus)의 여정을 떠오르게 하는 오랜 노정을 마치고 이달리야(이탈리아)에 도착하여 라티움(Latium)에 새롭게 정착하는데, 이곳이 앞으로 로마 도시가 된다. 로마 신화에 따르면 쌍둥이 형제인 로물루스와 레무스는 레아 실비아(Rhea Silvia)와 전쟁의 신인 마르스(Mars) 사이에서 태어난다. 그들은 나자마자 버려지고 암컷 늑대의 젖을 먹으며 지내는데, 한 목동이 그들을 발견한다. 그들은 팔레스티나(Palatine)와 아벤티누스(Aventine) 언덕 중 어느 곳에 도시를 건설할지를 두고 서로 다투다가 로물루스가 동생인 레무스를 죽이면서 로마는 시작한다. 처음에는 계속해서 왕이 로마를 통치했지만, 주전 509년이 되면 마지막 왕이 축출된다. 도시는 두 명의 집정관과 더불어 원로원에서 선출된 행정관이 다스리는 공화정이 되었다. 수 세기 동안 귀족 가문들이 권력을 나눠 가지면서 한 사람의 통치자에게 권력이 집중되는 것을 막았다. 하지만 주전 1세기에, 이러한 전통은 율리오 가이사(율리우스 카이사르, Julius Caesar)라는 인물로 인해 극적인 변화를 겪게 된다. 그리고 이것이 우리가 연구하는 신약의 역사적 배경이 된다.

율리오 가이사는 명문가에서 태어났다. 이후에 폼페이우스와 부유한 지도자인 크라수스(Crassus)와 정치 동맹을 맺는다. 이 동맹은 점차 정치력을 결집하지만 원로원의 비판을 받는다. 율리오 가이사는 갈리아(Gaul)에서 엄청난 군사적 승리를 거두어 군사력을 확보하고, 대중의 존경을 받는다. 그의 대중적 인기는 결국 폼페이우스와 갈등을 낳게 되고, 폼페이우스는 주전 53년 크라수스가 목숨을 잃자 원로원과 자신의 관계를 재조정한다. 이후 원로원이 율리오 가이사에게 군대 통수권자의 자리에서 내려오라고 명령하자, 그는 잘 알려진 것처럼 무장한 채 이달리야를 향하는 루비콘 강(Rubicon River)을 건너며 다음과 같이 말한다. "주사위는 던져졌다." 그 다음해 율리오 가이사는 헬라에서 폼페이우스를 물리치고, 주전 44년에는 종신 독재관(딕타토르[dictator], "인도하는 한 사람")이 된다. 그는 대규모 공공 건축 계획을 추진했고, 사회 개혁을 단행했으며, 율리우스력을 시행했는데 이 달력은 오늘날까지 세계 대부분이 사용하는 태양력의 근간이 되었다.

엄청난 업적에도 불구하고 원로원에는 가이사의 정적들이 남아 있었다. 60명 이상이 공모하여 주전 44년 율리오 가이사가 종신 독재관에 오른 지 한 달이 지난 후, "이데스 오브 마치"(Ides of March, 3월 15일)에 그를 살해한다. 그는 거대한 폼페이우스의 대리석 조각상 앞에 완전히 쓰러지기까지 스물세 차례 칼에 찔린다. 브루투스(Brutus)와 카시우스(Cassius)를 포함한 공화정 지도자들이 길에 뛰어들어 외쳤다. "로마 시민들이여, 우리는 다시 한 번 자유하게 되었다!" 하지만 율리오 가이사가 죽었음에도 로마 공화정은 되살아나지 못했고, 오히려 내전 끝에 로마는 다시 제국으로 돌아간다. 율리오 가이사는 죽음 후에 신격화되어 디부스 율리우스(Divus Iulius, 신 율리우스)라는 호칭을 받는다. 그를 기리는 경기를 하던 중에 7일간 혜성이 나타나자 사람들은 가이사가 신 중에 자리를 잡은 것이라고 해석했다. 율리오 가이사는 이런 식으로 추앙받은 첫 번째 로마 통치자였으며, 이는 황제 숭배의 시작이 된다. 신약을 연구하는 내내 접하게 되겠지만, 황제 숭배는 예수를 참된 하나님의 아들이자 세계의 구주로 선포한 것을 모방한 것으로서 주된 종교 신념으로 자리 잡게 된다.

• 아구스도가 첫 번째 로마 황제로 치리하다(주전 27-주후 14년)

율리오 가이사는 양자이자 누이의 손자인 가이우스 율리우스 카이사르 옥타비아누스(Gaius Julius Caesar Octavian, 이후에 가이사 아구스도[카이사르 아우구스투스]로 칭해짐)를 자신의 유일한 후계자로 삼는다. 율리오 가이사가 암살을 당할 때 그는 열여덟 살이었다. 어린 옥타비아누스는 빠르게 로마의 장군인 마르쿠스 안토니우스(Mark Anthony)와 정치 동맹을 맺어, 브루투스와 카시우스가 이끄는 공화정 세력과 싸웠다. 주전 42년 10월, 헬라 북부에 위치한 빌립보(필리피, Philippi)에서 두 차례에 걸쳐 결정적인 교전이 일어난다. 숙련된 로마 군사로 구성된 36개 군단이 서로 부딪혔는데, 양편은 각각 100,000명 이상이었다. 카시우스, 브루투스와 셀 수 없이 많은 고위 로마 귀족들이 전장에서 죽었다. 빌립보에 참전 용사들이 정착하며 이곳은 로마의 식민지가 되었다. 우리는 앞으로 이 도시에서 활발하게 움직이는 기독교 교회와 만나게 된다(행 16:12; 빌 1:1).

빌립보에서 승리를 거둔 후, 옥타비아누스와 마르쿠스 안토니우스 사이에서 내전이 이어진다. 주전 31년 헬라 서부 악티움(Actium)에서 마지막 대결이 벌어진다. 전투 중에 마르쿠스 안토니우스와 동맹인 클레오파트라(Cleopatra)가 애굽으로 도주하여 스스로 목숨을 끊는다. 옥타비아누스는 로마로 돌아와 30세의 나이에 임페라토르(imperator, "정복하는 장군")라는 직함을 얻었다. 그는 구주이자 후원자, 세상에 평화를 가져온 자로 칭송받는다. 옥타비아누스는 로마에 거대한 공공 건설 계획을 시작한다. 그가 추구한 건축 양식은 안정성 및 힘과 권위를 드러낸다. 자신의 묘나 아폴로 신전과 같은 기념비적 건축물은 위대함과 풍부함의 느낌을 전하여, 미래에 대한 낙관주의적인 비전을 제시했다. 포럼과 같은 거대한 공공 건축물은 로마의 영광을 드러내고 옥타비아누스를 위급할 때 나타난 구주로 제시한다. 말년에는 자신이 벽돌로 이루어진 로마를 받아서 대리석의 노시를 남겼다고 말하기도 했다.

주전 27년, 원로원은 옥타비아누스에게 아구스도(아우구스투스, Augustus, "높임 받은 자" 또는 "존엄한 자")라는 칭호를 올린다. 그의 공식 직함은 임페라토르 카이사르 디비 필리우스 아우구스투스(Imperator Caesar Divi Filius Augustus, "황제 가이사, 신의 아들, 높임 받은 자")였다. 월계관은 그가 로마의 구주임을 확인하며, 글이 새겨진 방패는 그의 미덕과 더불어 신들과 나라를 위해 그가 행한 훌륭한 일들을 선포한다. 아구스도는 전 세계에 팍스 로마나(Pax Romana, 로마의 평화)를 가져온 자로 선포된다. 황제 일가의 모습으로 장식된 평화의 제단은 세계의 모든 나라가 한 사람의 통치 아래 통합되었음을 나타냈다.

아우구도는 첫 번째 로마의 황제로 여겨진다. 그 자신은 "첫 번째 시민"이라는 직함을 선호하기는 했지만, 아구스도는 다양한 공직을 통해 엄청난 권력을 쥐고 있었다. 그는 원로원의 일인자로서 원로원 집회를 주관했으며, 로마 국가 종교의 최고 제사장이었고, 최고 행정관과 동일한 집정관의 권력을 지녔으며, 모든 로마 군대의 최고 통수권자였다. 또한 자신의 영토 내에 있는 어느 정무관의 법안이나 제안에도 거부권을 행사할 수 있는 호민관의 권리도 있었다. 이 사람이 바로 우리가 신약에서 만나게 될 가이사 아구스도로서, 천하의 모든 사람에게 호적을 하라고 칙령을 내린 인물이다(눅 2:1).

아구스도는 로마 제국의 통치를 확대하는 것이 전 세계에 유익이라고 주장했다. 종교와 예술 면에서는 드러내 놓고 헬라 문화의 우위를 인정하고 이를 모방했지만, 로마의 행정력과 군사력을 이용하여 나라들을 복속시켰다. 로마 군대는 교만한 자들을 정복함으로써 평화를 강요했다. 하지만 다니엘서 2장과 7장의 내용이 일으키는 공명은 하나님의 증언으로 울려 퍼지며 이러한 주장이 하나님의 뜻에 부합되지 않음을 알린다. 엄청난 성취를 이루었음에도 불구하고 아구스도는 인간의 능력이라는, 하나님과 대립되는 또 다른 소망을 대변할 뿐이다. 이스라엘의 여호와 하나님은 이미 인자가 모든 민족을 다스리게 하시기로 결정하셨다(단 7:13-14). 모든 민족의 열망은 그분을 믿는 믿음을 통해서 실현될 것이다. 그분은 그들을 위해 자신의 생명을 로마의 십자가에 주심으로써 원수들을 정복하실 것이다. 그분의 죽음은 그들의 용서를 보장할 것이다. 그분의 부활은 영원한 평화를 가져올 것이다.

◆ 헤롯이 "유대인의 왕이자 로마인의 친구"로서 다스리다

가이사 아구스도는 "섭정 왕"이라는 후원(patronage) 관계를 통해 로마의 통치를 확대해 나간다. 이 후원 제도는 각 지역마다 지도자를 세워 그를 통해 질서를 유지하고 공물을 수합하는 방식이다. 로마의 세력이 동방에서 커져 나갈 때, 헤롯의 아버지인 안티파터라는 이두메 출신 지도자는 이 후원 제도를 솜씨 좋게 이용한다. 이두메인들은 고대의 에돔 지역, 즉 예루살렘의 남서부 지역에 거주한다. 그들은 에서의 후손으로서 후에 에돔 사람이라고 불리는데, 전통적으로 이스라엘의 적이었다. 주전 120년경 하스몬 가 통치자들이 강제적으로 이두메인들을 유대교로 개종시킨다. 주전 47년, 헤롯의 아버지인 안티파터는 율리오 가이사가 알렉산드리아에서 공격을 받자 군사 지원을 제공한다. 율리오 가이사는 안티파터에게 그 대가로 로마 시민권을 주고 그를 유대 지역의 총독으로 삼는다. 그러자 안티파터는 25세인 헤롯을 갈릴리의 총독으로 삼고 헤롯의 형인 파사엘(Phasael)을 예루살렘의 총독으로 삼는다.

율리오 가이사가 암살당하고 안티파터는 독살을 당하면서, 로마와 유대 사이에 정치적 불안이 초래된다. 헤롯은 우선 공화정 지도자인 브루투스와 카시우스와 동맹을 맺었고, 그들은 헤롯을 후원하여 유대를 통치할 수 있도록 한다. 하지만 카시우스는 자금을 조달하기 위해 이스라엘 영토를 수탈하고, 빌립보 전투 직전에 헤롯을 버린다. 그 와중에 하스몬 왕조의 마지막 왕인 안티고누스(Antigonus)가 유대의 보좌를 차지한다. 바대인(Parthian, 당시에 고대 바사 사람을 지칭하는 용어)들의 도움으로 그는 주전 40년 왕과 대제사장의 칭호를 얻었다. 헤롯은 대담하게도 로마를 찾아갔고, 원로원은 그를 "유대인의 왕"으로 선포한다. 헤롯은 예루살렘에 돌아와 주전 37년에 도시를 정복한다. 그리고 자신의 경쟁자인 안티고누스를 십자가형에 처한 뒤에 참수하고, 그를 지지하던 45명의 산헤드린 공회원들도 죽인다.

마르쿠스 안토니우스와 옥타비아누스의 내전 동안 헤롯은 처음에 안토니우스와 동맹을 맺는다. 하지만 악티움 해전에서 안토니우스가 패전한 후에는 옥타비아누스를 후원하겠다고 맹약한다. 그는 로도(로도스, Rhodes) 섬에서 가이사를 알현하기 위해 모든 위험을 감수한다. 그는 평민의 옷을 입은 채로 옥타비아누스에게 접근한 뒤에 자신의 왕관을 내려놓는다. 그는 옥타비아누스에게 "내가 누구의 친구였는지가 아니라, 얼마나 충실한 친구였는지"(요세푸스, 《전쟁사》, 1.390)를 고려해 달라고 간구한다. 옥타비아누스는 이 모습에 깊이 감명을 받아 헤롯의 머리에 자신의 손으로 직접 왕관을 씌우며, 헤롯의 나라를 공식적으로 인정했다. 두 지도자 사이에 앞으로 지속될 우호 관계가 조성된 것이다. 헤롯에 대한 가이사의 애정은 마르쿠스 아그리파(Marcus Agrippa)에 대한 애정에 버금갈 정도였다. 헤롯은 공식적으로 "유대의 왕이자 로마인의 친구"로 인정받는다. 헤롯은 자신의 왕권이 가이사의 후원에 근거한 것이라는 사실을 절대 잊지 않았다. 그는 가이사의 옷, 건축 양식, 삶의 방식을 의식적으로 모방하며 자신의 충성심을 드러낸다. 예루살렘 외곽에 있는 자신의 무덤인 헤로디온(Herodion) 조차도 로마의 가이사의 묘를 따라 만들었다.

우리로서는 헤롯과 그의 후손들이 로마의 후원을 통해 배타적인 권력을 지니게 되었다는 사실을 파악하는 것이 중요하다. 헤롯은 로마 원로원의 칙령 덕에 왕권을 유지할 수 있었다. 그는 이두메 출신 아버지와 나바테아 출신 어머니의 자녀였다. 이 헤롯이 바로 복음서의 이야기에서 유대인의 왕이자 로마인의 친구로 유대를 통치하는 헤롯이다(마 2:1-19; 눅 1:5).

▶▶▶ 신약 연대표

시간을 내어 지금까지 살펴본 핵심 내용들을 연대표에서 확인하자. 이 시대가 다니엘의 예언에 나오는 **열 뿔 달린 짐승**에 해당한다고 했다. 또 연대표에서 **붉은 왕관**을 확인하자. 헤롯은 "유대인의 왕이자 로마인의 친구"로서 유대를 통치한다. **붉은 왕관**은 구약에서 직접 따온 것으로서 정통성이 없는 왕을 나타낸다. 헤롯은 유대인의 왕의 칭호를 받았고, 예수께서 태어나실 때 유대의 왕으로 다스리고 있었다. 하지만 이 왕은 유다의 자손으로 오는 약속의 왕은 아니다.

◆ 가이사랴를 개발하고 예루살렘 성전을 호화롭게 보수하다

헤롯의 엄청난 건축 계획은 유대인의 섭정 왕이라는 복잡한 정체성을 드러내는 것이었다. 헤롯은 로마의 후원자들을 위해서 예루살렘에 공공 건축물을 건설하고, 케사리움(Caesareum)과 아그리페움(Agrippeum)이라고 명명한다. 그는 6,000명이 정착하여 거주하는 사마리아 지역의 수도를 재건하고 그 이름을 세바스테(Sebaste, 헬라어로 *아구스도*와 의미가 같은 단어)라고 한다. 도시 중심에는 가이사에게 바치는 거대한 신전을 건축한다. 또한 헤롯은 자신의 후원자에게 경의를 표하기 위해 해변에 완전히 새로운 도시를 건설하고 가이사랴라고 명명한다. 이 도시는 로마 무역의 동방 지역 중심지로 구상되었다. 헤롯은 로마 기술자들의 도움과, 물에 노출되면 굳어지는 콘크리트와 같은 새로운 건축 공법 덕택에 지중해로 향하는 거대한 인공 항구를 만들어 낸다. 항구를 따라 일정한 간격으로 세워진 거대한 탑에는 가이사의 가족들을 동상으로 만들어 꾸몄다. 가이사에게 바치는 신전은 도시 중심에서 가장 높은 지역에 솟아 있었다. 신전에는 황제의 조각상과 로마 여신의 조각상이 있었다. 헤롯은 극장, 광장, 경기장과 연결된 궁궐 등을 조성하여 이 도시를 꾸민다. 그리고 5년마다 축제를 열고 가이사의 경기(Caesar's Games)라고 칭한다. 운동, 음악, 희곡에 참여한 자들 중 1, 2, 3등은 엄청난 포상을 받았다(요세푸스, 《전쟁사》 1:415). 후에 바울 사도는 이 가이사랴에 있는 헤롯의 궁궐에 2년 동안 수감되어 재판을 기다린다(행 23-25장).

유대 백성들을 위해 헤롯이 세운 거대한 건축 계획은 주로 예루살렘에서 진행된다. 가이사가 로마를 아름답게 꾸미려고 했던 것처럼, 헤롯은 예루살렘을 호화롭게 재건한다. 그는 성벽을 확장하고, 친구인 히피쿠스(Hippicus), 자신의 형인 파사엘, 부인인 마리암(Mariamne)의 이름을 딴 망대를 세운다. 그는 예루살렘에 왕궁을 짓고 대리석, 조각상 및 세밀한 장식품 등으로 꾸민다. 헤롯의 가장 야심찬 계획은 예루살렘 성전을 보수하는 것이었다. 헤롯은 주전 23년에 성전 주위에 엄청난 옹벽을 확장하면서 이 계획에 착수한다. 채석장에서 가져온 가장 큰 바위들은 무

게가 500톤도 넘었다. 성전 산(Temple Mount) 정상에 조성된 평평한 지대는 고대 세계에 가장 거대한 공공 광장으로서 200,000명을 수용할 수 있었다. 성전 바깥뜰 가장자리 부분은 돌기둥으로 된 주랑*(portico)으로 둘러싸여 있었기 때문에 사람들을 가르칠 그늘과 공간을 제공했다. 성전 산의 남편에는 162개의 든든한 기둥이 받치고 있는 2층으로 된 장엄한 구조물인 왕의 주랑(Royal Portico)을 건설한다. 절기를 맞아 예루살렘에 온 사람들은 대부분 아치 모양의 대리석 계단을 통해 왕의 주랑에 도달했다.

* 성전의 성소 앞 현관(왕상 7:6), 혹은 현관에 딸린 부속 방(왕상 6:3). 때론 성전 서쪽 뜰에 있는 건물(대상 26:18).

헤롯이 건축한 성전과 성전 산의 광장은, 성막과 솔로몬 성전의 설계를 반영한 것이다(출 25-31장; 왕상 8장). 성전에 가까이 다가갈 때마다 영광의 정도가 달라지도록 고안되었다. 예배자들은 보통 아름답게 조각된 두 개의 문이 달린 기념비적인 계단을 통해 성전 산에 올랐다. 이 지역을 후에 미문(행 3:2)이라고 한다. 화려하게 장식된 통로를 지나 올라가면 성전 산의 바깥뜰이 나타난다. 넓은 바깥뜰에는 얼룩덜룩한 대리석으로 된 벽돌이 깔려 있었다. 이 너른 지역은 이방인의 뜰로 알려져 있다. 1.3미터 높이의 돌담이 엄밀하게 따졌을 때 성전에 해당하는 지역을 두르고 있었고, 그 안으로는 이스라엘인들만 들어갈 수 있었다. 열세 개의 석판이 동일한 간격으로 배치되어 있었는데, 헬라어와 라틴어로 정결 예식 규례 및 외인은 성소에 들어올 수 없다는 경고문이 새겨져 있었다. 그 석판 중 두 개가 최근에 발굴되었다. 예배자들은 계단을 올라 성전 뜰에 들어서서, 은과 금으로 덮인 아홉 개의 문 중 하나를 통해 내부로 들어간다. 그러면 여인의 뜰로 알려진 공간이 나오는데, 모든 이스라엘 남녀에게 열려 있었다. 이스라엘인들은 서약을 하거나, 특별한 기도를 하거나, 또는 절기 때 찬양에 참여하기 위해 이곳에 들어왔다. 성전을 향해 더 나아가 열다섯 개의 반원 모양 계단을 오르면 레위 족속 찬양대가 대중 예배를 인도하던 연단이 나온다. 바로 뒤에는 23미터 높이로 솟은 화려하게 장식된 문이 코린트의 황동(Corinthian bronze, 구리와 금과 은을 합금하여 만든 로마에서 귀하게 여긴 금속)으로 덮여 있었다. 니가노르

(Nicanor)라는 부유한 알렉산드리아 출신 유대인이 성전을 장식하기 위해 엄청난 기부를 한 것으로 알려져 있다.

이스라엘 남자들과 제사장들은 니가노르 문 안으로 들어갈 수 있었다. 그러면 이스라엘의 뜰로 알려진 공간이 나온다. 이 공간 뒤편에 있는 제사장의 뜰에서는 제사장들이 정해진 순서에 따라 날마다 제단에서 제사를 드렸다. 그곳에서 열두 계단만 더 올라가면 성전 산 중심에 위치한 성전에 들어갈 수 있었다. 솔로몬의 성전이 바로 이곳, 즉 아브라함이 사랑하는 아들 이삭을 바치라는 명령을 받은 산에 세워졌다(대하 3:1; 참고 창 22:2). 성전의 전면은 45미터에 달했고, 광이 나는 대리석과 금으로 덮여 있었다. 입구 양편에 달린 거대한 문 안으로 들어서면 완전히 금으로 덮인 성전의 내부가 나타난다. 성소에는 오직 제사장들만 들어갈 수 있었는데, 그 내부에는 탁월한 솜씨로 만든 금 촛대, 진설병이 놓인 상, 분향단이 있었다. 정교하게 짜인 장막이 지성소를 구분하고 있었으며, 대제사장이 1년에 한 번 속죄일에만 들어갈 수 있었다. 유대 전통에 따르면 예루살렘의 헤롯 성전은 그 어떤 건축물보다도 아름다웠다고 한다. 바로 이곳이 어린 예수가 방문하게 될 성전이다. 예수는 여러 뜰에서 사람들을 가르치실 것이다. 예수는 언젠가 자신을 두고 "성전보다 더 큰 이가 여기 있느니라"(마 12:6)고 하실 것이다.

헤롯은 경제, 군사, 건축 면에서 큰 성과를 이루었지만, 이스라엘은 한 번도 헤롯의 왕권을 온전히 받아들이지 않았다. 그는 이스라엘 출신이 아니라는(이두메인이라는) 이유로 조롱을 받았다. 헤롯의 무자비한 통치와 무거운 세금, 그리고 로마와의 협력은 깊은 분노를 낳았다. 또한 헤롯의 가정사도 배신과 살인으로 점철되어 있다. 아구스도조차 언젠가 헤롯의 아들이 될 바에야 헤롯의 돼지가 되겠다고 한 적이 있을 정도다. 피해망상이 심해지자 헤롯은 아들들이 반역을 모의했다고 의심하여 처형하기까지 한다. 헤롯은 심지어 자신이 그토록 사모하던 정통성을 선사해 준 하스몬 왕가의 여왕인 아내 마리암까지 살해한다. 주전 4년, 자신이 죽기 5일 전에도 아들인 안티파터를 처형한다. 변화를 구하기 위해 로마에 온 유대인 대표들의 증언은 그들이 헤롯의 치하에서 겪은 고난을 생생하게 보여 준다. 가이사가 대표단에게 말하도록 허락하자, 그들은 헤롯의 잔혹한 통치에 대해 구구절절하게 토로한다.

> 저희가 참아 왔던 사람은 왕이 아니라, 세상에서 가장 잔인한 폭군입니다. 수많은 사람들이 그의 희생자가 되었고, 살아남은 자들도 너무 많은 고생을 해서 죽은 사람의 운명을 부러워하는 실정입니다. 왜냐하면 그는 사람들뿐 아니라 도시들까지 고문했기 때문입니다. 그는 자기 지역의 도시들은 해치는 반면, 유대의 고혈까지도 아끼지 않고 제공하여 다른 국가의 도시들을 부유하게 만들어 주었습니다. 고대의 번영과 조상 대대로 물려받은 율법 대신에 그는 국민들을 가난 속으로 몰아넣었고 부정의 극치까지 다다르게 했습니다. 헤롯이 이 몇 년 동안에 유대인들에게 가한 곤경은 저희 조상들이 바벨론을 떠난 이후 지금까지 겪었던 모든 고난을 능가하고 있습니다(요세푸스, 《전쟁사》 2.84-86).

헤롯을 통한 로마의 통치는 하나님의 백성들을 최악의 상황으로 몰아넣었다. 유대인 대표단이 헤롯의 압제가 바벨론의 포로에서 벗어난 이후 기간에 당한 모든 고난을 능가한다는 말에 주목하라. 이제 하나님이 자기 백성들의 마음을 움직여 그들의 창조주이자 구속주의 주권적인 의도를 기억하고 준비하게 하신 것이다. 하나님은 모세와 선지자들을 통해 **포로 시대**는 하나님이 궁극적으로 그들을 버리신 것이 아니라, 하나님의 징계이며 회복이 따를 것임을 약속하셨다. 하나님은 연속되는 네 왕조, 즉 바벨론, 바사, 헬라, 로마를 통해 자기 백성을 보호하시고 정제하셨다. 이제 다섯 번째 나라인 하나님 나라가 반드시 임할 것이다. 이때에 이스라엘은 비할 데 없이 강렬하게 하나님이 구약에서 주신 약속들을 바라게 된다.

◆ 이스라엘이 메시아를 고대하다: 하나님이 구약에서 주신 약속들을 기다리다

여기까지 오려고 낯설기만 한 신/구약 중간 시대를 지나왔다. 굵은 글씨로 된 다섯 번째이자 마지막 소제목은 **대망 시대**에 가장 중요한 내용이다. 하나님은 주권적으로 기대감을 조성하신다. 즉, 그 기대감은 하나님이 자기 백성을 구속하고 구원하기 위해 다시 한 번 일하시리라는 바람이었다. 하나님은 역경 가운데서도 자기 백성을 지키신다. 하나님은 고난을 통해 그들을 겸비하게 하신다. 하나님은 그들을 일깨워 하나님만 신뢰하라고 하신다. 하나님의 백성들은 이제 소망을 찾기 위해 성경을 연구한다. 이스라엘의 소망은 이스라엘의 하나님이 행하실 결정적인 구원의 역사로 향한다. 선지자들은 하나님의 임재를 두 번째 출애굽으로 묘사한다. 하나님은 400년 후에 두 번째로 자신의 손을 뻗치실 것이다(사 11:11; 참고 창 15:13). 출애굽은 앞으로 임할 구속의 본이다. 주님은 자신이 다시 일할 것이라는 약속으로 자기 백성의 마음을 휘저으셨다. "두려워하지 말라 내가 너와 함께함이라 놀라지 말라 나는 네 하나님이 됨이라 내가 너를 굳세게 하리라 참으로 너를 도와주리라 참으로 나의 의로운 오른손으로 너를 붙들리라"(사 41:10). 바다를 건넌 것을 기억하시며 주님은 선포하신다. "네가 물 가운데로 지날 때에 내가 너와 함께할 것이라 강을 건널 때에 물이 너를 침몰하지 못할 것이며"(사 43:2; 참고 출 3:12).

이스라엘의 소망은 고대 세계에서 독특한 것이었다. 이는 선지자의 계시로 영감을 받은 것으로서, 인간이 고안해 낸 것이 아니었다. 이스라엘의 선지자들은 시간을 언급할 때 크게 "옛날" 또는 "끝날"(개역개정에서는 "말일", "후일", "마지막 날" 등으로 표현, 신 4:30; 사 2:2; 렘 23:20; 단 2:28; 호 3:5) 두 가지로 지칭한다. "끝날"(또는 "마지막 날")은 구약의 언어로서 하나님이 **포로 시대** 이후에 다시 일하실 때를 설명하는 용어다. 하나님의 구원 행위는 또한 "여호와의 날" 또는 단순하게 "그 날에"(사 13:6; 렘 46:10;

겔 30:3; 욜2:1; 습 1:14; 말 4:5)라는 표현으로도 나타나기도 한다. 이스라엘의 소망에는 다양한 측면이 있고, 이를 나타내는 성경의 심상도 다양하게 나타난다. 그렇지만 이스라엘의 소망은 앞으로 임할 하나님의 구원의 날을 고대하는 하나의 포괄적인 비전을 형성하게 된다.

▶▶▶ 신약 연대표

이스라엘의 소망을 구성하는 열 가지 핵심적인 대망이 있다. 신약 연대표 좌측 하단 귀퉁이를 보면 이 열 가지 핵심적인 대망과 성경 구절이 함께 있다. 이 대망들을 상징하는 그림이 보일 것이다. **파란 왕관**은 하나님 나라, 왕이신 인자, 다윗의 자손을 상징한다. **제단**은 속죄를 상징한다. **내면의 법** 그림은 새 언약을 상징한다. **불을 내리는 구름**은 오순절에 하나님의 임재가 부어짐을 상징한다. **선물**은 하나님이 아브라함에게 약속하신 은혜의 복이 이방 나라들까지 확장됨을 상징한다. **빈 무덤**은 부활의 소망을 상징한다. **두 나무**는 하나님의 심판과 새로운 창조의 소망을 떠올리게 한다. 각 그림은 구약에서 직접 따온 것으로, 하나님의 백성은 하나님께서 약속하신 것들이 성취되기를 기다린다는 사실을 강조한다.

이 목록에 매우 익숙해져야 한다. 왜냐하면 이 목록은 이스라엘의 소망을 이해하는 데 도움이 되고, 이것이 바로 우리가 **대망 시대**를 공부하는 목적이기 때문이다. 이러한 열 가지 대망 모두 이스라엘의 전체적인 소망 중에 불가결한 특징으로 여겨야 한다. 이스라엘이 이것들을 소망한 이유는 하나님이 말씀으로 그렇게 약속하셨기 때문이다. 이 위대한 예언적인 대망 내에서 역사적, 신학적 발전이 일어난다. 이스라엘의 소망은 예수를 메시아로 이해하는 데 반드시 필요한 요소다. 이스라엘의 소망은 초대 기독교 선교가 확장되게 만들었다. 또한 앞으로 보게 될 것처럼, 이스라엘의 소망은 기독교 신학의 형태와 내용을 제공한다. 이스라엘의 소망에 담긴 각 측면을 제시하면서 **대망 시대**를 결론 내리려고 한다. 구약 책을 다 읽었다면, 역사를 통해 구속을 이루시려는 하나님의 계획에 핵심이 되는 이러한 대망들이 익숙할 것이다.

• 하나님의 통치가 임할 하나님 나라(슥 14:9)

이스라엘의 소망의 첫 번째 측면은 하나님의 통치가 임할 하나님 나라다. 이스라엘은 여호와 하나님을 창조주, 구속주, 왕으로 알아왔다(사 43:15, 44:6). 하나님 한 분만이 창세기의 창조주시다(창 1-2장). 하나님 한 분만이 출애굽기의 구속주시다(출 1-15장). 바다를 건넌 후에는 다음과 같이 하나님이 왕으로 다스리심을 선포한다. "여호와께서 영원무궁하도록 다스리시도다"(출 15:18). 이스라엘의 위대한 고백을 봐도 백성들에게 여호와만 예배하라고 한다. "이스라엘아 들으라 우리 하나님 여호와는 오직 유일한 여호와이시니"(신 6:4). 이스라엘의 소망은 모든 사람이 여호와를 알고, 여호와만 예배하는 날을 바라는 것이다. 하나님의 통치를 기대하는 이러한 소망은 스가랴 선지자의 선포에도 분명하게 표출된다. "여호와께서 천하의 왕이 되시리니 그 날에는 여호와께서 홀로 한 분이실 것이요 그의 이름이 홀로 하나이실 것이라"(슥 14:9). 스가랴는 구약이 끝나 가는 주전 6세기에 예언 활동을 한다. 스가랴 마지막 장은 앞으로 임할 여호와의 날에 관한 것이다(슥 14장). 모든 이방 나라들이 예루살렘에 모일 것이다. 여호와가 직접 나타나서 감람산에 서실 것이다. 그 날에는 온 땅이 두려워 떨고, 어두움은 그 땅을 완전히 덮을 것이다. 예루살렘에서는 생명수가 흘러나와 동과 서로 흐를 것이다. 그 결과 여호와 하나님은 온 땅을 다스리는 왕이 되신다. 그분은 홀로 한 분이 되실 것이다. 모든 민족이 이스라엘의 하나님을 예배하려고 와서 "여호와께 거룩" 해질 때, 모든 민족의 우상들은 전복될 것이다.

스가랴서 14장 9절 말씀은 이스라엘의 예식 생활(liturgical life)에서도 중요한 위치를 차지한다. 이 구절은 회당에서 날마다 세 차례 드리는 예식을 마무리하는 기도문의 마지막 부분에서 인용한 것으로서, 당시 예루살렘의 성전 예식에서 사용된 언어를 반영하는 것이다. 이 기도는 알레이누(Aleinu, 문자적으로는 "우리에게 임하다"는 뜻) 기도라고 한다. 하나님의 백성들은 하나님만을 예배하는 신성한 의무를 받았다. 이 기도는 주님이 왕이시며 주님 외에는 아무도 없다는 고백으로 시작한다. 그러고 나서 "위로 하늘에나 아래로 땅에 오직 여호와는 하나님이시요 다른 신이 없"(신 4:39)다고 선포한다. 이 기도는 하나님의 영광이 어느 날 나타나 거짓 신들이 사라지게 해달라는 기원으로 이어진다. 또한 모든 인류가 하나님의 이름을 부르고 모든 악한 자들이 회개하며 돌아서기를 구한다. 이 기도는 전 세계 모든 거주민들이 하나님의 이름을 영화롭게 하고, 모든 무릎이 꿇고 모든 혀가 여호와가 하나님임을 고백하리라는 소망을 드높인다. 일 년에 천 번도 넘게 드리는 이 기도는 모든 나라가 하나님 나라의 멍에를 받아들이고 하나님이 영원히 다스리게 되리라는 기대로 마무리된다. 이 대망은 성경에 근거한 것이다.

> 여호와께서 천하의 왕이 되시리니 그 날에는 여호와께서 홀로 한 분이실 것이요 그의 이름이 홀로 하나이실 것이라(슥 14:9)

• 왕이신 인자의 환상(단 7:11-14)

이스라엘의 소망의 두 번째 측면은 다니엘이 본 왕이신 인자의 환상에서 나온 것이다(단 7:13-14). 우리는 이제 네 개의 왕국이 이어진 후 하나님 나라가 도래하며 마무리되는 다니엘의 예언에 익숙해졌다(단 2:44-45). 이 환상은 포로로 잡혀갔을 때부터 신/구약 중간 시대를 거치기까지 왕국들의 성쇠를 설명한다. 다니엘서 7장에서 선지자는 바다에서 네 마리의 두려운 짐승이 나오는 것을 본다. 각 짐승은 폭력에 특화된 생물들끼리 결합한 변종의 모습을 한다. 처음에 나타난 짐승은 독수리의 날개가 달린 사자와 비슷한데, 사람과 같이 선다. 두 번째는 곰과 같은데 몸 한 쪽을 들었고 막 먹은 듯한 갈빗대 세 개가 이에 있다. 세 번째는 표범과 같은데 새의 날개가 네 개 달려 있고 머리가 넷이 있어 권세를 휘두른다. 네 번째 짐승은 쇠로 된 큰 이가 있고 열 개의 뿔이 달려 먹고 부서뜨리고 나머지를 발로 짓밟는다. 이 짐승들은 앞으로 임할 네 개의 왕국을 통치하는 왕들로 해석된다. 그리고 여호와가 보좌에 앉아 계시는 고무적인 계시가 나타나며 짐승들의 끔찍한 통치는 끝난다. 다니엘은 여호와가 옛적부터 항상 계신 분으로서 정결함과 거룩함으로 보좌에 앉으신 것을 본다. 수많은 하늘의 존재들이 영광의 왕 앞에 준비한 상태로 서 있다. 여호와는 짐승들에게 심판을 내리시고 땅에서 그들의 권세를 빼앗으신다. 그 다음 구절은 성경 전체에서 가장 넋을 잃게 만드는 부분이다.

> 내가 또 밤 환상 중에 보니 인자 같은 이가 하늘 구름을 타고 와서 옛적부터 항상 계신 이에게 나아가 그 앞으로 인도되매 그에게 권세와 영광과 나라를 주고 모든 백성과 나라들과 다른 언어를 말하는 모든 자들이 그를 섬기게 하였으니 그의 권세는 소멸되지 아니하는 영원한 권세요 그의 나라는 멸망하지 아니할 것이니라(단 7:13-14)

인자가 다른 짐승들과 구분되는 점은 그 인간성이다. 옛적 뱀은 "들짐승 중에 가장 간교하니라"(창 3:1)고 하는데, 뱀이 부추긴 통치자들도 뱀의 모습을 공유하게 된다. 교만, 오만, 제어되지 않는 사람의 능력은 언제나 하나님의 형상을 타락하고 더럽힌다. 반대로 인자는 새 아담으로 오신다. 왕이자, 하나님의 형상을 닮은 아들로 오시는 것이다. 인자는 또한 자신의 신성으로도 구분된다. 그는 하나님의 임재를 나타내는 하늘의 구름과 함께 하나님의 보좌로 오신다(출 24:16, 40:34; 왕상 8:10-11; 시 104:3; 겔 1:28). 가장 놀라운 왕명이 선포된다. 여호와가 인자에게 주권과 영광과 영원한 왕국을 주신다는 것이다. 모든 민족과 언어가 그분을 예배한다(창 12:3, 49:10). 그분의 지배는 절대로 없어지거나 멸망되지 않을 것이다(삼하 7:14; 시 2:8). 여기서 우리는 우리 메시아의 모습을 생생하게 본다. 메시아를 통해 하나님 나라가 세워질 것이다.

• **다윗의 자손이 다시 왕좌에 오르다**(렘 23:5; 암 9:11)

이스라엘의 소망의 세 번째 측면은 다윗의 자손이 다시 왕좌에 오른다는 것이다. 이러한 소망 뒤에는 사무엘하 7장에서 여호와가 다윗에게 하신 약속이 있다. 여호와가 그에게 모든 원수로부터 쉬게 하신 후에, 다윗은 여호와를 위해 집을 지으려고 한다. 여호와는 다윗에게 은혜로 베푸신 모든 일을 기억나게 한다. 그리고 다윗이 여호와를 위하여 집을 짓게 하는 것이 아니라, 자신이 다윗을 위하여 집을 지어 주실 것이라고 약속하신다. 하나님은 다윗의 자손을 높여 영원히 다스리게 하실 것을 약속하신다. 여호와는 다윗의 자손과, 아버지와 아들의 관계를 맺겠다고 약속하신다. 그분은 자신의 인애를 절대로 거두지 않으시겠다고 약속하신다. 주 여호와는 사울이 죄를 범했을 때 그에게서 영을 거두시고 왕권을 빼앗으셨지만, 이스라엘이 죄를 범했을 때는 다윗의 자손이 사람들의 매와 채찍을 맞음으로 하나님의 징계를 받으신다. 하지만 그의 왕권은 절대로 빼앗기지 않을 것이다. 다윗의 왕권은 영원히 보전되고 견고할 것이다(삼하 7:12-16).

여호와는 신실하셔서 **왕정 시대** 내내 다윗 가문에서 왕을 세우셨다. 시편에는 하나님이 다윗에게 언약으로 주신 약속을 기리는 내용이 종종 나온다(시 2:6-8, 89:3, 35, 132:11). 하지만 우리가 살펴봤듯이 다윗 왕가의 죄로 인해 하나님은 포로 생활이라는 징계를 내리셨고, 주전 586년 다윗 왕가의 마지막 왕이 바벨론으로 끌려간다. 포로가 되었음에도 불구하고 다윗의 계보는 여호야긴과 그의 아들들(렘 5:31-34), 그리고 손자인 스룹바벨(대상 3:17-19)을 통해 이어진다. 여호와의 선지자들은 여호와가 이 계보에서 의로운 다윗의 자손을 일으켜 하나님이 기름 부으신 왕으로 영원히 통치하게 하실 때를 바라본다. 포로 생활이라는 벌을 마친 후에 예레미야 선지자는 그 왕이 나타날 영광스러운 때를 본다.

> 여호와의 말씀이니라 보라 때가 이르리니 내가 다윗에게 한 의로운 가지를 일으킬 것이라 그가 왕이 되어 지혜롭게 다스리며 세상에서 정의와 공의를 행할 것이며 그의 날에 유다는 구원을 받겠고 이스라엘은 평안히 살 것이며 그의 이름은 여호와 우리의 공의라 일컬음을 받으리라(렘 23:5-6)

아모스 선지자도 유사하게 포로 생활 후에 여호와가 다윗의 무너진 집을 다시 세우실 것이라고 선포한다.

> 그 날에 내가 다윗의 무너진 장막을 일으키고 그것들의 틈을 막으며 그 허물어진 것을 일으켜서 옛적과 같이 세우고 그들이 에돔의 남은 자와 내 이름으로 일컫는 만국을 기업으로 얻게 하리라 이 일을 행하시는 여호와의 말씀이니라(암 9:11-12)

다윗의 아들이 하나님의 백성을 다스리게 되리라는 기대는 이스라엘의 소망 중에서 강력하게 보증된 특징이었다(사 4:2, 9:7, 11:1, 10, 16:5, 55:3; 렘 30:9, 33:15-17; 겔 34:23-24, 37:24; 호 3:5; 슥 12:8-10, 13:1). 언젠가 다윗과 맺은 언약이 성취되면서 다윗 왕조에서 나온 왕이 하나님의 백성들을 통치할 것인데, 이 언약은 절대로 파기될 수 없는 것이다(렘 33:15-17).

• **죄의 속죄(사 53장; 단 9:24)**

이스라엘의 소망의 네 번째 측면은 죄의 속죄를 기다리는 것이다. 우리의 조상들이 아담의 죄로 에덴동산에서 축출된 것처럼, 이스라엘의 죄로 이스라엘은 그 땅에서 축출되고 말았다. 하지만 이스라엘의 선지자들은 죄가 온전하게 속죄되고, 하나님과 하나님 백성의 관계가 회복될 날을 고대한다. 이러한 기대는 이사야서 53장에서 여호와의 종이 담당하신 대속 사역으로 숭고하게 표현된다. 그 종은 민족의 죄를 지고 간다.

그는 이스라엘의 질고를 지고 그들의 슬픔을 당한다. 그들의 허물 때문에 하나님에게 매를 맞고 고난을 당한다. 그들의 죄악 때문에 상함을 받고, 그가 채찍에 맞음으로 그들은 나음을 받는다. 이사야 선지자는 선포한다. "우리는 다 양 같아서 그릇 행하여 각기 제 길로 갔거늘 여호와께서는 우리 모두의 죄악을 그에게 담당시키셨도다"(사 53:6). 이 종은 제물로 드려질 양이 되어 죽임을 당하지만, 털 깎는 자 앞에서 잠잠한 양같이 입을 열지 않으셨다. 그 종에게서 아무런 거짓을 찾아볼 수 없었지만 그의 무덤은 악인들과 함께 있었다. 이사야 선지자는 이스라엘의 불의에 대한 하나님의 해결책을 고난 받는 종에게서 본다. 그분의 대속 제물은 많은 사람을 의롭게 할 것이다.

> 여호와께서 그에게 상함을 받게 하시기를 원하사 질고를 당하게 하셨은즉 그의 영혼을 속건제물로 드리기에 이르면 그가 씨를 보게 되며 그의 날은 길 것이요 또 그의 손으로 여호와께서 기뻐하시는 뜻을 성취하리로다 그가 자기 영혼의 수고한 것을 보고 만족하게 여길 것이라 나의 의로운 종이 자기 지식으로 많은 사람을 의롭게 하며 또 그들의 죄악을 친히 담당하리로다(사 53:10-11)

이 심금을 울리는 말씀은 여호와의 뜻이 어떻게 궁극적으로 사람들의 죄를 이기게 되는지를 묘사한다. 여호와의 종은, 왕이신 아들로서 메마른 땅에 불쑥 솟은 잎처럼 자란다. 이는 다윗 왕가에서 오실 미래의 왕의 형상이다(사 11:1). 그는 고운 모양이나 풍채로 우리의 관심을 끌지 않는다. 그는 자기 백성에게 경멸당하고 거부당하는, 슬픔의 사람이다. 하지만 이사야 선지자는 그 종이 담당한 슬픔이 우리의 슬픔임을 설명한다. 그는 하나님께 맞고 고난을 당했다. 그는 우리의 허물 때문에 찔림을 당하고 우리의 죄악 때문에 상함을 받았다. 우리 모두는 각자 제 길로 갔건만 여호와는 그에게 우리 모두의 죄악을 담당하셨다. 그 종은 살아 있는 자들의 땅에서 잘려 나갔다. 그는 아무런 잘못을 하지 않았지만 악한 자들과 함께 죽어 부자들과 함께 묻혔다. 그의 생명은 속건제로 드려졌다. 그 종은 우리를 대신해서 죽으신 후, 죽은 자들 가운데서 살아나신다. 그는 자신의 씨를 볼 것이고, 그의 날이 길 것이다. 부활하신 후에는 많은 사람을 의롭게 하실 것이다. 결국, 그 종은 많은 사람의 죄를 담당하셨기 때문에 높임을 받으신다. 이사야서 53장은 여전히 성경 전체에서 가장 중요한 성경 구절이며, 신약에서 가장 빈번하게 인용되는 구절이기도 하다.

다니엘 선지자 또한 하나님이 죄를 속죄하실 것을 선언한다. 바벨론에 끌려간 오랜 세월 동안, 다니엘은 포로 생활 70년에 관한 예레미야의 말씀을 읽는다(단 9:1-2; 참고 렘 25:11-12). 그는 겸손하게 여호와께 얼굴을 돌리고 회개하며 민족의 죄를 고백한다. 다니엘은 여호와의 신실하심을 선포하고 이스라엘의 불충을 고백한다. 다니엘은 이스라엘의 죄와 불순종과 하나님께 반역함으로 이스라엘에 재난이 임했음을 인식한다. 다니엘은 여호와께 분노를 옮기시고 하나님의 얼굴을 다시 자기 백성에게 비추어 달라고 간청한다(단 9:3-19; 민 6:25). 가브리엘 천사는 다니엘의 기도에 환상으로 응답한다. 하나님은 자신의 구속 계획이 실현되기 위해서는 **포로시대** 70년이 아니라 일흔 번씩 "일곱 번"이 되어야 함을 공포하신다. 다니엘서 9장 24절에는 여섯 개의 궁극적인 목적이 선포된다.

> 네 백성과 네 거룩한 성을 위하여 일흔 이레(문자적으로는 '일곱 번들')를 기한으로 정하였나니 허물이 그치며 죄가 끝나며 죄악이 용서되며 영원한 의가 드러나며 환상과 예언이 응하며 또 지극히 거룩한 이가 기름 부음을 받으리라

성경 주석가들 사이에 다니엘의 일흔 이레에 대한 해석의 차이가 있지만, 이 구절이 전하려고 하는 가장 중요한 개념은 분명하다. 여호와는 다니엘을 위로하시기 위해, 죄를 대속하시고 메시아를 통해 영원한 의로움을 시작하실 것이라는 하나님의 주권적인 뜻을 환상으로 보여 주신

것이다. 죄의 대속은 **대망 시대** 내내 이스라엘의 소망 중에 핵심이다. 죄의 대속이 없이는 용서도 없고, 포로 생활에서 귀환도 없으며, 하나님과 맺은 언약 관계의 회복도 없다.

• **새 언약**(렘 31:31-34; 호 2:16-23)

이스라엘의 소망의 다섯 번째 측면은 새 언약에 대한 기대다(렘 31:31-34). 하나님은 아브라함의 자손들과 시내 산에서 언약을 맺으셨고 그들에게 거룩한 법을 지킬 것을 요구하셨다(출 20장, 24장). 하지만 하나님은 모세가 죽기 직전 백성들이 "나를 버리고 내가 그들과 맺은 언약을 어길 것이라"(신 31:16)고 경고하신다. 오랜 격동의 역사 내내 선지자들은 하나님의 언약을 어긴 것이 이스라엘의 죄라고 정의한다(렘 11장). 그들이 언약을 파기하였기 때문에 하나님은 그 죄에 대해 공의로운 심판을 내리셨고, 결국 언약에 따른 저주가 임한다(레 26:14-39; 신 27:1-26, 28:15-68). 마침내 주전 586년 예루살렘 성전은 무너졌고, 하나님의 백성들은 포로로 끌려간다(대하 36장). 하지만 하나님은 이스라엘 선지자들에게 포로의 심판을 넘어 회복의 때를 보게 하신다(레 26:40-46; 신 30:1-14; 렘 30-33장; 겔 34장, 36-37장). 이스라엘의 죄는 피로 속죄될 것이고, 여호와는 흩어진 백성들을 모으시고 그들과 새 언약을 맺으실 것이다.

새 언약의 소망은 예레미야의 예언 사역에서 감동적으로 표현된다. 예레미야는 유다의 마지막을 목격한 자다. 그는 백성들에게 하나님이 바벨론을 통해 주시는 징계에 순종할 것을 촉구한다. 여호와는 반복해서 미래에 대한 소망이 있음을 보여 주신다. 심지어 예레미야에게 이스라엘이 그 땅에서 누릴 미래에 대한 표식으로 땅을 사라고 말씀하신다. 그리고 예레미야서 29장 11절에서 여호와는 이렇게 선포하신다. "너희를 향한 나의 생각을 내가 아나니 평안이요 재앙이 아니니라 너희에게 미래와 희망을 주는 것이니라." 예레미야서 31장은 여호와가 그들의 하나님이 되고 "그들은 내 백성이 되리라"(렘 31:1)는 언약 공식으로 시작한다. 여호와는 자기 백성에게 선포하신다. "내가 영원한 사랑으로 너를 사랑하기에"(렘 31:3). 슬픔은 기쁨이 될 것이다. 흩어졌던 자들이 모일 것이다. 저주가 변하여 축복이 될 것이다. 여호와는 자기 백성을 속량하시고 구속하실 것이다(렘 31:11).

이스라엘이 미래에 회복될 때 예레미야가 예언하며 외친 것들이 이루어진다. 여호와는 예레미야에게 말씀하셨다. "내가 오늘 너를 여러 나라와 여러 왕국 위에 세워 네가 그것들을 뽑고 파괴하며 파멸하고 넘어뜨리며 건설하고 심게 하였느니라 하시니라"(렘 1:10). 예레미야서 31장 28절에서 여호와는 공포한다. "깨어서 그들을 뿌리 뽑으며 무너뜨리며 전복하며 멸망시키며 괴롭게 하던 것과 같이 내가 깨어서 그들을 세우며 심으리라." 이 영광스러운 미래의 절정은 하나님과 하나님의 백성이 새 언약을 맺는 것으로 표출된다.

> 여호와의 말씀이니라 보라 날이 이르리니 내가 이스라엘 집과 유다 집에 새 언약을 맺으리라 이 언약은 내가 그들의 조상들의 손을 잡고 애굽 땅에서 인도하여 내던 날에 맺은 것과 같지 아니할 것은 내가 그들의 남편이 되었어도 그들이 내 언약을 깨뜨렸음이라 여호와의 말씀이니라 그러나 그 날 후에 내가 이스라엘 집과 맺을 언약은 이러하니 곧 내가 나의 법을 그들의 속에 두며 그들의 마음에 기록하여 나는 그들의 하나님이 되고 그들은 내 백성이 될 것이라 여호와의 말씀이니라(렘 31:31-33)

새 언약에 따르는 몇 가지 요소는 전혀 새롭지 않다는 사실에 주목하자. 새 언약은 예전과 동일한 언약 대상자들 사이에서 맺어진다. 즉 하나님과 이스라엘이다. 그리고 새 언약은 여호와께서 먼저 구원의 행위를 시작하심으로 이루어진다. 또한 새 언약에 기록된 하나님의 뜻은 동일한 것으로 드러난다. 하지만 새 언약은 옛 언약의 큰 문제를 해결한다. 즉, 이스라엘의 죄악 된 마음이다. 하나님이 시내에서 이스라엘과 맺은 언약의 문제는 그들이 순종하지 않음으로 언약을 파기했다는 점이다(렘 11장). 여호와는 신실하시지만 이스라엘은 신실하지 않았다. 새 언약에서 가장 놀라운 특징은 하나님이 자신의 법을 그들의 마음에 쓰신다는 점이다. 이는 하나님이 자신의 영으로 행하실 일을 예견한 것이다(고후 3:1-6). 하나님은 자기 백성의 마음을 불순종에서 순종으로 바꾸실 것이다. 그들은 모두 여호와를 알게 될 것이고 그 지식을 삶에 반영할 것이다. 새 언약은 하나님이 죄를 용서하신다는 사실에 기초를 둘 것이다. 새 언약의 소망은 "악행을 사하고" 또한 "다시는 그 죄를 기억하지 아니하리라"(렘 31:34)는 하나님의 은혜로우시고, 주권적인 선포 안에서 일어나는 것이다.

"새 언약"이라는 표현은 예레미야서 31장에만 나타나기는 하지만, 우리는 신약 연대표에 호세아의 중요 구절도 기록했다(호 2:16-23). 호세아가 받은 선지자의 소명은 신실하지 않은 아내와 결혼하여, 신실하지 않은 이스라엘과 여호와가 맺은 언약 관계를 구현해 내는 것이었다. 호세아는 이스라엘이 어떻게 "사랑하는 자를 따라가서 나를 잊어버리"(호 2:13)게 되었는지를 보여 주는 사명을 받았다. 호세아는 이스라엘이 신실하지 않은 신부처럼 버림 받고, 심판을 받아 포로가 될 것이라고 선언한다. 여호와는 언약을 맺는 배경이 되는 거친 들로 이스라엘을 다시 데려가겠다고 약속하신다. 그분은 자신이 버린 신부를 영원한 언약으로 받아들이며 재결합하고, 장가들어 영원히 살 것이다.

> 그러므로 보라 내가 그를 타일러 거친 들로 데리고 가서 말로 위로하고…… 여호와께서 이르시되 그 날에 네가 나를 내 남편이라 일컫고 다시는 내 바알이라 일컫지 아니하리라 내가 바알들의 이름을 그의 입에서 제거하여 다시는 그의 이름을 기억하여 부르는 일이 없게 하리라 그 날에는 내가 그들을 위하여 들짐승과 공중의 새와 땅의 곤충과 더불어 언약을 맺으며 또 이 땅에서 활과 칼을 꺾어 전쟁을 없이하고 그들로 평안히 눕게 하리라 내가 네게 장가들어 영원히 살되 공의와 정의와 은총과 긍휼히 여김으로 네게 장가들며 진실함으로 네게 장가들리니 네가 여호와를 알리라(호 2:14-20)

새 언약의 소망에 관한 또 다른 중요한 구절이 에스겔서에 있다. 에스겔 선지자는 포로로 잡혀간 땅에서 이스라엘에게 말씀을 전한다. 그는 백성의 죄악과 우상 숭배 때문에 하나님의 임재가 예루살렘 성전을 떠나는 것을 목격한다(겔 9-11장). 에스겔서 16장은 하나님과 하나님의 백성의 관계를 신의 없는 신부로 묘사하다. 에스겔은 예언의 형식으로 이스라엘을 고발하며, 신의가 두터운 여호와 앞에 우리의 죄라는 본성이 어찌나 딱한 것인지를 생생하게 드러낸다. 결국 이스라엘의 죄는 하나님의 공의의 심판을 초래한다. 하지만 심판 후에, 여호와는 죄를 속하시고 영원한 언약을 맺으실 것이다. "그러나 내가 너의 어렸을 때에 너와 세운 언약을 기억하고 너와 영원한 언약을 세우리라 …… 내가 네게 내 언약을 세워 내가 여호와인 줄 네가 알게 하리니…… 이는 내가 네 모든 행한 일을 용서한 후에"(겔 16:60, 62-63장). 새 언약의 약속은 이스라엘의 소망의 핵심이다. 우리는 예수께서 제자들에게 다락방에서 말씀하실 때 이 용어를 다시 듣게 될 것이다. "이 잔은 내 피로 세우는 새 언약이니 곧 너희를 위하여 붓는 것이라"(눅 22:20). 예수 그리스도의 대속의 피를 통해, 용서는 확실해졌고 새 언약이 영원히 세워질 것이다. 하나님의 백성은 하나님 보시기에 의롭다 선포될 것이다. 그러면 그들은 성령으로 가득하여 새로운 삶을 살게 될 것이다. 이것이 진정한 이스라엘의 소망이다.

• 성령을 부어 주심(사 44:3; 욜 2:28-29)

이스라엘의 소망의 여섯 번째 측면은 성령을 부어 주심이다. 하나님의 영이 에덴동산에서 인류에게 생명을 불어넣었듯이(창 2:7), 성령은 마지막 날에 인류를 새롭게 하실 것이다. 이사야 선지자는 하나님의 백성들이 성령의 임재와 능력으로 새롭게 될 모습을 보고 이렇게 선포한다.

> 나는 목마른 자에게 물을 주며 마른 땅에 시내가 흐르게 하며 나의 영을 네 자손에게, 나의 복을 네 후손에게 부어 주리니 그들이 풀 가운데에서

> 솟아나기를 시냇가의 버들같이 할 것이라 한 사람은 이르기를 나는 여호와께 속하였다 할 것이며 또 한 사람은 야곱의 이름으로 자기를 부를 것이며 또 다른 사람은 자기가 여호와께 속하였음을 그의 손으로 기록하고 이스라엘의 이름으로 존귀히 여김을 받으리라(사 44:3-5)

요엘 선지자 또한 성령이 모든 민족, 남자와 여자, 부유한 자와 가난한 자 모두에게 부어질 날을 묘사한다. 요엘서 2장 28-29절에서 여호와는 약속하신다.

> 그 후에 내가 내 영을 만민에게 부어 주리니 너희 자녀들이 장래 일을 말할 것이며 너희 늙은이는 꿈을 꾸며 너희 젊은이는 이상을 볼 것이며 그때에 내가 또 내 영을 남종과 여종에게 부어 줄 것이며

에스겔 선지자는 그들이 성령으로 새롭게 될 때 나타날 결과를 본다. 주님은 자기 백성을 정결하게 하시고 그들의 우상을 제하실 것이다. 하나님은 그들의 굳은 마음을 제거하시고 부드러운 마음을 주실 것이다. 그리고 성령을 부으셔서 사람들이 하나님의 길로 걷게 하실 것이다.

> 맑은 물을 너희에게 뿌려서 너희로 정결하게 하되 곧 너희 모든 더러운 것에서와 모든 우상 숭배에서 너희를 정결하게 할 것이며 또 새 영을 너희 속에 두고 새 마음을 너희에게 주되 너희 육신에서 굳은 마음을 제거하고 부드러운 마음을 줄 것이며 또 내 영을 너희 속에 두어 너희로 내 율례를 행하게 하리니 너희가 내 규례를 지켜 행할지라(겔 36:25-27)

성령이 우리를 이렇게 놀랍도록 새롭게 만드실 날이 온다. 모든 민족이 성령을 받아들일 것이다. 그들은 우상들을 버리고 하나님의 길로 걸을 것이다. 앞으로 오순절에 관한 장에서 베드로가 성령을 부어 주시겠다는 하나님의 약속이 성취되었다고 선포하는 모습을 볼 텐데, 그때 다

시 요엘 선지자의 예언을 듣게 될 것이다(행 2:14-36). 에스겔 선지자는 성령이 능력을 베푸셔서 새로운 순종의 삶을 살게 하신다고 표현하는데, 이는 바울의 선교 사역을 이해하는 데 매우 중요한 구절이다.

◆ 아브라함의 복이 천하 만민에게(창 12:1-3; 미 4장)

이스라엘의 소망의 일곱 번째 측면은 아브라함의 복이 천하 만민에게 임하는 것이다. 구약 책에서 여호와가 아브라함과 그의 씨를 통해 땅의 모든 가족을 축복하겠다고 약속하신 것을 기억할 것이다(창 12:3, 18:18, 26:4, 28:14). 이스라엘 선지자들은 자신들이 참되고 유일하신, 살아 계신 하나님을 섬긴다는 사실을 알았다. 하나님이 우르에서 우상을 섬기던 아브라함(당시 아브람)을 택정하신 것은 은혜로 하신 일이었다. 하나님이 나이 많은 아브라함(아브람)과 아이를 갖지 못하는 사라(사래)에게 후손을 주겠다고 약속하시면서 하나님의 은혜와 능력은 더욱 드러나게 된다. 하나님은 아브라함과 그의 "씨"(창 22:18; 갈 3:14, 16)를 통해 온 세계에 하나님을 아는 지식과 하나님의 복을 전하실 것이다.

선지자들은 이스라엘의 회복을 감안하며, 모든 민족이 여호와를 알고 예배하게 될 날을 고대했다(사 2:2, 19:21, 42:6, 60:1-3, 66:20; 슥 8:20-23). 주님의 집이 있는 산은 가장 높은 산으로 우뚝 설 것이다. 사람이 손대지 않은 돌이 땅을 채울 것이다. 그 결과 민족들은 여호와를 찬양하며 선물을 가지고 올 것이다(사 60:1-3, 6). 그들은 시온으로 줄지어 와서 여호와를 예배하며 그의 길을 따라 걷는 법을 배울 것이다. 그리고 이렇게 말할 것이다.

> 오라 우리가 여호와의 산에 올라가서 야곱의 하나님의 전에 이르자 그가 그의 도를 가지고 우리에게 가르치실 것이니라 우리가 그의 길로 행하리라(미 4:2)

스가랴 선지자 또한 예루살렘이 모든 민족에게 복이 될 날이 올 것이라고 선포한다(슥 8:13). 하나님의 구속 계획을 따라가다 보면, **메시아 시대**에 동방 박사들이 베들레헴에서 태어난 아이를 경배하기 위해 선물을 가져오는 모습을 만나게 된다. 민족들은 예수를 뵈옵고자 할 것이다(요 12:20-21). 예수의 대속적 죽음으로 이방인에게도 복이 미칠 것이다(갈 3:14). **오순절 시대** 및 **가르침 시대**에서 아브라함의 복이 신실한 사역을 통해 땅끝까지 모든 민족에게 확장되는 것을 볼 것이다(행 1:8).

• 죽은 자 가운데서 부활(겔 37장; 사 25:8-9; 단 12:2)

이스라엘 소망의 여덟 번째 측면은 죽은 자 가운데서 부활하는 것이다. 고대 세계에서는 이스라엘만이 육체의 부활을 기대한다. 이스라엘의 하나님은 살아 계신 자들의 하나님이지 죽은 자의 하나님이 아니시다. 하나님은 인류를 영원히 살도록 창조하셨지만, 죄가 죽음을 가져왔다(창 2:16-17, 5:1-32). 오직 이스라엘의 하나님만이 죽은 자 가운데서 새로운 생명을 창조하실 수 있다. 아브라함은 태가 "죽은"(창 15:6; 참고 롬 4장), 출산하지 못하는 아내에게 하나님이 자녀를 주실 것을 믿음으로써 "부활 신앙"을 증명한다. 하나님에게만 생명을 베푸시는 이러한 능력이 있다. 하나님은 모세에게 말씀하셨다. "이제는 나 곧 내가 그인 줄 알라 나 외에는 신이 없도다 나는 죽이기도 하며 살리기도 하며 상하게도 하며 낫게도 하나니 내 손에서 능히 빼앗을 자가 없도다"(신 32:39). 선지서의 몇몇 구절들도 새로운 생명으로 향하는 영광스러운 부활을 고대한다. 이스라엘은 하나님이 모든 민족에게 풍성한 잔치를 베푸실 그 날을 바라본다. 하나님은 민족들에게 자신의 영광을 가리는 베일을 없애실 것이다. 하나님은 새 생명을 주시고 사망을 영원히 멸하실 것이다.

> 사망을 영원히 멸하실 것이라 주 여호와께서 모든 얼굴에서 눈물을 씻기시며 자기 백성의 수치를 온 천하에서 제하시리라 여호와께서 이같이 말씀하셨느니라 그 날에 말하기를 이는 우리의 하나님이시라 우리가 그를 기다렸으니 그가 우리를 구원하시리로다 이는 여호와시라 우리가 그

를 기다렸으니 우리는 그의 구원을 기뻐하며 즐거워하리라 할 것이며 (사 25:8-9)

주님은 제사장에게 가장 가증한 것이 인간의 사체임을 아시고, 환상 중에 에스겔 선지자를 시체가 가득한 골짜기에 데려다 놓으신다(겔 37장). 여호와는 에스겔을 골짜기 가운데 두시고 물으신다. "이 뼈들이 능히 살 수 있겠느냐"(겔 37:3). 에스겔은 믿음으로 오직 여호와만이 아신다고 답한다. 그러자 여호와는 에스겔에게 뼈들에게 예언을 하라고 명하신다.

주 여호와께서 이 뼈들에게 이같이 말씀하시기를 내가 생기를 너희에게 들어가게 하리니 너희가 살아나리라 너희 위에 힘줄을 두고 살을 입히고 가죽으로 덮고 너희 속에 생기를 넣으리니 너희가 살아나리라 또 내가 여호와인 줄 너희가 알리라 하셨다 하라(겔 37:5-6)

여호와는 에스겔에세 주신 환상이 미래에 죽은 자들이 부활하게 될 것을 뜻한다고 설명하신다. 하나님은 무덤을 여시고 자기 백성을 죽은 자 가운데서 올리실 것이다. 이로써 사람들은 그가 여호와임을 알게 될 것이다(겔 37:12-14). 하나님은 생명을 주시는 성령을 그들 안에 두실 것인데, 이는 하나님의 영이 물 위에 운행(창 1:2)하시고 하나님이 아담에게 숨을 불어 넣으셨음(창 2:6-7)을 기억나게 한다.

또 다니엘 선지자는 하나님이 땅에 묻힌 자들을 일괄적으로 부활시킬 날이 올 것을 본다. 이는 어떤 자들에게는 영원한 생명이 될 것이고, 어떤 자들에게는 영원한 심판이 될 것이다.

땅의 티끌 가운데에서 자는 자 중에서 많은 사람이 깨어나 영생을 받는 자도 있겠고 수치를 당하여서 영원히 부끄러움을 당할 자도 있을 것이며 지혜 있는 자는 궁창의 빛과 같이 빛날 것이요 많은 사람을 옳은 데

로 돌아오게 한 자는 별과 같이 영원토록 빛나리라(단 12:2-3)

앞으로 보겠지만, 이러한 부활의 소망은 이스라엘의 메시아에게서 처음으로 성취된다. 그분은 고난 받는 종으로서 인류의 죄와 사망을 짊어지실 것이다. 그리고 이스라엘의 영원한 왕으로서 죽은 자 가운데서 살아나실 것이다. 그를 믿는 모든 자는 영생을 얻고 죽은 자 가운데서 그와 함께 부활할 것이다.

• **세상과 악에 대한 최종 심판(시 58, 96, 98편; 사 63장)**

이스라엘의 소망의 아홉 번째 측면은 세상과 악에 대한 최종 심판이다. 하나님이 세상과 인류를 자기 형상대로 창조하셨을 때, 그분은 자신이 만든 모든 것이 "보시기에 심히 좋았더라"(창 1:31)고 하신다. 하지만 뱀의 속임수로 죄가 세상에 들어오면서, 마치 금이 간 거울처럼 하나님의 형상은 왜곡되고 말았다. 죄와 악이 모든 곳에 존재하게 되었는데, 특히 인간의 마음이 그러했다(창 6:5). 이 땅은 폭력으로 더럽혀졌다(창 6:11; 시 14:1, 58:2; 합 2:8). 하나님은 악에 공의로운 심판을 내리겠다고 선포하신다(창 6:5, 18:25). 이스라엘의 선지자들은 하나님이 공의로 세상을 심판하실 그 날을 본다. 악은 영원히 멸해질 것이다. 소망의 이 측면에서는 유일무이하신 이스라엘의 하나님만이 밝게 빛난다. 하나님은 거룩하시고 하나님의 모든 길은 바르다. 하나님은 공의로운 심판으로 세상을 정결하게 하실 것이다. 이러한 소망이 시편과 선지서 내내 드러난다. 시편 58편 11절에서 다윗은 기도한다. "그때에 사람의 말이 진실로 의인에게 갚음이 있고 진실로 땅에서 심판하시는 하나님이 계시다 하리로다." 시편 96편은 온 땅을 소집하여 여호와를 찬양하게 한다! 그들은 하나님의 영광과 능력을 찬양한다. 시편의 절정은 하나님의 공의로운 심판을 찬양한다.

아름답고 거룩한 것으로 여호와께 예배할지어다 온 땅이여 그 앞에서

> 떨지어다 모든 나라 가운데서 이르기를 여호와께서 다스리시니 세계가 굳게 서고 흔들리지 않으리라 그가 만민을 공평하게 심판하시리라 할지로다 하늘은 기뻐하고 땅은 즐거워하며 바다와 거기에 충만한 것이 외치고 밭과 그 가운데에 있는 모든 것은 즐거워할지로다 그때 숲의 모든 나무들이 여호와 앞에서 즐거이 노래하리니 그가 임하시되 땅을 심판하러 임하실 것임이라 그가 의로 세계를 심판하시며 그의 진실하심으로 백성을 심판하시리로다(시 96:9-13)

이사야 선지자 역시 여호와를 강한 전사로서 이 땅에 공의로운 심판을 내리시는 분으로 봤다. 이사야서 63장 1-6절의 환상은 여호와가 분노의 포도주 틀을 밟은 후에 피로 물든 옷을 입으시는 놀라운 장면을 묘사한다. 우리는 종종 소망에서 이 측면은 최소화하고 싶은 유혹을 받는다. 하지만 이는 성경 이야기에 필수적인 요소다. 여호와 하나님은 악의 문제를 해결하실 것이다. 하나님은 죄와 악을 심판하실 것이다. 우리는 이미 예수께서 대신 죽으심으로 용서의 방편을 베푸셨음을 봤다. 속죄가 없으면 인간은 하나님의 공의로운 분노를 직접 마주해야 한다. 하나님의 최후 심판은 엄정할 것이다. 이는 복수와 설욕의 날이 될 것이다. 그리고 결국은 기쁨의 때가 될 것이다. 임박한 하나님의 심판은 원수들에게는 보응을, 속량 받은 자들에게는 구원을 가져올 것이다(사 35:4, 40:10, 59:15-18, 61:1-3, 62:11; 렘 51:6; 미 5:15; 나 1:5).

• 하늘과 땅의 새 창조(사 65-66장)

이스라엘의 소망의 열 번째이자 마지막 측면은 하늘과 땅의 새 창조다. 창세기에서 하나님은 하늘과 땅을 창조하시고 자신이 지으신 것들이 "심히 좋았더라"고 선포하신다. 인간은 하나님의 형상과 모양대로 창조되었고, 하나님을 아는 지식으로 이 땅을 채우라는 명령을 받았다(창 1:28). 하지만 죄로 인해 하나님이 지으신 선한 창조 세계가 타락한다(창 6:5-7; 사 5:1-7; 참고 롬 8:20-23). 하나님의 백성들은 하나님이 죄를 공의로 심판하신 후에 나타날, 죽음과 폭력이 더 이상 존재하지 않는 새로운 창조 세계를 소망한다. 이러한 소망은 이사야서 65장 17-19절에서 생생하게 표출된다.

> 보라 내가 새 하늘과 새 땅을 창조하나니 이전 것은 기억되거나 마음에 생각나지 아니할 것이라 너희는 내가 창조하는 것으로 말미암아 영원히 기뻐하며 즐거워할지니라 보라 내가 예루살렘을 즐거운 성으로 창조하며 그 백성을 기쁨으로 삼고 내가 예루살렘을 즐거워하며 나의 백성을 기뻐하리니 우는 소리와 부르짖는 소리가 그 가운데에서 다시는 들리지 아니할 것이며

이사야 선지자는 하나님의 목적이 온전히 실현되는 것을 보는데, 이는 우리가 연구한 성경, 특히 창세기의 중요한 주제들을 포괄하는 것이다. "내가 새 하늘과 새 땅을 창조하리니"라는 표현은 창세기 1장 1절을 상기시킨다. 이사야 선지자는 우리에게 하나님이 창조 세계를 즐거워하셨다는 사실을 일깨운다. 하나님의 구속 계획은 동산에서 시작하여 에덴동산과 같은 도성, 즉 새 예루살렘에서 끝난다. 그곳에는 더 이상 고통이 없고 죽음의 비극이 없다. 하나님의 형상으로 만들어진 인류는 자신들의 손으로 이룬 것들을 즐거워할 것이다. 창세기 3장의 저주는 깨어진다. 하나님의 백성들은 하나님과 친밀한 교제를 누리며 하나님의 음성을 듣는다. 동물들도 화목하게 되는데, 이는 모든 생명이 새롭게 되었음을 시적으로 묘사한 것이다. 새 하늘과 새 땅은 구속받은 모든 자가 예배드리는 성전으로 지속될 것이다(사 66:22-23). 이스라엘의 소망은 현실에서 유리된 개인적, 영적 상태를 기대하는 것이 아니다. 이는 모든 나라가 모여 우리의 창조주, 구속주, 구주가 되시는 전능하신 여호와 하나님을 영원히 찬양하며 의미 있는 삶을 살아가게 된다는 포괄적인 심상이다. 이스라엘의 소망은 바로 이곳으로 우리를 인도하며, 이는 예수 그리스도 안에서 성취될 것이다.

대망 시대를 마무리하면서, 잠시 멈춰 여호와께서 자신의 메시아를 드러내시기 위해 역사의 단계를 준비하시고 인류의 마음을 예비하게 하신 방법에 경외감을 표하자. 신/구약 중간 시대 내내 하나님은 오실 왕에 대한 기대감을 조성하신다. 하나님은 세상의 여러 왕국이 흥망성쇠를 거듭하는 동안 자기 백성을 보존하시고 보호하신다. 하나님은 민족들의 관심을 모아 하나님의 말씀에 그 관심을 돌리게 하신다. 또한 자기 백성들에게는 임박한 구원의 날을 간절히 기대하며 성경을 탐구하게 하신다. 이제 하나님 나라가 임할 것이다. 인자가 드러날 것이다. 다윗의 자손이 왕좌에 앉을 것이다. 죄가 속해질 것이다. 새 언약이 체결될 것이다. 성령을 모든 인류에 부어 주실 것이다. 아브라함의 복이 모든 민족에게 미칠 것이다. 죽은 자들이 살아날 것이다. 악이 심판받을 것이다. 하나님이 의가 거하는 새 하늘과 새 땅을 창조하실 것이다. 이스라엘의 소망은 오실 왕, 다윗의 자손, 아브라함의 씨에 우리의 관심을 집중시킨다. 그리고 그분이 오시면 모든 것은 바뀔 것이다. **대망 시대**가 저물어 가는 순간, 이제 구속 역사의 다음 움직임은 **메시아 시대**일 수밖에 없다. 때가 찬 것이다.

2장 메시아 시대 Ⅰ

Messiah

이 장을 시작하면서 신약의 첫 네 권, 즉 복음서라고 하는 마태복음, 마가복음, 누가복음, 요한복음을 읽게 될 것이다. *에반겔리온*(evangelion)이라는 헬라어는 문자적으로 "좋은 소식"을 의미하고, 왕의 선포를 알릴 때 사용하는 말이다. 신약의 복음서들은 하나님이 자기 아들에 대한 좋은 소식을 세계에 선포하는 것이다. 사복음서는 **메시아 시대**에 해당하는 성경책이다. 이 책들은 예수의 위격, 말씀, 사역을 제시하며, 상호 보완적인 기록으로 보는 것이 가장 좋다. 복음서 저자들은 각자 자신만의 목소리를 내지만, 우리는 그리스도의 삶을 한편의 구속 합창곡으로 들어 보려고 시도할 것이다. 예수의 생애와 사역을 따라 여정을 떠날 텐데, 메시아 시대 1부는 예수의 탄생과 공생애 사역 이전 시기를 연구하며 여호와의 말씀이 세례 요한에게 임하는 순간까지 다룰 것이다. 이 부분은 예수께서 세례를 받으시고 광야에서 뱀에게 승리를 거두시는 것으로 마무리되는데, 하나님 나라를 선포하시는 예수 그리스도를 제대로 알기 위해 기초를 다지는 부분이다. 메시아 시대 2부는 예수의 공생애를 따라 예수께서 죽으시고 부활하시는 마지막 주까지 다룰 것이다. 이 장은 제자들이 예루살렘에서 약속하신 성령을 기다리는 모습으로 마무리되고, 그대로 **오순절 시대**로 이어진다.

이 시대를 공부하면서 신약 연대표를 앞에 두기 바란다. 이 책의 **메시아 시대** 부분에 나오는 소제목들은 연대표에 있는 핵심 요점들과 동일하며 그 내용을 하나씩 다룰 것이다. 추가로 참고할 성경 구절들도 있다. 배경을 설명하는 구약 성경의 핵심 구절들도 있고, 같은 주제를 다루는 신약 성경의 본문들도 있다. 책과 함께 읽으면 큰 유익이 있을 것이다.

미리 보는 메시아 시대

신약의 두 번째 시대는 **메시아 시대**라고 명명했다. 왜냐하면 이 시대는 메시아이신 예수 그리스도의 생애와 사역, 즉 예수의 탄생, 공생애, 죽음, 부활, 승천까지 다루기 때문이다. 예수께서 오신 것은 하나님이 구약에서 하신 보는 약속이 성취되었음을 의미한다. 사가랴와 엘리사벳라는 노부부에게 천사가 아이를 갖게 될 것을 알리는 모습으로 이 시대는 시작한다. 그 아들은 요한이라는 이름을 받는데, 메시아를 알리는 사자로서 말라기 선지자를 통해 주신 하나님의 말씀을 성취하는 자다. 그는 오기로 되어 있던 "엘리야와 같은 인물"로서, 여호와 하나님이 직접 오실 길을 예비한다. 가브리엘 천사는 또 마리아라는 처녀에게 아들을 낳을 것을 고지하는데, 마리아는 이미 유다 계통인 요셉과 약혼한 사이였다. 그들에게서 날 아들은 예수라고 이름 지을 것인데, 자기 백성을 죄에서 구원할 자이기 때문이다. 또한 그를 임마누엘, 즉 "하나님이 우리와 함께하신다"라고 칭할 것인데, 이는 그의 탄생이 하나님의 임재의 회복을 나타내기 때문이다. 성경에서 예수 그리스도가 차지하는 중요성은 비할 수 없이 많은 분량이 예수께 할애된 것으로 입증된다. 즉 예수의 탄생 및 삶과 죽음에 관련된 사건들을 기록하는데 네 개의 복음서가 충당

된 것이다. 유대 베들레헴에서 태어나신 예수 그리스도는 약속된 메시아이자 다윗의 자손으로서, 아버지의 보좌에서 다스리시며 하나님의 영원한 나라를 세우실 분이다. 예수께서 태어나실 때 한 별이 이방의 박사들에게 메시아가 난 곳을 알렸고, 그들은 왕에게 합당한 예물을 드리며 그 앞에 엎드려 경배한다.

예수의 탄생에서 공생애 사역에 이르는 동안, 즉 주전 4년 헤롯의 죽음 이후부터 이스라엘은 메시아를 낳는 진통을 겪는다. 그 땅에 엄청난 폭력 사태가 일어나 2,000명이 십자가에 못 박혔다. 가이사 아구스도는 헤롯의 뜻을 따라 헤롯의 아들 아켈라오(Archelaus, 아켈라우스), 안디바(안티파스, Antipas), 빌립(필립, Phillip)을 통해 유대의 로마 통치를 확립한다. 유대는 지방장관이 다스리는 로마의 속주로 바뀌었고, 이스라엘의 네 종교 집단(사두개파, 바리새파, 에세네파, 열심당원)은 앞으로 임할 하나님 나라에 대한 소망을 표출한다. 이 시대에도 여전히 예루살렘 성전이 중심지였고, 가야바(Caiaphas)가 대제사장으로 있었다. 랍비들은 토라를 논하고 해석했으며, 힐렐(Hillel)과 샤마이(Shammai) 학파가 그 대표 주자였다. 독실하고 젊은 유대인인 다소 출신 사울이 예루살렘 가말리엘 산하에서 교육을 받는다. 이 사람은 후에 바울 사도로 알려지게 된다. 다섯 번째 로마 총독인 본디오 빌라도(폰티우스 필라투스, Pontius Pilate, 주후 26-36년)가 부임하면서, 이제 기다림의 시간은 끝나고 살아 계신 하나님이 다시 말씀을 시작하신다.

주후 29년 여호와의 말씀이 광야의 요한에게 임한다. 그는 회개의 세례를 선포하며 이사야와 말라기 선지자들의 예언을 성취하고 여호와의 길을 예비한다. 예수께서 요한에게 세례를 받으실 때, 하늘에서 한 음성이 들려 그가 하나님이 사랑하는 아들이라고 선포한다. 예수께서는 광야에서 마귀의 시험을 이기신 후, 때가 찼으며 하나님 나라가 가까이 왔다고 선포하신다. 예수께서는 사람들을 불러 모아 회개하고 복음을 믿으라고 촉구하신다. 예수는 갈릴리에서 공생애 사역을 시작하시며 제자들을 불러 자신을 따르게 하신다. 열두 제자를 모으시고 사도로 지정하시는데, 그들은 시몬(베드로)과 그의 형제 안드레, 세배대의 아들 야고보와 그의 형제 요한, 빌립과 바돌로매, 도마와 마태, 알패오의 아들 야고보, 다대오, 열심당원 시몬과 가룟 유다다.

예수께서는 산상수훈을 통해 하나님 나라를 전하신다. 그분은 사람들을 고치시며 귀신을 쫓으시고 예언자의 이적을 보이시며 그 나라를 증명하신다. 예수께서는 하나님의 권위로 일하시고 성경의 약속을 자신에게서 이루어 내신다. 예수는 비유로 하나님 나라를 가르치시며, 종교인들과 죄인들을 모두 초대하여 자신을 믿고 용서를 받으라고 하신다. 예수는 죄인들, 세상에서 버림받은 자들과 식사를 나누시며 하나님 나라는 회개하고 믿는 모든 자에게 열려 있음을 구체적으로 입증하신다. 예수께서는 비유를 통해 하나님 나라가 임하였음을 드러내시고 새 생명을 제시하셨다. 하지만 자신의 초대를 거부하는 이들에게는 심판을 경고하셨다.

예수께서는 제자들에게 자신을 따르는 것이 어떤 의미인지를 가르치시며, 자신이 메시아, 즉 하나님의 아들이라는 것을 믿고 고백하도록 촉구하신다. 예루살렘을 향해 떠난 길에서는 자신이 고난을 당해야 하며 죽은 지 3일 후에 부활해야 할 것을 제자들에게 알리신다. 분량만 보면 복음서의 이야기 절반 이상이 마지막 주에 있던 예수의 행적에 집중되어 있다. 금요일에 예수께서는 세상 죄를 위해 자신을 대속 제물로 드리신다. 그리고 일요일 아침에 죽은 자 가운데서 부활하시며, 죄의 권세가 멸하여졌고 새로운 창조의 여명이 밝았음을 암시하신다. 예수께서는 승천하셔서 아버지의 오른편에 계시는데, 이는 예수께서 의로운 다윗 왕조의 왕으로 영원히 보좌에서 다스리게 되셨음을 입증한다. 예수께서는 죽은 자 가운데서 부활하시고 많은 증인들 앞에 나타나신 후, 성령이 제자들에게 권능을 주셔서 세상에서 자신의 증인이 되게 하실 것이라고 약속하신다. 그 후 예수의 제자들은 예루살렘에 남았고, 위로부터 임한 권능으로 옷 입게 된다. **메시아 시대**는 예수께서 자신을 따르는 자들에게 모든 민족으로 제자를 삼으라고 명령하시는 모습으로 마무리된다.

이렇게 해서 전 세계에 대한 교회의 사명이 분명히 제시된 것이다. 오순절 시대는 예수의 승천과 성령을 부어 주심에 대한 기록으로서 사도행전에 해당한다.

메시아 시대의 핵심 연도는 세 가지다. 바로 주전 6년, 주후 29년, 주후 33년이다. 먼저 주전 6년은 그리스도의 대략적인 탄생 연도에 해당한다. 6세기 디오니시우스 엑시구스(Dionysius Exiguus)라는 그리스도인이 처음으로 BC(before Christ, "그리스도 전")와 AD(Anno Domini, "우리 주님의 해에"라는 뜻)로 연도를 계산하는 체계를 만들어 낸다. 하지만 우리는 동전, 비문, 1차 자료 등을 통해서 헤롯 대왕이 주전 4년에 죽었다는 사실을 알고 있다. 그렇다면 예수는 대략 헤롯이 죽기 2년 전에 탄생하셨기 때문에 학자들은 예수의 탄생 시기를 주전 6년으로 본다. 그리고 주후 29년은 여호와의 말씀이 요한에게 임한 연도다. 주후 33년은 그리스도가 죽으시고 부활하신 해다. 몇몇 그리스도인은 주후 30년을 지지하기도 한다. 복음서는 예수께서 금요일 유월절에 십자가에서 돌아가셨다고 기록한다. 이즈음에 니산월 14일(유대 달력에서 유월절에 해당하는 날)이 금요일에 있던 날은 주후 30년과 주후 33년뿐이다. 우리는 전체 신약 연대표의 흐름에 비추어 볼 때 주후 33년을 선호한다. 이 시대의 핵심 인물들은 예수 그리스도, 세례 요한, 열두 제자다. 중요한 유대 지도자로는 안나스, 가야바, 헤롯 대왕 및 그의 아들들인 헤롯 아켈라오, 헤롯 안디바, 헤롯 빌립 등이 있다. 중요한 로마 통치자로는 로마 황제인 가이사 아구스도와 디베료(티베리우스, Tiberius), 로마 총독 본디오 빌라도 등이 있다.

메시아 시대를 공부할 때는 연대표에 있는 **파란 왕관**을 주목해야 한다. **파란 왕관**은 유다의 자손으로 오실 약속된 왕을 상징한다. 이는 하나님의 통치가 메시아이신 예수 그리스도 안에서 모든 사람에게 미칠 것을 나타낸다. **파란 왕관**은 구약의 **왕정 시대**를 상기시키는데, 특히 하나님이 다윗의 자손들에게 영원한 왕권을 약속하신 것을 뜻한다(삼하 7:12-13; 왕상 17:11-12; 참고 창 17:6). **파란 왕관**은 또한 **대망 시대**에 주신 예언적 환상의 핵심으로서, 이제 메시아에게서 성취되는 것이다. 신약을 여는 구절은 예수가 메시아이자, 다윗의 자손, 아브라함의 자손임을 전한다(마 1:1; 창 17:6; 참고 삼하 7:14). 예수께서 가르치시는 핵심 주제는 하나님 나라의 도래다(막 1:15; 참고 단 2:44; 슥 14:9).

하나님이 자기 아들을 메시아 왕으로 세상에 보내시다

신약 연대표 **메시아 시대** 부분 상단에 있는 굵은 글씨는 이 시대에 하나님이 행하신 주된 구속 행위를 확인해 준다. **빈**(EMPTY) 신약 연대표에 있는 **파란 화살**이 그리스도의 탄생과 함께 그 정해진 목표를 향해 가는 것에 주목하라. 구약 연대표와 신약 연대표를 함께 두고 이 화살이 전체 성경을 어떻게 지나가는지를 보면 도움이 될 것이다. 그 화살은 구약 연대표의 시작 부분인 창세기에 나온 약속으로 시작된다. 그 선은 야곱의 아들 유다에게 왕권을 주겠다는 약속(창 49:10)과 함께 파란색이 되고, 유다의 혈통을 따라 확장되어 다윗 왕에게 준 약속들에서 정점에 달한다(삼하 7:14). 이 선은 **포로 시대**에 희미해지는 것 같지만, 하나님의 백성에게는 여전히 소망이 있다. 그 선은 여호야긴의 손자 스룹바벨을 지나 계속 이어진다. 이 선은 구약 마지막 시대에 다시 보이기 시작하며 오실 메시아를 향한다. **대망 시대** 동안 이 선은 엄청난 고난 가운데 상승하며 때로는 거의 보이지 않는다. 마침내 하나님의 위대한 구속 계획에 따라 "때가 차매" 하나님이 자신의 아들을 보내신다(갈 4:4).

◆ 메시아, 다윗의 자손, 아브라함의 자손이신 예수(마 1-2장)

신약은, 다루고자 하는 주제와 대상에 대한 감동적인 언명으로 시작한다. 마태복음 1장 1절은 "아브라함과 다윗의 자손 예수 그리스도의 계보라"고 선언한다. 각 단어는 중요한 내용을 암시한다. 우선, 마태는 예수가 메시아라는 자신의 확신을 드러낸다. 히브리어 *메시아*는 "기름 부음 받은 자"를 의미하는데, 이를 헬라어로 옮긴 것이 *크리스토스*(Christos)다. "예수 그리스도" 또는 "그리스도 예수"라는 표현은 신약에 200번 이상 등장하는데, 하나님이 약속하신 메시아가 오셨다는 고백을 간단하게 표현한 것이다. 둘째로, 마태는 예수께서 다윗의 자손임을 선포한다(삼하 7:14; 시 2:6-7). 이제 다윗의 자손이 영원한 왕권을 누리며 무궁히 지배하리라는 하나님의 약속이 임박한 것이다. 셋째, 마태는 예수께서 아브라함의 자손임을 선포한다(창 12:3, 18:18, 26:4). 아브라함의 후손을 통해 이 땅의 모든 민족에게 복을 주시겠다는 하나님의 약속이 이제 그리스도 안에서 실현되는 것이다.

예수에 대한 이러한 선언들이 "…… 계보라"(마 1:1)는 표현으로 소개된다. 이는 창세기에 열 차례 등장하는 "족보는 이러하니라"는 히브리어 공식(formula)과 동일한 것으로서, 하나님의 구속 계획이 어떻게 진행되어 가는지를 기술하는 표현이다. 마태는 이 공식을 사용하여 예수 그리스도 안에서 하나님의 계획의 다음 단계가 시작했다는 사실을 알리는 것이다. 또한 마태는 세심하게 계보를 정리하여 강력한 주장을 편다. 마태의 족보는 아브라함으로 시작한다(마 1:2). 그리고 다윗까지 열네 대가 진행된다(마 1:6). 그리고 다윗부터 **포로 시대**까지 열네 대를 더 제시한다(마 1:11). **포로 시대**부터 메시아의 탄생에 이르기까지 또 열네 대가 진행된다(마 1:17). 이제 기다림의 시간은 끝났다. 성취의 때가 이르렀다. 이스라엘을 모으고 이방에 빛을 비출 때가 임한 것이다(사 49:6).

천사가 요한과 예수께서 태어날 것을 알리면서, 하나님이 약속하신 메시아에 대한 기대감이 고조되는 느낌을 받는다. 우리는 누가복음 1장 5-7절에서 사가랴라는 연로한 제사장과 아이를 갖지 못한 그의 아내 엘리사벳을 만나게 된다. 하나님이 나이 많은 아브라함과 아이를 낳지 못하는 아내 사라를 선택하셔서 약속의 자녀를 주셨던 일을 기억할 것이다(창 18:10-11). 하나님은 분명히 세상에서 다시 일을 시작하신 것이다. 사가랴가 성전에서 정해진 일을 하고 있는데 가브리엘 천사가 나타난다. 천사는 아들을 약속하고 이름을 요한이라고 짓도록 한다. 그 이름은 "여호와는 은혜로우시다"라는 뜻이다. 이 아들은 "엘리야의 심령과 능력으로 주 앞에 먼저 와서 아버지의 마음을 자식에게, 거스르는 자를 의인의 슬기에 돌아오게 하고 주를 위하여 세운 백성을 준비"(눅 1:17) 하는 메시아의 사자가 될 것이다. 가브리엘의 약속은 구약의 마지막에 말라기를 통해 주신 여호와의 말씀을 상기시킨다. 태어날 아이는 앞으로 오실 엘리야의 형상을 한 자가 될 것이다. 그는 선지 사자(prophetic messenger)가 되어, 주님이 직접 나타나시기 전 하나님의 백성들로 하여금 마음을 돌이키게 할 것이다(말 4:5-6). 앞으로 보겠지만 요한은 광야에서 외치는 소리로서 회개의 세례로 사람들을 준비시킨다. "여호와의 길을 예비하라"(사 40:3; 말 3:1).

여섯 달 후, 하나님은 결혼을 서약한 마리아라는 젊은 처녀에게 가브리엘을 보내신다. 그리고 다음과 같이 기쁜 소식을 알리신다. "주께서 너와 함께하시도다"(눅 1:28). 마리아가 이 인사의 의미를 제대로 깨닫지 못하자 가브리엘은 하나님의 구속 계획을 분명히 밝힌다.

> 무서워하지 말라 네가 하나님께 은혜를 입었느니라 보라 네가 잉태하여 아들을 낳으리니 그 이름을 예수라 하라 그가 큰 자가 되고 지극히 높으신 이의 아들이라 일컬어질 것이요 주 하나님께서 그 조상 다윗의 왕위

를 그에게 주시리니 영원히 야곱의 집을 왕으로 다스리실 것이며 그 나라가 무궁하리라(눅 1:30-33)

예수라는 이름은, 히브리 이름 *여호수아*(Joshua)의 헬라식 표현으로서 "여호와는 구원이시다"라는 뜻이다. 주님은 자기 백성들을 죄에서 구원하시기 위해 사랑하는 아들의 위격으로 이 세상에 오신다(마 1:22; 참고 사 7:14). 예수는 하나님의 아들로서 성령의 임재로 고유하게 태어나신다(눅 1:35; 참고 창 1:1). 그는 다윗의 보좌에 앉으실 것이다(삼하 7:14). 그는 하나님의 백성들을 영원히 통치하실 것이다(창 49:10). 그의 나라는 영원할 것이다(단 7:14). 마리아는 이러한 영광스러운 선포를 받고, 솔직히 고백한다. "내 영혼이 주를 찬양하며 내 마음이 하나님 내 구주를 기뻐하였음은", "그 종 이스라엘을 도우사 긍휼히 여기시고 기억하시되 우리 조상에게 말씀하신 것과 같이 아브라함과 그 자손에게 영원히 하시리로다"(눅 1:46-47, 54-55).

신약 연대표에 나오는 다음 소제목들은 네 개의 복음서를 소개하는 것으로서, 각 저자가 그리스도의 왕림을 구약의 대망들과 어떻게 조화시키는지 들어 볼 것이다. 저자들이 예수의 탄생을 나름대로 제시할 텐데, 이는 천사들도 오랫동안 바랐던 것임을 기억하라. 눈을 열어 당신 앞에 펼쳐지는 하나님의 구원 목적을 보라. 이 땅에 선포된 그 어떤 소식보다도 뛰어난 이 최고의 소식에 집중하라. 하나님이 예수 그리스도 안에서 당신에게 베푸신 최고의 선물을 받으라. 믿음으로 당신의 마음을 충만하게 하셔서 사랑으로 반응하게 해달라고 주님께 구하라.

• 처녀가 아이를 낳다 - 임마누엘이 오셨다! (마 1장; 사 7:14)

마태복음은 예수께서 오시면서 이스라엘의 소망이 성취되었다고 말한다. 마태는 성경에 조예가 깊은 인물이었다. 비록 예수께서 마태를 처음 부르실 때 세리로 일하고 있었지만(마 9:9), 그는 "천국의 제자 된 서기관"이자 "새것과 옛것을 그 곳간에서 내오는 집주인"(마 13:52)의 본이다. 마태는 다른 세 복음서를 합한 것만큼이나 구약을 많이 인용했다. 그는 구약의 이야기에 깊이 경도된 인물이었고, 그가 이해하기에 이 구약의 이야기는 메시아의 탄생으로 절정에 달하게 된다. 18절부터 마태는 우리의 관심을 돌려 예수께서 처녀에게서 태어나는 기이한 사건을 보게 한다. 요셉과 마리아는 다윗의 계통이다. 그들이 아직 약혼한 사이일 때, 마리아는 자신이 임신했다는 사실을 알게 된다. 요셉이 어떻게 해야 할지를 생각하자 주님의 천사가 꿈에서 그 앞에 나타난다. "네 아내 마리아 데려오기를 무서워하지 말라 그에게 잉태된 자는 성령으로 된 것이라"(마 1:20). 마태는 예수 그리스도의 탄생의 독특함을 설명하는데, 주님이 이사야 선지자를 통해 말씀하셨던 것이 성취되는 것으로 본다. "보라 처녀가 잉태하여 아들을 낳을 것이요 그의 이름은 임마누엘이라 하리라 하셨으니 이를 번역한즉 하나님이 우리와 함께 계시다 함이라"(마 1:22-23; 참고 사 7:14). 마태는 구약 성경의 헬라어 번역본(LXX, 칠십인 역)에서 이사야서 7장 14절 말씀을 인용한다. 히브리어 본문은 *알마*(Almah)라는 단어를 사용하는데 이는 "결혼할 연령이 된 젊은 여성"을 의미한다. 성경의 세계에서 가족들은 그러한 여성을 당연히 처녀라고 여겼다. 칠십인 역을 번역한 유대인들은 *알마*를 헬라어 *파르테노스*(Parthenos), 즉 처녀를 뜻하는 단어로 옮김으로써 이러한 이해를 분명하게 밝힌다. 예수의 처녀 탄생은 예수께서 새 아담으로 죄 없이 세상에 오신 분임을 알리는 것이다.

이 본문에서 마태는 예수를 "하나님이 우리와 함께 계시다"(임마누-엘, Immanu-el), 즉 임마누엘로 밝히면서 또 다른 엄청난 사실을 확인해 준다. 임마누엘이라는 이름은 하나님의 임재가 예수의 탄생과 함께 돌아왔음을 나타낸다. 구약에서 하나님이 자기 백성과 함께하겠다고 약속하시지만, 이스라엘의 죄 때문에 하나님의 임재가 비극적으로 성전을 떠나갔던 사실을 기억할 것이다(겔 9-11장). 마태는 **포로 시대** 이후, 하나님의 임재가 돌아왔음을 공공연히 선포한 첫 유대인 저자였다. 예수의 탄생으로 하나님의 백성과 맺은 언약에 따른 임재가 회복되었다. 마태는 여기에서 그리고 자신의 복음서 결론에서 예수의 신성을 공공연히 선포한다. 예수는 "하나님이 우리와 함께 계시다"(마 1:23)를 뜻하는 임마누엘이시며, 또 이후에는 "내가 세상 끝날까지 너희와 항상 함께 있으리라"(마 28:20)고 모든 믿는 자에게 약속하실 것이다.

마태는 동방에서 박사들(또는 지혜로운 자들)이 별을 봤다고 기록한다. 그들은 이렇게 물으며 엄청난 거리를 이동한다. "유대인의 왕으로 나신 이가 어디 계시냐 우리가 동방에서 그의 별을 보고 그에게 경배하러 왔노라"(마 2:2). 연대표에 **별 그림**이 있는데, 이 별은 민족들에 빛을 주시고 그들의 경배를 받으실, 하나님이 정하신 왕의 도래를 나타낸다. 메시아 탄생 2,000년 전에 야곱은 유다의 자손으로 오는 한 왕에게 모든 나라가 공물과 예배를 드릴 것을 예언했다(창 49:10). 수백 년이 흐른 후 발람 선지자도 먼 미래를 내다보며 말한다. "내가 그를 보아도 이때의 일이 아니며 내가 그를 바라보아도 가까운 일이 아니로다 한 별이 야곱에게서 나오며 한 규가 이스라엘에게서 일어나서"(민 24:17). 이사야 선지자는 세상의 민족들이 하나님의 영광의 빛으로 나오게 될 날을 봤다.

> 일어나라 빛을 발하라 이는 네 빛이 이르렀고 여호와의 영광이 네 위에 임하였음이니라 보라 어둠이 땅을 덮을 것이며 캄캄함이 만민을 가리려니와 오직 여호와께서 네 위에 임하실 것이며 그의 영광이 네 위에 나타나리니 나라들은 네 빛으로, 왕들은 비치는 네 광명으로 나아오리라 …… 사람들은 다 금과 유향을 가지고 와서 여호와의 찬송을 전파할 것이며(사 60:1-3, 6)

박사들은 별을 따라 베들레헴까지 가는데, 그곳은 사무엘 선지자가 다윗에게 기름을 부어 왕으로 세운 유대 땅의 작은 마을이었다(삼상 16장). 수백 년 후에는 미가 선지자가 다윗의 자손, 즉 메시아로 오실 왕이 베들레헴에서 태어날 것이라고 예언했다. "베들레헴 에브라다야 너는 유다 족속 중에 작을지라도 이스라엘을 다스릴 자가 네게서 내게로 나올 것이라 그의 근본은 상고에, 영원에 있느니라"(미 5:2). 박사들은 별을 따라 베들레헴에 있는 아기 예수께 향한다. 마태는 우리에게 전한다. "집에 들어가 아기와 그의 어머니 마리아가 함께 있는 것을 보고 엎드려 아기께 경배하고 보배합을 열어 황금과 유향과 몰약을 예물로 드리니라"(마 2:11). 이 선물들은 하나님의 메시아가 태어났다는 징표다. 그에게 드릴 수 있는 가장 큰 공물은 나라들의 경배다. **포로 시대**의 긴 밤은 지나갔다. 임마누엘이 오셨다. 그의 도래는 이스라엘과 모든 나라들에 좋은 소식을 가져온다.

◆ 하나님의 아들이신 예수의 복음이 시작되다(막 1장; 사 40장)

초기 교회의 증언에 따르면 마가복음의 내용은 베드로가 로마에서 한 설교를 요약한 것이다. 마가의 히브리어 이름은 요한인데, 마가는 자신에 대한 언급을 삼가고 다만 멀리서 예수를 따르다가 예수께서 체포되었을 때 도망간 젊은 사람이라고만 한다(막 14:51-52). 요한 마가는 원래 예루살렘 출신이었다. 그는 바울과 바나바의 첫 번째 선교 여행에 참여했고(행 12:25, 13:5), 후에는 로마에서 베드로를 섬긴다(벧전 5:13). 마가복음은 행동 지향적이며, 예수께서 마귀의 권세와 대결하는 모습에 집중한다. 이야기는 장면에서 장면으로 빠르게 이동하며, "곧"이라는 전환어가 40회 이상 나타난다. 마가의 복음은 "하나님의 아들 예수 그리스도의 복음의 시작이라"(막 1:1)는 담대한 선포로 시작한다. 마가는 계속해서 이는 이사야 선지자의 예언이 성취된 것임을 보여 준다. "내가 내 사자를 네 앞에 보내노니 그가 네 길을 준비하리라 광야에 외치는 자의 소리가 있어 이르되 너희는 주의 길을 준비하라 그의 오실 길을 곧게 하라"(막 1:2-3; 참고 사 30:3; 말 3:1). 마가는 즉시 예수는 메시아시며 하나님의 아들이라는 장엄한 선포로 우리의 관심을 돌린다. 예수에게서 이스라엘의 소망은 성취된다. 그분은 왕이시고, 하나님의 아들로서, 왕권과 권세와 능력이 그에게 속한다(삼하 7:14; 시 2:7; 89:26-27). 마가는 메시아의 사자이자 광야의 목소리인 세례 요한의 사역을 복음의 시작으로 본다. 말라기를 통해 주님은 약속하셨다. "보라 내가 내 사자를 보내리니 그가 내 앞에서 길을 준비할 것이요 또 너희가 구하는 바 주가 갑자기 그의 성전에 임하시리니 곧 너희가 사모하는 바 언약의 사자가 임하실 것이라"(말 3:1). 이사야서 40장에서 주님은 시온에 평안의 날을 선포하신다. 이스라엘의 죄가 처벌 받고 죄악이 용서 받으면 하나님이 다시 직접 영광 중에 오실 것이다. 다시 광야에 구속의 대로가 날 것이다. 이러한 심상은 두 번째 출애굽을 묘사한다.

> 외치는 자의 소리여 이르되 너희는 광야에서 여호와의 길을 예비하라 사막에서 우리 하나님의 대로를 평탄하게 하라 골짜기마다 돋우어지며 산마다, 언덕마다 낮아지며 고르지 아니한 곳이 평탄하게 되며 험한 곳이 평지가 될 것이요 여호와의 영광이 나타나고 모든 육체가 그것을 함께 보리라 이는 여호와의 입이 말씀하셨느니라(사 40:3-5)

마가는 세례 요한이 메시아의 사자임을 밝히고, 예수를 여호와 자신이 오신 것으로 제시한다(사 40:9-11). 예수 그리스도, 즉 하나님의 아들 안에서 두 번째 출애굽이 도래한 것이다. 모든 인류가 이를 볼 것이다. 마가가 전하는 복음의 신학적 절정은 로마 백부장이 십자가 앞에서 고백하는 내용이다. "이 사람은 진실로 하나님의 아들이었도다"(막 15:39).

◆ **"구주 …… 곧 그리스도 주"를 통해 땅에 평화가 임하다**(눅 2:11)

누가복음은 신약에서 유일하게 이방인이 기록한 책이다. 초대 교회의 증언에 따르면 누가는 원래 안디옥 출신이다. 그는 그리스도를 믿고, 바울의 두 번째 선교 여행에 처음으로 합류한다(행 16:10). 그의 복음은 두 번째 책인 사도행전과 마찬가지로 데오빌로(Theophilus)라는 후견인에게 헌정한 것이다. 누가는 우아하게 작성한 서문에서 자신의 목적을 분명히 밝힌다.

우리 중에 이루어진 사실에 대하여 처음부터 목격자와 말씀의 일꾼 된 자들이 전하여 준 그대로 내력을 저술하려고 붓을 든 사람이 많은지라 그 모든 일을 근원부터 자세히 미루어 살핀 나도 데오빌로 각하에게 차례대로 써 보내는 것이 좋은 줄 알았노니 이는 각하가 알고 있는 바를 더 확실하게 하려 함이로라(눅 1:14)

누가의 복음 이야기는 그리스도를 만난 개개인들의 눈을 통해 진전한다. 우리가 누가를 통해서만 아는 인물도 여럿 있다. 누가는 사람들에 주목하고, 그들에 대해 자세히 기록하고, 예수께서 그들의 삶에 미친 영향을 풀어 나가는 능력이 탁월하다. 동시에 누가는 그레코-로만 세계에 있는 모든 청중에게 이야기하고 있다. 그래서 예수의 탄생이 가이사 아구스도가 내린 칙령과 관련이 있다고 말한다. "그때에 가이사 아구스도가 영을 내려 천하로 다 호적하라 하였으니"(눅 2:1). 누가는 조세를 위해 사람과 토지를 등록하는 제국의 인구 조사에 대해 호적이라는 전문적인 어휘를 사용한다. 아구스도는 *레스 게스타에*(Res Gestae "이루어진 일", 아구스도가 작성하여 자신의 묘 앞에 계시하도록 한 비문의 제목. 자신의 치적을 기록함)에 왕국의 규모와 부유함을 확대하기 위해 자신이 시행한 몇몇 인구 조사의 목록을 나열한다. 이전 장에서 아구스도가 스스로를 세계에 평화를 가져온 사람으로 칭했다는 사실을 배운 기억이 날 것이다. 여러 비문에 그는 "구원자이자 주"로 칭송받는다. 이 시대의 동전들을 보면 아구스도가 승리의 월계수 관을 쓰고 있다. 그는 사람이 거주하는 모든 땅의 통치자로 묘사된다. 율리오 가이사의 죽음 당시 나타난 혜성을 건축물과 주화들에서 분명하게 드러난다. 사람들은 그 혜성이 가이사가 신들 사이에 자리를 차지하게 된 것이라고 해석했다. 그 결과 아구스도는 *디비 필리우스*(divi filius), 즉 "신이 된 아들" 또는 "하나님의 아들"로 공포되었다. 그의 생일은 "세상에 좋은 소식의 시작을 알린 거룩한 자의 탄생일"로 지켰다.

누가는 팍스 로마나(Pax Romana, "로마의 평화")와 대조되는 정반대의 주장을 편다. 하나님의 구속 계획 안에서, 가이사 아구스도가 사람이 거주하는 모든 땅에서 호적을 하도록 칙령을 내리면서 한 유대 부부가 베들레헴에 가게 되었다는 것이다. 다윗의 도시에서 그 여인은 첫째 아들을 낳는다. 그리고 그 아들은 대리석 궁궐이 아닌 구유에 놓인다. 그 아들을 문안한 자들은 부유한 신복이 아닌 평범한 목동이었다. 이 아들은 단 하나의 인종 집단에게만 유익을 끼치는 것이 아니라, 모든 사람에게 큰 기쁨의 이유가 될 것이다. 천사들은 진리를 알려고 열망하는 세계에 하나님의 좋은 소식이 전해졌음을 선포한다. "무서워하지 말라 보라 내가 온 백성에게 미칠 큰 기쁨의 좋은 소식을 너희에게 전하노라 오늘 다윗의 동네에 너희를 위하여 구주가 나셨으니 곧 그리스도 주시니라"(눅 2:10-11). 천군이 나타나 찬양을 하는데 그 소리가 울려 퍼진다. "지극히 높은 곳에서는 하나님께 영광이요 땅에서는 하나님이 기뻐하신 사람들 중에 평화로다"(눅 2:14). 예수 그리스도는 참 하나님의 아들이시다. 그분은 세상의 진짜 왕이시다. 그분의 복음은 모든 사람을 위한 것이다. 그분은 자신의 죽음과 부활로 세계에 평화를 가져오실 것이다.

태어난 지 8일에 요셉과 마리아는 아들을 할례하고 그 이름을 예수라 한다(눅 2:21). 40일째 후에는 성전에서 아들을 주께 드리고 가난한 자의 제사를 드린다(눅 2:24; 참고 레 12:6-8). 우리 주 예수 그리스도의 낮아지심과 가난함을 생각해 보자. 예수는 "부요하신 이로서 너희를 위하여 가난하게"(고후 8:9) 되셨다. 우리 하나님 같은 분은 없다. 요셉과 마리아가 성전 뜰에 도달하자, "이스라엘의 위로를 기다리는 자"(눅 2:32)인 시므온이라는 노인이 자신을 구원하신 하나님을 찬송한다. 그는 예수는 "이방을 비추는 빛이요 주의 백성 이스라엘의 영광"(눅 2:25)이라고 선포한다. 시므온의 말은 이사야 선지자를 상기시킨다. 즉, 여호와의 종이 이스라엘을 포로 생활에서 회복하고 이방의 빛이 되어 하나님의 구원이 땅끝까지 미치게 된다는 것이다(사 42:6, 49:6). 안나라는 연로한 여 선지자는 예수 그리스도를 보고서, 하나님께 감사하고 구원의 약속을 기다리던 모든 사람에게 그에 대해 말한다(눅 2:38). 누가는 자신부터 이방인이었기 때문에 이 사건이 자기 자신, 그리고 모든 민족에게 어떤 의미를 지니는지 잘 이해하고 있었다. 누가는 단지 자신의 복음만 기록한 것이 아니다. 사도행전에서 높임 받으신 예수께서 일하시며 복음이 예루살렘에서 땅끝까지 나아가는 모습을 기록한다(눅 24:47; 행 1:8).

• "말씀이 육신이 되어 우리 가운데 거하시매"(요 1:14; 겔 43장)

요한복음은 보통 사복음서 중 가장 마지막에 작성된 것으로 여겨진다. 초기 기독교인의 증언에 따르면, 요한은 소아시아 에베소에 거주하며 자신의 복음서를 썼다. 요한 사도는 자신의 이름을 언급하지 않기 위해 애를 쓴다. 그래서 종종 다른 복음서에서는 분명히 자신의 이름이 언급되는 구절에서도 자신의 이름을 생략한다. 다른 복음서 저자들과 마찬가지로 요한은 모든 관심이 그리스도께 돌려지기를 원하기 때문이다. 그래서 자신을 언급해야 할 때는 "예수의 제자 중 하나 곧 그가 사랑하시는 자"(요 13:23, 19:26, 20:2)라고 설명하는 편을 선호하는데, 이는 그리스도가 죽어 주신 한 사람이라는 의미다. 예수께서는 제자들에게 "사람이 친구를 위하여 자기 목숨을 버리면 이보다 더 큰 사랑이 없나니"(요 15:13; 참고 요 3:16)라고 말씀하셨다.

요한은 창세기에 나타나는 창조의 리듬과 심상을 떠오르게 하는 시적인 서언으로 자신의 복음서를 시작한다. "태초에 말씀이 계시니라 이 말씀이 하나님과 함께 계셨으니 이 말씀은 곧 하나님이시니라 그가 태초에 하나님과 함께 계셨고 만물이 그로 말미암아 지은 바 되었으니 지은 것이 하나도 그가 없이는 된 것이 없느니라 그 안에 생명이 있었으니 이 생명은 사람들의 빛이라 빛이 어둠에 비치되 어둠이 깨닫지 못하더라"(요 1:1-5). 이 아름다운 서두에서 요한은 우리로 하여금 예수 그리스도를 말씀, 하나님의 아들, 아버지와 동등하신 창조의 주재로 보게 만든다. 예수는 창조된 분이 아니며, 영원한 분이고, 빛으로 가득하신 분이다. 그분은 어둠을 몰아내신다. 이 서언은 요한복음 1장 14-18절에서 극적인 마지막 구절로 이어진다.

말씀이 육신이 되어 우리 가운데 거하시매 우리가 그의 영광을 보니 아버지의 독생자의 영광이요 은혜와 진리가 충만하더라 요한이 그에 대하여 증언하여 외쳐 이르되 내가 전에 말하기를 내 뒤에 오시는 이가 나보다 앞선 것은 나보다 먼저 계심이라 한 것이 이 사람을 가리킴이라 하니라 우리가 다 그의 충만한 데서 받으니 은혜 위에 은혜러라 율법은 모세로 말미암아 주어진 것이요 은혜와 진리는 예수 그리스도로 말미암아 온 것이라 본래 하나님을 본 사람이 없으되 아버지 품속에 있는 독생하신 하나님이 나타내셨느니라

요한은 하나님의 말씀이 온전한 인간으로 세상에 오셨다고 선언한다. 여기서 "거하다"(dwelt)로 번역된 헬라 단어는 실제로 "장막에 임시로 거하다, 육체에 깃들다"(tabernacled)라는 뜻이다. 요한은 우리에게 성육신하신 예수 그리스도를 하나님의 영광이 물리적으로 나타난 형상으로 보여 주고 싶은 것이다. 예수는 보이지 않는 하나님을 보이게 하신다. 예수 그리스도 안에서 하나님은 하늘의 성전에서 역사 가운데로 내려 오셨는데, 이 땅의 장막은 하늘 성전의 모형에 불과하다(출 25:40; 히 8:5). 예수는 아버지의 독생자다. 그는 "은혜와 진리가 충만"한데, 이 두 단어는 구약에 나타나는 여호와의 성품을 연상시킨다(출 34:6; 시 86:15). 그분은 모세와 같이 언약의 중재자시다. 그분은 아버지를 알리시는(문자적으로는 "주석하다" 또는 "그를 해석하다") 분이다. 예수께서 제자들에게 선포하셨다. "나를 본 자는 아버지를 보았거늘"(요 14:9). 또한 요한의 서두는 에스겔서 43장에 나오는 예언적인 소망을 상기시킨다. 에스겔은 민족의 죄 때문에 하나님의 영광이 성전을 떠나는 것을 목격했다(겔 9-11장). 에스겔서는 에스겔이 회복된 성전을 보는 광대한 환상으로 마무리되는데, 그 성전은 하나님의 임재가 있는 곳으로서 용서받고 정결하게 된 백성들 가운데 하나님이 다시 거하실 곳이다(겔 43-48장). 이 환상은 "여호와 삼마"(여호와가 거기 계시다, 겔 48:35)라는 약속으로 마무리된다. 요한에 따르면 이 소망은 메시아이신 예수 안에서 이제 성취되었다.

요한의 복음은 일련의 증언들, 예언의 표적들, 긴 담화를 둘러싸고 전개된다. 요한복음에만 고유하게 나타나는 자료가 상당히 많다. 그 주된 구성단위는 그리스도가 전하시는 완전한 한 편의 강해(presentation)들이기 때문에, 설교자의 복음이라는 적절한 명칭도 있다. 요한은 다른 복음서를 잘 알고 있었지만, 자신의 복음서는 매우 분명한 목적 선언문과 함께 독특하게 구조를 짰다. "예수께서 제자들 앞에서 이 책에 기록되지 아니한 다른 표적도 많이 행하셨으나 오직 이것을 기록함은 너희로 예수께서 하나님의 아들 그리스도이심을 믿게 하려 함이요 또 너희로 믿고 그 이름을 힘입어 생명을 얻게 하려 함이니라"(요 20:30-31). 요한은 예수는 약속된 메시아이며 하나님의 아들임을 선포한다. 영생은 예수를 믿음으로만 찾을 수 있다. 이것이 바로 요한이 독자들에게 알리려고 한 깊은 진리였다. 이 진리를 세세하게 담으려면 "이 세상이라도 이 기록된 책을 두기에 부족할"(요 21:25) 것이다.

요약하자면, 우리는 복음서 저자 넷 모두 예수는 약속된 메시아이며 하나님의 아들이라는 확신을 공유했음을 본다. 예수는 이스라엘의 소망을 성취하고 세상에 구원을 베푸실 것이다. 예수의 출생은 하나님 나라의 도래이자, 하나님 임재의 회복이고, 하나님의 구속 계획에서 결정적인 다음 단계를 나타낸다. 이 복음의 선언은 구약의 가르침, 즉 여호와만이 유일한 구주(사 43:3, 11, 45:15, 21-22; 겔 36:28)라는 가르침에 비추어 볼 때 환하게 빛난다. 이는 예수아(Yeshua)라는 이름이 공공연히 선포하는 것으로서, 여호와는 구원하는 분이라는 것이다. 예수는 하나님의 아들로서 자기 백성을 죄에서 구원하시기 위해 오신 분이다(마 1:22).

이제 함께 복음서를 여행할 텐데, 반드시 예수께 시선을 집중하자. 예수께서는 어떤 분인지, 어떤 말씀을 하시는지, 어떤 일을 하시는지 생각하라. 예수를 따른다는 것이 무슨 의미인지 스스로에게 물으라. 예수께서는 절대로 평범한 사람이 아니시고, 한낱 도덕 교사도 아니시다. 그분은 메시아, 하나님의 아들이시다. 그분은 임마누엘, 하나님이 우리와 함께하심이다. 예수께서는 우리 모두가 자신을 구주로 받아들이도록 초청하신다. 당신이 아직 예수를 당신의 구주로 알고 있지 않다면 이 책을 통해 당신을 개인적으로 초청하고 싶다(별책 말미에 "초청의 글"을 게재). 그래서 어떻게 하면 오늘 예수 그리스도와 관계를 맺을 수 있는지 설명하려 한다.

그리스도의 탄생과 그리스도의 공생애 사이에는 대략 30년간의 간극이 있다는 것을 반드시 알아야 한다(눅 3:23). 신약은 단 한 본문을 제외하고 예수의 어린 시절을 건너뛴다. 누가복음 2장 41-52절에서 우리는 예수께서 독실한 이스라엘 가정에서 자라났다는 사실을 알 수 있다. 요셉과 마리아는 매년 출애굽을 기리는 유월절을 지키기 위해 가족을 데리고 예루살렘으로 향했다. 예수께서는 아이일 때도 유월절 식사를 하시면서, 언젠가 자신이 고난 받기 전에 이 유월절 식사를 제자들과 함께 나누기를 진정으로 사모할 것을 아셨다(눅 22:15). 예수께서는 유월절 양을 나누시며, 자신이 "세상 죄를 지고 가는 하나님의 어린양"(요 1:29)이라는 것을 아셨다. 우리는 열두 살 예수가 예루살렘 성전에서 선생들 가운데 있는 모습을 본다. 어린 예수는 자신을 증언하는 성경 말씀에 대해서 듣기도 하고 묻기도 하신다(눅 2:46; 요 5:39). 예수의 말씀을 들은 사람들은 모두 그분의 성경 이해에 놀랐다(눅 2:47). 의사인 누가는 "예수는 지혜와 키가 자라 가며 하나님과 사람에게 더욱 사랑스러워 가시더라"(눅 2:52)고 충실하게 기록한다. 누가의 서술은 예수가 열두 살 때인 이 순간에 우리를 남겨 둔다(주후 6년경).

우리는 이제 예수의 공생애까지 그 사이에 일어난 일들을 살펴보려고 한다. 그리스도인들은 예수께서 살던 세계에 직접 노출된 적이 거의 없다. 하지만 그 세계는 하나님이 자신의 구원을 세상에 드러내시기 위해 세밀하게 선택하신 배경이 된다. 우리는 이 그림의 빈 곳을 채워 넣기 위해 신약 연대표에 굵은 글씨로 된 두 제목을 더했다. 이 자료는 **빈 무덤**(CASKET EMPTY)을 가르칠 때 요약하거나 수정할 수도 있다. 당신이 인도하는 무리의 필요와 관심에 따라 이 두 부분은 생략해도 좋다. 내 경험상, 예수께서 살던 세계에 대한 실제적인 지식이 있으면 예수께서 상대하시는 청중이 과연 누구였는지를 아는 데 도움이 된다. 또한 예수의 목소리가 왜 그렇게 호소력 있고 다른 사람들과 구별되었는지를 이해하는 데 도움이 된다. 또한 예수의 말씀을 우리 현재 상황에 적용하는 데도 도움이 된다.

◆ 헤롯이 죽은 후에 이스라엘이 메시아를 낳는 "산고"를 겪다

이후 이어지는 여러 해에 대해서, 연대표에 이스라엘이 메시아를 낳는 "산고"를 겪는 것이라고 요약했다. 이 제목은 주전 4년 헤롯이 죽은 후에 닥친 극단의 시대를 말한다. 이스라엘의 선지자들은 여호와의 날 직전에 있을 극심한 고난과 더불어 여호와의 메시아가 나타나는 모습을 해산하며 신음하는 여인에 비유했다. 이사야 선지자는 "그들이 놀라며 괴로움과 슬픔에 사로잡혀 해산이 임박한 여자같이 고통하며"(사 13:8; 참고 사 26:17, 37:3, 66:7; 렘 30:5-7)라고 말한다. 이 "산고"는 임신하지 못하는 여인이 해산하고 즐거워하는 모습으로 귀결된다(사 54:1-8).

지난 장에서 우리는 헤롯의 정부가 성공을 거두고 거대한 건축 계획을 일으켰던 사실을 살펴봤다. 또한 우리는 그가 다스릴수록, 통치 방식이 점차 파괴적으로 변해 가는 것도 주목했다. 승계를 두고 일어나는 끊임없는 투쟁은 의심의 분위기를 조성했고, 헤롯의 유언도 빈번하게 변경되었다. 주전 7년, 헤롯은 자신의 아들인 알렉산더와 아리스토불루스를 처형하라고 명령한다. 주전 6년에는 동방에서 온 박사들에게서 "유대인의 왕"이 베들레헴에서 태어났다는 이야기를 듣는다(마 2:1-3). 그는 자신과 경쟁하는 왕이 났다는 소식에 신경이 쓰여서 제사장들과 서기관들에게 어디서 메시아가 태어날 것인지를 묻는다. 헤롯은 그 장소가 베들레헴, 즉 별이 나타난 바로 그곳이라는 이야기를 듣자, 박사들에게 그 아이를 찾으면 자신에게 알려 달라고 한다. 하나님은 꿈에서 박사들에게 경고하시고, 박사들은 자기 나라로 돌아간다. 동시에 하나님은 천사를 보내 요셉과 마리아에게 경고하셨고, 그들은 애굽으로 도망간다(마 2:13-14). 헤롯은 박사들에게 속았다는 사실을 깨닫고는 예루살렘의 아기들을 모두 죽이라고 명한다. 두 살 이하 모든 남자 아이는 죽임을 당했다(마 2:16-18). 베들레헴에는 부모들이 죽은 자녀들을 애곡하며 통곡하는 소리가 크게 들린다(마 2:17-18; 참고 렘 31:15).

헤롯의 잔혹한 통치는 계속되었고, 주전 4년 헤롯은 죽기 단 5일 전에 자신의 아들인 안티파터(Antipater)를 처형한다. 헤롯이 죽어 간다는 소문이 퍼지자, 랍비 교사인 유다 벤 자리파이(Judah ben Zarifai)와 마티야후 벤 마르갈리스(Mattityahu ben Margalith)는 제자들에게 헤롯이 성전 산에 오르는 입구에 둔 금 독수리상을 제거하라고 촉구했다. 분노한 헤롯은 그들이 재판받는 곳까지 굳이 가서 그 교사들과 제자들을 산 채로 태우라고 명한다. 헤롯은 자신이 죽을 때가 가까웠다는 것을 알고서는 어쨌든 이스라엘이 슬퍼할 수밖에 없도록 만들려고 한다. 그는 유대의 유력한 시민들을 여리고 경기장에 감금하고는 여동생 살로메에게 지시한다. "내가 죽으면 즉시 그들을 모두 죽이라. 그러면 억지라도 유대 모든 가정들이 나를 위해 울어 줄 것이다!"(요세푸스, 《전쟁사》 1.660). 헤롯이 죽은 즉시, 살로메는 군대가 헤롯이 죽은 것을 알기 전에 조용히 궁중을 떠나 왕이 마음을 바꿨다고 전하여 죄수들을 모두 풀어 준다.

• 헤롯의 죽음을 둘러싼 폭력 사태—바루스가 2,000명을 십자가에 못 박다

주전 4년 헤롯이 사망한 후, 이스라엘 땅에 "산고"가 더욱 심해진다. 헤롯의 아들인 아켈라오는 왕위를 물려받은 후에, 유월절을 지키는 기간에만 3,000명을 죽인다. 로마의 지역 행정관은 헤롯의 토지를 강탈하기 위해 유대에 내려온다. 노예 시몬과 같은 이스라엘의 포퓰리스트들은 스스로 왕권을 주장하고 약탈단을 조직하여 그 땅을 파괴한다. 로마의 수리아 총독인 바루스(Varus)는 잔인하고 혹독하게 이 문제를 처리한다. 그는 정부에 저항한 죄로 이스라엘인 2,000명을 십자가에 못 박아 버린다. 이 모든 일이 일어나는 동안 헤롯의 아들들은 로마로 가서 가이사 아구스도가 분할했던 역할을 한 명에게 주어 헤롯의 유지를 이루어 주기를 기다리고 있었다. 지난 장에서 가이사 아구스도가 이 시대에 로마 황제였다는 사실을 기억할 것이다(주전 27년-주후 14년). 그는 헤롯을 섭정 왕으로 세워 이스라엘에서 로마의 통치를 확립한 인물이었다. 가이사 아구스도는 누가 헤롯의 계승자가 될지 결정할 자였다.

• 가이사 아구스도가 헤롯의 세 아들, 아켈라오, 안디바, 빌립을 통해 헤롯의 유언을 집행하다

헤롯은 아내와 아들 중 누가 자신의 마음에 드는지에 따라 통치 기간에 일곱 번이 넘도록 유언을 변경했다. 그의 마지막 유언은 왕국을 아들들에게 분할함으로써, 권리를 주장하는 이 경쟁자들 사이에 균형을 유지하는 것이었다. 아켈라오는 왕으로 명명되었고, 친동생인 안디바와 이복동생인 빌립은 각각 다른 지역을 다스리는 **분봉 왕**(테트라크스[tetrachs], "4분의 1의 통치자"라는 뜻)으로 명명했다. 가이사 아구스도는 왕권에 대한 권리를 주장하는 자들의 이야기도 듣고, 헤롯 가문의 왕권을 끝내고 직접 로마가 통치해 달라는 자들의 이야기도 들었다. 결국 가이사 아구스도는 헤롯의 유언을 따르면서도 한 가지 중요한 변화를 꾀한다. 아켈라오를 왕으로 임명하는 대신 영주(에트나크[ethnarch], "나라의 통치자"라는 뜻)로 칭하며, 왕의 직위를 받을 만한 자격이 있으면 왕의 직함을 주겠다고 한 것이다. 아켈라오, 안디바, 빌립에 대해서 간단히 살펴볼 텐데, 모두 주전 4년에 통치를 시작한다는 사실을 기억하자. 그들은 다른 지역을 다스렸지만, 실은 로마 황제 가이사 아구스도가 그들을 모두 지명한 것이다. 헤롯의 이 세 아들들은 복음서의 정치 상황을 조성하였고, 앞으로 임할 하나님 나라의 경건한 지도자를 더욱 고대하게 만들었다.

유대, 사마리아, 이두메의 영주 아켈라오(주전 4년-주후 6년)

헤롯의 아들 아켈라오는 유대, 사마리아, 이두메(고대 에돔)의 통치자가 되었는데, 이는 대략 헤롯 왕국의 절반에 해당한다. 통치를 시작할 때 그는 열아홉 살이었다. 그의 통치는 유월절의 폭력 사태로 시작했고, 또한 통치 내내 거의 그런 식이었다. 요셉과 마리아가 헤롯의 분노를 피해 애굽으로 도망갔던 것을 기억할 것이다(마 2:13-14). 요셉과 마리아는 헤롯이 죽었다는 소식을 듣고 아직 아기인 아들과 함께 이스라엘로 돌아온다. 그들의 여정은 이스라엘이 출애굽했던 길을 그대로 따른 것으로서, 두 번째 출애굽을 성취한 것이다(마 2:15; 참고 출 4:22-23; 호 11:1). 하나님은 요셉에게 아켈라오에 대해 경고하시며 사랑하는 아들을 또 지키신다. 마태는 요셉이 아켈라오가 아버지인 헤롯을 대신해서 유대를 다스린다는 소식을 듣고 "거기로 가기를 무서워하더니 꿈에 지시하심을 받아 갈릴리 지방으로 떠나가 나사렛이란 동네에 가서 사니 이는 선지자로 하신 말씀에 나사렛 사람이라 칭하리라 하심을 이루려 함이러라"(마 2:22-23)고 기록한다. "나사렛 사람"이라는 명칭은 히브리어로 "가지"를 뜻하는데, 약속된 다윗 가문의 가지가 이새의 줄기에서 나올 것을 암시한다(사 11:1; 참고 렘 23:5). 하나님은 요셉과 마리아를 떠들썩한 아켈라오의 통치 기간 내내 지켜 주셨고, 그들은 나사렛에 정착한다(마 4:12-17; 요 1:45-46). 아켈라오는 9년간 통치한 후인 주후 6년, 무능함을 이유로 자리에서 쫓겨난다. 그리고 다시는 왕의 직함을 받지 못한다.

갈릴리와 베레아의 분봉 왕 안디바(주전 4년–주후 39년)

헤롯의 아들인 안디바는 갈릴리와 베레아의 분봉 왕이 되었다. 통치를 시작할 때 그는 열일곱 살이었다. 그는 40년 이상을 통치하는데, 헤롯과 사마리아인 말다케(Malthace)의 아들이었다. 그는 예수의 공생애 기간에 갈릴리와 베레아를 다스리는 분봉 왕이었고, 예수의 가르침에 대해서도 들었다(마 14:1; 막 6:14; 눅 3:1). 세례 요한은 안디바가 동생 빌립의 아내인 헤로디아(Herodias, 헤로디아스)와 결혼한 것이 하나님의 법에 어긋난다고 비난했다(눅 3:19; 참고 레 18:16). 안디바는 요한을 체포했고, 결국 요한은 잔인하게 죽임을 당한다(마 14:10; 요세푸스, 《고대사》. 18.116-117 참고). 예수께서는 안디바를 "저 여우"(눅 13:32)라고 하셨다. 안디바는 예수께서 예루살렘에서 심문 받으실 때, 경멸하는 태도로 그분을 대한다(눅 23:7-12; 행 4:27). 주후 39년, 안디바는 반란을 꾀한 죄로 고발을 당하여 갈리아 지역으로 추방되었고, 그곳에서 고통스럽게 죽는다.

북영토의 분봉 왕 빌립(주전 4년–주후 34년)

헤롯의 아들 빌립은 가울라니티스(Gaulonitis), 드라고닛(Trachonitis), 요단강 상류인 파니아스(Paneas) 인근 지역의 분봉 왕이 된다. 통치를 시작할 때 그는 열여섯 살이었다. 빌립은 헤롯과 예루살렘의 클레오파트라(Cleopatra) 사이에서 난 아들이었다. 그는 파니아스(Paneas) 근처에 새로운 도시와 신전을 건설하고, 그 도시 이름을 **빌립보 가이사랴**(카에사레아 필립피, Caesrea Philippi, "빌립의 가이사랴"라는 뜻)라고 짓는다. 예수께서는 후에 가이사랴 빌립보에 속한 지역까지 가셔서 제자들에게 물으신다. "너희는 나를 누구라 하느냐"(마 16:15). 이때 베드로가 고백한다. "주는 그리스도시요 살아 계신 하나님의 아들이시니이다"(마 16:16). 빌립은 주후 34년에 죽는다. 그리고 그의 영토는 조카인 헤롯 아그립바(Agrippa, 아그리파) 1세에게 넘어간다.

헤롯의 가계도는 여느 왕조의 가계도와 마찬가지로 꽤나 복잡하다. 신약에는 헤롯이라는 인물이 여럿 등장한다. 남자는 헤롯(Herod)이라 하고, 여자는 헤로디아(Herodias)라고 한다. 간단히 정리하자면, 우리는 우선 요한과 예수 그리스도가 태어날 때 유대의 왕이었던 헤롯 대왕, 즉 유대의 왕에 주목할 것이다(마 2:1-19; 눅 1:5). 그는 주전 4년에 곧 죽고 만다(마 2:19). 후에 헤롯의 아들 세 명이 등장한다. 먼저 헤롯 아켈라오는 예수께서 어린 시절에 유대의 분봉 왕이었고, 주후 6년 축출된다. 헤롯 안디바는 예수의 공생애 시절에 갈릴리와 베레아의 분봉 왕이었고, 주후 39년에 축출된다. 그리고 헤롯 빌립은 북영토를 다스리다가 주후 34년에 죽는다. 헤로디아는 헤롯 대왕의 손녀로서, 권력을 향한 그(녀)의 욕구 때문에 세례 요한이 죽임을 당한다(마 14:3).

문제를 더 복잡하게 하는 것은, 신약을 연구하다 보면 두 명의 헤롯을 더 만나게 된다는 사실이다. 헤롯 아그립바 1세는 헤롯 대왕의 손자로서 주후 41-44년에 통치한다. 그는 예수의 제자인 세베대의 아들 야고보를 처형했으며, 하나님께 영광을 돌리지 않아 곧 죽고 만다(행 12:23). 헤롯 아그립바 2세는 헤롯 대왕의 증손자로서, 그리스도를 전하는 바울의 말을 들은 인물이다(행 26:27-28). 헤롯 왕가는 전적으로 로마의 후원에 의지하여 권력을 누렸다. 그들은 로마에 세금을 내야 하느냐는 문제로 예수를 덫에 빠뜨리려고 했던 집단으로 언급되기도 한다(마 22:16-17). 그들은 정통성이 없는 왕이었기 때문에, 신약 연대표 **대망 시대** 아래 **붉은 왕관**으로 표시되어 있다.

◆ 유대가 행정관이 다스리는 로마의 속주로 바뀌다(주후 6-66년)

신약 연대표에서, 굵은 글씨로 된 그 다음 제목은 유대가 독립권을 잃고 로마의 속주로 바뀐 때를 나타낸다. 주후 6년 아켈라오가 축출되자, 그가 다스리던 영토는 유대라는 새로운 속주로 로마 제국에 합병된다. 이제 유대는 로마 황제가 직접 임명하는 로마의 행정관(또는 총독)들이 계속해서 다스리는 지역이 되었다. 그들의 주된 책임은 세금을 징수하고, 건설 계획을 감독하며, 법을 집행하고, 로마 군단 또는 지원 부대를 지휘하여 평화를 유지하는 것이었다. 행정관은 "검의 권리"를 지녔으며, 주요 범죄에 대해 단독으로 사법권을 행사했다. 코포니우스(Coponius)가 첫 행정관으로 임명되었고(주후 6-10년), 그 이후로 마르쿠스 암비불루스(Marcus Ambivulus, 주후 10-13년), 안니우스 루푸스(Annius Rufus, 주후 13-15년), 발레리우스 그라투스(Valerius Gratus, 주후 15-26년)가 뒤를 이었다. 다섯 번째 로마 총독인 본디오 빌리도(주후 26-36년)는 예수께서 사역하실 때 유대를 다스렸고, 십자가형을 주관했다(막 15:15). 로마 총독들은 대개 이스라엘 전통을 몹시 경멸했고, 뇌물과 부패를 통해 부를 쌓았다. 로마의 통치 아래 삶의 현실은 "가난한 자에게 복음을 전"하고 "눌린 자를 자유롭게"(눅 4:18; 참고 사 61:1) 하실 그분에 대한 소망을 증폭시켰다.

◆ 구레뇨의 인구 조사—갈릴리의 유다가 반란을 일으키다(행 5장; 《고대사》 18장)

가이사 아구스도는 저명한 로마 원로원 의원인 구레뇨(퀴레니우스, Quirinius)를 유대로 보내 새로운 속주에 인구 조사를 시행하도록 한다. 역시 구레뇨의 관할 아래 예전에 시행했던 인구 조사는 그리스도와도 관련이 있는데, 아마도 헤롯의 통치가 악화되고 로마 정부가 자산의 두드러지는 변화를 감지했기 때문일 것이다(눅 2:2). 이러한 인구 조사는 자기 민족에게 배신자로 경멸받는 지역 세리들의 도움으로 이루어졌다. 구레뇨의 인구 조사는 이스라엘 내에 폭력적인 반응을 촉발한다. 갈릴리의 유다는 무장 봉기를 이끌었고, 인구 조사는 이스라엘을 노예로 만들기 위한 전초 작업이라고 주장하며 자유를 외치라고 촉구한다. 유다는 많은 사람을 끌어 모았지만, 결국 죽임을 당하면서 그 무리도 흩어진다(행 5:37). 요세푸스는 이 반란이 대중 저항 운동의 시작이었으며 결국 주후 66년 로마와 끔찍한 전쟁을 벌이게 되는 원인으로 본다.

◆ 사두개파, 바리새파, 에세네파, 열심당원 등이 하나님의 공의를 구하다

이제 정치적 배경을 알아봤으니 예수의 공생애 당시 종교적 배경을 생각해 보자. 예수께서 활동한 시대에는 유대교 내에 뚜렷이 구분되는 네 개의 종교적 대응이 있었다. 그 무리들은 사두개파, 바리새파, 에세네파, 열심당원이다. 이 집단들을 간단히 살펴보면 유용할 것이다. 그들은 세상의 문제를 다르게 인식했다. 따라서 저마다 자신들이 생각하는 잘못된 점을 해결하기 위해 각기 다른 방안을 내놓았다. 동시에 이 집단들 모두 이스라엘의 소망을 공유하였고, 앞으로 임할 하나님 나라를 고대했다.

사두개파(The Sadducees)

사두개파는 신약 연대표에 **대제사장의 터번**으로 나타난다. 그들은 보수적인 종교 정치 집단으로서, 유대 사회의 상위 계층들인 제사장 가문과

귀족 가문 출신들이다. 사두개라는 명칭은 다윗과 솔로몬 시대 대제사장이었던 사독에서 온 것이다(왕상 1:34). 사두개인은 성전 예배를 주관하며, 산헤드린이라는 최고 법률 자문회의 구성원들이었는데, 우리는 예수의 심문 과정에서 이들을 만나게 될 것이다(마 26:59). 사두개인들은 성경의 처음 다섯 권에 해당하는 토라의 성문서에 기원한 법률들만 구속력 있는 것으로 인정했다. 그들의 주요 반대 세력은 바리새인들이었는데, 사두개인들은 육체의 부활, 상급과 처벌의 교리, 구전 율법의 정당성을 부정함으로써 바리새인들과 맞섰다(마 22:23-33). 사두개인들이 볼 때, 세상에는 문제가 없었다. 이는 권력과 부와 사회적 지위를 지닌 자들에게 보통 나타나는 관점이다. 그들의 해결책은 현 상태를 유지하는 것이었다. 사두개인들의 영향력은 교회의 초기까지 지속되었다(행 4:1-2; 23:6-8). 하지만 실질적으로 주후 70년 성전이 무너지면서 사두개인은 사라지고 말았다. 따라서 성경 시대 이후 유대교는 바리새인의 계승을 따라 발전되었다.

바리새파(The Pharisees)

바리새파는 신약 연대표에 **토라 두루마리**로 나타난다. 그들은 예수 시대에 큰 영향력을 발휘하던 종교 및 정치 지도자였다. 요세푸스에 따르면 1세기 이스라엘에는 약 6,000명의 바리새인이 있었다고 한다. 바리새파는 이스라엘 내에서 인기를 누린 평신도 운동이었다. 바리새인이라는 명칭은 "분리되다"는 의미인 히브리어 동사 *파라시*(parash)에서 온 것이다. 이 명칭은 모든 제의적인 불결함의 근원들로부터 "스스로를 구별"하는 자들로 이해되었다(막 7:1-23; 갈 2:12). 바리새인들은 식사를 할 때도 제사장들에게 요구되는 수준의 정결 예식을 지켰다. 종종 바리새인을 극단적인 보수파로 잘못 이해하는데, 그들은 예식 실행에 관해서는 자신들이 사두개인보다 좀 더 진보적이거나 유연하다고 여겼다.

바리새인들은 하나님이 창조주로서 성경 본문을 통해 자신의 뜻을 드러내신다고 믿는다. 그들은 토라를 엄밀하게 지켜서 거룩함과 정결함을 유지하겠다는 열망으로 성경을 해석했다(마 23:2-3). 그들의 성경 해석과 생활 방식은 교사들을 통해 세대를 거쳐 전해졌고, 결국 구전 율법, 장로의 전통(막 7:3-5; 갈 1:14), 율법의 행위(롬 3:20-28; 갈 2:16-3:10), 아니면 간단히 *할라카*(halakhah "사람이 걷는 길")로 알려졌다.

바리새인들은 하나님이 이스라엘에 강림하기 위한 필수 조건이 토라를 신실하게 지키는 것이라고 여긴다. 비록 몇몇 바리새인이 예수를 믿기도 하지만(요 3:1, 19:39; 행 15:5; 빌 3:4-11), 복음서를 보면 그들은 빈번하게 예수에게 맞선다. 바리새인들은 예수가 자신의 이름으로 가르치실 때 주장하시는 권위를 공격한다(마 7:29; 요 3:1-3, 8:13). 그들은 여러 주제에 대한 예수의 성경 해석과 적용 방식을 거부하는데, 그 예로 하나님 공경(마 22:34-40; 눅 5:17-26), 안식일 준수(마 12:1-44), 정결 예식(마 9:10-13; 막 7:1-23) 등이 있다. 바리새인들에게 문제는 이스라엘이 토라에 순종하지 않는다는 것이었다. 그들의 해결책은 토라를 연구하고, 가르치고, 실제로 적용하는 것이었다. 메시아는 오셔서 모든 것을 바르게 하실 것이다. 바리새인들의 관점은 미쉬나(Mishnah), 토세프타(Tosefta), 탈무드(Talmuds) 및 미드라쉬(Midrash)라는 성경 주석을 포함한 광대한 랍비 문학으로 보존되고 전승된다.

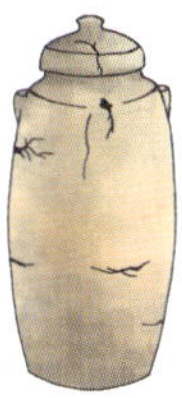

에세네파(The Essenes)

에세네파는 신약 연대표에 **두루마리를 담는 단지**로 나타난다. 그들은 극단적인 헌신과 경건함으로 알려져 있다. 그들은 광야에 대안 공동체를 세움으로써 타락한 세상에 응했다. 그들은 사적 재산을 거부하고, 함께 식사하고, 토라를 엄격하게 준수했다. 에세네라는 이름은 율법을 "행하는 자"라는 의미인 히브리어 분사 *오세*(oseh)에서 온 것이다. 에세네파는 사두개인들과 유사하게 예식을 지켰기 때문에 바리새인들보다는 더 보수적이었다. 에세네파는 날마다 반복되는 삶을 의식처럼 거행했다. 그들은 매일 아침 예식을 따라 물에 들어갔고, 기도 후에는 공동 식사에 참여했으며, 그 후에는 종일 성경 공부와 해석에 전념했다. 그들은 엄격한 공동체 규율을 지켰으며 예식을 통한 정결함을 유지했다.

에세네파의 신념과 관습은 1947년 사해 문서가 발견되면서 현대에 드러나게 된다. 사해 근처 동굴들에서 1,000개에 달하는 다양한 문서가 발견되었다. 이 문서들은 보관용 단지에 담겨 있었고 유대 전쟁 발발 초기에 숨겨졌다(주후 66-70년). 사본의 40퍼센트가 히브리어 성경의 복사본이다. 이는 우리가 현재 보유한 구약의 사본 중 가장 오래된 것이다. 많은 본문이 부분으로 발견됐지만 이사야서 두루마리와 같은 일부 본문은 사실상 온전한 상태를 유지하고 있다. 이 두루마리가 발견되면서 수천 년에 걸친 성경의 전승이 신뢰할 만하다는 확신이 더욱 커졌다. 문서의 30퍼센트는 신/구약 중간기 시대에 작성된, 정경이 아닌 유대 저작들이다. 이는 당시 이러한 저작들이 광범위하게 퍼져 있었음을 보여 준다. 그리고 문서의 30퍼센트는 에세네파 스스로 작성한 문서들이다. 이 문서들은 그들의 일상생활, 성경 해석 방식, 예식을 설명한다. 에세네파는 자신들의 공동체가 구속의 시대가 열리는 시점에 있다고 생각했다. 그들은 빛의 아들과 어두움의 아들들로 밝혀진 자들 사이에 궁극적인 갈등이 일어날 것이라고 봤다. 그들은 구약 선지서가 자신들의 시대를 예언한 것으로 해석했고, 하나님이 이 예언을 성취하실 순간이 임박했다고 믿었다. 에세네파에게 문제는 이스라엘이 타락하고 세상과 타협한 것이었다. 그들의 해결책은 광야로 물러나 기다리는 것이었다. 그들은 성경을 읽고, 연구하고, 사본을 만들며 하나님이 보내신 메시아가 오시기를 기도했다.

열심당원(The Zealots)

열심당원은 신약 연대표에 **칼**로 나타난다. 열심당원들은 무장 저항만이 로마 권력에 대한 바른 대응이라고 믿었다. 그들이 외치는 구호는 "왕이 아니라 하나님을!"이었다. 구레뇨가 인구 조사를 시행할 때 갈릴리의 유다가 맞서 일어나면서 열심당의 움직임이 시작되었다. 후에 열심당원의 한 분파(시카리[sicarii] 또는 "자객"이라는 별명)는 로마와의 전쟁을 지지하지 않는 자들을 암살하면서 예루살렘을 공포에 떨게 만든다. 예수께서는 비폭력을 가르치시며 이러한 대응 방식을 공개적으로 거부하셨다(마 5:39). 예수께서는 자신을 따르는 모든 자가 참된 자유를 찾게 된다는 사실을 아셨기에(요 8:36), 열심당원인 시몬을 열두 제자에 포함시키신다(눅 6:15; 행 1:13). 열심당원들에게 문제는 로마의 통치였다. 그리고 그들의 해결책은 무장 저항이었다. 하나님에 대한 열심이 이스라엘의 적을 무너뜨리고, 메시아가 다스리실 길을 열 것이다.

◆ 안나스의 뒤를 이어 사위인 가야바가 대제사장이 되다(주후 6-36년)

유대교 내에서 나타난 이러한 종교적 대응과 더불어, 당시 이스라엘이 내적으로는 대제사장의 통치를 받고 있다는 점을 명심해야 한다. 성경에 따르면 이스라엘의 제사장직은 레위 지파 내에서 계승되며, 오직 아론의 자손만 제단에서 일할 수 있었다. 대제사장에게는 예루살렘 성전에서 예배의 모든 측면을 총괄하고, 성경의 정확한 사본을 유지하고, 종교력을 설정하는 책임이 있었다. 또한 신약 시대에 대제사장은 산헤드린의 일원으로서 종교 범죄를 감독했다. 이 시기에 이스라엘의 대제사장직 역시 혼란의 시대를 지난다. 헤롯은 하스몬 왕조의 마지막 대제사장인 아리스토불루스를 살해한다. 그러고 나서 바벨론 출신 보에수스(Boethus) 일가에 대제사장직을 넘긴다. 주전 37년 헤롯의 통치가 시작될 때부터 주후 70년 성전이 멸망할 때까지, 각기 다른 스물여덟 명이 대제사장으로 임명됐다. 1세기에 대제사장직은 세습을 통해 평생 유지되는 임명직이 아니라, 통치 권력이 선출하고 면직시키는 직분이 되었다. 주후 6년 구레뇨는 새롭게 형성된 로마 속주 유대에 안나스(Annas)를 대제사장으로 임명한다(주후 6-15년). 안나스는 인구 조사 과정에서 로마의 이익에 협조하였지만, 새롭게 부임한 총독 그라투스(Gratus)에 의해 주후 15년 물러나게 된다. 안나스는 자신의 아들들을 통해서, 그리고 특히 주후 18-36년에 대제사장이었던 사위 요셉 가야바(Joseph Caiaphas)를 통해 정치 종교 지도자로서 영향력을 유지했다. 안나스와 가야바는 예수가 자신들의 지위와 권력에 위협이 된다고 여기고 모의를 벌여 예수를 체포하고 심문한다(요 11:48-49, 19:12).

• 대표적인 랍비 힐렐과 샤마이

이 시기 대표적인 랍비는 힐렐(Hillel)과 샤마이(Shammai)였다. 그들은 아마도 예수께서 열두 살 되던 해 유월절에 예수와 함께 이야기를 나눴을 것이다(눅 2:41-46). 힐렐은 바벨론 출신으로 엄청난 가난에도 불구하고 만년에 공부를 시작했다. 그는 하나님이 한 사람 아담으로부터 모든 인류를 창조하셨기 때문에, 모든 사람의 생명의 가치를 강조한 사람으로 알려져 있다. 그는 한 생명을 구원한 사람은 전 세계를 구원한 것이라고 생각했다. 샤마이는 사람이 해야 하는 주된 일로서 토라 연구를 강조한 인물로 알려져 있다. 그는 학생들에게 말은 적게 하고 행동은 많이 하라고 가르쳤다. 랍비 문서에는 이 두 사람과 그들의 제자들 사이에 300개도 넘는 실제적인 주제를 놓고 논했던 내용이 보존되어 있다. "힐렐 파"와 "샤마이 파"는 구전 율법의 발전에 큰 영향을 미쳤다. 실천에 관해서는 힐렐이 보다 관대한 입장을 취했고, 샤마이는 보다 엄격한 입장을 취했다.

• 본토 백성들과 디아스포라 유대인이 소망의 예전을 거행하다

예수 시대에 이스라엘인 대다수는 평범한 사람들이었다는 사실을 기억해야 한다. 그들 역시 간절히 하나님의 약속을 기대하며 살았다. 고대 문헌에는 그들을 "본토 백성"이라고 한다. 그들은 농부, 빵 굽는 자, 장막 짓는 자들이었다. 그들은 자녀를 돌보는 어머니들이었다. 그들은 하나님 나라 안에서 자신들의 미래를 꿈꾸는 젊은 남녀였다. 평범한 사람들은 주로 회당에서 예식을 행하고, 날마다 성경을 읽고, 정해진 시간에 기도를 드림으로써 이스라엘의 소망을 배웠다. 회당 예식은 하루에 세 번 거행되었다. 매주 선지서 일부와 함께 토라를 읽는데 이를 *하프토라*(Haftorah)라고 한다. 가장 중요한 기도는 훗날 *아미다*(Amidah) 또는 일어서서 드리는 기도로 알려진 것으로서, 찬양, 탄원, 감사라는 정해진 양식을 담고 있다. 이 기도는 또한 열여덟 가지 축복의 기도로 알려지기도 했다. 사람들은 이 기도를 1년에 1,000번 넘게 암송했다. 이 기도는 아브라함과 이삭과 야곱의 하나님께 드리는 찬양으로 시작하여, 하나님이 구속주를 그들의 자손에게 보내어 옛 약속을 성취하시리라는 희망찬 바람을 드러낸다. 우리는 우리의 마음을 하나님의 것들로 빚어 가기 위해 매일, 매주 드리는 예배의 중요성을 절대로 과소평가해서는 안 될 것이다. 예수께서는 나사렛에서 매주 읽던 이사야서 61장의 예언 부분을 회당에서 읽으시면서 자신의 정체를 드러내셨다(눅 4:16-20).

이 시기에 대부분의 유대인 공동체는 이스라엘 본토 외부에서 살았다. 그 사람들을 총체적으로 *디아스포라*(diaspora, "흩어짐")라고 했다. 바울은 다소의 디아스포라 유대인이었다(행 21:39). 지질학자 스트라보(Starbo)에 따르면 유대인들은 당시 알려진 세계의 모든 도시에 진출해 있었다. 디아스포라 공동체의 중심지는 회당이었는데, 보통 "기도할 곳"(행 16:13)이라고 불렀다. 온전하게 회심하지 않은 이방인들도 정기적으로 디아스포라 회당에 출석했다. 이들은 하나님을 경외하는 자로 알려졌다. 본토의 백성들과 마찬가지로 디아스포라 공동체들은 회당 예식, 성경 읽기, 기도를 통해 자신들의 신앙을 드러냈다. 그들의 기도는 이스라엘의 소망을 기다리는 것이었다. 그들은 모든 나라가 우상 숭배에서 돌아서서 자신들의 관습을 버리고 하나님의 백성으로 참여할 날을 고대한다(사 2:1-4; 미 4:1-2).

▶▶▶ 신약 연대표

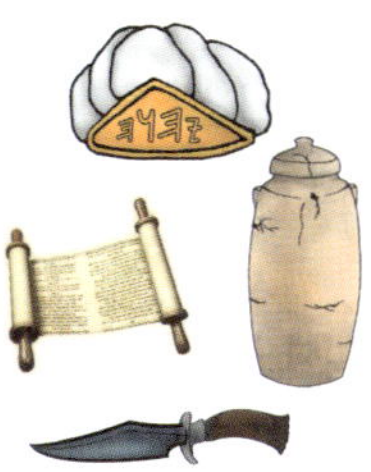

연대표에서 네 가지 주요 종교 집단을 상징하는 네 개의 그림을 확인하자. 사두개인들은 **대제사장의 터번**, 바리새인들은 **두루마리**, 에세네파는 **쿰란의 보관용 단지**, 열심당원은 **칼**이다. 연대표 뒤편에 각 그림에 대해 간단한 설

명이 있다. 또한 **모자이크로 된 회당의 바닥** 그림을 확인해야 한다. 그 중앙에 메노라가 있다. 이는 오실 메시아를 고대하며 날마다 행했던 "소망의 예전"을 상징한다.

• 디베료가 로마 황제로 통치하다(주후 14-37년)

우리는 이제 드디어 예수의 공생애에 가까이 왔다. 이제 때가 차기까지 마지막 네 가지 국면이 남았다. 첫 번째, 로마에 새 황제가 등장한다. 디베료(티베리우스 율리우스 카이사르, Tiberius Julius Caesar)가 주후 14-37년에 통치한다. 그는 가이사 아구스도의 양자였다. 재능이 많은 장군이었던 디베료는 마지못해 황제의 소임을 다하기로 했지만, 자신을 대신해서 다른 사람들에게 일을 시키는 편을 선호했다. 주후 19년, 그는 조언자들의 거짓 고소를 듣고 로마에서 유대인 공동체를 축출한다. 주후 26년에는 스스로 카프리 섬으로 물러나 근위 대장인 세자누스(Sejanus)의 손에 정무를 맡긴다. 세자누스는 노골적으로 유대 공동체를 혐오했고, 직접 영향력을 행사하여 본디오 빌라도를 유대 총독으로 임명한다. 예수의 공생애 기간에 황제의 권력과 권위를 누린 인물이 바로 디베료다. 예수께서 "이 형상과 이 글이 누구의 것이냐"고 물으신 은 데나리온에는 디베료 가이사의 얼굴이 있었다(마 22:19-21). 로마의 역사 전통은 디베료를 "사람 중에 가장 슬픈 자"로 기억한다. 그는 제국에 은화 30억 개라는 엄청난 국고 잉여금을 남긴다. 그리고 주후 37년 일흔여덟의 나이로, 아마도 하나님의 아들이신 예수 그리스도와 그 영원한 왕국을 전혀 알지 못한 채로 죽는다.

• 헤롯 안디바가 디베료의 도시를 건설하다

두 번째 국면은 갈릴리에 새로운 수도가 들어선 것이다. 우리는 앞에서 헤롯 안디바가 갈릴리와 베레아의 분봉 왕이 되었다는 사실을 봤다. 아버지인 헤롯 대왕의 본을 따라서 안디바 역시 도시와 공공 건축물을 건설하여 자신의 로마 후원인을 기리고자 했다. 그는 벳새다를 도시로 격상하고 디베료의 딸의 이름을 따라 "율리아"(Julia)라고 짓는다. 주후 20년에는 갈릴리 해변을 따라 새로운 도시를 건설하고 황제의 이름을 따라 디베랴(티베리아스, Tiberias)라고 명명한다. 그는 화려한 궁전과 로마식 경기장을 추가로 세운다. 하지만 고대에 묘지였던 장소에 건설을 했기 때문에 독실한 이스라엘인들은 그 도시가 부정하다고 선포한다. 안디바는 그 도시에 유대인, 이방인, 자유 노예 등을 거주시킨다. 그는 월계관 안에 헬라어로 디베랴라는 명칭이 기록된 동전을 주조했다. 모든 공식 날짜는 도시를 세운 날을 기준으로 계산했다. 갈릴리 바다도 "디베랴 호수"(요 6:1, 21:1)로 다시 명명된다. 예수께서는 이 해안가를 거니시고, 이 지역에서 첫 제자들을 부르신다. 이방의 갈릴리에서 어두움 가운데 걷던 자들은 곧 큰 빛을 보게 될 것이다(마 4:15-16; 참고 사 9:1-2).

• 예루살렘에서 바울이 가말리엘 장로 아래 교육을 받다(주후 20년경)

세 번째 국면은 새로운 학생이 예루살렘에 나타나는 장면이다. 길리기아 다소 출신인 사울(이후에 바울)은 힐렐의 손자로서 당시 대표적인 선생이었던 가말리엘 문하에서 랍비 교육을 받기 위해 예루살렘으로 보내진다(행 22:3). 가말리엘은 산헤드린의 의장으로 봉직하며 라반(Rabban, 우리의 랍비)이라는 영광스러운 칭호를 받았다. 그는 교사의 역할에 우선을 두고 여성의 지위를 개선하기 위해 수많은 법령을 제안한 인물로 기억된다. 심지어 헤롯 아그립바도 종교 문제에 대해서는 가말리엘에게 문의하기도 한다. 사도행전 5장 34-40절에서 가말리엘은 예수의 초기 제자들 편에서 개입하여 사도들이 처형되는 것을 막는다. 그는 산헤드린에 조언한다. "이제 내가 너희에게 말하노니 이 사람들을 상관하지 말고 버려두라 이 사상과 이 소행이 사람으로부터 났으면 무너질 것이요 만일 하나님께로부터 났으면 너희가 그들을 무너뜨릴 수 없겠고 도리어 하나님을 대적하는 자가 될까 하노라"(행 5:38-39). 이 시대 젊은이였던 바울은 가말리엘에게서 이스라엘의 소망을 배운다. 그는 하나님의 약속을 기다렸고, 언젠가 "하나님의 약속은 얼마든지 그리스도 안에서 예"(고후 1:20)가 됨을 믿게 될 것이다.

• 본디오 빌라도가 총독으로 유대를 다스리다(주후 26-36년)

네 번째 국면은 유대에 새로운 로마 총독이 부임한 것이다. 본디오 빌라도는 주후 26-36년까지 다섯 번째 로마 총독으로 다스린다. 그는 가이사랴의 총독 관저에서 로마의 통치 행정 전반을 총괄했다. 대부분의 유대 총독과 마찬가지로 빌라도는 이스라엘의 관습을 끔찍이도 경멸했고, 종종 갈등을 조장하기도 한다. 부임 초반 빌라도는 야밤에 비밀스럽게 가이사의 형상이 담긴 로마 군기를 예루살렘 내부로 반입했다. 그러자 대규모 군중이 가이사랴에 있는 그의 관저에 모여 그 군기를 옮겨 달라고 간청했다. 빌라도는 군사들에게 명령하여 그 형상을 받아들이지 않는 자는 처형하라고 명한다. 그러자 사람들은 땅에 엎드려 목을 내놓고 하나님의 법을 어기느니 차라리 죽겠다고 맞선다. 빌라도는 그들의 헌신이 대단함을 보고 놀라, 한 발 물러서서 군기를 옮기라고 명한다. 빌라도는 후에 예루살렘 성전에서 자금을 유용하여 예루살렘에 수로를 건설한다. 그는 예루살렘 지도자들의 간청을 거부하고 군사들을 보내 곤봉으로 치게 한다. 많은 사람이 매를 맞고 목숨을 잃었으며, 또 어떤 이들은 짓밟혀 죽고 만다. 누가는 또한 "빌라도가 어떤 갈릴리 사람들의 피를 그들의 제물에 섞은 일로 예수께 아뢰니"(눅 13:1)라고 기록한다. 빌라도는 뇌물, 모욕적인 언동, 분노로 통치를 일관한다. 그는 재판도 없이 사형을 내렸으며 판결은 잔인하게 집행했다. 또한 본디오 빌라도는 로마 총독으로서 예수의 재판도 주관한다.

다양한 종교 및 정치 집단에 대한 연구를 통해서 예수의 공생애를 이해하기 위한 준비가 다 되었다. 이스라엘에는 비길 데 없이 엄청난 대망의 분위기가 조성되었다. 하나님은 위대하고도 소중한 약속을 주셨다. 하나님 나라가 임할 것이다. 약속된 메시아인 다윗의 자손이 의로 다스리실 것이다. 메시아를 알리는 사자가 나타나 주님이 오시기 직전에 사람들을 회개하도록 할 것이다. 하나님이 일하실 순간이 가까이 왔다. 때가 찬 것이다.

◆ 주님의 말씀이 빈 들에서 요한에게 임하다(주후 29년경)

복음서로 돌아가 보자. 이야기는 갑자기 엄청나게 바뀐다. 누가는 다음과 같이 이야기를 전한다.

> 디베료 황제가 통치한 지 열다섯 해 곧 본디오 빌라도가 유대의 총독으로, 헤롯이 갈릴리의 분봉 왕으로, 그 동생 빌립이 이두래와 드라고닛 지방의 분봉 왕으로, 루사니아가 아빌레네의 분봉 왕으로, 안나스와 가야바가 대제사장으로 있을 때에 하나님의 말씀이 빈 들에서 사가랴의 아들 요한에게 임한지라(눅 3:1-2)

누가는 이 중요한 사건이 언제 일어났는지를 역사적으로 정확히 밝히기 위해 통치자들의 목록을 나열한다. 당시에는 보편적인 연도 계산 체계가 없었기 때문에 고대 역사가와 같은 방식을 따른 것이다. 이제는 이 이름들이 익숙해야 한다. 디베료가 통치한 지 열다섯 해는 주후 29년에 해당한다. 당시는 빌라도가 총독이었다. 헤롯 안디바는 갈릴리 지역 분봉 왕이었다. 빌립은 북쪽 영토를 통치했다. 루사니아(Lysanias)라는 인물이 북쪽 헐몬 산 근처 작은 왕국을 다스렸다. 안나스와 가야바는 대제사장이었다. 이제 시간의 측면에서는 절대적으로 정확한 순간이 특정된 것이다. 모든 역사가 바로 이 순간으로 모인다. 현재 시제로 된 이 모든 문장은 우리의 관심을 가장 중요한 하나의 진술로 돌린다. 즉 **하나님의 말씀이 빈 들에서 요한에게 임했다**는 것이다. 선지자의 목소리가 없었던 4백 년이 지난 후, 살아 계신 하나님이 자기 백성에게 다시 말하기 시작하신 것이다.

• **요한이 베푸는 회개의 세례, "주님 오실 길을 예비하라"**(눅 3장)

요한은 주님이 오실 것을 예비하며 죄 용서를 위한 회개의 세례를 전함으로써 자신의 선지 사역을 시작한다. 사복음서 저자들 모두 이사야 선지자가 선포한 말씀을 따라 요한을 광야에서 메시아를 알리는 사자로 본다(마 3:3; 막 1:2-3; 눅 3:4-6; 요 1:23). 요한은 "광야에서 외치는 자의 소리가 있어 이르되 너희는 주의 길을 준비하라 그의 오실 길을 곧게 하라 모든 골짜기가 메워지고 모든 산과 작은 산이 낮아지고 굽은 것이 곧아지고 험한 길이 평탄하여질 것이요 모든 육체가 하나님의 구원하심을 보리라 함과 같으니라"(눅 3:4-6; 참고 사 40:3-5)고 말씀한 바로 그 사람이다. 이 예언적 심상은 구원의 날을 두 번째 출애굽과 비교하고 있는데, 그때에는 여호와 하나님이 자신의 강한 팔을 "다시" 펼쳐서 구속의 대로를 만드실 것이다(사 11:11,16, 19:23, 35:8, 62:10; 렘 31:21). 하나님은 말라기를 통해 주님이 직접 오시기 전에 자기 백성이 회개해야만 한다고 선포하셨다(말 3:1-12). 이것이 신명기, 그리고 구약의 마지막인 말라기에서 하나님이 약속하신 회복이 전개되는 방식이다(신 30:1-14, 말 4:5-6). 요한이 태어났을 때, 그의 아버지 사가랴는 성령으로 충만하여 이렇게 예언한다.

> 이 아이여 네가 지극히 높으신 이의 선지자라 일컬음을 받고 주 앞에 앞서 가서 그 길을 준비하여 주의 백성에게 그 죄 사함으로 말미암는 구원을 알게 하리니 이는 우리 하나님의 긍휼로 인함이라 이로써 돋는 해가 위로부터 우리에게 임하여 어둠과 죽음의 그늘에 앉은 자에게 비치고 우리 발을 평강의 길로 인도하시리로다(눅 1:76-79)

예루살렘과 유대와 요단 강 너머에서 엄청난 무리가 죄를 고백하며 요한이 베푸는 회개의 세례를 받는다(마 3:5-6). 요한은 그들에게 여호와의 오실 날을 위해 마음을 예비해야 한다고 경고한다. 이는 죄에 대한 진노와 심판의 날이 될 것이다. 요한은 사람들에게 눈에 보이는 뚜렷한 변화를 낳는 진중한 회개를 하라고 역설한다. 그는 사람들에게 타고난 권리 때문에 하나님 나라에 들어가는 것이 아니라고 경고한다(마 3:9). 그는 여호와의 날이 연단하는 자의 불과 같이 임하기 때문에 여호와가 나타나실 것을 준비해야 한다고 강조한다(마 3:10; 참고 말 3:2). 요한은 그들이 회개가 필요하다는 사실을 선포함으로써 하나님의 백성을 준비시키는데, 이는 세례로 상징된다.

> 나는 너희로 회개하게 하기 위하여 물로 세례를 베풀거니와 내 뒤에 오시는 이는 나보다 능력이 많으시니 나는 그의 신을 들기도 감당하지 못하겠노라 그는 성령과 불로 너희에게 세례를 베푸실 것이요 손에 키를 들고 자기의 타작마당을 정하게 하사 알곡은 모아 곳간에 들이고 쭉정이는 꺼지지 않는 불에 태우시리라(마 3:11-12)

요한은 사역 내내 끊임없이 자신 뒤에 오실 분을 가리킨다. "내 뒤에 오시는 이가 나보다 앞선 것은 나보다 먼저 계심이라"(요 1:15). 또한 요한은 공공연히 고백한다. "나는 그리스도가 아니요 그의 앞에 보내심을 받은 자"(요 3:28). 하나님이 요한에게 주신 고유한 역할에도 불구하고, 그는 자신을 "신랑의 음성을 듣는 친구"(요 3:29)로 여긴다. 그는 신랑의 목소리를 듣는 것만으로도 즐거워한다. 그는 앞으로 오실 한 분을 섬기는 일에 자신을 바친다. 그의 기쁨은 "그는 흥하여야 하겠고 나는 쇠하여야 하리라"(요 3:30)는 사실을 아는 것으로 온전해진다.

• 요한은 오리라 한 엘리야였다(마 11장; 말 4장)

세례 요한은 엘리야 선지자처럼 옷을 입고 광야에 나타난다. 마태는 "요한은 낙타털 옷을 입고 허리에 가죽 띠를 띠고 음식은 메뚜기와 석청이었더라"(마 3:4; 참고 왕하 1:8; 막 1:6)고 기록한다. 엘리야가 선지 사역을 통해 회개를 촉구했듯이(왕상 18장), 앞으로 올 엘리야도 그러했다. 말라기의 심상은 문자적으로 이해해서는 안 된다. 비록 디셉 사람 엘리야는 물리적으로 이 땅에 돌아올 수도 있을 것 같지만 말이다(왕상 17:1). 열왕기하 2장 11절에서 엘리야는 기이하게도 하나님의 전차를 타고 이 땅을 떠나 버리기 때문에 몇몇 사람은 문자적인 의미로 엘리야가 돌아올 것이라고 생각하기도 한다. 하지만 요한은 이러한 기대를 논박하며 자신은 디셉 사람 엘리야가 아니라고 말한다(요 1:21). 사실, 그는 사가랴의 아들 요한이다. 하지만 예수께서는 요한이 오리라 한 엘리야임을 분명히 밝히신다.

> 내가 진실로 너희에게 말하노니 여자가 낳은 자 중에 세례 요한보다 큰 이가 일어남이 없도다 그러나 천국에서는 극히 작은 자라도 그보다 크니라 세례 요한의 때부터 지금까지 천국은 침노를 당하나니 침노하는 자는 빼앗느니라 모든 선지자와 율법이 예언한 것은 요한까지니 만일 너희가 즐겨 받을진대 오리라 한 엘리야가 곧 이 사람이니라(마 11:11-14)

▶▶▶ 신약 연대표

연대표에서 **요한**의 그림을 확인하고 뒤편에 있는 설명을 살펴보자. 세례 요한은 메시아의 임박한 도래를 예비하기 위해 광야에서 회개의 세례를 촉구한다(사 40:1–3; 마 3:1–12). 예수께서는 요한을 보시고 오리라 한 엘리야라고 하신다(마 11:14; 참고 말 4:5–6).

• 예수께서 세례를 받으시고, 성령으로 충만하시고, 하나님의 아들로 선포되다(마 3장)

어느 날 요한이 세례를 베풀던 중, 예수께서 물가로 다가오신다. 요한은 예수를 보자 그분이 누구신지, 그분이 담당하신 구원의 사명이 무엇인지를 선포한다. "보라 세상 죄를 지고 가는 하나님의 어린양이로다"(요 1:29). 예수 그리스도는 죄를 지고 가는 어린양으로서 우리의 질고를 지고 우리의 슬픔을 당하셨다(사 53:6). 하나님의 어린양, 즉 예수 그리스도 외에 인간이 처한 곤경에 대한 해답은 존재하지 않는다. 이렇게 구원을 이루어 주셨기에 그리스도는 영원히 찬양 받으시기에 합당하다(계 5:6-10). 다른 무엇보다도 그리스도가 대속 제물이 되신 것 때문에 우리의 마음이 뛰어야 한다. 요한은 그리스도가 임하시자 자신의 부족함을 절감한다. 그래서 예수께서 요한에게 세례를 요청하자, 요한은 오히려 자신이 예수께 세례를 받아야 한다는 사실을 깊이 깨닫고 그렇게 하지 못하겠다고 한다(마 3:14). 예수께서는 죄가 없으셨다. 하지만 예수께서는 그럼에도 불구하고 "모든 의를 이루"(마 3:15)기 위해 자신이 세례를 받아야 한다고 답하신다.

예수께서 세례를 받자 곧 하늘이 열리고 성령이 비둘기처럼 예수에게 임하신다(마 3:16; 참고 사 42:1). 사랑하는 아들이 이제 이스라엘에 드러나게 되었음을 확증하시는 아버지의 소리가 들린다. "이는 내 사랑하는 아들이요 내 기뻐하는 자라 하시니라"(마 3:17; 참고 시 2:6-7). 아버지와 아들과 성령이 함께 나타나시면서 "하늘을 가르고 강림"(사 64:4)하기를 구했던 이사야 선지자의 기도가 마침내 이루어진다. 사실, "이런 일을 행한 신을 옛부터 들은 자도 없고 귀로 들은 자도 없고 눈으로 본 자도 없었"(사 64:4)다. 주님은 요한에게, 성령이 머무는 그 사람이 성령으로 세례를 베푸실 분이라고 말씀하셨다(요 1:33). 요한은 이 놀라운 사건을 목격한다. 그리고 하늘로부터 음성을 듣는다. 요한은 "그가 하나님의 아들이심을"(요 1:34) 장엄하게 증언한다.

• 예수께서 광야에서 마귀의 시험을 받고 승리하시다(마 4장)

성령은 예수를 광야로 인도하여 마귀의 시험을 받게 하신다(눅 4:1). 마귀(devil)란 헬라어로 "참소자"(사탄[Satan]이라는 용어도 히브리어로 같은 뜻이다)를 뜻한다. 마귀는 타락한 천사로서, 이 옛 뱀은 인류의 죄를 하나님 앞에 참소한 자다(계 12:9-10). 그는 아담과 하와를 속여 금지된 나무의 열매를 먹게 한 죄로 창세기 3장 14절에서 저주를 받는다. 그리고 바로 다음 절에서 여호와는 복음을 처음으로 선포하신다. 즉 하와의 자손이 그 뱀을 완전히 상하게 하리라는 것이다(창 3:15). 이 엄청난 갈등이 이제 광야에서 시작된 것이다.

모세 및 엘리야와 마찬가지로 예수께서는 40일을 금식하신다(눅 4:1-2; 참고 출 34:28; 왕상 19:8). 예수께서는 아담과 하와가 에덴동산에서 당한 시험, 그리고 이스라엘이 광야에서 당한 시험과 동일한 시험을 당하신다. 마귀는 예수를 부추겨 하나님의 말씀을 의심하고, 하나님의 성품을 시험하며, 이 땅의 왕국을 손에 넣으라고 한다. 이미 하나님이 그 모든 것을 예수께 주셨는데 말이다. 에덴동산의 아담과 다르게(창 3장), 예수는 아버지께 온전히 순종함으로 마귀를 이기신다(마 4:1-11). 마귀는 예수를 유혹한다. "네가 만일 하나님의 아들이어든 명하여 이 돌들로 떡덩이가 되게 하라." 예수께서는 신명기 8장 3절 "사람이 떡으로만 사는 것이 아니요 여호와의 입에서 나오는 모든 말씀으로" 산다고 대답하신다. 예수께서는 하나님의 말씀을 의심하기를 거부하신다. 마귀는 시편 91편 11-12절 말씀으로 예수를 다시 유혹한다. "네가 만일 하나님의 아들이어든 뛰어내리라 기록되었으되 그가 너를 위하여 그의 사자들을 명하시리니 그들이 손으로 너를 받들어 발이 돌에 부딪치지 않게 하리로다 하였느니라." 예수께서는 신명기 6장 16절 말씀으로 대응하신다. "너희의 하나님 여호와를 시험하지 말고." 예수께서는 하나님의 성품을 시험하기를 거부하신다. 마귀는 마지막으로 세상의 모든 왕국으로 예수를 시험한다. "만일 내게 엎드려 경배하면 이 모든 것을 네게 주리라." 예수께서는 신명기 6장 13절 말씀으로 대답하신다. "주 너의 하나님께 경배하고 다만 그를 섬기라." 예수께서는 이 세상의 왕국이 이미 자신에게 속한 것을 아셨다(시 2:8; 단 7:13-14; 계 11:15).

우리는 이제 **메시아 시대** 1부의 마지막에 들어섰다. 이 시점에서 지금까지 신약 연대표의 내용을 다시 살펴볼 것을 권한다. 우리는 약속된 메시아, 다윗의 아들, 아브라함의 자손인 예수 그리스도의 출현을 경축하고 있다. 그리스도의 탄생은 **포로 시대**의 종말과 하나님의 임재가 돌아옴을 나타낸다. 나라들은 그분을 경배하며 줄 지어 올 것이다. 그분은 세상에 평화를 가져오시는 분이다. 우리는 이스라엘이 예수의 공생애 이전 기간에 메시아를 낳는 산고를 겪었다는 사실을 봤다. 엄청난 고난을 겪은 하나님의 백성들은 그 약속들이 성취되기를 간절히 기다리게 된다. 살아 계신 하나님의 말씀이 요한에게 임하였고, 요한은 메시아의 사자로서 광야에서 외친다. "주의 길을 예비하라." 하늘에서는 예수가 하나님의 사랑하는 아들이라는 선포가 들렸고, 예수는 세례를 받으신다. 하나님의 아들은 성령을 받으셨고, 그분은 마귀의 시험을 이기신다. 마귀는 세상의 왕국을 주겠다고 하지만, 예수께서는 **하나님 나라**를 세우기 위해 오셨다. 마귀는 쫓겨난다. 노예 된 자들이 자유롭게 된다. 우리는 이제 예수께서 선포하시는 하나님 나라의 복음을 들을 준비가 되었다. 때가 찼고 하나님 나라가 가까이 왔다.

3장 메시아 시대 Ⅱ

Messiah

이 장을 시작하면서 신약의 첫 네 권, 즉 복음서라고 하는 마태복음, 마가복음, 누가복음, 요한복음을 읽게 될 것이다. *에반겔리온*(evangelion)이라는 헬라어는 문자적으로 "좋은 소식"을 의미하고, 왕의 선포를 알릴 때 사용하는 말이다. 신약의 복음서들은 하나님이 자기 아들에 대한 좋은 소식을 세계에 선포하는 것이다. 사복음서는 **메시아 시대**에 해당하는 성경책이다. 이 책들은 예수의 위격, 말씀, 사역을 제시하며, 상호 보완적인 기록으로 보는 것이 가장 좋다. 복음서 저자들은 각자 자신만의 목소리를 내지만, 우리는 그리스도의 삶을 한편의 구속 합창곡으로 들어 보려고 시도할 것이다. 예수의 생애와 사역을 따라 여정을 떠날 텐데, 메시아 시대 1부는 예수의 탄생과 공생애 사역 이전 시기를 연구하며 여호와의 말씀이 세례 요한에게 임하는 순간까지 다룰 것이다. 이 부분은 예수께서 세례를 받으시고 광야에서 뱀에게 승리를 거두시는 것으로 마무리되는데, 하나님 나라를 선포하시는 예수 그리스도를 제대로 알기 위해 기초를 다지는 부분이다. 메시아 시대 2부는 예수의 공생애를 따라 예수께서 죽으시고 부활하시는 마지막 주까지 다룰 것이다. 이 장은 제자들이 예루살렘에서 약속하신 성령을 기다리는 모습으로 마무리되고, 그대로 **오순절 시대**로 이어진다.

이 시대를 공부하면서 신약 연대표를 앞에 두기 바란다. 이 책의 **메시아 시대** 부분에 나오는 소제목들은 연대표에 있는 핵심 요점들과 동일하며 그 내용을 하나씩 다룰 것이다. 추가로 참고할 성경 구절들도 있다. 배경을 설명하는 구약 성경의 핵심 구절들도 있고, 같은 주제를 다루는 신약 성경의 본문들도 있다. 책과 함께 읽으면 큰 유익이 있을 것이다.

◆ 예수께서 하나님 나라의 복음을 선포하시다

메시아 시대는 예수께서 하나님 나라가 도래했음을 선언하시는 절정의 장면으로 이어진다. 이는 연대표에 **파란 왕관**으로 나타난다. 하나님 나라에 대한 기대는 유서 깊은 예언의 주제였다(슥 14:9). 여호와는 자기 백성에게 세상의 나라 네 개가 이어서 등장한 후에 하나님 나라가 임할 것을 약속하셨다. 인자의 영원한 통치가 나타날 것이다(단 2:7). 하나님은 역사의 각 단계를 예비하시고 인류가 사랑하는 자기 아들을 맞이하도록 마음의 준비를 시키셨다. 광야에서 마귀를 물리치신 후에 예수께서는 깜짝 놀랄 만한 선언과 함께 공생애를 시작하신다. "때가 찼고 하나님의 나라가 가까이 왔으니 회개하고 복음을 믿으라"(막 1:15)는 것이었다. 예수의 이 장엄한 선포를 들은 자들은 분명히 기쁨으로 마음이 벅차올랐을 것이다(사 66:14; 습 3:14; 요 3:29). 하나님 나라의 도래는 예수께서 전한 설교의 핵심 주제이자, 비유의 핵심이며, 예수의 죽음과 부활로 성취된다.

◆ "때가 찼고 하나님의 나라가 가까이 왔으니 회개하고 복음을 믿으라"(막 1:15; 단 2:44)

예수의 가르침은 언제나 회개와 믿음이라는 반응을 요한다. 회개란 죄에서 돌아서는 것이다. 믿음이란 하나님을 향하는 것이다. 모세는 죄로 인해 언약의 저주가 이스라엘에 임하자, 이스라엘이 회복하는 시작은 회개가 될 것이라고 선언했다. 포로로 잡혀갔을 때, 그들은 회개하며 주님께 돌아올 것이다. 왜냐하면 하나님이 자기 백성을 회복하겠다고 약속하셨기 때문이다(신 30:1-4; 참고 레 26:40). 다니엘은 겸손하게 고백하면서 포로에서 돌아가게 해달라고 구한다(단 9장). 에스라는 부분적인 귀환을 이끈 후에 국가적 차원의 회개 운동을 전개한다(스 9장; 느 8-9장). 구약 말미에 말라기는 이스라엘에게 회개 가운데 하나님께 돌아오라고 외친다. 세례 요한은 하나님의 백성들에게 주님이 직접 오시기 전에 세례를 받아 회개를 드러내라고 촉구한다. 예수께서는 하나님 나라의 도래를 선언하시면서 듣는 자들에게 자신을 믿으라고 초청하신다(막 5:36; 요 6:29, 14:1). 아버지는 자신의 사랑으로 아들을 세상에 보내셨다. 예수께서는 사람들을 위한 대속물로 자신의 생명을 내놓으실 것이다. 예수 그리스도, 하나님의 아들을 믿는 모든 자는 영생을 얻을 것이다. "하나님이 세상을 이처럼 사랑하사 독생자를 주셨으니 이는 그를 믿는 자마다 멸망하지 않고 영생을 얻게"(요 3:16) 하시기 때문이다.

◆ 예수께서 자신을 따를 열두 제자들을 부르시다

예수께서는 하나님 나라의 복음을 선포하시며 사람들에게 자신을 따르라고 초청하신다. 예수의 강력한 부르심은 종종 단 두 마디에 불과했다. 바로 "나를 따르라!"(마 4:19, 8:22; 막 8:34; 눅 18:22)는 것이다. 예수께서는 복음서에서 자신을 따르는 자들을 "학생들"(students) 또는 "배우는 자들"(learners)이라고 하셨다. 헬라어로는 *마데테스*(mathetes)인데 라틴어로 *디시풀리*(discipuli, "학생들")라 옮겨졌고, 이것이 영어로 "디사이플스"(disciples, 제자들)가 되었다. 예수께서는 그들의 선생, 즉 "랍비"(요 1:38)가 되신다. 예수를 따르는 자들은 반드시 예수의 방식을 따라 살고, 예수의 성경 해석을 이해하며, 예수의 죽으심과 부활의 의미를 깨달아야 한다. 예수의 제자들은 결국 예수를 본받아 모든 삶의 방식을 따르는 자들로서, 십자가를 지고 따르도록 부름 받은 자들이다(마 16:24-25; 참고 고전 11:1; 빌 2:5; 살전 1:6).

예수는 열두 제자를 모으시고 사도로 지정하신다(마 10:1-4; 막 3:13-19; 눅 5:12-16). 여기에는 시몬(예수께서는 "반석"이라는 뜻의 "베드로"라고 부르심), 그의 형제 요한, 세배대의 아들 야고보(문자적으로는 "야곱"), 그의 형제 요한, 빌립과 바돌로매(또는 나다니엘이라고도 한다), 도마(디두모, "쌍둥이"라는 뜻)와 마태(또는 레위라고도 한다), 알패오의 아들 야고보(문자적으로는 "야곱"), 다대오(또는 유다라고도 한다), 열심당원 시몬과 예수를 배신한 가룟 유다가 있다. 예수께서는 열둘이라는 숫자를 통해 옛 열두 지파의 회복을 나타내신다. 후에, 우리는 70명의 제자들이 파송을 받아 하나님 나라를 선포하는 것을 본다(눅 10:1). 성경에서 "70"이란 숫자는 종종 모든 민족을 대변하는 표현이다(창 10장, 70명의 이름이 나열됨). 복음서 이야기 내내 독자들은, 예수를 따르는 자들로 하여금 불신앙에서 신앙으로 나아가도록 만드는 제자도의 모형을 접하게 된다. 복음서 저자들은 그 열두 제자의 약함, 실패, 유혹을 감추지 않는다. 예수를 배반한 가룟 유다를 제외한 모든 제자는 십자가에 죽으신 예수께서 살아나셨다고 주장하며 세계 선교에 목숨을 바친다.

◆ 예수께서 산상수훈을 전하시다(마 5-7장)

예수께서는 제자들을 산 위에 부르시고 가르치기 시작하신다(마 5-7장). 예수의 가르침 중에서 이 부분을 산상수훈이라고 한다. 마태는 시내 산에서 하나님의 목소리가 들렸던 옛적을 회상하는 식으로 이 장면을 설정한다. 예수께서는 제자들에게 하나님의 권세로 하나님 나라의 복을 베푸신다. 예수께서는 하나님의 공동체를 자신을 중심으로 한정하시고, 자신을 따르는 자들에게 하나님 나라의 종말론적 축복을 주신다(마 5:3-10). 예수께서는 그들을 "땅의 소금"과 "세상의 빛"으로 묘사하신다. 구약에서는 이스라엘의 역할을 묘사할 때 이러한 표현들을 사용했다(레 2:13; 민 18:19; 대하 13:5; 사 60:1-3). 예수를 따르는 자들이 세상을 보존하고 그리스도의 빛을 세상에 비추는 것이다.

예수는 하나님 나라의 삶을 성별된 순종으로 설명하신다. 예수를 따르는 자들은 삶을 통해 주위 세상에 하나님을 아는 지식을 반영해야 한다. "하나님을 아는 것"이야말로 새로운 언약 공동체의 특징이라는 사실을 기억하자(렘 31:34). 예수께서는 강령과도 같은 선언들을 제시하시면서 말씀을 이어가신다. "내가 율법이나 선지자를 폐하러 온 줄로 생각하지 말라 폐하러 온 것이 아니요 완전하게 하려 함이라 진실로 너희에게 이르노니 천지가 없어지기 전에는 율법의 일점일획도 결코 없어지지 아니하고 다 이루리라"(마 5:17-18). 예수는 구약을 거부하러 오신 것이 아니라, 구약을 이루기 위해 오신 것이다. 예수께서는 제자들에게 하나님의 명령을 약화시키고 다른 사람들에게도 똑같이 가르치는 사람들에 대해서 경고하셨다. 예수께서는 분명히 서기관과 바리새인들이 성경을 해석하는 방식에 우려를 표하신다. 그래서 하나님의 마음이 없는 형식적인 순종을 경고하신다. 슬프게도 수 세기에 걸쳐 몇몇 기독교 해석가는 예수께서 산상수훈을 통해 가르쳐 주신 그 단순한 의미를 회피하고 있다. 어떤 사람들은 예수의 가르침이 너무나 신랄하기 때문에, 그분의 의도는 그저 우리가 죄를 깨닫고 회개하여 예수께 돌아서도록 하는 것이라고만 한다. 또 어떤 사람들은 예수의 가르침은 수준이 너무나 높기 때문에 새로운 창조 세계에만 적용되는 것이라고도 한다. 하지만 우리는 예수께서 하나님 나라의 삶에 대해 설명해 주신 내용을 있는 그대로 받아들여야 한다. 우리가 죄에서 돌이켜 하나님의 방식을 따라 살아가는 법을 배울 때 진정한 인간의 삶이 드러난다. 이렇게 살아갈 때 우리는 세상에서 아버지의 영광을 반영하며 누리는 영원한 즐거움을 입증하게 된다(마 5:16).

예수께서는 모든 제자를 하나님 나라의 삶으로 부르신다. 예수께서는 우선 살인, 간음, 이혼, 맹세, 처벌, 원수 사랑을 다룬 성경의 여섯 구절을 주해하면서 시작하신다. 예수께서는 성경의 저자인 자신의 이름과 권세로 가르치신다. 예수의 주해는 계명의 참된 의미를 드러내고, 죄악된 마음에서 나오는 불순종을 막는다(마 15:18). 예수의 가르침은 바리새인들이 중요하게 여기는 한 가지 해석 원칙, 즉 "토라 주위에 울타리를 쳐라"는 것과 정면으로 배치된다. 이 말의 뜻은 계명보다 순종이라는 경계를 훨씬 더 멀리 그려서 잠재적인 불순종을 막자는 것이다(출 19:23). 하지만 예수는 더 멀리 나아가는 대신에, 제자들을 계명의 의도를 향해 더 안으로 들어가게 하신다.

예수께서는 살인이 분노로 시작한다고 가르치시며 제자들에게 화해를 먼저 시작하는 자로 알려지라고 역설하신다(마 5:21-26; 참고 출 20:13). 예수께서는 간음이 음욕의 눈길로 시작한다고 가르치시며 제자들에게 철저하게 거룩함을 추구하는 자로 알려지라고 역설하신다(마 5:27-30; 참고 출 20:14). 예수께서는 결혼 생활에서 부정을 저질렀을 때만 이혼을 허락하시며 제자들에게 서로에 대한 헌신적인 사랑으로 알려지라고 역설하신다(마 5:31-32; 참고 신 24:1-4; 엡 5:25-28). 예수께서는 맹세를 삼가라고 가르치시며 제자들에게 말을 신뢰할 수 있는 사람이 되라고 역설하신다(마 5:33-37; 참고 레 19:12). 예수께서는 제자들에게 *렉스 탈리오니스*(lex talionis, 범죄와 동일한 처벌을 명하는 법[동태복수법])는 폭력과 복수를 격화시키지 않는 안전장치라고 가르치신다. 하지만 예수께서는 제자들에게 끊임없이 비폭력을 실천하여 공격을 무력화하는 공동체로 알려지라고 역설하신다(마 5:38-42; 참고 출 21:24). 예수께서는 이웃 사랑에 원수도 포함된다고 가르치시며 제자들에게 그들을 박해하는 자들을 위해 기도하라고 역설하신다(마 5:43-47; 참고 레 19:18). 예수께서는 하나님 나라의 삶을 다음 권고로 요약하신다. "하늘에 계신 너희 아버지의 온전하심과 같이 너희도 온전하라"(마 5:48). 이는 노아, 아브라함, 욥과 같이 "완전"(창 6:9, 17,1; 욥1:1)했던 구약의 인물들을 설명할 때 사용한 용어와 동일한 것이다. 이 표현은 흠 없는 제물을 나타낼 때도 사용된다(레 1:3). 그리고 이는 "너희는 거룩하라 이는 나 여호와 너희 하나님이 거룩함이니라"(레 19:2)는 이스라엘의 사명을 반영하는 것이다.

마태복음 6장에서 예수는 제자들에게 위선의 위험에 대해 경고하신다. 당시에는 헬라식 극장에서 연기하는 자를 "위선자"(hypocrite)라고 불렀다. 예수는 제자들에게 어떤 식으로든 진정한 모습이 아닌 다른 모습을 취하려는 것에 대해서 경고하신다. 예수는 그들에게 가난한 자들을 돌보고, 다른 사람들에게 드러나지 않도록 기도하고 금식하라고 가르치셨다. 예수께서는 다른 사람들의 칭찬을 받으려고 애쓰지 말고, 공적인 자리에서 다양한 유혹을 주의하라고 가르치신다(마 6:1-17). 이 부분에서 예수는 하늘 아버지께서는 아버지를 가장 먼저 구하는 자들에게 상 주시고 살펴 주신다고 반복해서 약속하신다(마 6:4, 18, 33).

예수는 마태복음 6장 9-13절에서 제자들에게 기도하는 법을 가르치신다. 주기도문은 심오하다. 이는 우리에게 기도해야 할 내용과 토대를 모두 제공한다. 예수는 우리에게 하나님을 하늘 아버지로 부르라고 초청하신다(사 64:8). 우리는 우선 하나님의 이름이 세상에서도 거룩하게 여김을 받도록 하나님이 일하시기를 구해야 한다(사 6:3). 우리는 하나님 나라가 임하기를 구해야 한다(슥 14:9). 우리는 하나님의 뜻이 하늘에서처럼 이 땅에서도 이루어지기를 구해야 한다(시 103:21). 그러고 나서, 아니 그렇게 하고 나서야만 개인적인 요구 사항으로 옮겨갈 수 있다. 우리는 주님께 날마다 의존하며 살아간다. 마치 광야에서 날마다 만나를 베풀어 주신 것처럼 말이다(출 16:4). 우리는 우리의 "죄"(debts, 부채)를 용서해 주실 것을 구하는데, 이는 하나님과 맺은 언약에 따라 지켜야 할 의무를 지칭한다. 누가가 전한 주기도문은 "죄"(sins, 눅 11:4)라는 단어를 사용한다. 이 두 가지 개념 모두 중요하다. 우리는 해야 했지만 하지 못했던 것에 대해 용서를 받아야 한다. 또한 우리는 하지 말아야 했던 것을 한 것에 대해서도 용서를 받아야 한다. 우리는 주님께 유혹의 힘에 넘어가지 않고 악한 자의 힘에서 구원해 달라고 구한다. 어떤 번역본들은 이 표현을 "악에서 구원해 주시고"(ESV, KJV)라는 추상 명사를 사용한다. 또 다른 번역본들은 이 "악"을 악한 자, 즉 뱀을 지칭하는 것으로 이해한다(NIV, NRSV). 마태복음 13장 19절에 사용된 동일한 표현은 분명히 "악한 자"를 지칭한다. 주기도문은 나라와 힘과 영광이 하나님께 속한다는 선언으로 끝난다.

마태복음 7장에서 예수는 제자들에게 예수와의 관계를 다른 사람들을 판단하는 기회로 삼지 말라고 경고하신다. 오히려 예수는 그들에게 자신에게는 더욱 엄격하고 다른 사람들에게는 자애로울 것을 역설하신다. 동시에 그들은 예수의 말씀에 아무런 경의를 표하지 않는 자들에 맞서 거룩한 것을 지켜야만 한다. 예수는 제자들에게 하늘 아버지께 좋은 선물을 받을 것을 바라며 구하고, 찾고, 두드리는, 생명력 있고 지속적인 관계로 나아가라고 가르치신다(마 7:7-11). 예수께서는 그렇게 하고 나서 "무엇이든지 남에게 대접을 받고자 하는 대로 너희도 남을 대접하라"(마

7:12)고 하시며 율법과 예언서를 정리하신다.

산상수훈은 세 개의 비유로 마무리된다. 예수의 모든 비유가 그렇듯이 이 비유 역시 듣는 자들에게 반대되는 대안을 제시함으로써 선택을 내릴 것을 요구하신다. 첫 번째 비유는 넓은 문과 좁은 문을 대조한다(마 7:13). 넓은 문은 멸망으로 인도하며 많은 사람들이 택한다. 좁은 문은 생명으로 인도하지만 찾는 자가 적다. 두 번째 비유는 좋은 나무와 나쁜 나무를 대조한다(마 7:15-23). 나무의 열매는 한 사람의 진정한 정체를 드러낸다. 그리스도를 아는 척만 하는 자는 결국 그 실체가 드러나 잘려 나가 땅에 묻히고 만다. 세 번째 비유는 지혜로운 건축자와 어리석은 건축자를 대조한다(마 7:24-28). 오직 예수의 말씀을 듣고 실천하는 자만이 심판의 창수를 견디고 살아남는다. 마태는 예수의 설교를 듣는 자가 그의 가르침에 놀랐다고 기록한다. 그 이유는 "그 가르치시는 것이 권위 있는 자와 같고 그들의 서기관들과 같지 아니함"(마 7:29) 때문이었다. 예수는 자신의 이름으로 가르치셨다. 누구의 선생이라는 이름으로 전해지는 랍비의 가르침을 전수한 것이 아니었다. 예수는 마치 직접 성경을 쓰신 분처럼 성경을 해석하셨다. 예수께서는 자신을 중심으로 하나님의 백성을 다시 정의하시고 하나님 나라의 축복을 제자들에게 베푸신다. 사람들이 놀란 것도 당연해 보인다.

• 예수께서 표적으로 하나님 나라를 입증하시다

예수께서는 공생애 내내 눈에 보이는 행위로 하나님 나라가 실제임을 입증하신다(마 4:23-24; 막 1:39; 요 2:11). 이러한 행위는 때가 찼고 하나님 나라가 가까이 왔다는 예수의 복음 선포를 확인해 주는 것이다(막 1:14-15). 그 행위들은 또한 예수라는 분을 약속된 메시아로 믿도록 만들었다. 예수께서 하신 사역의 특징이 되는 세 가지 행위가 있다. 즉, 치유와 귀신 축출과 예언의 표적이다. 예수께서 이러한 사역을 어떻게 직접 해석하시는지 주의 깊게 들어 보자.

• 예수께서 하신 치유, "듣고 보는 것을 요한에게 알리되"(마 11장; 사 35장)

복음서들은 예수의 치유 사역을 수없이 기록한다. 예수는 나병환자를 만지시고 그를 깨끗하게 하신다(마 8:1-4; 막 14-44; 눅 5:12-14). 말씀으로 로마 백부장의 아들을 고치신다(마 8:5-13; 눅 7:1-10). 베드로의 장모를 만지시니 열병이 떠난다(마 8:14-17; 막 1:30-31; 눅 4:38-39). 중풍병자를 고치시고, 혈루증을 앓는 여인을 고치셨으며, 소녀를 죽음에서 일으키신다(마 9:1-26). 눈먼 자를 보게 하신다(마 9:27-31, 20:29-34; 요 9:1-41). 저는 자를 고치신다(요 5:1-15). 말 못하는 자를 말하게 하신다(마 9:32-33). 나사로를 죽은 자 가운데서 살리신다(요 11:1-44).

예수는 마태복음 11장에서 자신의 치유 사역을 해석하신다. 세례 요한은 헤롯 안디바의 부정한 결혼을 비판하여 수감되어 있었다. 요한은 자신의 제자들을 보내 예수께 묻게 했다. "오실 그이가 당신이오니이까 우리가 다른 이를 기다리오리이까"(마 11:3). 이는 의심의 질문이 아니라, 확신을 구하는 질문이었다. 요한은 예수께 그분 자신이 약속된 메시아임을 확인해 주시기를 구한 것이었다. 예수는 이렇게 말씀하셨다. "너희가 가서 듣고 보는 것을 요한에게 알리되 맹인이 보며 못 걷는 사람이 걸으며 나병환자가 깨끗함을 받으며 못 듣는 자가 들으며 죽은 자가 살아나며 가난한 자에게 복음이 전파된다 하라"(마 11:4-5). 요한은 예수께서 메시아이신지를 물었다. 예수께서는 자신이 행하신 치유 사역을 나열하심으로 이에 답하셨다. 어떻게 이 대답이 요한의 질문에 답이 될 수 있을 것인가? 신약에 나오는 대부분의 질문들과 마찬가지로 그 해답은 구약과 연결선상에 있다. 예수의 답변은 사실상 이사야서 35장 3-6절 말씀을 인용한 것이었다.

> 너희는 약한 손을 강하게 하며 떨리는 무릎을 굳게 하며 겁내는 자들에게 이르기를 굳세어라, 두려워하지 말라, 보라 너희 하나님이 오사 보복하시며 갚아 주실 것이라 하나님이 오사 너희를 구하시리라 하라 그때에 맹인의 눈이 밝을 것이며 못 듣는 사람의 귀가 열릴 것이며 그때에

구약 연구를 통해서 이사야 선지자는 우상 숭배로 인해 눈이 멀고, 듣지 못하고, 저는 자들에게 보내진 선지자라는 사실을 기억할 것이다(사 6장). 주님은 어느 날 자신이 구원으로 임할 것이라고 약속하셨다. 그 날에는 눈과 귀가 열리며 하나님의 백성들이 여호와의 구원을 즐거워하며 노래할 것이다(사 12장). 예수께서 요한에게 하신 답변은 이때가 찼다는 것을 확인해 주는 것이었다. 예수의 치유 사역은 하나님 나라가 임했으며, 예수 그리스도가 하나님 나라의 왕이심을 확인하는 것이었다. 예수의 답변은 성경에서 나온 것으로, 요한에게 "그렇다! 내가 오실 그 이다!"고 감동적으로 말씀해 주신 것이다.

▶▶▶ 신약 연대표

연대표에 시력을 회복한 **눈먼 사람**의 그림이 있다. 이 그림은 구약에서 직접 따온 것으로서, 이사야 선지자가 이스라엘이 우상 숭배로 인해 영적으로 눈과 귀가 멀었음을 상기시킨다. 여호와의 종은 눈먼 자들을 보게 하시고, 귀가 들리지 않는 자들을 듣게 하신다. 예수께서는 이사야서 35장을 인용하셔서 자신의 치유 사역을 해석하시면서, 자신이 약속의 종이며 하나님의 구원의 날이 임하였다는 사실을 드러내신 것이다.

• 예수께서 쫓아내신 귀신들, "하나님의 나라가 이미 너희에게 임하였느니라"(마 12장)

복음서는 예수께서 귀신을 쫓아내신 일을 공생애 사역에 중요한 측면으로서 빈번하게 담고 있다. 마가는 예수께서 "온 갈릴리에 다니시며 그들의 여러 회당에서 전도하시고 또 귀신들을 내쫓으시더라"(막 1:39)고 기록한다. 마태는 이렇게 기록한다. "귀신 들린 자를 많이 데리고 예수께 오거늘 예수께서 말씀으로 귀신들을 쫓아내시고 병든 자들을 다 고치시니"(마 8:16). 누가는 예수께서 하나님 나라를 선포하신 곳마다 "여러 사람에게서 귀신들이 나가며 소리 질러 이르되 당신은 하나님의 아들이니이다"(눅 4:41)라고 했음을 말한다. 예수께서 마태복음 12장에서 귀신들을 쫓아내시는 사역의 의미를 풀어 주신다. 예수께서 한 남자에게 있는 귀신을 쫓아내시자, 사람들은 그분의 권세에 놀랐다. 그리고 바른 질문을 던졌다. 예수께서 메시아가 아닌지를 물은 것이다. "다윗의 자손이 아니냐"(마 12:23). 반면에 종교 지도자들을 예수를 정죄하고 그분이 바알세불, 즉 귀신의 왕이기 때문에 귀신들을 쫓아내는 것이라고 말한다. 예수는 모든 왕국이 스스로 갈라져서는 설 수 없기 때문에 그런 해석은 불가능하다고 설명한다. 오히려 예수는 이렇게 말씀하신다. "그러나 내가 하나님의 성령을 힘입어 귀신을 쫓아내는 것이면 하나님의 나라가 이미 너희에게 임하였느니라"(마 12:28). 예수는 귀신을 쫓아내시는 것을 하나님 나라가 임한 증거로 해석하신다. 예수는 마귀가 인질로 잡은 자들을 구하시는 하나님의 전사인 것이다. 예수는 다음 구절에서 이를 명백하게 밝히신다. "사람이 먼저 강한 자를 결박하지 않고서야 어떻게 그 강한 자의 집에 들어가 그 세간을 강탈하겠느냐 결박한 후에야 그 집을 강탈하리라"(마 12:29). 누가의 기록을 보면, 예수는 "강한 자가 무장을 하고 자기 집을 지킬 때에는 그 소유가 안전하되 더 강한 자가 와서 그를 굴복시킬 때에는 그가 믿던 무장을 빼앗고 그의 재물을 나누느니라"(눅 11:21-22)고 설명하신다. 예수 그리스도는 "더 강한 자"시다. 그분은 전사시며, 그에게는 구원하실 능력이 있으시다(출 15:3; 신 1:30; 느 4:20; 사 63:1-5; 계 19:11). 예수는 마귀를 멸하기 위해 오셨다(히 2:14-15; 요일 3:8). 귀신 축출은 그분의 나라가 임했음을 입증하는 것이다!

• 예수께서 베푸신 예언의 표적들, "이는 참으로 세상에 오실 그 선지자라"(요 6장)

복음서는 예수의 권능을 드러내고 메시아로 오신 왕이라는 예수의 정체를 확인해 주는 예언의 표적들을 수없이 많이 기록한다. 예수께서는 물을 포도주로 바꾸시는데, 이는 메시아의 연회가 이 땅에 열렸음을 나타낸다(요 2:1-11; 참고 사 25:6-9). 예수는 날뛰는 폭풍을 잠잠하게 하시는데, 제자들이 이를 보고 놀라서 외친다. "이이가 어떠한 사람이기에 바람과 바다도 순종하는가"(마 8:23-27; 참고 출 15장; 막 4:36-41; 눅 8:22-25; 요 6:16-22). 예수는 성전이 파괴될 것이며, 그 성전을 자신 안에서 다시 세우실 것을 암시하신다(요 2:12-22). 예수는 하나님의 거하심이며, 모든 민족이 찬양으로 모일 기도의 처소가 되실 것이다(사 11:10, 56:7; 마 21:13).

예수는 요한복음 6장에서 자신이 베푸신 예언의 표적을 해석하신다. 예수는 유월절이 가까웠을 때에 광야에서 엄청난 무리를 먹이신다. 사복음서 저자 모두 이 표적을 언급한다(마 14:13-21; 막 6:30-44; 눅 9:10-17; 요 6:1-14). 유월절이라는 배경이 중요하다. 예수께서는 의도적으로 달력에서 모세를 통해 출애굽했던 그 순간을 선택하신 것이다. 예수께서는 이적을 베푸셔서 떡 다섯 개와 물고기 두 마리로 수천 명을 먹이신다. 사람들의 반응은 충격적이다. "그 사람들이 예수께서 행하신 이 표적을 보고 말하되 이는 참으로 세상에 오실 그 선지자라 하더라"(요 6:14). 모세와 같은 선지자를 다시 한 번 세우시겠다는 주님의 약속이 성취된 것이다. 하나님은 그의 입에 **자신의 말씀**을 두실 것이다. 이 선지자는 하나님이 자신에게 명하신 모든 것을 말할 것이다(신 18:15, 18). 모세와 같은 이 선지자의 말을 듣지 않는 자는 벌을 받을 것이다(신 18:19). 사람들은 예수께서 하신 일을 예언의 표적으로 여기고 "이는 참으로 세상에 오실 그 선지자라"(요 6:14)고 바르게 고백한다.

떡과 물고기 그림은 예수의 영광을 드러내는 예언의 표적을 상징한다(요 2:11). 예수께서 광야에서 음식을 베푸시자, 많은 사람이 예수를 두 번째 모세, 오리라 한 선지자임을 인식하게 되었다(요 6:14; 참고 신 18:15).

• 예수께서 비유로 하나님 나라를 선포하시다(마 13장)

복음서 이야기 내내 예수는 하나님 나라를 비유로 선포하신다. 복음서에는 예수의 비유가 마흔 개 넘게 기록되어 있다. 예수의 비유는 이솝 우화처럼 교훈적인 이야기가 아니다. 비유는 세상적인 은유로 영적인 진리를 조명하는 것도 아니다. 비유란 구약에 기초한 것으로서, 선지자들이 말하는 방식이다. 나단이 다윗에게 들려준 비유가 그 중요한 예다(삼하 12장). 나단은 가난한 자의 양을 훔친 부유한 자에 관한 비유를 한다. 그 비유는 다윗의 죄를 드러내고 회개를 끌어낸다. 다른 예로는 이사야의 포도원 비유가 있다(사 5장). 또한 에스겔의 부정한 여인의 비유도 있다(겔 16장). 비유는 듣는 사람들을 그 이야기로 초대하여 믿음으로 반응하도록 이끌어 낸다. 비유는 극적으로 두 가지가 대립되는 것이다. 비유는 마음의 변화를 만들어 낸다. 예수의 비유들은 보통 쌍을 이룬다. 즉, 두 명의 다른 사람, 두 개의 다른 방식, 또는 두 개의 대조되는 심상이 제시되는 것이다. 하지만 기대되는 반응은 하나뿐이다. 예수의 비유는 끊임없이 듣는 사람들로 하여금 회개하고 예수를 믿도록 초청한다. 예수의 비유는 예수의 정체를 드러내고 세상에 하나님 나라가 도래하였음을 선포한다. 우리는 모든 비유 말미에 항상 두 가지 질문을 던져야만 한다. "이 비유에 드러난 예수 그리스도는 누구이신가?" 또한 "그 반응으로 우리에게 요구되는 것은 무엇인가?"

마태, 마가, 누가는 예수께서 들려주신 씨 뿌리는 자의 비유를 기록한

다(마 13:3-8; 막 4:3-8; 눅 8:5-8). 신약 연대표에서 비유에 해당하는 그림은 예수께서 손을 펼쳐 **씨를 뿌리는 그림**이다. 이는 비유로 들어서기에 어울리는 출발점이 될 것이다.

> 예수께서 비유로 여러 가지를 그들에게 말씀하여 이르시되 씨를 뿌리는 자가 뿌리러 나가서 뿌릴새 더러는 길가에 떨어지매 새들이 와서 먹어 버렸고 더러는 흙이 얕은 돌밭에 떨어지매 흙이 깊지 아니하므로 곧 싹이 나오나 해가 돋은 후에 타서 뿌리가 없으므로 말랐고 더러는 가시떨기 위에 떨어지매 가시가 자라서 기운을 막았고 더러는 좋은 땅에 떨어지매 어떤 것은 백 배, 어떤 것은 육십 배, 어떤 것은 삼십 배의 결실을 하였느니라(마 13:3-8)

메시아 시대 II

이 비유는 씨를 뿌리는 사람의 심상으로 우리의 마음을 사로잡는다. 씨 중 일부는 길가에 떨어지고, 일부는 돌밭에 떨어지며, 일부는 가시 떨기 위에 떨어진다. 이 씨들은 결국 모두 죽고 만다. 하지만 일부 씨는 좋은 땅에 떨어져 놀라울 정도로 풍성한 수확을 낸다. 이 비유의 핵심은 무엇인가? 감사하게도 예수는 마태복음 13장 18-23절에서 그 내용을 풀어 주신다. 그 씨는 하나님 나라의 말씀을 말한다. 우리는 즉시 비유란 하나님 나라를 선포하는 방식임을 보게 된다. 길가에 떨어진 씨는 악한 자가 먹어 치운다. 돌밭에 떨어진 씨는 박해 가운데 마르고 만다. 가시 떨기 위에 떨어진 씨는 세상의 근심과 더불어 부요라는 속임수에 의해 기운이 막힌다. 이 씨들은 모두 죽어서 열매를 맺지 못한다. 오직 좋은 땅에 떨어진 씨만이 풍성한 열매를 맺는다. 이는 하나님 나라의 말씀을 듣고 이해한 자들을 의미한다. 이 비유는 죽는 길은 세 개가 있지만, 사는 길은 단 하나임을 드러낸다.

이 비유에서 예수 그리스도는 어떤 분으로 나타나는가? 예수께서는 하나님 나라의 말씀을 뿌리신다. 예수는 이사야서 55장에 나오는 예언의 심상을 성취하신다. 하나님의 백성들은 생명을 얻기 위해 주님을 찾고, 주님께 돌아와, 귀를 기울이라는 초대를 받는다. 그리고 그의 말씀은 저들의 삶에서 죄의 저주를 뿌리 채 뽑아내고, 기쁨을 터뜨려 풍성한 열매를 맺게 한다.

> 이는 비와 눈이 하늘로부터 내려서 그리로 되돌아가지 아니하고 땅을 적셔서 소출이 나게 하며 싹이 나게 하여 파종하는 자에게는 종자를 주며 먹는 자에게는 양식을 줌과 같이 내 입에서 나가는 말도 이와 같이 헛되이 내게로 되돌아오지 아니하고 나의 기뻐하는 뜻을 이루며 내가 보낸 일에 형통함이니라(사 55:10-11)

하나님의 말씀에 대한 반응으로 우리에게 요구되는 것은 무엇인가? 우리는 예수 그리스도가 주시는 하나님 나라의 말씀을 받아들여야 한다. 때가 찼다. 하나님의 나라가 가까이 왔다. 우리에게는 회개와 믿음이 요구된다. 예수께서 보여 주신 예언의 표적처럼, 비유들도 예수의 핵심적인 선포들을 알린다(막 1:14-15; 참고 단 2:44). 우리는 시급하게 반응해야 한다. 왜냐하면 예수께서는 "귀 있는 자는 들으라"(마 13:9)는 반복구로 이사야서 6장 말씀을 일깨워 주시기 때문이다. 그리스도의 말씀을 받지 않는 자들은 불신앙 가운데 멸망하고 말 것이다.

▶▶▶ 신약 연대표

연대표에서 **씨를 뿌리는 손** 그림을 확인하자. 이는 예수의 씨 뿌리는 비유를 나타낸다(막 4장). 예수께서 들려주신 비유들은 하나님 나라를 극적으로 선포하고, 메시아 왕으로 오신 예수를 믿을 것을 촉구한다. 예수의 비유를 나타내는 그림은 신약에서 따온 것이다.

• **믿고 용서를 받으라는 초청(눅 14장)**

예수의 비유 중에 대부분은 예수를 믿고 용서함을 얻으라는 초청으로 끝난다. 우리 모두는 반드시 회개하고 믿어야 할 필요가 있다. 누가복음 14장에서 예수는 어느 유력한 바리새인의 집에서 식사를 하신다. 그런데 중병을 앓고 있는 한 사람이 들어선다. 예수는 주인과 그곳에 모인 사람들에게 안식일에 병 고치는 것이 합당하느냐고 물으신다. 랍비 유대교에 따르면 안식일에는 어떤 일도 할 수 없으며, 상태를 변화시키는 어느 것도 허용되지 않는다. 그들은 예수께서 그 사람을 붙잡고 치유하실 때 잠잠히 있었다. 그러고 나서 예수께서 물으실 때도 아무 말을 하지 못했다. 그후, 예수는 그들의 마음을 향해 세 가지 비유를 내놓으신다. 이 세 비유의 배경 모두 잔치 자리다.

첫 번째 결혼 잔치 비유는 상석에 앉으려고 하다가 더 높은 사람이 왔을 때 자리를 비켜 줘야 했던 사람에 대한 내용으로, 예수는 이 경고를 통해 엄청난 긴장감을 조성한다(눅 14:8-11). 예수는 어떤 분으로 드러나시는가? 예수는 그들 중에 가장 높은 손님이다. 두 번째 비유는 한 사람의 친구들만 식사에 초대할 때 위험성을 경고한다. 예수는 그들에게 가난한 자, 불구자, 저는 자, 눈먼 자를 초대할 것을 가르치신 것으로, 하나님 나라가 모든 사람에게 열려 있음을 강조한다. 손님 중 하나가 예수의 뜻을 이해하고 이렇게 말한다. "무릇 하나님의 나라에서 떡을 먹는 자는 복되도다"(눅 14:15). 세 번째 비유는 큰 잔치를 준비한 한 남자의 이야기다. 그는 원래 초대하기로 생각했던 손님들에게 하인들을 보내 모든 것이 준비되었다고 알린다. 그런데 초대를 받은 자들은 한심한 핑계를 대면서 참석할 수 없다고 한다. 구매한 땅을 봐야 하고, 구매한 황소들을 시험해 봐야 하고, 새 신부를 기쁘게 해야 한다는 것이다. 이 비유는 주인이 하인들을 보내 "빨리 시내의 거리와 골목으로 나가서 가난한 자들과 몸 불편한 자들과 맹인들과 저는 자들을 데려오라"(눅 14:21)고 명령하는 것으로 끝난다. 밖에 있던 자들이 안으로 초대받고, 원래 안으로 초대받은 자들이 밖에 있게 된다. 이 비유에서 예수는 하나님이 모든 백성에게 베푸신 메시아의 잔치에, 가난하고, 눈멀고, 저는 자들을 초대하시는 분으로 드러난다(사 25:6-9, 35:1-4, 61:1-3). 이제 때가 찼다. 하나님 나라가 가까이 왔다. 그 반응으로 우리에게 요구되는 것은 무엇인가? 다른 비유들과 마찬가지로 예수의 말씀을 들은 자들은 회개하고 예수를 믿으라는 초청을 받는다. 그리고 그렇게 하는 모든 자는 용서를 얻는다.

• 심판의 경고와 생명의 약속

예수의 비유 중 많은 수가 심판의 경고와 생명의 약속으로 끝난다. 가라지 비유는 한 사람이 자기 밭에 좋은 씨를 뿌렸는데, 원수가 와서 가라지를 뿌린 내용이다(마 13:24-30, 36-43). 추수가 가까워 오자, 하인들을 보내 가라지를 모아 묶어 태운다. 그러고 나서 곡식은 창고에 들인다. 예수는 이 비유를 해석하며 자신을 씨 뿌린 사람이라고 하신다. 밭은 세상이다. 추수 때는 말세다. 예수께서는 자기 천사를 보내셔서 악한 자들을 모아 심판하시는데, 그들이 "거기서 울며 이를 갈게 되리라 그 때에 의인들은 자기 아버지 나라에서 해와 같이 빛나리라"(마 13:42-43; 참고 단 12:2-3)고 하신다. 그물 비유(마 13:47-50), 결혼식장에 예복을 입지 않고 온 사람의 비유(마 22:2-14), 지혜로운 종과 어리석은 종의 비유(마 24:45-51), 달란트를 맡은 세 종의 비유(마 25:14-30) 말미에 비슷한 경고가 나온다. 믿음으로 예수의 비유에 반응하는 것은 굉장히 긴급한 일이다.

• 예수의 비유는 구약을 성취한다

예수 그리스도가 사용하는 대부분의 심상은 구약에서 따온 것으로서, 하나님이 약속하신 것이 성취되었음을 나타낸다. 또한 종종 예수는 구약의 전체 이야기를 다시 하시며, 그 이야기가 자신에게서 절정에 이르렀음을 보이셨다는 사실도 기억하자. 보통은 구약의 구절을 직접 인용하거나 명확하게 암시하는 식인데, 이를 포도원 비유에서 확인할 수 있다(마 21:33-44). 예수는 이사야서 5장의 포도원 비유를 반복하며, 이스

라엘의 역사를 다시 이야기하신다. 예수는 청중들에게, 포도원을 세우고, 공을 들여 가꾼 뒤에 농부들에게 세로 준 그 주인을 상기시킨다. 추수할 때가 가까워 주인은 종들을 보내 자신의 열매를 취하게 한다. 그런데 농부들은 그 종들을 때려서 하나는 죽이고, 하나는 돌로 친다. 그 종들은 구약의 선지자들이다(참고 암 3:7). 마지막으로 주인은 자신의 아들을 직접 보낸다(마 21:37). 그 농부들은 아들을 잡아 포도원 밖으로 내쫓고 죽인다. 예수는 청중들에게 물으신다. "그러면 포도원 주인이 올 때에 그 농부들을 어떻게 하겠느냐"(마 21:40). 그들은 답한다. "그 악한 자들을 진멸하고 포도원은 제때에 열매를 바칠 만한 다른 농부들에게 세로 줄지니이다"(마 21:41). 예수는 자신이 바로 그 거절당한 아들로서, 머릿돌이 되었음을 밝히시면서 구약 이야기를 다시 들려주신 것이다. "너희가 성경에 건축자들이 버린 돌이 모퉁이의 머릿돌이 되었나니 이것은 주로 말미암아 된 것이요 우리 눈에 기이하도다 함을 읽어 본 일이 없느냐"(마 21:42; 참고 시 118:22-23).

▶▶▶ 신약 연대표

포도원 비유는 연대표에 **포도송이**로 나타나는데, 이는 하나님의 백성들이 세상에 의의 열매를 맺어야 한다는 예수의 가르침을 상기시킨다. 이스라엘은 하나님이 세운 포도원에 비유된다(사 5장). 예수는 구약의 이야기를 다시 들려주시는데, 이는 예수 자신의 죽음과 부활로 그 절정에 이른다(마 20-21장).

• 하나님 나라에 대한 예수의 가르침에 반대가 거세지다

예수는 공생애 사역 동안 과감한 주장을 많이 펼치신다. 하나님 나라가 가까이 왔다. 예수는 약속된 메시아 왕이다. 예수는 하나님의 아들이자 인자다. 또한 예수는 예언의 표적으로 하나님 나라를 입증하신다. 예수는 비유로 하나님 나라를 선포하신다. 예수는 자신의 말을 듣는 사람들에게 회개하고 자신을 믿으라고 촉구하신다. 엄청난 군중이 예수에게 나왔고, 심지어 주변국에서도 예수를 보러 왔다. 하지만 예수에 대한 반대도 커져만 간다. 이러한 적개심은 예수가 자신에게 신적 권위가 있다고 주장하는 것, 안식일을 노골적으로 폄훼하는 것, 죄인들을 환영하고 잃어버린 자들을 되찾으시는 것 등에 집중되었다. 우리는 차례대로 이를 살펴볼 것이다.

• 예수의 권위, "오직 하나님 외에 누가 능히 죄를 사하겠느냐"(마 9:1-8)

복음서 저자들은 예수께서 하나님의 권위로 가르치시며 행하셨음을 강조한다. 예수의 가르치는 권세는 듣는 자들을 놀라게 만들었다(마 7:28-29). 높은 지위에 있는 군인들도 예수께서 발휘하시는 탁월한 권위를 인식했다(마 8:9). 그분의 제자들은 바다와 파도도 예수께 순종하는 것을 보고 놀랐다(마 8:27). 그리고 예수의 신적 권위는 죄를 용서하시는 권위에서 궁극적으로 표출된다. 한번은 사람들이 중풍에 걸려 침대에 누운 자를 예수께 데려온다(마 9장; 참고 막 2장; 눅 5장). 예수는 그들의 믿음을 보고 중풍병자에게 말씀하신다. "작은 자야 안심하라 네 죄 사함을 받았느니라"(마 9:2). 종교 지도자들은 이 말을 신성모독으로 여겼다. 왜냐하면 그들은 자기들끼리 이렇게 생각했기 때문이다. "오직 하나님 외에 누가 능히 죄를 사하겠느냐"(눅 5:21). 예수는 그들의 생각을 아시고 용서를 선포하는 편과 "일어나 걸으라" 하는 편 중에 어느 편이 더 쉬운지 물으신다. (한 사람이 용서를 받았다고 말하는 편이 더 쉬울 것이다. 왜냐하면 이 말은 눈으로 확인할 수 없기 때문이다.) 예수는 중풍병자를 고치심으로 그들의 침묵에 대답하셨다. 이러한 치유는 그들이 "인자가 세상에서 죄를 사하는 권능이 있는 줄"(마 9:6) 알도록 추가로 주신 증거였다. 무리는 예수께서 고치신 것을 목격하자 경외하며 예수께 그런 권세를 주신 하나님께 영광을 돌린다.

• "인자는 안식일의 주인이니라"(마 12장)

예수는 게다가 자신이 안식일의 주인이라고 주장하시면서, 하나님의 아들로서 자신의 정체를 드러내신다. 하나님은 매주 예배하는 자유를 보장하기 위해 안식일을 만드셨다. 이스라엘만이 매주 하루를 정해 자신들의 창조주를 닮아 가고, 구속주를 기억하는 날로 지켰다(출 20:11; 신 5:15). 안식일을 지키지 않았던 것도 포로로 잡혀가게 된 구체적인 원인 중 하나였다(겔 20장). 서기관들과 바리새인들은 안식일에 할 수 있는 일과 해서는 안 되는 일을 설명하는 데 엄청난 관심을 기울인다. 그들은 모든 이스라엘이 안식일을 신실하게 한 번만 지키면, 메시아가 오실 것이라고 가르쳤다. 그들은 오직 하나님만이 안식일을 어기지 않고서도, 우주를 지키시고 자기 백성에게 공급하시는 섭리의 사역을 계속하실 수 있다고 믿었다. 따라서 하나님이 직접 행하신 일은 안식일을 어기는 것이 아니다. 왜냐하면 전 우주가 하나님의 지배 아래 있기 때문이다. 하나님이 백성들에게 충분한 음식을 주신 것도 안식일 명령의 범주에 포함되는 것으로써, 일곱 째 날에 안식할 수 있도록 하신 것이다(출 16:29). 예수께서 안식일에 일하시면서 적대감이 더욱 크게 일어나는데, 왜냐하면 예수께서 행하신 일들을 보면 하나님이 직접 행하시는 일과 같기 때문이다. 예수는 안식일에 제자들에게 음식을 주신다. 사람들이 힐난하자, 예수는 대놓고 선언하신다. "인자는 안식일의 주인이니라"(마 12:8). 예수는 심지어 안식일에 병도 고치시고, 자신에게는 그렇게 행할 수 있는 신적 권위가 있음을 확언하신다. 예수께서 안식일에 행하신 일은 예수가 하나님과 동등하신 분임을 드러낸다(요 5:16, 18).

• **예수께서 죄인들을 반기시고 잃어버린 자들을 되찾으시다(눅 15장)**

예수의 공생애 사역은 버려진 자들과 죄인들을 반기는 것이었다. 예수는 죄를 미워하지만 죄인은 사랑하는 신적인 능력을 보여 주신다. 자신에게 용서가 필요하다는 사실을 아는 사람들은 예수에게 끌렸다. 예수는 세리들과 창녀들, 자신을 의롭다고 여기는 사람들과 남의 이목을 의식하는 자들에게도 죄의 용서를 선포하셨다. 예수는 함께하는 식탁 교제의 즐거움을 통해 그들이 하나님과 화목하게 되고 공동체로 회복되었음을 보여 주신다. 예수는 계속해서 "먹기를 탐하고 포도주를 즐기는 사람이요 세리와 죄인의 친구"(눅 7:34)라는 비난을 받는다. 왜 세리들 및 죄인들과 식사를 하시냐는 질문을 받고 예수는 이렇게 답하신다. "건강한 자에게는 의사가 쓸데없고 병든 자에게라야 쓸데 있느니라 너희는 가서 내가 긍휼을 원하고 제사를 원하지 아니하노라 하신 뜻이 무엇인지 배우라 나는 의인을 부르러 온 것이 아니요 죄인을 부르러 왔노라"(마 9:12-13). 예수는 하나님 나라가 임하셨음을 더욱 굳건히 보여 주시려고 메시아가 베푸는 잔치의 심상을 불러오신다.

종교 지도자들은 예수의 행동을 보고 불만을 품었고, 불평했으며, 적개심이 높아졌다. 이에 대한 응답으로, 예수는 잃어버린 자들을 회복할 때 자신이 기뻐하시며, 이를 축하하는 자리에 참여하라고 다른 사람들을 부르신다는 것을 보여 주시기 위해 세 편의 비유를 들려주신다(눅 15장). 세 개의 비유 모두 동일한 줄거리로 진행되며 마지막에 사람들을 불러 모아 잔치를 여는 것도 같다. 그중 세 번째이자 가장 극적인 비유는 아마도 탕자의 비유일 것이다(눅 15:11-32). 첫 번째 비유는 백 마리의 양 중 한 마리 양을 잃어버린 목자를 그린다. 무언가 가치 있는 것을 잃어버린 후에, 그것을 찾기 위해 희생을 감내하는 탐색이 시작된다. 목자는 잃어버린 양을 찾을 때까지 돌아다닌다. 그리고 그 양을 어깨에 얹고 집으로 돌아온다. 마지막에는 다 같이 축하하기 위해 사람들을 불러 모으고 외친다. "나와 함께 즐기자 나의 잃은 양을 찾아내었노라"(눅 15:6).

두 번째 비유에서는 잃어버린 것의 가치가 증가한다. 한 여인이 동전

열 개 중에 하나를 잃어버린 것이다. 은 동전은 촌 생활에서는 매우 드문 것이었다. 게다가 금액을 볼 때 아마도 지참금이나 평생 모은 돈에 해당할 것이다. 다시 한 번 무언가 가치 있는 것을 잃어버린 후에, 그것을 찾기 위해 희생을 감내하는 탐색 과정이 시작된다. 그 여인은 불을 밝히고, 집을 쓸고, 동전을 찾을 때까지 집을 뒤진다. 마침내 여인도 같이 축하하기 위해 사람들을 불러 모은다. "나와 함께 즐기자 잃은 드라크마를 찾아내었노라"(눅 15:9). 예수는 이 두 비유 모두 죄인이 회개하여, 잃어버린 자를 찾게 되었을 때 천국에 있을 기쁨을 나타내는 것으로 해석하신다.

세 번째 비유에서는 그 가치가 최대로 증가한다. 이제 백 중 하나, 또는 열 중 하나가 아닌 둘 중 하나다. 한 마리 양 또는 동전 한 개가 아니라 자녀를 잃어버린 것이다. 예수는 어떻게 하다가 양이나 동전을 잃어버렸는지는 설명하지 않으셨다. 하지만 자녀를 잃어버린 것은 설명이 필요하다. 한 남자에게 두 아들이 있었다. 그런데 작은아들이 아버지가 아직 살아 계신 데도 자기 몫의 재산을 요구하고 나선다. 그러한 요구는 아버지가 돌아가시기를 바라는 것으로 비칠 수도 있는 것으로서, 아버지에 대한 모욕이었다. 예수 당시에 이러한 요구를 뒷받침하는 법률상 규정은 없었다. 작은아들은 자신의 재산을 재빨리 현금으로 바꾸는데, 이렇게 하여 더욱 심하게 아버지를 모욕한다. 그러고는 마을을 떠나 먼 곳에 가서 방탕하게 살며 가진 것을 다 탕진한다. 그리고 가진 것이 소진되었을 때, 마침 심각한 가뭄이 찾아오면서 처음으로 궁핍함을 느낀다. 그는 그 나라의 어느 사람 밑에서 일자리를 구한다. 중동에서는 거부할 수밖에 없는 조건을 제시함으로써 귀찮은 사람을 떼어 내버리는 것이 예의였다. 그래서 그 사람은 아들에게 돼지 먹이는 일을 제안한다. 그런데 놀랍게도, 이 잃어버린 아들은 받아들인다. 돼지들이 먹는 열매가 너무나 먹고 싶었기 때문이다. 그 열매는 캐럽*(carob)이라는 덤불에서 딴 것으로, 가지는 가시로 가득하고 쓴맛이 나는 검고 작은 산딸기 같다. 아들은 완전히 절망적인 상황에 몰려, 이 덤불에서 나온 열매라도 먹기

* 초콜릿 맛이 나는 암갈색 열매가 달리는 나무

를 바랐던 것이다. 그리고 그렇게 죽음에 가까워지자 목숨을 부지할 수 있는 한 가지 계획을 떠올린다. 아버지 집에는 종들조차도 먹을 것이 있다는 사실이 떠오를 것이다. 그러자 아들은 아버지에게 돌아가기로 결심한다. 아들은 자신의 죄악을 알았기 때문에, 자신은 더 이상 아들로 불릴 가치가 없다고 생각했다. 그저 목숨을 연명하기 위해서 종의 신분이라도 구하려는 것이었다.

이제 장면은 아버지에게로 바뀐다. 아버지의 눈은 한 번도 멈추지 않고 잃어버린 아들을 찾아 지평선 너머를 살핀다. 아버지의 사랑은 구약의 하나님을 떠오르게 한다. 그 하나님은 끊임없이 제멋대로 구는 아들 이스라엘을 따라다니신다. 아직 저 멀리 보이는 아들을 처음으로 발견한 사람은 바로 아버지였다. 아버지의 마음은 동정심으로 동한다. 그래서 지위가 있는 사람이라면 절대 하지 않을 일을 한다. 바로 달리는 것이다. 죄악 된 아들이 준 모욕과 수치를 감내하며, 아버지는 아들을 얼싸안고 입을 맞춘다. 아들은 우물쭈물 준비했던 말을 꺼낸다. 하지만 아버지는 말을 끊고 사람들을 불러 모으고 외친다. "제일 좋은 옷을 내어다가 입히고 손에 가락지를 끼우고 발에 신을 신기라 그리고 살진 송아지를 끌어다가 잡으라 우리가 먹고 즐기자 이 내 아들은 죽었다가 다시 살아났으며 내가 잃었다가 다시 얻었노라"(눅 15:22-24). 앞선 두 비유와 마찬가지로, 이 비유에서도 엄청난 가치를 지닌 것을 잃어버리고, 고통을 감수하는 탐색이 시작한다. 결국, 잃어버린 아들을 회복시키고 이를 축하하기 위해 공동체를 불러 모은다. 예수의 비유는 큰아들이 그 자리에 참석하기를 거부하면서 반전이 일어난다. 우리는 큰아들 역시 잃어버린 자라는 사실을 깨닫게 된다. 아버지는 하루 사이에 두 아들의 모욕을 참은 것이다. 하지만 아버지는 나가서 큰아들을 찾는다. 그리고 아들에게 아버지의 기쁨에 참여하라고 하면서 이렇게 말한다. "이 네 동생은 죽었다가 살아났으며 내가 잃었다가 얻었기로 우리가 즐거워하고 기뻐하는 것이 마땅하다"(15:32). 예수는 어떤 분으로 나타나시는가? 잃어버린 자들을 찾아 구원하기 위해 오시는 분이다. 그 반응으로 우리에게 요구되는 것은 무엇인가? 우리는 예수와 함께 기뻐해야 한다. 우리가 가장 크게 기뻐하고 또한 가정과 교회에서 가장 축하해야 할 일은 반드시 잃어버린 자를 되찾는 것이 되어야 한다.

◆ 베드로가 가이사랴 빌립보에서 예수를 하나님의 아들, 메시아로 고백하다

적대감이 고조되는 와중에 예수는 제자들과 북쪽 지역인 가이사랴 빌립보로 물러나신다. 이 지역은 가이사 아구스도를 디비 필리우스(divi filius, "신의 아들")로 기념하기 위해 도시를 건설한, 헤롯의 아들 빌립이 다스리는 영토였다. 갈릴리 바다 북단에서 약 40킬로미터 정도 더 가야 하는, 예루살렘에서 멀리 떨어진 이 곳에서 예수는 제자들에게 물으신다. "사람들이 나를 누구라고 하느냐"(막 8:27). 제자들은 군중들의 여러 가지 의견을 전한다. 누구는 세례 요한이라고 하고, 누구는 엘리야라고 하며, 누구는 선지자 중 하나라고 한다. 사실 이 답변들 모두 타당한 것이다. 갈릴리의 분봉 왕 헤롯은 예수의 이적을 듣고 세례 요한이 죽었다가 살아난 것이라고 결론을 내린다(마 14:1-2). 예수의 말씀을 들은 또 다른 사람들은 예수께서 약속된 엘리야로서 주님이 직접 오시기 전에 사람들을 회개하도록 하신 분이라고 믿었다(말 3:1, 4:5-6). 다른 사람들은 예수께서 행하신 예언의 표적들을 보고 예수가 옛적 위대한 선지자 중 하나와 같다고 생각한다(요 6:14). 하지만 이 중 어느 답변도 충분치는 않다.

예수는 그러고 나서 자신을 거의 3년간 따라다닌 제자들에게 물으신다. 그들은 예수와 함께 생활했고, 식사했으며, 그 말씀을 들었고, 함께 기도했다. 이제 예수는 그들에게 물으신다. "너희는 나를 누구라 하느냐"(막 8:29). 베드로가 나서서 엄숙하게 고백한다. "주는 그리스도시요 살아 계신 하나님의 아들이시니이다"(마 16:16). 베드로의 고백은 아버지의 은혜로운 역사에서 나온 것이다. 그의 고백은 마태복음, 마가복음, 누가복음의 이야기에서 전환점이 된다. 복음서 저자들은 자신들이 예수를 어떻게 믿게 되었는지에 대해서만 전한 것이 아니라, 다른 이들도 예수의 진리로 나와 믿게 하려고 글을 쓴 것이다(눅 1:1-4; 요 19:35, 20:30-31, 21:24). 복음서 이야기의 절정인 이 순간, 예수는 공개적으로 자신이 약속된 메시아임을 인정받으신 것이다.

우리는 모두 잠시 멈춰서 다음 질문에 답해야 한다. "너희는 나를 누구라 하느냐?" 만약 당신이 예수가 메시아이며, 죄를 용서하는 권세를 지니신 분임을 믿지 못한다면, 하나님께 지금 눈을 열어서 예수를 보고 믿음으로 반응하게 해달라고 구하기를 권면한다. 《성경을 읽다》 마지막에 나오는 기도를 드려도 좋다. 혹시 당신이 이미 예수를 알고 있다면, 당신의 삶을 예수의 가르침 위에 굳건히 세우고, 예수를 따른다는 것의 의미를 온전히 받아들이는 것이 중요하다.

• 예수는 메시아가 반드시 고난당하고 죽고 살아나야 할 것을 가르치시다 (막 8장)

베드로의 위대한 신앙 고백 후, 이제 예수는 대부분의 시간을 제자들에게 할애하신다. 예수는 자신이 메시아라는 것이 무슨 뜻인지 설명하셔야만 했다. 예수는 자신이 메시아임을 아무에게도 말하지 말라고 엄하게 명하신다. 그들은 아직 세계 선교에 나설 준비가 되어 있지 않았다. 그들은 아직 십자가에 죽으신 예수 그리스도의 복음을 이해하지 못했다. 예수는 제자들에게 자신이 메시아로서 "예루살렘에 올라가 장로들과 대제사장들과 서기관들에게 많은 고난을 받고 죽임을 당하고 제삼일에 살아나야 할 것"(마 16:21)을 알리신다. 방금 전에 예수께 칭찬을 받았던 베드로조차 이 하나님의 구속 계획을 이해하기는 너무나 힘들었다. 그는 이렇게 답한다. "주여 그리 마옵소서 이 일이 결코 주께 미치지 아니하리이다"(마 16:22). 예수는 베드로를 십자가를 피하게 만들 방법을 강구하는 사탄의 목소리로 여기시고 책망하신다. 그리스도의 십자가는 원수의 고소를 무너뜨리고 경건치 않은 자들을 믿음으로 의롭게 할 것이다. 예수는 이제 아버지께 완전히 순종하여 굳건하게 예루살렘을 향하신다. 예수는 제자들에게 다음과 같은 본을 제시하시고 따르라고 하신다. "누구든지 나를 따라오려거든 자기를 부인하고 자기 십자가를 지고 나를 따를 것이니라 누구든지 제 목숨을 구원하고자 하면 잃을 것이요 누구든지 나를 위하여 제 목숨을 잃으면 찾으리라"(마 16:24-25).

• 변화되신 예수, 모세와 엘리야가 예수의 탈출을 논하다(눅 9장)

> 이는 내 사랑하는 아들이요 내 기뻐하는 자니 너희는 그의 말을 들으라 하시는지라(마 17:5)

예수는 예루살렘으로 향하여 가시다가 가장 가까운 제자인 베드로, 야고보, 요한을 데리고 높은 산에 올라가신다(마 17장; 막 9장; 눅 9장). 예수는 그들 앞에서 변화하신다. 예수의 얼굴은 해와 같이 하나님의 영광으로 빛난다(출 34:29-30; 민 6:25; 시 80:3; 단 9:17). 예수의 옷은 환한 빛처럼 희게 된다(시 104:2; 겔 1:27-28). 예수는 세상이 시작되기 전에 자신이 누리셨던 빛나는 영광으로 나타나신다(요 17:5; 히 1:2-3). 그러자 모세와 엘리야가 나타나 예수와 이야기를 나눈다. 누가는 "장차 예수께서 예루살렘에서 별세하실 것"(눅 9:31)을 이야기하셨다고 설명한다. 여기에서 누가가 사용한 표현을 문자적으로만 보자면 "예수께서 탈출(exodus)하실 것"이라는 뜻이다. 예수는 아버지에게로부터 오신 분으로서, 은혜와 능력이 충만하며, 약속된 두 번째 출애굽(Exodus)을 인도하실 분이다(사 11:11, 40:1-5). 제자들이 놀라서 쳐다보자 아버지는 예수의 진정한 정체를 확인해 주신다. "이는 내 사랑하는 아들이요 내 기뻐하는 자니 너희는 그의 말을 들으라"(마 17:5; 참고 사 42:1; 마 3:17). 연대표에 **모세가 바다를 가르는 그림**이 있는데, 이는 모세와 엘리야가 예수의 "탈출"을 논할 때, 예수의 모습이 변했음을 상징한다.

• 하나님 나라를 주해하시는 예수, "나중 된 자로서 먼저 되고 먼저 된 자로서 나중 되리라"

예수는 예루살렘이 가까워지자 제자들에게 하나님 나라를 주해하신다. 그리스도는 그들에게 세상적인 야망을 주의하라고 하시고, 위대함을 어린아이와 같은 겸손함으로 다시 정의하신다(마 18:1-6). 예수는 제자들에게 절대적인 용서의 필요성, 최악의 죄인들에게 베푸신 하나님의 측량할 수 없는 자비를 가르치신다(마 18:15-35). 예수는 한 젊은 부자를 사랑하셔서 부에 대한 애착을 끊고 그리스도를 따름으로써 영생을 얻으라고 하신다(마 19:16-30). 포도원 일꾼에 대한 비유는 하나님은 아무에게도 빚진 것이 없다는 사실을 드러낸다. 하나님의 사랑은 선하기 때문에, 마지막으로 포도원에 온 자에게도 하루 일당을 주신다. 성육신하시고, 십자가를 향해 꾸준히 나아가시는 예수의 모습은 우리로 하여금 겸손하게 "나중 된 자로서 먼저 되고 먼저 된 자로서 나중 되리라"(마 20:16)는 말씀을 믿게 만든다.

• 예수께서 영광 받으실 때가 임하다(요 12장)

예수는 죽기 위해 세상에 오셨다. 예수는 죽으심으로, 아버지에 대한 완전한 순종의 삶을 마무리하신다. 예수는 세상의 죄를 속하시고, 죄와 사망과 지옥을 영원히 이기신 것이다. 로마의 십자가 형벌은 수치심, 굴욕감, 극도의 고통을 주기 위해 고안된 것이었다. 하지만 신약에 따르면, 예수는 십자가에서 죽으시면서 오히려 영광, 위엄, 영원한 찬양을 낳는다(계 5:11-14). 요한의 복음은 내내 예수의 때가 언제인지 마음을 졸이게 한다. 요한복음 2장 4절을 보면 예수는 가나의 혼인 잔치 자리에서 어머니 마리아에게 이렇게 말씀하신다. "내 때가 아직 이르지 아니하였나이다." 요한복음 7장 30절과 8장 20절에서 성전의 권력자들도 예수를 체포할 수 없었다. 왜냐하면 "그의 때가 아직 이르지 아니하였"기 때문이었다. 그러나 예수는 수난을 받기 위해 예루살렘에 도착하시고 나서는 "인자가 영광을 얻을 때가 왔도다"(요 12:23)라고 공공연하게 선언하신다. 예수는 자신이 죽기 위해 이 땅에 오셨음을 선포하신다. 예수의 죽음은 많은 열매를 맺을 것이다(요 12:24; 참고 창 1:28). 예수께서 십자가에 올려지실 때, 그분은 모든 사람을 자신에게로 이끄실 것이다(요 12:32). 예수께서 죽음과 부활을 겪으시는 가운데, 또 예수의 죽음과 부활을 통해 아버지는 아들을 영광스럽게 하실 것이다(요 17:1).

• 예수께서 종려주일에 다윗의 자손으로 예루살렘에 입성하시다(마 21장)

사복음서 저자들 모두 종려주일에 예수께서 예루살렘에 입성하시는 내용을 기록한다(마 21:1-11; 막 11:1-10; 눅 19:28-44; 요 12:12-16). 예수는 스가랴서 9장 9-10절의 말씀을 응하게 하시려고 계획적으로 행동하셨다. 주님은 포로 된 이스라엘에 참된 왕이 돌아오실 것이라고 약속하셨다. 다윗이 압살롬의 반역 때 나귀를 타고 예루살렘을 떠나갔던 모습 그대로, 다윗의 자손이 시온에 돌아오실 것이다(삼하 16:1-2). 나귀는 고대에 왕이 타는 동물로서, 한 도시의 정통성 있는 통치자의 상징으로 여겨졌다(창 49:10-11; 사 10:4, 12:14). 앞으로 오실 다윗의 자손은 공의로운 왕으로 구원을 가져오실 것이다. 그분이 오시면 인간이 만든 병기에 대한 신뢰를 없애시고 땅끝까지 그분의 통치를 세우실 것이다(시 20:6-9, 33:16-18, 72:8). 스가랴는 그분의 오심이 우리의 가장 큰 기쁨이 된다고 선포하였다.

> 시온의 딸아 크게 기뻐할지어다 예루살렘의 딸아 즐거이 부를지어다 보라 네 왕이 네게 임하시나니 그는 공의로우시며 구원을 베푸시며 겸손하여서 나귀를 타시나니 나귀의 작은 것 곧 나귀 새끼니라 내가 에브라임의 병거와 예루살렘의 말을 끊겠고 전쟁하는 활도 끊으리니 그가 이방 사람에게 화평을 전할 것이요 그의 통치는 바다에서 바다까지 이르고 유브라데 강에서 땅끝까지 이르리라(슥 9:9-10)

예수께서는 제자들에게 가르치신 후에, 나귀를 타고 입성하시며 자신이 시온의 참된 왕임을 널리 확인해 주셨다. 군중은 그 모습을 알아보고 환호한다. 그들은 승리의 상징으로 종려나무 가지를 흔들며 외친다. "호산나 다윗의 자손이여 찬송하리로다 주의 이름으로 오시는 이여 가장 높은 곳에서 호산나"(마 21:9). 히브리어 동사의 명령형인 *호산나*(Hosanna)라는 말은 "여호와여 우리를 구하소서!"라는 뜻으로, 시편 118편 25절에서 인용한 것이다. 몇몇 종교 지도자는 그 군중을 꾸짖기도 하지만, 예수께서는 말씀하신다. "내가 너희에게 말하노니 만일 이 사람들이 침묵하면 돌들이 소리 지르리라"(눅 19:40).

▶▶▶ 신약 연대표

나귀를 타고 있는 사람의 그림은 구약에서 직접 따온 것으로서 다윗의 자손이 이렇게 다시 오실 것이라고 한 스가랴 선지자의 예언을 상기시킨다. 예수께서 나귀를 타고 예루살렘에 입성하신 것은 그분이 약속된 메시아이며, 시온의 참된 왕이심을 나타내는 것이다(마 21:1–9).

• 예수께서 성전 뜰에서 공개적으로 가르치시다

예루살렘에 도착하시고 예수는 성전 뜰에서 공개적으로 가르치신다(마 21-23장). 예수께서는 돈 바꾸는 자들과 성전 예배를 통해 불법적인 이익을 추구하는 모든 자를 쫓아내신다. 예수는 이사야 선지자의 말씀을 인용하신다. "내 집은 만민이 기도하는 집이라 일컬음이 될 것임이라"(사 56:7). 예수는 눈먼 자와 저는 자를 고치신다, 그리고 아이들을 반기신다. 예수는 자신의 권위를 의심하는 이스라엘의 선생들과 공개적으로 맞닥뜨리신다. 예수는 민족의 마음을 두고 다투는 일련의 예언적 비유를 하신다. 포도원의 두 아들 비유는 순종하는 척만 하는 가식을 경고하며, 회개하고 그리스도를 믿어야 할 필요성을 역설한다(마 21:28-32). 소작인들의 비유는 구약의 이야기를 다시 들려주신 것으로서, 환영받아야 마땅한 포도원의 계승자인 주인의 아들이 도착하면서 절정에 달한다(마 21:33-44; 참고 사 5장). 혼인 잔치 비유는 메시아로 오신 아들이 연 잔치를 선포하고, 예복을 입지 않고 나타나서 아들을 불명예스럽게 하고 모욕한 자들에게 임박한 재앙을 경고한다.

바리새인들은 디베료의 형상이 담긴 동전을 건네주면서 가이사에게 세를 내야 하는가를 물으며 예수를 함정에 빠뜨리려고 한다. 예수는 지혜롭게 답하셨다. "가이사의 것은 가이사에게, 하나님의 것은 하나님께 바치라"(마 22:21). 다른 말로 하자면, 가이사에게는 세금을 내지만, 하나님과 하나님이 보내신 메시아에게는 영광과 존경과 찬양을 드리라는 것이다! 사두개인들은 부활에 대한 질문으로 예수를 함정에 빠뜨리려고 하지만, 예수는 출애굽기 3장 6절 말씀으로 답하신다. 예수는 성경과 하나님의 능력을 알지 못한 그들을 비판하신다. 유력한 바리새인이 와서 예수께 토라에서 가장 큰 명령이 무엇인지 묻는다. 예수는 하나님의 모든 뜻이 두 가지 명령, 즉 우리가 가진 모든 것으로 하나님을 사랑하고, 자신을 사랑하는 것처럼 이웃을 사랑하라는 명령에 달린 것이라고 가르치신다(마 22:36-40; 참고 레 19:18; 신 6:5). 예수는 그러고 나서 시편 110편에 설명된 다윗의 자손의 정체에 대해서 질문하신다. 이 시편은 신약에서 가장 많이 인용된 구약 구절로서, 다윗이 메시아로 오실 왕의 영광을 환상으로 봤음을 알게 한다. 그 왕은 인간으로 볼 때는 "다윗의 자손"이지만, 다윗은 그를 "나의 주"로 찬양한다. 예수는 어떻게 메시아가 다윗의 자손인 동시에 다윗의 주가 될 수 있는지 물으신다. 예수의 이 질문 역시 자신을 믿으라는 또 다른 초대이기도 하다. 하지만 예수의 적대자들은 침묵에 잠겼다. 예수는 이스라엘의 종교 지도자들에게 그들이 위선을 행하고 하나님이 초청하시는 때를 인식하지 못했기 때문에 임할 언약에 따른 심판들을 언급하며 답하신다(마 23:1-39; 참고 눅 19:44).

• **예수께서 종말과 자신이 영광 중에 돌아오실 것을 가르치시다**

예수께서 성전 뜰을 떠나실 때, 제자들은 예수께 헤롯이 지은 성전 산에 있는 아름다운 건물들을 보시라고 한다. 그러자 예수는 답하신다. "돌 하나도 돌 위에 남지 않고 다 무너뜨려지리라"(막 13:2). 이는 주후 70년에 있을 성전의 파괴를 예언하는 말씀이었다. 예수는 그 후에 감람산에서 제자들을 불러 모으시고 종말과 더불어 자신이 영광 중에 돌아오실 것을 가르치신다. 예수의 가르침에서 이 부분을 감람산 훈화라고 한다(마 24-25장; 막 13-14장; 눅 21장). 예수는 제자들에게 잔혹하고, 기만적이고, 적대적인 이 세상에서 자신의 증인이 되어야 한다고 가르치신다. 예수는 육체의 고난과 영적인 박해의 현실성을 생생하게 보여 주시기 위해, 이를 메시아를 낳는 산고라고 하신다. 제자들은 예수 때문에 모든 민족에게 미움을 당할 것이지만 그럼에도 예수는 말씀하신다. "이 천국 복음이 모든 민족에게 증언되기 위하여 온 세상에 전파되리니 그제야 끝이 오리라"(마 24:14). 이는 그리스도의 영광스러운 재림이 언제 있을지에 대한 시기를 약속하신 것만은 아니다. 예수는 모든 민족이 복음을 듣고, 전 세계 사람들이 믿고 구원받을 것을 확언하신 것이다.

예수는 제자들에게 한 세대 이내에 예루살렘이 멸망할 것이라고 가르치신다(마 24:15). 예수는 도시의 파멸을 묘사하기 위해 "멸망하게 할 가증한 것"에 관해 다니엘서 9장 27절 말씀을 인용하신다. 이 일은 주후 70년 로마 장군 티투스(Titus)의 손에 발생한다. 우리는 앞으로 이 책에서 이 내용을 살펴볼 것이다. 예수는 제자들에게 멸망당하기 전에 도시를 떠나라고 가르치신다. 제자들은 이 세상에서 어떤 국가적인 대의에도 구속되지 않고 영원한 예수 나라의 시민으로서 살아야 한다. 그들은 예수께서 새롭게 여신 왕국의 대사로 섬기며 모든 민족에게 복음을 선포해야 한다. 유대인과 로마인, 헬라인과 야만인, 아시아인, 아프리카인, 유럽인까지 말이다. 그들은 이 세상의 정치적 격변과 권력에 대한 인간의 끊임없는 갈구에 홀리지 말아야 한다. 그들은 반드시 경계하고, 신실하여, 세계 전도의 과업에 온전히 참여해야 한다. 신실한 하인은 자기 주인이 돌아왔을 때 주인의 일에 몰두하고 있을 것이다(마 24:46).

예수는 신실함을 불러일으키는 몇 개의 비유로 감람산 훈화를 마무리하신다. 열 처녀 비유는 등불을 밝혀 두며 안주하지 않도록 충고하는 것이다(마 25:1-13; 참고 계 2:5). 달란트 비유는 믿음의 공동체가 헌신적으로 섬기도록 격려하고, 복음이라는 보물을 가리지 않도록 경고하는 내용이다(마 25:14-30). 양과 염소의 비유는 최후의 심판이라는 엄청난 장면을 그린다(마 25:31-46). 모든 민족이 영광에 둘린 예수 그리스도 앞에 모이게 된다. 예수는 목자가 양과 염소를 가르듯이 그들을 가르신다. 세상에서 동정과 신실함으로 예수에 대한 사랑을 드러낸 자들은 영원히 받아들여질 것이다. 그렇지 않은 자들은 영원한 형벌로 심판을 받을 것이다.

◆ 예수께서 유월절/마지막 식사를 제자들과 지키시다

> 이 잔은 내 피로 세우는 새 언약이니 곧 너희를 위하여 붓는 것이라(눅 22:20)

마지막 시간이 다가오자 예수는 제자들을 불러 모아 유월절을 지키신다. 그리고 제자들에게 "내가 고난을 받기 전에 너희와 함께 이 유월절 먹기를 원하고 원하였노라 내가 너희에게 이르노니 이 유월절이 하나님의 나라에서 이루기까지 다시 먹지 아니하리라"(눅 22:15-16)고 하신다. 유월절 식사가 차려지자, 예수는 자신의 외투를 벗어 허리에 수건을 걸치심으로 제자들을 경악하게 하신다. 예수는 대야에 물을 받고 제자들의 발을 씻기 시작하신다(요 13장). 이 영광의 주님, 성육신하신 하나님의 아들이 종의 형체를 취하신 것이다. 예수는 제자들을 꾸짖으신다. "내가 주와 또는 선생이 되어 너희 발을 씻었으니 너희도 서로 발을 씻어 주는 것이 옳으니라 내가 너희에게 행한 것같이 너희도 행하게 하려 하여 본을 보였노라"(요 13:14-15). 예수는 "서로 사랑하라 내가 너희를 사랑한 것같이 너희도 서로 사랑하라"(요 13:34)는 새 계명을 주신다. 기꺼이 죽음도 감내하시는 예수의 모습은 "사람이 친구를 위하여 자기 목숨을 버리면 이보다 더 큰 사랑이 없나니"(요 15:13)라는 말씀을 입증한다. 예수는 이제 제자들이 머물 곳을 예비하러 가신다. 그들은 커져 가는 하나님의 가족에 포함될 것이며, 아버지의 가솔로 인정될 것이다(요 14:1-6). 예수는 십자가의 나무와 못을 사용해서 그들을 위해 많은 방을 만드실 것이다.

유월절 식사가 계속되면서, 예수와 제자들은 하나님이 출애굽에서 행하신 위대한 구원을 이야기한다(출 12장). 그들은 이스라엘 백성이 4백년 동안 노예 생활을 하면서 겪은 고난과 하나님의 구속 사건의 대행자인 모세를 탄생시킨 것을 되새긴다. 그들은 하나님과 바로 사이에 높아져만 가는 갈등을 상기하고, 재앙들을 이야기하고 마지막 심판인 장자의 죽음도 이야기했다. 그들은 하나님의 백성이 어린양의 피로 구속을 받아 살아 계신 하나님과 언약 관계에 들어선 것을 추억한다.

이 거룩한 식사가 절정에 달했을 때, 예수는 유월절 식사가 띠는 핵심적인 상징들을 자신과 관련한 것으로 재해석하신다. 누가는 예수께서 "또 떡을 가져 감사 기도 하시고 떼어 그들에게 주시며 이르시되 이것은 너희를 위하여 주는 내 몸이라 너희가 이를 행하여 나를 기념하라"(눅 22:19)고 하셨다고 기록한다. 예수의 몸을 주셨다는 것은 예수의 죽음을 구체적으로 지칭하는 것이다(요 3:16; 롬 8:32; 갈 2:20). 예수는 그들을 위해 죽임 당하신 유월절 양이 되신다. 또 예수는 "이 잔은 내 피로 세우는 새 언약이니 곧 너희를 위하여 붓는 것이라"(눅 22:20)고 하신다. 구약에서는 언약을 세울 때 동물의 피로 했지만, 이제 예수는 자신이 **직접** 흘리신 피로 새 언약을 맺으신다. 제자들은 이 말을 들으면서 분명히 울었을 것이다. 이는 주님이 예레미야를 통해 하나님과 하나님 백성 사이에 새 언약이 맺어지고, 저들의 죄를 더 이상 하나님이 기억하지 않으시겠다고 약속하신 지 거의 600년이 지났을 때였다(렘 31:31-34). 예수는 잔을 제자들에게 건네시며 자신만이 주실 수 있는 하나님의 확신을 주신다. "너희가 다 이것을 마시라 이것은 죄 사함을 얻게 하려고 많은 사람을 위하여 흘리는 바 나의 피 곧 언약의 피니라"(마 26:27-28; 참고 사 53:11).

▶▶▶ 신약 연대표

연대표에서 **떡과 포도주** 그림을 확인하자. 이는 예수께서 유월절을 지키시며 나누신 마지막 식사를 상징한다. 예수는 유월절 식사의 핵심적인 상징들을 죄의 굴레로부터 벗어나는 두 번째 출애굽으로 해석하시고, 자신을 하나님의 양으로 확인해 주신다. 예수는 떡을 "나의 몸"이라고 하시고 포도주를 "내 피로 세우는 새 언약"(눅 22:20)이라고 하신다.

• 예수께서 겟세마네에서 아버지께 기도하다—제자들이 잠들다

유월절을 지키신 후에, 예수는 감람산에 있는 겟세마네 동산으로 향하신다. 예수는 십자가에 달려 돌아가시기 직전에도 아버지와 친밀한 교제를 구했다. 예수는 기도하실 때 베드로, 야고보, 요한을 가까이 두셨다. 자신 앞에 닥친 막중한 과업을 생각할 때, 예수의 영혼은 깊은 고뇌 가운데 잠겼다. 예수는 세상의 죄로 하나님의 진노가 가득 찬 잔을 자신의 손에 쥐신 것이다(렘 25:15-16; 계 16:19). 구속의 이야기에서 가장 경이로운 순간이다. 예수는 기도하신다. "아버지여 만일 아버지의 뜻이거든 이 잔을 내게서 옮기시옵소서 그러나 내 원대로 마시옵고 아버지의 원대로 되기를 원하나이다"(눅 22:42). 예수는 아버지께 완벽하게 순종하며 십자가로 나아가신다. 예수를 상하게 하는 것이 하나님의 뜻이었다(사 53:10). 예수의 죽음이 뱀의 머리를 상하게 하기 때문이다(창 3:15). 피 흘림 없이 죄의 용서는 불가능하다(히 9:22). 오직 하나님만이 죄의 무게를 온전히 담당하실 수 있다. 사람은 구속을 받아야만 한다. 오직 예수 그리스도, 즉 이 일을 위해 보냄 받은 온전한 하나님이자 온전한 사람만이 이 사역을 성취할 수 있다(요 3:16; 빌 2:8; 요일 4:9-10). 누가는 "힘쓰고 애써 더욱 간절히 기도하시니 땀이 땅에 떨어지는 핏방울같이 되더라"(눅 22:44)고 우리에게 전한다. 극심한 압박 가운데 예수의 모세 혈관이 터져 땀과 섞인 것이다. 예수께서 기도하던 자리에서 일어나 제자들에게 와 보니 제자들은 잠에 빠져 있었다.

• 예수가 배신당하고, 체포당하고, 심문 당하다—제자들은 예수를 부인하다

예수께서 제자들을 깨워 시험에 들지 말라고 마지막 경고를 하실 때, 가룟 유다가 곤봉과 칼을 든 무장한 무리와 함께 나타난다. 유다는 입맞춤을 하며 인자를 배신한다. 베드로는 분에 차서 대제사장의 종인 말고의 귀를 칼로 치지만, 예수께서는 베드로를 꾸짖으시고 그를 고쳐 주신다. 예수는 신랄하게 물으신다. "너희가 강도를 잡는 것같이 검과 몽치를 가지고 나왔느냐"(눅 22:52). 예수는 사형을 당할 중죄와 전혀 무관한 분이었다. 그럼에도 불구하고 "군대와 천부장과 유대인의 아랫사람들이 예수를 잡아 결박"(요 18:12)한다.

예수는 밤중에 안나스에게 끌려갔다가, 또 대제사장인 가야바에게 호송되어 산헤드린 앞에서 심문을 받는다. 거짓 증인들은 예수가 사형에 해당하는 종교 범죄를 저질렀다고 증언한다. 그 혐의라는 것은 예수가 성전에 해가 되는 말을 하고 심지어 성전을 파괴시키려는 의도를 품었다는 것이다(마 26:61; 참고 요 2:19). 심문 초반에 예수는 침묵을 지키신다(사 53:7). 마침내 대제사장이 예수께 서서 맹세하도록 한다. "내가 너로 살아 계신 하나님께 맹세하게 하노니 네가 하나님의 아들 그리스도인지 우리에게 말하라"(마 26:63). 이는 영원한 의미가 있는 질문이다. 천국과 지옥은 이 질문에 대한 답변에 달려 있다. 그 당시 최고 종교 재판장에서 예수는 자신이 약속된 메시아가 맞느냐는 질문을 받으신 것이다. 예수는 다니엘 선지자의 말씀을 인용하시며 답변하신다. "이 후에 인자가 권능의 우편에 앉아 있는 것과 하늘 구름을 타고 오는 것을 너희가 보리라"(마 26:63; 참고 단 7:13). 1세기 이스라엘의 상황과 성경의 모든 증언을 봤을 때, 예수는 대제사장의 질문에 가장 명확한 언어로 답하신 것이다. 예수는 약속된 인자다. 예수는 "권세와 영광과 나라를 주고 모든 백성과 나라들과 다른 언어를 말하는 모든 자들이 그를 섬기게 하였으니 그의 권세는 소멸되지 아니하는 영원한 권세요 그의 나라는 멸망하지 아니할 것이니라"(단 7:14)는 말씀의 주인공이신 것이다. 이 답변을 듣고 대제사장은 참이 아니라면 신성모독인 이 말을 듣고 옷을 찢는다. 산헤드린의 심판관들은 만장일치로 외친다. "그는 사형에 해당하니라"(마 26:66). 그들은 예수의 얼굴에 침을 뱉고 주먹으로 예수를 친다(마 26:67; 참고 사 50:6; 요 18:23). 한편 베드로는 자신의 주인이 거짓 고소를 당하고 구타를 당하는데도 세 번이나 예수를 알지 못한다고 부인한다.

아침이 되자, 예수는 로마 총독 본디오 빌라도에게 끌려간다. 그에게 중범죄에 대해 사형을 선고할 권한이 있었기 때문이다. 오직 나라와 황제에 반하는 범죄만이 십자가형이라는 끔찍한 형벌에 해당했다. 예수는 "유대인의 왕"이라는 혐의를 받았다. 예수는 빌라도가 유지해야 하는 로마의 질서에 위험이 되는 인물로 제시된 것이다. 빌라도는 예수를 심문하며 곧바로 묻는다. "네가 유대인의 왕이냐?"(요 18:33). 예수는 빌라도에게 자신의 나라는 이 세상에 속한 것이 아니라고 답하신다. 예수 나라는 이 세상에 기원한 것이 아니며, 세상의 방법으로 확장되지도 않는다(단 2:34 참고). 빌라도는 예수께서 왕이라는 주장을 들었지만 예수의 정체성에 담긴 진리는 인식하지 못했다. 많은 현대인처럼 빌라도는 경멸하는 물음으로 반응한다. "진리가 무엇이냐"(요 18:38).

빌라도는 처음에 예수를 풀어 주고 종교 지도자들을 묵살하려고 했지만, 그의 결심은 압력 가운데 바스러지고 만다. 빌라도는 그들에게 예수와, 반역을 일으킨 죄수 바라바 둘 중에 하나를 풀어 주겠다고 제안한다. 하지만 종교 지도자들의 요구에 못 이겨 결국 바라바를 풀어 주고 만다(요 18:40). 그의 아내가 "저 옳은 사람"을 심판하지 말라고 경고를 보냈지만, 빌라도는 손을 씻고 자신에게는 죄가 없다고 한다(마 27:19, 24). 그는 "나는 그에게서 죄를 찾지 못하였노라"(요 19:6)고 바르게 선포했지만, 결국 예수를 조롱당하고, 매 맞고, 채찍을 맞도록 넘겨준 것이다. 채찍질은 십자가형의 서곡이다. 가죽 끈과 납 구슬 및 뾰족한 뼛조각이 더해진 채찍이 때릴 때마다 엄청난 충격을 가한다. 몸에 깊은 타박상을 남길 뿐더러 살을 베는 상처가 끔찍한 효과를 낸다. 종종 선고를 받은 뒤에 채찍질만으로도 목숨을 잃는 사람도 있다. 로마 군사들은 총독 궁전에서 예수 주위에 모인다. 그들은 가시나무로 왕관을 만들고 왕족임을 나타내는 보라색 옷을 입힌다. 그들은 예수의 오른손에 갈대를 들린다. 그들은 예수 앞에 무릎을 꿇고 절하며, "유대인의 왕이여 평안할지어다!"라고 외치며 조롱한다. 그들은 예수께 침을 뱉고 갈대를 빼앗아 머리를 친다(마 27:29-30; 참고 삼하 7:14; 사 53:3-5).

빌라도는 예수에게 마지막 시간을 준다. 그는 다시 마음을 바꿔 대제사장들에게 예수를 십자가에 못 박아야 하는지 묻는다. 그들에게는 그렇게 할 권리가 없는데도 말이다. 대제사장들은 예수가 하나님의 아들이라고 주장했기 때문에 신성모독으로 죽어야만 한다고 주장한다(요 19:7). 빌라도는 이제 이 말을 이해하고 두려워한다. 그는 예수께 묻는다. "너는 어디로부터냐"(요 19:9). 예수의 침묵에 불안해하며 빌라도는 몰아붙인다. "내가 너를 놓을 권한도 있고 십자가에 못 박을 권한도 있는 줄 알지 못하느냐"(요 19:10). 예수는 아버지의 뜻을 아시고 이렇게 답하신다. "위에서 주지 아니하셨더라면 나를 해할 권한이 없었으리니"(요 19:11). 빌라도는 자신의 지위가 주는 위협에 스스로 무너지고 만다. "이 사람을 놓으면 가이사의 충신이 아니니이다 무릇 자기를 왕이라 하는 자는 가이사를 반역하는 것이니이다"(요 19:12). 그는 재판석에 앉아서 하나님의 아들을 십자가형에 처하도록 선고한다. 이는 예수께서 제자들에게 하신 말씀을 성취하는 것이었다. "보라 우리가 예루살렘으로 올라가노니 인자가 대제사장들과 서기관들에게 넘겨지매 그들이 죽이기로 결의하고 이방인들에게 넘겨주어 그를 조롱하며 채찍질하며 십자가에 못 박게 할 것이나 제삼일에 살아나리라"(마 20:18-19; 참고 막 8:31, 9:31, 10:32-34; 눅 9:51).

• 예수께서 세상 죄를 위해 하나님의 뜻을 따라 십자가에 달리시다(주후 33년 4월)

눈에 잘 띄는 곳에서 십자가형을 집행하기 위해 예수는 성벽 밖으로 끌려 나간다. 옷은 모두 벗겨진 채로, 자신이 달려 죽게 될 나무 십자가를 끌고 가셔야만 했다. 이미 심하게 매를 맞았고, 출혈로 몸이 약해졌기 때문에 구레네 시몬이라는 아프리카에서 온 성지 참배객이 십자가를 끌고 남은 길을 간다. 예수는 *골고다*(Golgatha), 즉 아람어로 "해골 두는 곳"이라는 바위로 된 언덕으로 끌려간다. 해골에 해당하는 라틴어는 *칼바리아*(calvaria)인데, 여기에서 영어 단어인 *갈보리*(Calvary)가 나왔다. 유대 전통에 따르면 아담의 두개골이 이 바위 언덕 밑에 묻혀 있다. 예수는 마지막 아담으로서 이제 십자가에 달리시기 위해 그 장소로 가시는 것이다.

로마의 수사학자인 키케로는 이 십자가형을 "가장 극단적인 형벌"(summum supplicium)이라고 했다. 그리고 "십자가"(crux)라는 단어를 언급하는 것만으로도 로마 시민의 존엄성을 저해하는 것으로 여긴다. 유대인 역사가인 요세푸스는 이를 "가장 비참한 죽음"으로 묘사한다. 사람을 꿰뚫어 죽이는 사형의 형태는 앗수르, 바사, 헬라 자료들에도 분명히 나오지만 로마는 최고의 고통, 괴로움, 수치감을 주기 위해 십자가형을 완벽하게 다듬었다. 십자가형을 받은 사람의 손목에 큰 쇠못을 박아 손목의 정중신경*을 꿰뚫는다. 사람은 십자가에 밀착되기 때문에 움직일 때마다 극심한 고통이 발생한다. 그리고 사람을 직각으로 고정하고 들어 올린 후에는 세 번째 못을 발에 박는다. 십자가에 매달리면, 심장이 맹렬하게 뛰고 혈압이 떨어지면서 혈량 감퇴로 인한 쇼크 상태에 빠진다. 또 혈액이 빠져나가며 극심한 갈증으로 괴롭게 된다(요 19:28). 체액이 심장과 폐 주위 근막에 쌓이면서(요 19:34), 숨을 들이쉴 수 없을 지경이 되어 질식사할 때까지 고통스럽게 천천히 죽어 간다(눅 23:46). 빨리 죽게 만들기 위해서 다리를 부러뜨릴 수도 있다.

* 팔 신경얼기의 안쪽과 바깥쪽 다발이 만나 이루는 신경. 아래팔 앞쪽의 대부분 근육과 엄지손가락 근육 및 손바닥의 피부에 분포한다.

빌라도는 예수의 십자가에 그분의 이름과 죄목을 기록한 명패를 부착한다. "나사렛 예수 유대인의 왕이라"(요 19:19). 우리는 이 장면의 강렬한 현실성에 주목해야 한다. 약속된 메시아이신 예수께서 오셨다. 메시아로 오신 왕이지만, 예수는 하나님의 뜻에 따라 세상의 죄 때문에 십자가에 달리도록 넘겨지셨다. 십자가에 달리셔서는 자신이 구원하러 오신 바로 그 대상들에 의해 경멸을 당하시고, 거부를 당하시고, 조롱을 당하신다(사 53:3-4). 정오부터 오후 3시까지 예수께서 감당하신 죄에 대해 하나님의 공의로운 진노가 내리며 어둠이 하늘을 덮었다(마 27:45; 참고 욜 2:31; 습 1:15). 예수는 인류의 죄에 대한 하나님의 진리가 완전히 충족되면서 숭고한 고뇌 가운데 울부짖으신다(마 27:46; 참고 시 22:1). 죽음의 순간을 갈망하면서 예수는 외치신다. "다 이루었도다"(요 19:30; 참고 요 17:4). 예수는 머리를 떨어뜨리시고 숨을 거두신다. 성전의 장막이 위에서 아래로 찢겼다. 땅이 흔들렸고, 로마 백부장은 "이 사람은 진실로 하나님의 아들이었도다"(막 15:39)라고 고백한다. 예수의 몸은 조심스럽게 십자가에서 내려졌다. 아리마대 사람 요셉과 니고데모가 세마포로 예수를 쌌다. 그들은 예수를 안장하기 위해 왕에게 합당한 몰약과 침향 섞은 것 100리트라(약 33킬로그램)를 가져왔다(요 19:39). 그분의 몸은 세마포에 싸여 새롭게 만든 무덤에 놓였다. 그리고 거대한 돌을 굴려 입구를 막았다. 군사들은 보초를 서고 그 무덤을 봉한다. 이는 예수의 말씀을 떠올리게 한다. "내가 사흘 후에 다시 살아나리라"(마 27:63).

• 예수께서 죽은 자 가운데서 부활하시다!

한 주의 첫 번째 날 이른 아침, 우리는 인류의 죄를 지신 예수의 대속 희생물이 받아들여졌음을 알게 된다. 죄와 사망과 지옥의 권세는 영원히 멸하여졌다. 새 창조가 시작되었다. 막달라 마리아, 마리아(야고보의 어머니), 살로메(야고보와 요한의 어머니)가 예수의 몸에 바를 향품을 가지고 간다(막 16:1). 그들은 주님의 천사가 무덤에서 돌을 굴릴 때 땅이 흔들리는 것을 느낀다. 천사는 이 여인들에게 예수께서 죽은 자 가운데서 부활하셨다는 좋은 소식을 알린다. "너희는 무서워하지 말라 십자가에 못 박히신 예수를 너희가 찾는 줄을 내가 아노라 그가 여기 계시지 않고 그가 말씀하시던 대로 살아나셨느니라"(마 28:5-6; 참고 마 12:40; 16:21; 요 2:19). 예수의 부활은 하나님이 다윗에게 주신 약속을 성취하는 것이다. "네 수한이 차서 네 조상들과 함께 누울 때에 내가 네 몸에서 날 네 씨를 네 뒤에 세워 그의 나라를 견고하게 하리라"(삼하 7:12). 예수는 후에 제자들이 모인 곳에 나타나셔서 평화를 선포하신다. 이는 오직 예수의 죽음만이 이룰 수 있는 것이다(요 20:21). 예수의 죽음과 부활은 하나님의 구속 계획에서 핵심적인 사건이고, **빈 무덤**(CASKET EMPTY) 연구를 지배하는 개념이다. 그리스도의 죽음과 부활은, 성경에서 제일 중요한 주제다(고전 15:1-3). 이제 성경의 이야기가 예수 안에서 성취된 것이다(눅 24:45-47).

▶▶▶ 신약 연대표

연대표에서 이 중요한 장면을 확인하고, 십자가의 중심성을 인지하자. **세 십자가** 그림(원서 구약 책의 표지 그림)은 예수의 죽음이 인간이 겪는 죄와 사망의 고난에 해답이 된다는 사실을 일깨워 준다. 신약 연대표에 있는 **십자가**는 하나님의 구속 계획에서 결정적인 순간을 나타낸다. 태양이 환한 영광 가운데 떠오르며 예수께서 주일 아침 일찍 죽은 자 가운데서 부활하셨음을 드러낸다. 예수의 비어 있는 무덤은 새로운 창조의 시작이다.

• 예수께서 성령을 약속하시다

죽은 자 가운데서 부활하신 후, 예수는 제자들에게 성령을 보내셔서 세상에서 증인으로 살아가도록 능력을 주겠다고 약속하신다. 모든 민족에게 성령을 부어주시는 것이 이스라엘의 소망에서 중요한 측면이었다는

사실을 기억하자(욜 2:28-29). 요한복음 15장 26-27절에서 예수는 약속하신다. "내가 아버지께로부터 너희에게 보낼 보혜사 곧 아버지께로부터 나오시는 진리의 성령이 오실 때에 그가 나를 증언하실 것이요 너희도 처음부터 나와 함께 있었으므로 증언하느니라." 누가복음 24장 49절에서 예수는 지침을 내리신다. "내가 내 아버지께서 약속하신 것을 너희에게 보내리니 너희는 위로부터 능력으로 입혀질 때까지 이 성에 머물라."

• **제자들에게 명령하시는 예수, "가서 모든 민족을 제자로 삼아"**(마 28:19-20)

메시아 시대는 예수께서 제자들에게 모든 민족을 제자로 삼으라고 명령하시는 것으로 마무리된다(마 28:18-20; 막 16:15; 눅 24:46-47; 요 21:15). 예수가 주신 대사명은 예수 자신의 권위와 십자가의 성취에서 도출된 것이다. 예수의 죽음과 부활은 복음의 실체가 된다. 이제 예수 그리스도를 통해 아브라함의 축복이 모든 민족에게 확장된 것이다. 믿는 자는 죄를 고백하고 그리스도를 믿음으로써 받는, 새로운 언약의 징표인 세례로 확인된다. 새롭게 믿게 된 자들이 세월을 거쳐 예수의 모든 명령에 순종하도록 가르침을 받을 때 제자도가 나타난다. 그분의 가르침은 하나님의 형상을 갱신하고, 개인, 가정, 사회의 실질적인 변혁을 낳는다. 예수는 직접 우리와 함께하겠다고 약속하시며, 이 거룩한 책임을 다하도록 능력을 주신다. 다음 시대를 연구하며 **오순절 시대**에 성령이 교회에 부어지면서, 역사를 통한 하나님의 구속 계획이 어떻게 진척되어 가는지를 볼 것이다.

4장 오순절 시대 I

Pentecost

이 장을 읽다 보면 누가가 높임 받으신 예수께서 자기 나라를 어떻게 확장시키시는지를 보여 주기 위해 지리적으로 개괄한다는 사실을 알게 될 것이다. 이는 예루살렘에서 시작하여(행 1-7장), 유대와 사마리아(행 8-12장), 마침내 땅끝(행 13-28장)까지 향하는 것이다. 신약 연대표의 **오순절 시대**에 굵은 글씨로 된 소제목들이 있다. 그 아래에는 내용을 요약한 문장들이 있는데, 새로운 영역과 사람들을 확보하도록 주님이 사용하신 선교 활동, 인물, 여정 등을 설명한다. 예수는 제자들에게 능력을 주셔서 기도하고, 설교하고, 가르치고, 파송하고, 베풀게 하신다. 누구는 고난을 당하고 심지어 목숨까지 내놓기까지 한다. 하지만 여전히 모든 사람은 그리스도의 복음이 그리스도를 필요로 하고 기다리는 세상까지 전해져 나가는 것을 보고 즐거워하도록 부름 받았다. **오순절 시대**에 해당하는 두 장은 사도행전 이야기를 기준으로 진행되는데, 1부는 예루살렘 공의회(행 15장)에서 마무리되고, 2부는 유럽으로 선교가 확장되고 로마에 복음이 선포될 때까지 이어진다(행 28장). 우리는 특별히 초기 그리스도인들의 설교가 우리의 **빈 무덤**(CASKET EMPTY) 연구에서 발전되는 주제들을 어떻게 담아내고 있는지에 관심을 기울일 것이다. 이 장 내내 추가로 성경 구절들이 제공된다. 책과 함께 말씀을 읽으면 큰 유익을 누릴 수 있을 것이다.

미리 보는 오순절 시대

신약의 세 번째 시대는 **오순절 시대**라고 했다. 왜냐하면 오순절에 성령이 교회에 부어지면서, 하나님 나라가 전 세계로 확장되는 시발점이 되었기 때문이다. 예수는 부활하신 후, 40일 동안 제자들에게 하나님 나라를 가르치시고 예루살렘에서 기다리라고 명하신다. 예수는 그들에게 성령이 임하면 능력을 받아 예루살렘과 온 유대와 사마리아와 땅끝까지 증인이 될 것이라고 약속하신다. 예수는 제자들 앞에서 높임 받으신 주로서 아버지께 올라가신다. 두 천사가 충격에 빠진 제자들에게 와서 예수께서는 언젠가 올라가신 모습 그대로 구름 가운데 영광으로 임하실 것이라고 약속한다.

오순절 날이 다가왔고, 높임 받으신 예수는 자기 이름으로 모인 모든 자에게 성령을 부어 주신다. 하나님의 임재가 제자들에게 임하였는데, 이는 이스라엘을 애굽에서 인도해 낸 구름 기둥과 불기둥, 그리고 시내산에서 불로 임하셨던 하나님의 임재를 떠올리게 하는 것이었다. 예수의 제자들은 성령의 능력을 받고, 오순절을 지키기 위해 예루살렘에 모인 여러 나라 사람들의 모국어로 하나님의 위대한 사역들을 선포한다. 이는 하나님이 교회를 통해 세계 복음화를 시작하셨음을 알리는 이정표다. 베드로는 첫 번째로 기독교 설교를 하는데, 그 내용은 이 중대한 사건의 해석이었다. 베드로는 하나님이 예수를 높이셨고, 이 예수께서는 우리의 주님과 그리스도로서 십자가에 달리신 분이라고 선포한다. 그리스도는 자신의 성령을 모든 민족, 모든 남녀노소에게 부으셔서 주님의 이름을 부르는 자는 모두 구원을 받게 하셨다. 3천 명이 반응하여 세례를 받고 그리스도에게 나왔다. 그들은 죄의 용서와 성령의 은사를 받고, 점점 성장해 나가는 믿음의 공동체에 참여하게 된다.

오순절 시대는 사도행전의 서술 구조를 그대로 따를 것이다. 누가는 자신의 첫 번째 책(누가복음)에서 예수께서 하늘로 올림 받으실 때까지 행하시고 가르치기 **시작하셨던** 모든 것을 전했다. 그리고 두 번째 책인 사도행전에서는 예수가 높이 들려 아버지 오른편에서 세상에 시작하신 일을 어떻게 **지속하시는지를** 보여 준다. 교회의 선교가 확장되는 것은 강력하게, 주도적으로 주관하신 예수 그리스도의 손에 의한 것이었음을 알아야 한다. 예수는 공생애를 통해 하나님 나라의 도래를 선포하셨다. 그리고 예수는 십자가에서 죽으심으로 모든 민족의 모든 남녀노소의 생명을 사셨다. 또한 이제는 높임 받은 주로서 그들을 얻기 위해 애쓰시는데, 은혜로 성령의 능력을 베푸셔서 제자들을 통해 모든 민족을 수확하게 하시는 것이다. 그리스도를 믿는 모든 사람은 이 세상에 가시적으로 드러난 그리스도의 몸인 교회 공동체를 이룬다. 이것이 새롭게 된 인류의 시작이다.

누가는 자신의 기록 중 상당 부분을 초대 그리스도인들이 전한 설교에 할애한다. 그리스도를 선포하는 내용이 성경의 더 광범위한 서술 안에 위치하는데, 이는 역사를 통한 하나님의 구속 계획이 메시아의 죽음과 부활로 결정적 지점에 이르렀다는 것을 보여 주기 위함이다. 모든 민족에게 예수 안에서 죄가 용서되고 하나님의 가족이 된다는 사실을 제시한다. 또한 복음은 그리스도 안에서 새로운 공동체를 형성하는데, 이는 다양한 민족과 사회 계층으로 이루어진 믿는 자들이 구성하는 것이다. 유대인과 이방인, 헬라인과 로마인, 남자와 여자, 부유한 자와 가난한 자가 모두 각자의 우상을 버리고 그리스도 안에서 용서, 구원, 새로운 삶을 얻게 된 것이다. 복음은 문화적 장벽을 넘어 물이 바다에 덮음같이 온 땅이 여호와의 영광을 아는 지식으로 가득하게 될 것이라는 예언자의 환상을 성취한다.

오순절 시대의 핵심 인물은 베드로, 스데반, 야고보, 바울, 바나바, 실라, 브리스길라, 아굴라, 누가다. 이 시대의 중요한 로마 지도자들로는 칼리굴라 황제(Caligula, 주후 37-41년), 글라우디오(클라우디우스, Claudius, 주후 41-54년), 네로(Nero, 주후 54-68년), 그리고 박해자 벨릭스(펠릭스, Felix)와 베스도(포르시우스 페스투스, Porcius Festus)가 있다. 중요한 유대 지도자로는 헤롯 아그립바 1세(Herod Agrippa I, 주후 41-44년)와 헤롯 아그립바 2세(Herod Agrippa II, 주후 48-70년)가 있다.

오순절 시대를 배울 때 **불이 내리는 구름** 그림이 이 시대를 상징한다는 점을 기억하자. 불이 내린다는 것은 하나님이 직접 성령의 위격으로 임재하셨음을 나타낸다. 이 그림은 **빈 무덤**(CASKET EMPTY) 연구 전반에 매우 중요한 한 가지 주제를 상기시킨다. 성령은 성경의 첫 구절부터 이미 존재하신다. 즉, 성령이 창조 세계의 수면 위를 운행하신 것이다(창 1:1-2). 또한 인류는 하나님의 임재로 생명을 얻게 되었다(창 2:7). 하지만 장막과 성전을 채우던 하나님의 임재의 구름은 이스라엘의 죄로 인해 떠나가고 만다(출 40:34; 왕상 8:11; 겔 9-11장). 하나님은 자신의 임재가 어느 날 돌아올 것이고, 그리하여 하나님의 백성에게 새 생명을 주고, 그들로 하여금 자신의 길을 걷게 하실 것이라고 약속하셨다(겔 36:26-27). 드디어 예수 그리스도 안에서 하나님의 임재가 돌아왔고, 임마누엘이 임하신다(마 1:22-23). 이제, 높임 받으신 예수는 성령을 모든 민족, 남자와 여자, 젊은이와 노인, 부유한 자와 가난한 자에게 부으셔서 하나님의 약속을 성취하게 하신다(행 2:1-21; 참고 욜 2:28-29). 성령은 하나님이 직접, 힘 주시는 임재로 의와 사명과 봉사의 삶을 믿는 모든 자를 채운다(행 1:8, 롬 8장; 고전 6:19; 참고 사 49:6; 히 2:4).

연대표를 보면 **오순절 시대**에 두 부분이 있는데, 사도행전에 나타나는 광범위한 연대를 그대로 따르고 있다. 이 시간의 흐름 가운데 연대순으로 신약의 스물한 글자가 나온 것을 볼 것이다. 신약 글자들은 기억하기 쉽도록 색이 입혀져 있다. 야고보와 유다는 예수의 형제로서 예루살렘에 있는 교회에 편지를 썼다. 그들의 편지는 **갈색**이다. 왜냐하면 실질적인 제자도를 권하는 내용으로서 이 땅에 근거하는 구체적인 권고이기 때문이다(약 1:27, 유 1:20-21). 바울이 쓴 열세 편의 편지는 **붉은색**이다. 왜냐하면 경건하지 않은 자를 믿음으로 의롭다 하시는 그리스도의 대속 보혈을 강조하기 때문이다(롬 3:23-25; 엡 2:13; 골 1:20). 베드로의 편지는 **초록색**이다. "양 무리를 치라"는 마지막 명령 때문이다(벧전 5:2, 요 21:15-17). 히브리서는 파란색이다. 우리의 대제사장 되시는 예수를 강조하기 때문이다(히 1:1-4, 4:14, 8:1). 요한의 편지들은 노란색이다. "하나님은 빛이시라"라는 선언문과 믿는 자들은 그리스도의 "빛 가운데 거하"라는 것 때문이다(요일 1:5-7, 2:8-10).

하나님이 교회에 성령을 부어 주시다

상단에 있는 굵은 글씨로 된 글자는 **오순절 시대**에 하나님이 행하신 주된 구속 사역을 확인하게 해 준다. 오순절은 애굽에서 탈출한 날에서 50일이 되는 날이다(레 23:16). 이스라엘이 시내 산 기슭에 도달했을 때, 하나님이 그들의 눈에 보이도록 불타는 영광으로 임하신 순간을 기념하는 것이다. 하나님은 그 산에서 말씀하시며 자신의 뜻을 드러내셨다. 하나님의 임재는 이스라엘을 다른 나라들과 완전히 구분시켜 주는 것이었다. 하나님이 그들을 불러 이 세상에서 제사장 나라와 거룩한 백성이 되게 하신 것이다(출 19:5-6, 40:34-38). 그리고 이제 하나님이 교회에 성령을 부어 주시면서 하나님의 구속 목적이 온 땅으로 확대된다. 하나님은 언젠가 성령을 모든 인류에게 부어 주실 것을 약속하셨다(욜 2:28-29). 유대인과 이방인들이 한데 모인 교회는 성령의 임재로 거룩하게 된다. 하나님은 선교의 목적을 드러내시고 교회를 자신의 증인으로 삼아 온 땅으로 보내신다(사 43:10-12; 행 1:8). 교회는 성령의 임재와 능력으로 가득하여 예수 그리스도의 복음을 예루살렘에서부터 땅끝까지 선포한다(사 2:1-4; 미 4:1-4; 눅 24:47-49).

• 제자들에게 말씀하시는 예수, "예루살렘과 온 유대와 사마리아와 땅끝까지 이르러 내 증인이 되리라"(행 1:8)

예수는 죽은 자 가운데서 부활하신 후 40일 동안 제자들을 가르치신다.

예수는 그들에게 하나님 나라에 대해 말씀하셨다. 예수는 그들에게 예루살렘에 남아 약속하신 성령의 선물을 기다리라고 하신다(눅 24:49; 요 15:26-27; 참고 욜 2:28-29). 사도행전 1장 6절에서 제자들은 예수께 묻는다. "주께서 이스라엘 나라를 회복하심이 이때니이까?" 예수는 그들의 질문을 돌리시고, 그저 겸손하게 아버지의 뜻과 권세와 때를 신뢰하도록 하신다. 그러고 나서 예수는 자신을 따르는 자들에게 이스라엘이 받았던 선교의 사명, 즉 참되시고 구원하시는 한 분 하나님의 증인이 되라는 사명을 주신다. 선지자 이사야를 통해서 여호와는 선포하셨다. "너희는 나의 증인, 나의 종으로 택함을 입었나니 이는 너희가 나를 알고 믿으며 내가 그인 줄 깨닫게 하려 함이라 나의 전에 지음을 받은 신이 없었느니라 나의 후에도 없으리라 나 곧 나는 여호와라 나 외에 구원자가 없느니라"(사 43:10-11). 이사야서 49장 6절을 보면 이 주님의 종은 이스라엘을 회복하기 위해 오시며 모든 민족에게 구원의 빛을 비추신다. 여호와는 그 종에게 자신의 목적을 드러내신다. "네가 나의 종이 되어 야곱의 지파들을 일으키며 이스라엘 중에 보전된 자를 돌아오게 할 것은 매우 쉬운 일이라 내가 또 너를 이방의 빛으로 삼아 나의 구원을 베풀어서 땅끝까지 이르게 하리라." 우리는 예수께서 이 약속된 메시아이며, 이사야 선지자가 말씀하신 주님의 종임을 확인했다. 그분은 죽으시고 부활하셔서 하나님의 백성을 회복하실 것이다(마 8:17; 참고 사 53:4, 7, 9, 61:1-2; 막 15:5; 눅 4:16-21). 그에게서 이스라엘의 회복이 이루어지고, 이제 구원이 모든 민족에게 선포된다. 예수는 이러한 선교의 목적을 염두에 두시고 제자들에게 약속하신다. "오직 성령이 너희에게 임하시면 너희가 권능을 받고 예루살렘과 온 유대와 사마리아와 땅끝까지 이르러 내 증인이 되리라"(행 1:8). 말씀대로 성령이 제자들에게 능력을 주셔서 복음을 모든 민족에게 선포하도록 하시면서, 예수의 제자들은 모든 민족에게 복을 주시려는 하나님의 계획을 그대로 이어받게 된다.

• 예수는 높임 받으신 주님으로 아버지에게 올라가시다(히 1장; 시 110편)

예수는 제자들에게 자신이 메시아로 오신 왕이라고 확인해 주신 후, 높임 받으신 주님으로서 아버지에게 올라가신다. 예수는 제자들 앞에서 하나님이 임재하신 구름으로 올라가신다. 예수는 창세전에 지니셨던 영광으로 아버지에게 돌아가신다(요 17:5). 예수는 모든 민족에게 주어진 인자로 오셨다(참고 시 2:8, 단 7:13-14, 마 28:18-20). 예수는 하나님의 신실한 아들로 오셔서 아버지가 보내시며 성취하게 하신 모든 사역을 완수하신다(요 17:4). 예수는 구주이자 구속주이시며, 구원은 그분의 이름 안에만 있다(행 2:21, 4:12; 참고 사 43:3, 10-11, 44:6, 45:21-25). 예수의 승천은 예수가 주권자 여호와로서 그 이름에 모든 무릎이 꿇어 절할 분임을 드러낸다(사 45:23; 빌 2:8-11). 예수는 죄를 정결하게 하는 일을 하시고 "높은 곳에 계신 지극히 크신 이의 우편에"(히 1:3) 앉으신다. 시편 110편 1-2절은 이렇게 선포하며 메시아로 온 왕이 보좌에 앉는 것을 경축한다. "내가 네 원수들로 네 발판이 되게 하기까지 너는 내 오른쪽에 앉아 있으라 하셨도다 여호와께서 시온에서부터 주의 권능의 규를 내보내시리니 주는 원수들 중에서 다스리소서." 예수 그리스도는 이제 아버지의 오른편에 앉아 계신다(행 2:33-36; 히 1:13; 참고 시 110:1-2). 예수는 지금도 매일 모든 사람에게 주권을 행하신다. 세계적으로 날마다 약 174,000명이 새롭게 그리스도께 자신의 삶을 드리기로 작정한다. 오순절에 예수는 모든 민족에 대한 자신의 주권적인 소유를 나타내실 것이다.

• 오순절에 모든 민족에게 성령이 부어지다

예수가 높임 받으신 주로서 처음 행하신 사역은 오순절에 성령을 모든 민족에게 부으신 것이다.

> 오순절 날이 이미 이르매 그들이 다 같이 한곳에 모였더니 홀연히 하늘로부터 급하고 강한 바람 같은 소리가 있어 그들이 앉은 온 집에 가득하며 마치 불의 혀처럼 갈라지는 것들이 그들에게 보여 각 사람 위에 하나

씩 임하여 있더니 그들이 다 성령의 충만함을 받고 성령이 말하게 하심을 따라 다른 언어들로 말하기를 시작하니라(행 2:1-4)

오순절은 세 번째 달 첫 날로서 출애굽 이후 50일 되는 날인데, 이스라엘이 시내 산에 도달한 것을 기념하는 날이다(출 19:1). 하나님은 사람들의 눈에 보이도록 영광과 불을 두르고 내려오셨다. 그러면서 하나님의 말씀이 드러나게 되었다. 산기슭에 모인 자들은 하나님이 행하신 장엄한 행적의 증인이 되도록 부름을 받는다. 성경에서, 이 사건은 주들(weeks)의 축제로 기억된다. 헬라어로 번역되면서 이 절기는 오순절(50)이 되었다. 이 절기는 유월절 50일 후에 지키기 때문이다.

예수는 하나님의 뜻에 따라 성령을 바로 이 날에 부어 주기로 하신다. 급한 바람이 하늘로부터 임해 그 집을 채운다. 그곳에 모인 제자들은 혀 또는 불꽃처럼 보이는 것이 믿는 자들 위에 각기 임하는 것을 목격한다. 그 다락방에는 약 120명이 있었다. 그들은 하나님의 불타는 임재로 충만하다. 하지만 놀랍게도 타버리지는 않았다. 대신, 그들은 다른 언어로 말하기 시작한다(헬라어로 "혀"는 "언어"를 의미한다). 그들은 "하나님의 큰 일"(행 2:11)을 선포한다. 그러자 여러 민족이 놀라서 그 말이 무슨 뜻인지를 묻는다. 베드로는 성령이 모든 민족에게 부어지면서 선지자 요엘을 통해 말씀하신 이스라엘의 소망이 성취되었다고 선포한다.

하나님이 말씀하시기를 말세에 내가 내 영을 모든 육체에 부어 주리니 너희의 자녀들은 예언할 것이요 너희의 젊은이들은 환상을 보고 너희의 늙은이들은 꿈을 꾸리라 그때에 내가 내 영을 내 남종과 여종들에게 부어 주리니 그들이 예언할 것이요 또 내가 위로 하늘에서는 기사를 아래로 땅에서는 징조를 베풀리니 곧 피와 불과 연기로다 주의 크고 영화로운 날이 이르기 전에 해가 변하여 어두워지고 달이 변하여 피가 되리라 누구든지 주의 이름을 부르는 자는 구원을 받으리라 하였느니라(행 2:17-21; 참고 욜 2:28-32)

누가는 순례객이 집결한 이 절기에 천하 각국에서 사람들이 모여들었다는 점을 강조한다(행 2:5). 바대인(파르티아인, Parthians), 메대인(Medes), 엘람인(Elamites)이 있었는데, 이들은 아시아를 대표한다. 또한 메소보다미아(메소포타미아, Mesopotamia), 유대(Judea), 갑바도기아(카파도키아, Cappadocia), 본도(폰투스, Pontus), 소아시아 거주민(Asia Minor)도 있었는데, 이들은 중동을 대표한다. 또한 애굽, 구레네(키레네, Cyrene) 근방의 리비야(리비아) 지역에서 온 이들은 아프리카를 대표한다. 로마에서 온 방문객들도 있었는데, 이들은 유럽을 대표한다. 예수가 높임 받으신 주로서 처음 행하신 일은 온 땅이 자신에게 속했음을 선포하시는 것이었다. 그리스도를 믿는 자들은 땅끝까지 예수의 증인이 된다. 예수는 하늘과 땅에 있는 모든 권세를 자신에게 주셨다고 말씀하셨다(마 28:18-20). 잠시 멈춰 모든 우주의 권세가 예수 그리스도에게 속한 것이라는 이 고무적인 현실을 생각해 보도록 하자. 예수는 온 세상을 다스리는 이 권위로 무슨 일을 하시는가? 예수는 제자들에게 모든 민족으로 제자를 삼는 권세를 주신다.

◆ 높임 받으신 예수께서 예루살렘에 하나님 나라를 확장하시다(행 1-7장)

사도행전 1-7장은 높임 받으신 예수께서 예루살렘에서 어떻게 자신의 나라를 확장해 가시는지를 그린다. 예수께서는 설교를 통해 사람들이 그리스도의 복음을 듣게 하셨다. 즉 성령의 능력을 받은 자들이 그리스도의 죽음과 부활을 선포하고 나선 것이다. 이렇게 선포되는 말씀에 믿음으로 반응한 자들이 첫 그리스도인 공동체를 형성한다. 이 믿음 공동체는 사도들의 가르침에 헌신하며, 식사를 공유하고, 교제하며, 기도했다(행 2:42). 초기 기독교 사역은 설교, 치유, 과부와 가난한 자에 대한 애정 어린 돌봄을 통해 성장한다. 상당히 많은 사람이 이에 대한 반응으로 예루살렘 교회에 더해졌다. 예수는 또한 박해를 통해 그들의 헌신을 깊게 하시고 증인이 될 기회로 삼으셨다. 첫 번째 순교자인 스데반은 예수를 메시아로 선포하다가 돌에 맞아 죽었다. 하지만 그의 죽음은 그리스도의 죽음과 마찬가지로 하나님 나라를 성장하게 할 뿐이었다.

• 예루살렘에서 10,000명이 넘게 믿다!

예수 그리스도는 예루살렘에서 기적 같은 결과물을 낳으며 자신의 나라를 확장해 간다. 베드로가 오순절 사건에 대한 반응으로 처음으로 기독교 설교를 전했고, 엄청나게 많은 영혼들을 수확했다. 사도행전 2장 41절에서 우리는 "그 말을 받은 사람들은 세례를 받으매 이 날에 신도의 수가 삼천이나 더하더라"는 말씀을 보게 된다. 또한 사도행전 4장 4절은 "말씀을 들은 사람 중에 믿는 자가 많으니 남자의 수가 약 오천이나 되었더라"고 한다. 누가는 여기서 가장들만 그리스도인 공동체의 일원으로 셈한 것이기 때문에, 총 믿는 자의 수는 여성과 아이를 포함해서 이미 10,000명 이상이 되었다고 할 수 있다. 사도행전 6장 7절에서는 "하나님의 말씀이 점점 왕성하여 예루살렘에 있는 제자의 수가 더 심히 많아지고 허다한 제사장의 무리도 이 도에 복종하니라"고 한다. 이 표현은 특히 감동적인데, "왕성하다"와 "많아지다"에 해당하는 두 단어가 창세기 1장 28절을 헬라어로 번역한 단어와 동일하기 때문이다. 그리스도 안에서 하나님의 말씀이 인류의 본 목적을 성취하게 된 것이다. 또한 허다한 제사장들이 그리스도를 믿게 되었다는 사실은 얼마나 아름다운가! 성경을 잘 알고 제단에서 일하던 사람들이 하나님의 어린양이 이 세상의 죄를 없애셨다는 사실을 깨달은 것이다. 예루살렘에서 나타난 반응을 보면 적어도 그 도시의 거주민 중 25퍼센트에 해당하는 수치다. 예수의 말씀은 효과를 발하고, 그 목적은 수많은 유대인과 이방인들을 모아 자신의 영광스러운 은혜를 찬양하도록 하는 것이다(창 12:3; 엡 1:11-14; 계 7:1-12).

• 하나님이 그리스도에 대해 말씀된 것들을 성취하시다(행 3장)

초기 기독교 설교는 예수 본인의 사역이 그러했듯이, 하나님의 약속이 그리스도 안에서 성취되었음을 강조한다. 메시아의 삶, 죽음, 부활, 높임 받으심은 "마지막 날" 또는 "말세"가 시작했음을 의미한다(막 1:15; 고전 10:11). 하나님 나라가 도래한 것이다. 속죄가 이루어졌다. 새로운 창조 세계가 여명을 밝힌다. 예수는 약속된 메시아이자 높임 받으신 주님이시다. 그를 믿는 모든 자는 죄를 용서 받는다. 그들은 약속의 자녀로 받아들여지고 성령이 그들을 인 치신다. 베드로는 오순절에 설교하며 성령을 부어 주신 것이 하나님이 요엘서 2장 28-29절에서 약속하신 바를 성취하는 것으로 해석한다. 메시아의 죽음과 부활을 통해 이제 하나님의 약속이 현실이 된 것이다. 베드로는 예수의 공생애 사역과 이적들을 자세히 나눈다. **빈 무덤**(CASKET EMPTY)의 핵심이 되는 구절에서 베드로는 예수께서 십자가에서 죽으시고 죽은 자 가운데서 살아나신 것이 "하나님께서 정하신 뜻과 미리 아신 대로"(행 2:23; 참고 사 53:10) 된 것이라고 증언한다. 죽음은 생명의 주관자를 속박할 수 없었다. 예수는 살아나시고 높임 받으셔서 하나님 우편에 앉으신다(시 16:8-11, 110:1-2). 예수야말로 성령을 부어 주신 바로 그분이다(행 2:33). 이 설교를 들은 사람들이 이 말에 반응하여 회개하고 그리스도를 믿는다. 그들은 세례를 받아 공적으로 그리스도와 자신들을 동일시하고, 죄의 용서와 성령의 약속을 받는다(행 2:37-39).

또한 그리스도인들은 성전 뜰에서 정기적으로 모인다(행 2:46, 3:11). 거기에서 그들은 하나님이 그리스도에 대해서 예전에 말씀하신 내용들이 성취되었다고 선포한다. 베드로는 예수가 이스라엘의 소망을 응했다고 선언한다. "그러나 하나님이 모든 선지자의 입을 통하여 자기의 그리스도께서 고난 받으실 일을 미리 알게 하신 것을 이와 같이 이루셨느니라"(행 3:18). 베드로는 그들이 "회개"하고 "돌이켜" 죄 없이 함을 받아야 한다고 전한다(행 3:19). 베드로는 신명기에서 모세가 이야기한 내용을 상기시킨다. 즉, 주 하나님이 너희 형제 가운데 "나 같은 선지자 하나를 세울" 것인데, 그들은 "무엇이든지 그의 모든 말을 들을 것"(행 3:22; 참고 신 18:15, 18-19)이라는 점이다. 베드로는 예수가 약속된 선지자임을 깨달았다. 베드로는 계속해서 하나님이 자신들의 선조와 언약을 맺으시며 약속하신 내용들을 상기시킨다. "땅 위의 모든 족속이 너의 씨로 말미암아 복을 받으리라"(행 3:25; 참고 창 12:3). 잠시 시간을 내어 베드로의 설교를 읽어 보자. 그리고 그리스도 안에서 하나님의 구속 계획이 성취된 것을 보고, 하나님의 말씀으로 당신의 마음과 영혼을 뛰게 하자.

• 스데반이 예수께서 메시아임을 선포하고 돌에 맞아 죽다(주후 34년경)

초기 그리스도인들의 설교가 사람들을 믿음으로 나오도록 하는 결과만 낳은 것은 아니다. 오히려 선포되는 말씀을 듣고 적개심을 촉발하는 사람들도 있다. 신실한 사역에는 언제나 박해와 고난이 따르기 마련이다. 베드로와 요한은 "예수 안에 죽은 자의 부활이 있다"(행 4:2)고 전했다는 이유로 체포된다. 대 주재이신 하나님은 베드로가 예수를 세 번 부인했던 곳인 대제사장의 뜰에서 그를 데리고 나오신다. 베드로는 이제 성령으로 충만하여 하나님이 예수를 죽은 자 가운데서 일으키셨고 예수께서 살아나셨다고 증언한다. 예수는 버린 돌이었지만 이제 머릿돌이 되셨다(행 4:11; 참고 시 118:22). 예수는 천하에서 "구원을 받을" 유일한 이름이시다(행 4:12).

이후 사도들은 또 투옥되어 산헤드린 앞으로 끌려간다. 바울 사도의 선생인 가말리엘은 역사를 이야기하며 사람들을 제지한다. 그는 반역을 주도했던 열심당원 드다(Theudas)와, 구레뇨가 호적할 때 반란을 일으켰던 갈릴리의 유다를 예로 든다(행 5:36-37, 《고대사》 18.1-6). 그 두 사람 모두 "스스로 선전"했지만 죽임을 당했고, 추종자들은 모두 흩어졌다. 가말리엘은 여느 랍비 선생과 마찬가지로 예수 역시 "스스로 선전"했지만 죽임을 당했다고 추론한다. 그리고 지혜로운 결론을 내린다. "이 사상과 이 소행이 사람으로부터 났으면 무너질 것이요 만일 하나님께로부터 났으면 너희가 그들을 무너뜨릴 수 없겠고 도리어 하나님을 대적하는 자가 될까 하노라"(행 5:38-39). 결국 그들은 사도들을 풀어 주었지만 채찍질을 가했고, 예수의 이름으로 말하지 말라며 엄포를 놓는다(행 5:40; 참고 고후 11:24). 이 경고에도 불구하고 성경은 그들이 "그 이름을 위하여 능욕 받는 일에 합당한 자로 여기심을 기뻐하면서 공회 앞을 떠나니라 그들이 날마다 성전에 있든지 집에 있든지 예수는 그리스도라고 가르치기와 전도하기를 그치지 아니하니라"(행 5:41-42; 참고 마 5:11-12; 막 13:9)고 전한다.

사도행전 6-7장에서 스데반이 죽임을 당하며, 박해는 새로운 차원으로 들어선다. 이는 대략 주후 34년으로 추정된다. 스데반은 초대 기독교가 성장하면서 겪은 문제들을 해결하기 위해 등장한 사람이다. 헬라어를 사용하는 과부들은 음식을 배급 받을 때 항상 뒷전이었다. 그리하여 제자들은 일곱 지도자를 선출하여 이 사역을 감독하도록 한다. 일곱 명(빌립, 브로고로, 니가노르, 디몬, 바메나, 니골라) 모두 헬라식 이름을 하고 있다. 여기에 우리가 간과하지 말아야 할, 사역에 대한 중요한 가르침이 있다. 사역을 하며 필요가 발생할 때에는, 그 필요에 근접한 사람들을 해결책으로 제시해야 한다는 점이다. 이 지도자들을 "집사"라고 하는데, 성령과 지혜가 충만한 자들이었다(행 6:3). 추가로 지도자들이 세워지면서, 하나님의 말씀은 점점 왕성해지고 더해진다(행 6:7).

하나님의 말씀이 왕성해지면서 박해도 심해진다. 스데반은 단지 헬라어를 사용하는 과부들만 돌본 것이 아니라, 헬라어를 쓰는 회당을 다니며 구레네, 알렉산드리아, 길리기아, 아시아(행 6:9)에서 온 디아스포라 유대인들에게 예수를 증언하는 일도 했다. 그는 예수께 가해졌던 비난을 그대로 당한다. 즉 하나님과 토라와 성전을 욕되게 했다는 것이다(행 6:11-14). 예수를 심문하는 자리에서 그랬듯이, 대제사장이 스데반에게 묻는다. "이것이 사실이냐?"(행 7:1; 참고 마 26:61-62). 스데반은 감동적으로 구약의 이야기를 다시 풀며 그리스도를 믿는 자신의 신앙을 변호한다(행 7장). 그는 하나님의 백성들이 어떻게 하다가 하나님이 그들을 구원하려고 보내신 자들을 놓쳐 버렸는지에 집중한다. 그는 하나님이 아브라함과 이삭과 야곱을 부르신 것으로 시작한다. 그리고 계속해서 요셉의 이야기를 한다. 요셉은 형제들에게 거부당했지만 하나님은 그를 보내 가뭄에서 가족을 지키게 하셨다. 그리고 모세에 대해서 전한다. 모세도 자기 백성들에게 거부당했지만 하나님은 그를 속량하는 자로 보내신다(7:35). 그리고 모세가 동족들에게 약속한 내용을 일깨운다. "하나님이 너희 형제 가운데서 나와 같은 선지자를 세우리라"(행 7:37; 참고 신 18:15). 그는 사람들에게 "의인이 오시리라 예고한"(행 7:52) 선지자들을 거부하지 말라고 경고한다. 스데반은 약속된 그 의인이 예수 메시아이시며, 하나님이 우리를 구원하시기 위해 그를 보내셨다고 담대하게 결론 내린다.

스데반의 설교는 그를 고소한 자들을 분노하게 만들었다. 성령으로 충만한 스데반은 잠잠히 하늘을 우러러 봤고 아버지와 아들 예수의 영광을 보았다. 그는 선포한다. "보라 하늘이 열리고 인자가 하나님 우편에 서신 것을 보노라"(행 7:56; 참고 단 7:13). 스데반은 도시 밖으로 끌려 나가 돌에 맞아 죽는다. 돌로 쳐 죽이는 것은 구약의 법에 따른 종교적 사형 방법으로서, 특히 신성모독에 대한 처벌이었다(레 24:14-16; 신 17:7). 그들은 스데반에게 바로 이렇게 했던 것이고, 스데반은 그리스도를 닮은 모습으로 죽음을 맞는다. 그를 고소한 자들이 돌을 던지자, 그는 이렇게 기도한다. "주 예수여 내 영혼을 받으시옵소서"(행 7:60; 참고 눅 23:34). 하지만 스데반의 죽음은 헛되지 않았다. 누가는 "증인들이 옷을 벗어 사울이라 하는 청년의 발 앞에 두니라"(행 7:58), "사울은 그가 죽임 당함을 마땅히 여기더라"(행 8:1)고 전한다. 이 열성적인 박해자는 곧 예수의 주권적인 손에 이끌려 이방을 향한 사도로 부름 받게 된다.

◆ 높임 받으신 예수께서 유대와 사마리아에 하나님 나라를 확장하시다 (행 8-12장)

사도행전 8-12장은 높임 받으신 예수께서 어떻게 자신의 나라를 모든 유대와 사마리아에 확장시키는지를 다룬다. 스데반의 죽음은 예루살렘 교회에 엄청난 박해를 촉발한다(행 8:1). 하지만 박해자들은 오히려 교회의 선교 사역 확장에 기름을 붓게 되는데, 믿는 자들이 유대와 사마리아 전역에 흩어지면서 "복음의 말씀을 전하게"(행 8:4) 되었기 때문이다. 순교는 고유한 방식으로 그리스도의 죽음과 부활을 증언한다. 종종 부흥의 큰 움직임이 일기 전에 고난이 나타난다. 이는 모든 사람을 강력하게 움켜쥐고 있는 마귀의 요새를 파괴한다. 지난 100년 동안 이전 시대를 모두 합한 것보다 더 많은 순교자가 있었다. 이 순교로 현대 그리스도인들의 마음이 불붙듯 하여 새롭게 헌신하게 되기를! 2세기 아프리카 그리스도인 지도자였던 테르툴리아누스(Tertullian)가 깨달았던 것처럼, 순교자의 피가 성장하는 교회의 씨앗이 된다는 사실을 체험하기를!

이 박해 가운데 하나님은 빌립을 사용하셔서 그리스도의 복음을 사마리아에서 선포하게 하신다(행 8:5). 헤롯은 그 도시를 다시 짓고 세바스테로 명명했다. 그는 거대한 신전, 운동장, 극장 등을 건설하여 자신의 후원자에게 경의를 표한다. 300개의 대리석 기둥을 양 옆에 세운 기념비적인 도로가 도시로 향해 났다. 아마 《구약을 읽다》에서 사마리아가 우상을 섬기는 북왕국의 수도였다는 사실을 배운 기억이 날 것이다. 앗수르 사람들이 주전 722년 북왕국을 멸망시키면서 이방인들이 이 도시로 이주해 온다(왕하 17:24-34). 그 결과 이스라엘은 사마리아인들을 혼종으로 여긴다. 사마리아인들은 예루살렘 성전에 맞서 그리심 산에 성전을 건축하고 자신들만의 제사장을 세운다. 주전 128년 요한 힐카누스가 이 성전을 파괴하면서 유대인과 사마리아인 사이에 골은 더욱 깊어졌고, 이는 복음서에서도 드러난다(요 4:9). 유대인과 사마리아인 사이의 갈등은 1세기 내내 격화된다. 주후 7년 사마리아인 무리가 유월절 기간에 사람 뼈를 던져서 예루살렘 성전을 더럽힌다(요세푸스, 《고대사》 18.29-30). 또 한번은 갈릴리의 순례자 무리가 예루살렘을 향하여 가는 길에 학살당한다(요세푸스, 《고대사》 20.118). 예수는 이제 자신의 제자 중 한 사람을 보내 이 전통적인 적과 화해하고, 그들도 자신의 것으로 삼으려고 하신다.

예수는 빌립을 사용하셔서 복음을 선포하여, 사람들을 치유하고 마귀의 권세에서 자유롭게 하신다(행 8:6-7; 참고 마 4:24). 심지어 유명한 사마리아 마술사인 시몬이라는 자도 그리스도를 믿게 된 것 같다. 마술과 마법은 하나님의 백성에게 엄격하게 금지되어 있었다. 왜냐하면 하나님의 백성은 자신의 뜻을 드러내시는 하나님과 언약 관계 가운데 살아야 하기 때문이다(레 20:6-7). 파피루스에는 고대부터 마법을 행했다는 기록이 수백 개도 넘게 보존되어 있다. 이 기록을 보면 사람들은 돈을 받고 마법을 행하는데, 그 목적은 여인의 사랑, 경마에서 승리, 원수에게 저주 내리기, 하루 동안 투명 인간이 되기 등을 보장하는 것이었다! 예루살렘 교회 지도자들은 사마리아가 복음을 받아들였다는 놀라운 소식을 듣자, 공개적으로 베드로와 요한을 보내 그들을 위해 기도하게 했다. 전통적인 적들이 비밀리에 화해할 수는 없었을 것이다. 사도들은 그리스도 안에서 형제가 된, 이 새롭게 믿게 된 이들에게 손을 얹었고 성령이 그들 모두에게 임하신다(행 8:17). 이는 오순절에 일어난 일을 떠올리는 사건이었다. 마법사 시몬은 돈으로 성령의 능력을 얻고자 하여 자신의 회심이 거짓이었음을 드러낸다. 빌립은 그에게 "너의 이 악함을 회개하고 주께 기도하라 혹 마음에 품은 것을 사하여 주시리라"(행 8:22)고 한다. 하지만 시몬은 회개하지도, 기도하지도 않는다. 누가는 그 이상은 이야기하지 않지만, 초기 교회 기록에 따르면 시몬은 어둠으로 전락했다고 한다. 그는 점차 신성을 모독하는 불경한 주상을 펴고 점성술과 성적 부도덕에 근거한 이단 종파를 창시한다. 그럼에도 불구하고 믿는 자들이 "사마리아인의 여러 마을에서 복음을"(행 8:25) 전하면서 그리스도의 말씀은 더욱 확장된다.

높임 받으신 예수께서는 또한 빌립을 사용하셔서 예루살렘에서 절기를 지키고 집으로 돌아가던, 하나님을 경외하는 에디오피아 내시를 만나게 하신다. 이 사람은 에디오피아 여왕의 국고를 맡은 중요한 직책을 담당하고 있었다(행 8:27). 빌립이 다가가자 이사야 선지자의 글을 읽는 소리가 들렸다. "그가 곤욕을 당하여 괴로울 때에도 그의 입을 열지 아니하였음이여 마치 도수장으로 끌려가는 어린양과 털 깎는 자 앞에서 잠잠한 양같이 그의 입을 열지 아니하였도다 그는 곤욕과 심문을 당하고 끌려갔으나 그 세대 중에 누가 생각하기를 그가 살아 있는 자들의 땅에서 끊어짐은 마땅히 형벌 받을 내 백성의 허물 때문이라 하였으리요"(사 53:7-8). 내시는 빌립에게 의미심장한 질문을 묻는다. "선지자가 이 말한 것이 누구를 가리킴이냐 자기를 가리킴이냐 타인을 가리킴이냐"(행 8:34). 이 글에서 시작하여 빌립은 "예수를 가르쳐 복음을"(행 8:35) 전한다. 이 내시는 세례를 받아 모든 민족으로 이루어진 새로운 언약 공동체의 정식 일원이 된다. 이사야를 통한 하나님의 말씀이 성취되었고, 회복의 때에는 내시와 외국인도 하나님의 백성에 포함된다(사 56:3-5). 이때 하나님의 성전은 "만민이 기도하는 집"(사 56:7)이라고 불릴 것이다. 이 에디오피아 내시가 믿음을 통해 하나님 백성의 일원이 될 수 있다는 것은 얼마나 놀라운 증거인가! 그가 그리스도 안에서 세례를 받은 것은 만민을 향한 하나님의 구속 계획에 또 다른 핵심적인 순간이 된다.

◆ 바울이 이방인을 향한 사도로 위임되다(행 9장, 주후 34년경)

높임 받으신 예수는 전통적인 원수들을 화해시키시고 외국인들을 포함하신 것뿐 아니라, 교회의 열렬한 박해자를 변화시켜 이방 민족들을 향한 사도로 삼는 능력도 있다. 다소의 사울은 주후 5년경 길리기아에서 독실한 디아스포라 유대 가정에서 태어난다. 그는 나면서부터 로마 시민이었는데, 아마도 그의 아버지는 폼페이우스의 군사 작전 이후에 로마 시민권을 획득했을 것이다(행 22:28). 많은 디아스포라 유대인과 마찬가지로 그는 *사울*이라는 히브리어 이름과 함께 발음상 유사한 *파울루스*(작은, 바울)라는 로마 이름을 지녔을 것이다. 열다섯 살쯤 예루살렘으로 보내져 당시 대표적인 선생인 가말리엘 문하에서 교육을 받는다(행 22:3). 사울은 동기들보다 뛰어난 열정적인 학생이었다. 그는 바리새파에 헌신하여 성문 토라와 구전 토라를 모두 배웠다. 그는 후에 자신이 이때 조상들의 전통에 대하여 "더욱 열심이 있었"다고 한다(갈 1:14). 그의 선생은 온건하고 기지 있는 인물로 기억되지만, 사울의 종교적 열심은 이방인 또는 유대교의 배교자라고 여기는 이들에게는 폭력으로 분출될 수도 있는 것이었다. 그는 세상 민족들은 우상에 푹 빠져 있으며, 그들이 임박한 하나님의 심판에서 벗어날 유일한 희망은 개종밖에 없다고 믿었다. 그리고 온전한 개종자는 할례 예식으로 구분되며 토라대로 살아가도록 가르침을 받아야 한다(창 17:12-14; 레 18:2-5)고 믿었다. 사울은 이스라엘만이 하나님의 선택받은 백성이며 아브라함의 후손이라고 이해한다. 그는 성경과 전통과 예식에서 "모든 이스라엘은 앞으로 임할 세상에 몫이 있다"고 배웠다. 사울은 이스라엘만이 토라를 받았고 하나님이 드러내신 뜻을 안다고 이해했다. 이스라엘과 세상의 관계는 "맹인의 길을 인도하는 자요 어둠에 있는 자의 빛이요 율법에 있는 지식과 진리의 모본을 가진 자로서 어리석은 자의 교사요 어린아이의 선생"(롬 2:19-20)이었다. 사울은 이스라엘의 소망을 믿고 이를 위해 기도했다. 그는 하나님 나라가 임하기를 사모했다. 그는 여호와가 속량할 자를 보내셔서 오래된 약속을 성취해 주시기를 고대했다. 이스라엘은 칭찬을 받고 이방 민족들은 심판을 받을 것이다.

사울은 나사렛 예수가 약속된 메시아라는 초기 그리스도인들의 신앙고백에 분노했다. 예수는 이스라엘의 종교 지도자들에게 하나님과 토라와 성전에 대한 신성모독죄로 사형 선고를 받았다. 또한 예수는 공개적으로 로마법에 따라 십자가에서 처형되었다. 십자가의 죽음은 수치스러운 것이며, 이는 예수가 하나님의 저주 아래 죽었다는 의미다(신 21:23). 스스로를 "그 길"이라고 칭하는 예수의 제자들은 이스라엘을 잘못된 곳으로 인도하고 있기 때문에 반드시 제지되어야 했다. 스데반을 돌로 쳐 죽이는 것에 동의한 후에 사울은 대제사장 가야바에게 공문을 받았는데, 그에게 다메섹에 있는 예수를 추종하는 자들을 잡아 올 권세를 주고 예루살렘에 죄수로 포박해 오라는 것이었다(행 9:1). 그는 20대 후반의 나이에 다메섹으로 떠난다(약 240킬로미터의 거리). 바울은 자신감이 가득하고, 자기 생각을 확신하여, 영예롭게 예루살렘으로 돌아오기를 갈망했다. 이 모든 것은 곧 바뀐다.

그가 다메섹 도성에 들어서는데, 갑자기 하늘에서 밝은 빛이 그를 둘러 비춘다. 사울이 땅에 엎드러지는데 목소리가 들려온다. "사울아 네가 어찌하여 나를 박해하느냐?" 사울이 답한다. "주여 누구시나이까?" 주님이 말씀하신다. "나는 네가 박해하는 예수라"(행 9:4-5). 예수께서는 이제 하나님의 이름인 "나는 ~이다(I AM)"를 선포하시고 살아 계신 분으로서 말씀하신다. 높임 받으신 예수께서 발하시는 하늘의 영광이 사울을 눈멀게 한다. 그는 이제 다른 사람 손에 이끌려 다메섹으로 향하고 그곳에서 3일 동안 금식한다. 예수는 그에게 환상 가운데 다시 나타나시고, 아나니아라는 제자를 보내 사울이 다시 볼 수 있도록 기도하게 하신다. 사도행전 9장 15-16절에서 예수는 자신의 주권적 계획을 드러내시면서 아나니아의 두려움을 달래신다. "가라 이 사람은 내 이름을 이방인과 임금들과 이스라엘 자손들에게 전하기 위하여 택한 나의 그릇이라 그가 내 이름을 위하여 얼마나 고난을 받아야 할 것을 내가 그에게 보이리라." 교회를 가장 열광적으로 박해하던 자가 이제 이방 민족을 향한 사도로 변화된 것이다. 그는 이방 민족, 통치자, 자신의 동족에게 예수의 이름을 전할 자가 될 것이다. 그의 사역은 엄청난 고난을 수반할 것이다. 하지만 그러한 고통은 그의 증언이 진실임을 증명하고 그리스도에게 더욱 의지하도록 만들 것이다(고후 11:24-28). 용기를 내서 순종한 아나니아는 사울에게 안수하고 말한다. "형제 사울아 주 곧 네가 오는 길에서 나타나셨던 예수께서 나를 보내어 너로 다시 보게 하시고 성령으로 충만하게 하신다"(행 9:17). 즉각적으로 사울의 눈에서 비늘 같은 것이 벗어지고 다시 보게 되었다. 사울은 공식적으로 그리스도께 세례를 받고 예수가 메시아, 하나님의 아들이라고 회당에서 전하기 시작한다(행 9:20-22).

• 베드로가 하나님을 믿는 로마인 고넬료를 방문하다(행 10-11장)

높임 받으신 예수께서는 계속해서 유대 전역에 자신의 나라를 확장하시며 베드로를 보내 고넬료라는 로마 백부장과 그 가족을 방문하게 하신다(행 10-11). 고넬료는 가이사랴에 주둔한 이달리야 부대에서 복무하는 직업 군인이었다. 이 부대는 주후 9년에 창설된 것으로, 이달리야에서 온 로마 시민으로 구성되어 있었다. 지금까지 남아 있는 세 개의 비문에 따르면 1세기에는 이 부대가 수리아 지역에 있었다고 한다. 누가는 우리에게 고넬료가 "하나님을 경외"(행 10:2)하는 자라고 전한다. 이는 이스라엘의 하나님을 예배하게 된 이방인을 지칭하는 전문적인 용어다. 그들은 회당 예식에 참여하고, 살아 계신 하나님께 기도를 드리며, 성경의 높은 윤리적 가르침을 숭상했다. 하지만 그들은 할례 의식을 따르지는 않았기 때문에 완전한 개종자는 아니었다. 완전히 개종을 하면 토라의 독특한 생활 양식을 따라야 하는데, 여기에는 코셔(kosher)라는 음식에 관한 법과 안식일 준수, 그리고 유대의 절기력을 따르는 것도 포함된다. 완전한 개종자는 "이스라엘의 집"으로 인정되며, 예전의 인종과 떨어져 나오게 된다. 고넬료와 그 가족같이 하나님을 경외하는 자들은 이 두 세계 사이에 있는 자들이었다. 이방인 중에 많은 사람이 이스라엘의 하나님께 마음이 끌렸다는 사실을 꼭 기억하자.

사도행전 10장에서 천사가 환상 가운데 고넬료에게 나타난다. 이 하나님을 경외하는 자는 오후 기도 시간에 이 환상을 받는다(오후 3시). 그는 거의 65킬로미터 떨어진 욥바에서 시몬 베드로를 청한다. 다음 날 정오에 베드로 역시 환상을 받는다. 그는 하늘에서 각종 짐승과 파충류 및 새가 담긴 커다란 보자기가 내려오는 것을 본다. 하늘에서 소리가 있어 말한다. "베드로야 일어나 잡아먹어라!"(행 10:13). 베드로는 자신이 속되고 깨끗하지 않은 것을 먹은 적이 없다며 거부한다(레 11:1-47 참고). 주님은 하늘에서 말씀하신다. "하나님께서 깨끗하게 하신 것을 네가 속되다 하지 말라"(행 10:15). 높임 받으신 예수께서 모든 음식은 정결하다고 선포하신 것이다. 이스라엘을 우상을 섬기는 나라들과 구별했던 음식 법은 더 이상 언약 공동체를 규정하지 않게 되었다. 이는 기념비적인 하늘의 칙령이다. 베드로가 자신이 막 들은 내용이 무엇인지 이해하기 위해 고민하고 있는데 고넬료가 보낸 세 사람이 도착하고, 성령은 베드로에게 그들과 함께 가라고 말씀하신다. "내가 그들을 보내었느니라"(행

10:20). 베드로가 가이사랴에 도착하자 고넬료와 그의 친척과 가까운 친구들이 다 모여 있었다. "우리는 주께서 당신에게 명하신 모든 것을 듣고자 하여 다 하나님 앞에 있나이다"(행 10:33). 성령께서는 그 사람들을 준비하여 베드로가 전하는 예수 그리스도의 좋은 소식을 받아들이도록 하신 것이다.

• 베드로의 설교, 예수를 믿는 모든 자는 용서를 받는다(행 10장)

그를 믿는 사람들이 다 그의 이름을 힘입어 죄 사함을 받는다(행 10:43)

베드로는 고넬료의 가족에게 하나님이 예수를 이스라엘의 메시아로 보내셨고, 그분이 만유의 주라는 좋은 소식을 전한다. 베드로가 제시한 복음의 내용을 살펴보면 **빈 무덤**(CASKET EMPTY) 책의 주요 주제들을 많이 담고 있다. 모든 선지자는 오실 메시아를 증언한다. 예수의 공생애 사역은 그분이 메시아임을 입증한다. 이제 예수의 죽음과 부활을 통해 하나님의 약속이 성취되었다. 예수께서는 제자들에게 "하나님이 살아 있는 자와 죽은 자의 재판장으로 정하신 자가 곧 이 사람인 것"(행 10:42)을 증언하게 하신다. 베드로의 설교는 "그를 믿는 사람들이 다 그의 이름을 힘입어 죄 사함을 받는다"(행 10:43)는 선포와 함께 절정에 달한다. 이는 새 언약의 약속에 나오는 용어다. "내가 그들의 악행을 사하고 다시는 그 죄를 기억하지 아니하리라"(렘 31:34). 베드로는 하나님의 백성 가운데 이방 민족들을 포함시키려는 하나님의 의도를 선포한다. 이방인들도 예수 그리스도와 그분의 대속 죽음을 믿으면 언약 공동체에 속하게 되고, 그 언약의 징표로 세례를 받는다. 믿는 자는 모두 성령을 받아 하나님 백성의 일원이 된다. 베드로가 이 말을 하는데 성령이 고넬료와 듣는 모든 자에게 임하신다(행 10:44). 할례를 받은 믿는 자들은 이방인들이 "우리와 같이"(행 10:47) 성령을 받는 것을 보고 놀란다. 고넬료와 그 가정은 예수 그리스도의 이름으로 세례를 받으며, 하나님이 아브라함에게 주신 복음의 약속이 열매를 맺는다(창 12:3; 참고, 갈 3:8, 16).

언약 공동체에 이방 민족들이 포함된 것은 역사를 통한 하나님의 구속 계획의 성취로 나아가는 결정적인 진일보다. 이는 초대 교회에 급진적이면서도 획기적인 순간이었다. 어떤 사람들은 이 새로운 현실을 받아들이기 어려워한다(행 11:2-3). 성장해 가는 교회가 복음 안에 하나님이 뜻하신 바를 온전히 이루기 위해서는 양편 모두에게 지혜와 겸손 및 실질적인 양보가 필요했다(행 15장). 유대인과 이방인들은 믿음으로 그리스도 안에서 하나가 된다(행 11:18). 양편 모두 그리스도의 대속 죽음이 필요함을 동일하게 고백한다. 양편 모두 인종이 아닌 그리스도에 자신들의 새로운 정체성을 둬야 한다. 로마인들은 자신들이 세상의 통치자이며 문화적으로 다스리는 자리에 있다고 봤다. 그런데 그랬던 그들이 이제는 공공연히 자신들을 예수, 즉 유대인의 메시아이며 세상의 구주를 믿는 사람들이라고 밝힌다. 이스라엘인들은 세상에 대해서 자신들이 종교적으로 우월한 위치에 있다고 봤다. 그런데 그랬던 그들이 이제는 스스로에 대하여, 자기 죄를 포함해 세상의 죄를 위해 돌아가신 예수를 믿는 자들로 공공연하게 밝힌다. 겸손하게, 두 집단은 회개하고 그리스도의 십자가에서 용서를 얻은 것이다. 그들이 그리스도 안에서 공유한 정체성은 새로운 명칭, 즉 주위의 사회가 제자들을 지칭한 *크리스티아노이*(Christianoi "그리스노-인들")를 야기한다(행 11:26). 초대 교회가 이룬 이 가시적인 통합은, 점차 불안해져 가는 1세기 유대인들과 이방인들의 관계를 배경으로 환하게 빛난다. 잠시 신약 연대표에 있는 지도에서 안디옥을 찾아보고, 이 사건을 상기시키는 요약문인 "제자들이 처음으로 그리스도인으로 불려짐"(행 11:26)도 함께 보자.

• 칼리굴라가 로마 황제로 통치하다(주후 37-41년)

그리스도를 믿음으로 이방인도 공동체에 속한다는 것은 로마의 황제 통치라는 거짓 비전에 대한 매력적인 대안이 되었다. 예수가 구주이며 주님이라는 선포는 점차 타락해 가는 이방 세계에 진정한 소망을 제시한

다. 로마 사회의 타락과 부도덕성은 칼리굴라 황제의 통치 기간에 더욱 드러난다(주후 37-41년). 가이우스 율리우스 카이사르 아우구스투스 게르마니쿠스(Gaius Julius Caesar Augustus Germanicus)는 주후 12년에 태어난다. 그는 아버지가 게르마니아에 군사 원정을 떠났을 때 어린이용 군복을 입었다는 이유로 칼리굴라(작은 장화)라는 별명을 얻는다. 주후 37년 칼리굴라는 디베료 가이사가 죽은 후 황제로 추대된다. 집권 초기에는 검투사 경기와 공공사업을 후원하면서 자애롭게 통치를 시작한다. 그는 거대한 애굽의 오벨리스크를 싣고 와서 새로 만든 경주로 한가운데 세운다. 그 오벨리스크는 현재에도 로마 바티칸 앞에 서 있다.

황제의 자리에 오른 2년 동안, 칼리굴라의 성품은 극적으로 변모한다. 그의 성적 부도덕은 극에 이른다. 그의 계획은 점차 자신의 개인적인 명성에 치중한다. 그는 헬레스폰토스(Hellespont)를 건너간 아하수에로의 업적을 뛰어 넘기 위해 배애 만(Bay of Baiae)을 가로지르는 부교를 건설한다. 그는 무작위로 정적들을 죽이기도 하고, 한번은 자신이 지루해졌다는 이유로 관중 가운데 특정 구역에 있는 모두를 경기장에 던져 넣으라는 명령을 내리기도 한다. 그는 다양한 신이나 반인반신처럼 옷을 입고 대중 앞에 나타난다. 그는 심지어 자신을 "신"으로 지칭하고 공문서에 쥬피터(제우스)라는 이름으로 서명하기 시작한다.

주후 40년 칼리굴라는 자신을 신으로 섬기기를 거부한 유대인들에 대한 처벌로 예루살렘 성전에 금으로 만든 자신의 신상을 세우라고 명한다. 엄청난 저항과 간청이 이스라엘 전역에서 터져 나온다. 수천 명이 가이사랴에 있는 총독의 관저 주위에 모여 성전이 더럽혀지느니 차라리 죽여 달라고 한다. 수리아 지역 로마 총독인 푸블리오 페트로니우스(Publius Petronius)는 수많은 사람의 생명을 살리기 위해 용감하게 황제의 칙령을 거절한다. 칼리굴라는 황제의 칙령을 지체했다는 이유로 페트로니우스를 처형하라는 편지로 답한다. 하지만 하나님의 섭리로 칼리굴라의 공문을 전달하던 자들이 폭풍을 맞아 배에서 3개월을 지체하게 된다. 반면에 칼리굴라가 주후 41년 초반에 암살되었다는 소식을 가져온 운반원은 수월하게 항해를 했다. 페트로니우스는 자신의 죽음을 알리는 공문을 받기 직전에 칼리굴라가 죽었다는 소식을 듣게 되면서 이 고난을 이겨 낼 수 있었다. 칼리굴라의 통치는 우리를 감동하여 주위 상황이 복잡해지고, 문화가 그리스도에 폭력적으로 맞선다고 해도 신실한 증인이 되도록 한다.

• **헤롯 아그립바 1세가 이스라엘의 왕으로 다스리다**(주후 41-44년)

예수는 약속된 메시아라는 초대 그리스도인들의 선포는 이스라엘의 소망을 성취했다. 하지만 이스라엘 사람들은, 이방 민족들은 제외하는 종교적 국수주의 내에서 소망을 찾는다. 따라서 예수를 믿는 신앙으로 유대인과 이방인을 하나로 만든 기독교 설교자들은 폭력적인 저항을 촉발한다. 헤롯 아그립바 1세는 헤롯 대왕의 손자로서 이 시기에 권력에 오른다. 아그립바는 주전 11년에 태어난다. 그는 로마에서 상류층 교육을 받았고, 화려한 생활을 유지하다가 엄청난 빚을 쌓았다. 그의 삼촌인 헤롯 안디바가 개입하여 자신이 다스리는 갈릴리의 수도 디베랴에서 괜찮은 수입과 지위가 있는 자리를 제시한다. 삼촌과의 논쟁 끝에 아그립바는 로마로 달아나 젊은 칼리굴라의 총애를 구한다. 그러던 어느 날 디베료 가이사가 빨리 죽어서 칼리굴라가 대신 통치하면 좋겠다는 이야기를 했는데, 누군가가 엿듣고 만다. 디베료 가이사는 이 소식을 듣고 아그립바를 감옥으로 보낸다. 칼리굴라가 황제가 되자 아그립바는 사면된다. 그리고 감옥에서 찼던 족쇄와 동일한 무게의 금 목걸이를 받는다. 원로원은 아그립바를 북쪽 영토의 왕으로 선언한다. 칼리굴라가 암살된 후, 아그립바는 글라우디오가 다음 황제가 되도록 돕는다. 그 보상으로 글라우디오는 그에게 유대와 사마리아 영토를 추가로 준다. 주후 41년, **오순절 시대**가 시작한 지 몇 년 되지 않아 믿기 어렵게도 헤롯 아그립바 1세가 갑자기 동쪽의 가장 강력한 왕이 된다. 그는 헤롯 대왕의 영토에 육박하는 왕국을 다스린다. 교만으로 가득한 그는 "아그립바 대왕, 가이사의 친구"라는 헬라어 각인이 새겨진 동전을 주조한다. 또 동전에 자신의 형상을 넣었는데, 지금까지 어느 유대인 통치자도 하지 않은 일이었다.

할아버지 헤롯 대왕과 마찬가지로 아그립바 1세는 로마 후원자들과 유대인 백성들의 호의를 사려고 한다. 그는 거대한 공공건물을 세워 가이사를 기리고, 예루살렘의 북면을 보호하기 위해 거대한 방벽 공사를 시작한다. 자신의 경건함을 드러내기 위해 아그립바 1세는 예루살렘 성전에 처음 난 열매를 제물로 드리고 칼리굴라에게 받은 금 목걸이도 바친다. 그는 토라 두루마리를 건네받아 히브리어로 왕에 해당하는 부분을 읽는다. 그리고 "왕을 세우려면 네 형제 중에서 한 사람을 할 것이요 네 형제 아닌 타국인을 네 위에 세우지 말 것이며"(신 17:15)라는 구절에 도달하는 순간, 그의 눈에는 눈물이 차오른다. 그러자 예루살렘의 종교 지도자들은 화답한다. "아그립바여 두려워하지 마소서, 당신은 우리의 형제이니이다!" 또한 아그립바는 교회를 핍박함으로써 종교 지도자들의 환심을 산다(행 12:1-3). 박해가 발발하면서 야고보가 죽고 베드로는 옥에 갇힌다.

오순절 시대 I

◆ 세베대의 아들 야고보가 참수당하고 베드로가 투옥되다(행 12장)

이 박해의 때에 헤롯 아그립바 1세는 야고보(요한의 형제)를 체포하고 칼로 죽인다(행 12:1-2). 또한 무교절 기간에 베드로를 잡아들여 유월절이 지난 후에는 공개 재판에 보낼 생각이었다(행 12:3-4). 그렇다면 베드로는 죽을 것이 분명했다. 때문에 우리는 왜 교회가 베드로를 위해 간절히 기도했는지 알 수 있다(행 12:5). 베드로가 심문 받기 전날 밤, 주님의 천사가 갑자기 나타나 옥 밖으로 인도한다. 베드로는 교회와 다시 연합하였고 생명이 보존되었다(행 12:6-11). 물론 베드로는 언젠가 순교자로 죽을 것이지만, 이 땅에서의 사역을 다 마무리한 뒤였다(요 21:18-19; 벧후 1:14).

아그립바는 베드로의 탈출에 책임이 있다고 생각하여 간수를 처형한다. 그리고 새로운 로마 황제 글라우디오를 기리는 경기를 축하하러 가이사랴로 간다. 헤롯 아그립바 1세는 왕복을 입고 경기장에 들어서서 단상에 앉아 군중에게 연설한다. 아침의 태양빛이 그의 휘황찬란한 은색 의복에 반사되자(요세푸스, 《고대사》, 19.343-345), 사람들은 소리친다. "이것은 신의 소리요 사람의 소리가 아니라"(행 12:22). 누가는 "헤롯이 영광을 하나님께로 돌리지 아니하므로 주의 사자가 곧 치니 벌레에게 먹혀 죽으니라"(행 12:23)고 기록한다. 요세푸스 역시 헤롯의 갑작스러운 죽음을 매우 강렬하게 증언한다(요세푸스, 《고대사》, 19.346-350). 우리는 살아 계신 하나님을 조롱하고 그리스도의 몸을 박해하는 자가 견디지 못함을 깨닫는다. 예수는 지옥의 권세가 교회를 이기지 못하리라고 하셨다(마 16:18). 성경은 박해 가운데서도 "하나님의 말씀은 흥왕하여 더하더라"(행 12:24; 창 1:28)고 한다.

• 글라우디오가 로마 황제로 통치하다(주후 41-54년)

글라우디오가 주후 51년 새로운 로마 황제로 등극한다. 그는 바울이 아직 안디옥에 있을 때 처음으로 성경에 언급된다(행 11:25-28). 글라우디오는 바울이 처음 두 차례 선교 여행을 할 때도 로마 세계를 통치한다. 헤롯 아그립바의 갑작스런 죽음(행 12:20-23 참고) 이후 글라우디오는 쿠스피우스 파두스(Cuspius Fadus, 주후 44-46년)와 티베리우스 율리우스 알렉산더(Tuberius Julius Alexander, 주후 46-48년)를 연달아 유대의 로마 총독으로 임명한다. 티베리우스는 유대인 철학자 필로(Philo)의 사촌이었지만, 조상의 믿음을 버리고 로마의 정치권력을 얻는다. 다시 총독을 통한 로마의 직접 통치가 이뤄지면서 이스라엘 내에서 유대인과 로마인의 갈등이 격화된다.

글라우디오는 통치 내내 로마 제국의 영토를 확장하려고 애썼다. 그는 브리타니아를 정복한다. 또한 로마 시내에 인구가 증가하자 거대한 송수로를 건설한다. 또한 호적 조사를 시행했고, 이 성장하는 제국이 이제 5,984,072명의 자유 로마 시민을 거느리게 되었음을 보고한다(여성, 아이, 노예, 비시민은 계수하지 않음). 그는 로마 건국 800주년을 기념하여 검투사 경기를 개최했다. 글라우디오는 적극적으로 로마인이라는 정체성을 증진하고, 정식으로 국가 종교를 제정한다. 그는 외국에서 태어난 사람이 로마 이름을 사용하는 것을 허락하지 않았다. 또한 전통적인 로마의 점술을 되살렸다. 그는 특히 로마와 관계없는 종교 및 관습들이 퍼져 나가는 것을 우려했다.

글라우디오의 통치 기간에 교회의 증인들은 더욱 선교를 확장해 나갔으며, 이는 로마 세계에 직접적인 도전이 되었다. 다니엘서에서 사람이 손대지 않은 돌이 "태산을 이루어 온 세계에 가득하였나이다"(단 2:35)라는 예언적 심상을 기억할 것이다. 교회가 계속해서 땅끝까지 복음을 선포함으로써 이 약속은 성취된다. 믿는 자는 누구든지 인자의 영속한 나라에 받아들여진다(단 7:13-14). 그의 나라는 영원할 것이다.

• 바울과 바나바가 기근을 구호하기 위해 예루살렘에 방문하다(갈 2:1)

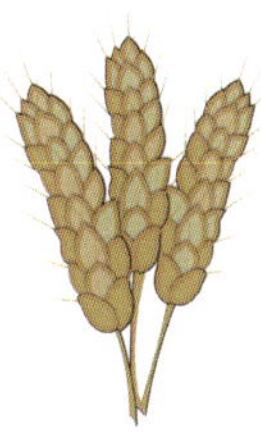

글라우디오 통치 초기, 흉작이 계속되자 로마 제국 전역에 식량 부족 사태가 일어난다. 초대 교회 선지자인 아가보는 성령의 감동으로 이를 예언했다(행 11:28). 유대 지역은 흉년의 영향을 더욱 크게 받았기 때문에 안디옥에 있는 그리스도인 공동체는 그들에게 구호물을 보내기로 결정했다. 그들은 바나바와 바울 편에 헌신적으로 헌물을 보내어 그들이 유대 교회와 연합하였고, 그들을 지지한다는 사실을 입증한다(행 11:29; 갈 2:1, 10). 그들이 보낸 헌물은 신약 연대표에 **밀 세 단** 그림으로 표시했다. 우리는 이제 사도행전에서 첫 번째 신약의 편지를 만날 준비가 되었다.

야고보가 흩어진 교회에 편지를 쓰다(주후 45년경)

이 시기에 예수의 형제인 야고보(요한의 형제로서 아그립바 1세에게 죽은 야고보와 혼동하지 말 것. 행 12:2 참고)가 신약에서 가장 이른 편지를 보낸다. 그는 예루살렘 교회의 지도자였다(행 12:17, 15:13-21 참고). 그는 주후 45년경에 편지를 보냈는데, 바울이 첫 번째 선교 여행을 떠난 주후 46년 직

전이다(참고 행 13장). 앞으로 **가르침 시대**에 해당하는 장에서 신약의 편지들을 더욱 깊이 살펴볼 것이기 때문에, **오순절 시대**에는 연대순으로 편지들을 확인하려고 한다. 야고보는 모든 이스라엘에게 보내는 편지를 쓴다(약 1:1). 그는 박해와 시험의 시대에 신실함을 지킬 것을 역설한다. 그는 믿는 자들에게 하나님의 말씀을 듣기만 하지 말고 행하는 자가 되라고 한다(약 1:22-24; 참고 마 7:24). 또한 연약한 자들에게 자비를 베풀 것을 강조하고, 세상과 친구 되는 것을 경고한다. 그는 그리스도인 공동체가 "너희에게 대하여 일컫는 바 그 아름다운 이름을 비방"(약 2:7)하는 자들에게 공격 받고 있음을 알았다. 또한 야고보는 믿음으로 의롭게 된 것이 마치 죄에 대한 면죄부처럼 잘못 해석하는 자들의 비방하는 소리를 들었다. 그는 교회를 옹호하며, 교회야말로 "성경에 기록된 대로 네 이웃 사랑하기를 네 몸과 같이 하라 하신 최고의 법을"(약 2:8; 참고 레 19:18) 지키는 자들이라고 한다. 야고보에게 진정한 믿음은 불쌍히 여기는 마음에서 나온 행위로 드러나는 것으로서, 이 행위는 하나님의 이름을 찬양하게 만든다(약 2:14-17). 그리스도인 공동체는 적대적인 세상 가운데 경건함, 지혜로움, 편애하지 않음, 고난 가운데 인내함, 서로를 위한 헌신된 기도로 하나가 되어야 한다. 성령에 감동되어, 야고보는 초기 교회의 형성기에 기독교의 정체성을 규정하는 데 일조한다.

◆ 높임 받으신 예수께서 땅끝까지 자신의 나라를 확장하시다(행 13-28장)

하나님 나라는 높임 받으신 예수께서 땅끝까지 자신의 나라를 확장시키시면서 계속 전진해 나간다(행 13-28장). 사도행전 13장부터 누가는 어떻게 그리스도께서 바울과 그 일행을 사용하셔서 "땅끝"(행 1:8; 참고 사 49:6)까지 전 세계에 증인이 되어 복음을 선포하게 하시는지에 주목한다. 이 일은 문화의 장벽을 넘어 그리스도를 만국에 알리기 위한 몇 차례의 선교 여행을 통해 성취될 것이다. 부활하신 예수께서 바울에게 "내 이름을 이방인과 임금들과 이스라엘 자손들에게 전하기 위하여 택한 나의 그릇"(행 9:15)으로 사명을 주셨다는 사실을 기억할 것이다. 바울은 초기에 다메섹, 아라비아, 자신의 고향인 길리기아(행 9:19, 갈 1:17)에서 선교 활동을 편다. 바나바는 북아프리카의 구브로(사이프러스, Cyprus)와 구레네 사람들이 안디옥에서 그리스도를 전한 후, 자신이 1년 동안 가르쳐 성장시킨 유대인과 이방인 공동체가 있는 이 도시로 바울을 데려온다(행 11:20-26). 우리는 주위 사회가 안디옥에 있는 이 믿는 자들을 처음으로 새로운 이름, 즉 "그리스도인"이라는 명칭으로 불렀다는 사실을 봤다. "그리스도-인"(Christ-ian)이란 서로 다른 인종 집단, 특별한 지역의 시민들, 특정한 인물의 추종자들을 묘사할 때 사용하는 헬라어 명사 조합 방법을 반영하는 것이다. 신약에는 이러한 예들이 넘쳐난다. 갈라디아인(Galat-ians), 데살로니가인(Thessalon-ians), 바대인(Parth-ians), 밤빌리아인(Pamphyl-ians), 유대인(Jud-eans), 로마인(Rom-ans), 헤롯인(Herod-ians) 등이 그 예다. 예수 지지자들을 관찰했던 사람들은 다양한 인종적, 지리적, 정치적 견해에도 불구하고 그들이 공통으로 공유하는 것이 그리스도라고 결론 내린 것이다. 예수 그리스도를 믿는 믿음이 그 사람들을 규정한다. 그들은 그리스도의 나라에서 시민권을 얻고, 그들의 지도자는 그리스도다. 따라서 이들을 그리스도인이라고 한 것은 매우 타당한 일이었다.

• 첫 번째 선교 여행 : 바울과 바나바가 안디옥에서 파송받다(주후 46-48년)

바울과 바나바는 안디옥에서 파송되어 첫 번째 선교 여행을 떠난다(행 13장). 안디옥은 로마 제국에서 알렉산드리아와 로마 다음으로 세 번째로 큰 도시로서, 인구는 500,000명이 넘었다. 그 도시는 알렉산더의 장군 셀레우코스가 대략 주전 300년에 세운 것으로 그의 아들 이름을 따라 명명되었다. 안디옥은 오론테스 강 인근 실피우스 산자락에 건설되었다. 예루살렘 북단에서 460킬로미터 떨어져 있으며 지중해에서 내륙으로 32킬로미터 정도 들어가 있는 곳이다. 이 도시는 셀레우코스가 세운 안디옥이라는 또 다른 열다섯 개 도시와 구분하기 위해서 오론테스의 안디옥 또는 아름다운 안디옥으로 알려졌다. (행 13:1에서는 간단하게 안디옥이라고 했다. 행 13:14에 나오는 비시디아 안디옥과 혼동하지 말 것) 이 도시는 로마의 삶에 필요한 모든 기관이 다 구비되어 있음을 자랑스럽게 여겼다. 신전, 극장, 전차 경마장도 있었다. 양 옆에 기둥이 있는 장엄한 도로가 도시의 북동에서 남서까지 나 있었다. 그중에 대리석으로 포장된 도로가 3킬로미터 정도 되었는데, 폭은 27미터에 달했고 주랑이 양 편에 있었다. 3,200개의 대리석 기둥이 그 주랑을 지지하고 있었으며, 아치형으로 된 석조 지붕이 교차 지점마다 있었다. 또한 안디옥에는 적어도 65,000명의 유대인이 거주했고, 하나님을 경외하는 헬라인도 많았다.

안디옥에서 성장해 가는 그리스도인 공동체에는 유대인과 이방인이 모두 있었다. 누가는 "안디옥 교회에 선지자들과 교사들이 있으니 곧 바나바와 니게르라 하는 시므온과 구레네 사람 루기오와 분봉 왕 헤롯의 젖동생 마나엔과 및 사울이라"(행 13:1)고 설명하며 그 공동 리더십을 생생하게 그려 낸다. *바나바*는 구브로 출신의 레위 지파였는데, 이 아람어 이름은 "위로의 사람, 또는 격려의 사람"을 뜻한다. *시므온*이라는 히브리어 이름은 부족의 족장을 떠올리게 하는 것으로서, 라틴어로 "검은" 또는 "어두운 피부의"를 의미하는 "니게르"라고 불린 것으로 볼 때 아마도 아프리카 출신일 것이다. *루기오*는 북아프리카 구레네 출신으로 그의 라틴어 이름은 "빛"을 의미한다. *마나엔*은 히브리어 므나헴을 떠올리게 하는 이름으로서, 그 의미는 "위로자"다. 그는 상류층 출신으로 로마에서 헤롯 안디바와 함께 성장했다. 마지막으로 *사울*의 이름이 들리는데, 그의 히브리어 이름은 이스라엘의 첫 번째 왕을 상기시킨다. 하지만 그의 로마 이름은 바울(작은)로서 그리스도가 그에게 주신 엄청난 임무를 감추는 역할을 한다.

교회가 예배를 위해 모였을 때, 성령이 하나님의 주권적인 뜻을 알리신다. "내가 불러 시키는 일을 위하여 바나바와 사울을 따로 세우라"(행 13:2). 따로 세운다는 것은 거룩하다는 것으로서, 하나님께 속한 것, 세상에서 하나님이 쓰시기 위해 구별한 것이라는 뜻이다. 이 용어는 구약에서 이스라엘(레 20:26), 제사장직(민 8:11), 예레미야 같은 선지자들(렘 1:5)을 지칭할 때 사용된다. 바울은 자신이 성별된 이 순간을 절대로 잊지 않는다. 그래서 세월이 지난 후에도 자신을 "예수 그리스도의 종 바울은 사도로 부르심을 받아 하나님의 복음을 위하여 **택정함을 입었으니**"(롬 1:1; 참고 갈 1:15)라고 한다. 그들이 부름 받은 사역은 복음을 이방에 확장하는 것이다. 금식하고 기도한 후에 안디옥 교회는 이 선교 팀에 안수하고, 바나바의 젊은 생질인 요한 마가와 함께 하나님의 일을 위해 그들을 보낸다(행 13:3-5).

▶▶▶ 신약 연대표

연대표에 **배** 그림이 보일 것이다. 이 그림은 예수 그리스도 안에서 하나님이 구속하심을 세상 모든 민족에게 전하기 위한 세계 사역이 시작되었음을 상징한다. 안디옥은 바울을 처음으로 파송한 교회로 표시된다(행 13:3-5).

구브로, 갈라디아, 비시디아 안디옥, 이고니온, 루스드라, 더베로 향하는 여정 (행 13-14장)

바울, 바나바, 요한 마가는 해안에서 150킬로미터 정도 떨어진 구브로 섬을 향해 항해를 떠난다. 바나바는 구브로 출신으로서, 그곳에 도착한 후에 살라미에 있는 회당에서 그리스도를 선포한다. 그들은 섬을 가로질러 바보로 가는데, 그곳은 구브로의 수도이자 로마 총독 서기오 바울(세르기우스 파울루스, Sergius Paulus) 정부가 있는 곳이었다. 그들은 총독이 엘루마(Elymas, 아람어로 "꿈 꾸는자")라는 마술사를 고용한 것을 알았다. 로마인들은 미신을 신봉했기 때문에, 공사(公事)를 계획할 때 국가 행사를 거행할 길일을 정하기 위해 종종 비용을 지불하고 사람을 사서 징조를 읽게 했다. 서기오 바울은 그리스도의 말씀을 듣기를 갈망했지만, 엘루마는 믿지 못하게 하려고 애썼다. 우리는 사도행전에서 바울이 처음으로 선교 상황에서 말하는 것을 본다. 성령으로 충만한 바울의 말은 영적인 권능을 드러낸다. 바울은 엘루마를 보고 말한다. "모든 거짓과 악행이 가득한 자요 마귀의 자식이요 모든 의의 원수여 주의 바른 길을 굽게 하기를 그치지 아니하겠느냐 보라 이제 주의 손이 네 위에 있으니 네가 맹인이 되어 얼마 동안 해를 보지 못하리라"(행 13:10-11). 엘루마가 맹인이 되자 서기오 바울의 눈이 열려 그리스도를 믿게 된다. 그들의 첫 선교 여행에서 예수께서는 로마 총독을 회심시키신 것이다(행 13:12). 이는 그리스도가 성별된 자신의 종들을 통해 이루실 모든 일의 놀라운 출발점이 되었다.

바울, 바나바, 마가는 계속 북쪽으로 향해 나아갔고, 그들 가운데 일하시는 예수 그리스도의 능력에 놀란다. 그들은 바보에서 소아시아를 향해 배를 타고 가다가 로마의 속주인 밤빌리아에 있는 버가에 이른다. 그들이 해안에 닿고 보니, 3,750미터에 달하는 토로스 산맥의 높은 봉우리들이 그들 앞에 서 있었다. 바울이 그 산맥을 봤을 때, 예수께서는 미전도 영역을 향해 그 산을 넘어가려는 바울의 선교 열정에 불을 붙이셨다. 광활한 내륙 지역인 갈라디아 속주는 그 산들 너머에 있었고, 오직 발로만 넘을 수 있었다. 바나바 역시 기꺼이 가려고 했다. 하지만 아직 젊었던 요한 마가는 압도되어 예루살렘으로 돌아간다. 요한 마가가 떠나면서 바울과 바나바 사이에 골이 생기지만, 그들은 궁극적으로 화해하게 되고, 이는 신약의 또 다른 감동적인 줄거리가 된다(행 15:39; 골 4:10; 딤후 4:11).

바울과 바나바는 산을 넘어 열흘 후, 비시디아 안디옥에 도달한다. 우리는 사도행전 13장 16-41절에서 바울이 이곳의 회당에 참석한 동족들과 하나님을 경외하는 자들에게 처음으로 설교하는 것을 듣는다. 바울의 설교는 역사를 통한 하나님의 구속 계획을 자세하게 전하며, 이 계획이 메시아에게서 결정적인 순간에 도달했다고 한다. 우리 **빈 무덤**(CASKET EMPTY) 책의 핵심 개념 중에 많은 부분이 이 설교에서 나타난다. 바울은 구약의 이야기를 요약하며 시작한다(행 13:17-23). 창조의 하나님은 은혜로 아브라함과 그의 자손을 택하신다. 하나님은 애굽에서 그들을 번성하게 하셨고, 팔을 들어 그들을 구원하신 후에 시내 산에서 언약 관계에 들어선다. 하나님은 그들에게 가나안 땅을 유업으로 주신다. 하나님은 **왕정 시대** 내내 자기 백성을 인도하시고 다윗에게 영원한 왕권을 약속하신다(삼하 7:16). 포로가 된 이후에도 하나님은 다윗의 자손이 일어나 메시아 왕이 될 것이라는 기대감을 일으키신다.

이 설교에서 바울은 예수께서 약속된 메시아임을 증언한다(행 13:24-31). 하나님은 세례 요한을 보내셔서 사람들에게 예수께서 주실 구원에 준비하도록 하셨다. 예수께서는 공생애 사역으로 선지자의 말씀을 다 이루셨고, 십자가에서 죽으신 것도 "성경에 그를 가리켜 기록한 말씀을 다 응하게 한 것이라"(행 13:29)고 한다. 그는 무덤에 누였으나 하나님이 그를 죽은 자 가운데서 일으키신다. 그리고 예수는 "그의 증인"(행 13:31)이 될 자들 앞에 나타나신다. 바울의 설교는 "우리도 조상들에게 주신 약속을 너희에게 전파하노니 곧 하나님이 예수를 일으키사 우리 자녀들에게 이 약속을 이루게 하셨다"(행 13:32-33; 참고 시 2:7, 16:10; 사 55:3)는 선포로 절정에 달한다.

바울은 다음과 같이 분명히 천명하며 설교를 마무리한다. 영어 성경은 이를 매우 문자적으로 옮겨 놨는데, 즉 그리스도 안에서 "여러분에게 죄 용서가 선포된다는 것을 알아야 합니다. 여러분이 모세의 율법으로는 의롭게 될 수 없던 그 모든 일에서 풀려납니다. 믿는 사람은 누구나 다 예수 안에서 의롭게 됩니다"(행 13:38-39, 새번역)라는 것이다. 이 말씀은 그리스도 안에서 믿음으로 의롭게 된다는 것을 처음으로 신약에서 분명히 천명한 부분이다. 바울은 유대인과 이방인 모두에게 용서는 그리스도의 대속, 희생 죽음에만 근거하는 것이라는 놀라운 주장을 편다. 그는 이스라엘의 역사, 심지어 자신의 개인적인 이야기조차 그들을 하나님과 바른 관계로 만들어 주는 것이 아니라고 고백한다. 오히려 그들 역시 하나님이 그리스도 안에서 주기로 약속하신 용서가 필요하다. 따라서 바울은 새 언약 공동체가 그리스도를 믿는 믿음에만 근거하는, 모든 민족에게 열린 것임을 깨달은 것이다. 그리스도 안에서 **믿는 모든 자가 의롭게 된다**. 여기에서 처음으로 제시된 이 신학 논증은 바울의 전체 사역을 이해하는 데 극도로 중요하다. 그리스도를 믿음으로 의롭게 된다는 진리는 초기 그리스도인 공동체의 정체성과 기독교 선교 사역의 형태에 엄청난 영향을 미친다.

바울은 그리스도에 대한 설교를 한 뒤에 복합적인 반응을 만나게 된다. 유대인과 하나님을 경외하는 자들 일부는 이를 믿는다. 하지만 이스라엘 동족 중 일부는 조상의 전통에 대한 열정에 가득하여 바울을 반박하고 박해한다(행 13:45, 50). 이방인들은 그들도 그리스도를 믿음으로 언약 공동체의 일원이 될 수 있다는 것을 듣고 "기뻐하여 하나님의 말씀을 찬송하며 영생을 주시기로 작정된 자는 다 믿더라"(행 13:48; 참고 사 49:6)고 한다. 이는 이 이야기의 중요한 지점으로서, 이제 복음 선포에는 이방들도 해당되는 것이다(행 13:46-47). 이방인들을 향한 바울의 소명은 그의 회심과도 반향을 일으키며, 하나님의 종이 "이방인에게 비춘 빛"(행 9:15; 참고 사 42:6, 49:6)을 가져올 것이라는 위대한 예언의 소망을 상기시킨다.

그들은 박해에 몰려 비아 세바스테(Via Sebaste)를 따라 140킬로미터 떨어진 이고니온으로 향한다. 그곳에서 회당에 들어가 설교를 하며 오래 지내지만, 돌로 쳐 죽임을 당할 뻔한 뒤에 30킬로미터 떨어진 로마의 도시 루스드라로 도망한다. 루스드라에서 바울과 바나바는 전혀 복음을 접하지 못한 이교도 청중들을 만난다. 예수께서 바울을 통해 발을 쓰지 못하는 남자를 치유하심으로써 그들의 설교를 입증하자, 루가오니아 본토인들이 그들을 제우스와 헤르메스라고 생각하여 황소를 제물로 바치려고 한다. 이 선교사들은 그들에게 간청하여 "이런 헛된 일을 버리고 천지와 바다와 그 가운데 만물을 지으시고 살아 계신 하나님께로 돌아"(행 14:15)오라고 한다. 그리스도 안에서 구원을 값없이 주신다는 이야기는 열성적인 이스라엘인들 사이에 더욱 큰 논란을 일으켰고, 그들은 바울을 도시 밖으로 끌고 가 돌로 친다(행 14:19). 바울은 후에 자신이 복음을 위해 당한 고난 중에 이 일을 포함시킨다(고후 11:25). 바울은 기꺼이 그리스도가 세상에서 당하신 고난에 남은 부분을 자기 육체에 채우며, 자기 몸에 예수의 흔적을 지니고 다닌다(갈 6:17; 골 1:24). 하지만 예수께서는 주권적으로 바울의 생명을 지키셔서 그 앞에 정하신 길을 마치도록 하신다(딤후 4:7). 현재 당하는 박해에도 불구하고 그는 남서쪽으로 100킬로미터 떨어진 더베로 계속 이동한다. 그리고 그곳에서 "복음을 그 성에서 전하여 많은 사람을 제자로 삼는다"(행 14:21).

◆ 많은 이방인이 "우리 죄를 위해 자신을 주신 그리스도"를 믿다(갈 1:4)

바나바와 바울은 안디옥으로 돌아와 하나님이 그들을 통하여 하신 모든 일과 하나님이 "이방인들에게 믿음의 문을 여신 것을"(행 14:27) 보고한다. 이방 민족들이 포함되는 것은 하나님의 구속 계획에서도 핵심적인 부분이다(창 12:3, 49:10; 사 11:10, 49:6; 단 7:14). 이 점에 대해서는 이견이 없었다. 하지만 하나님께 돌아온 이방인에게 무엇을 요구해야 하는지에 관한 문제를 놓고 심각한 갈등이 빚어진다. 일부 유대인들은 거의 2,000년 동안 언약의 표식으로 할례를 시행했기 때문에, 유대인의 메시아를 믿는 이방인들도 당연히 이 표식을 받아야 한다고 주장한다. 게다가 그들은 수 세기 동안 언약 공동체가 지켜온 토라의 생활 양식을 이방인들이 전적으로 받아들여야 한다고 생각한다. 여기에는 음식법, 안식일 준수, 절기력이 포함된다. 게다가 유대인과 이방인 사이에 점차 불안한 기류가 조성되었기에, 교회는 이스라엘과 함께 서야지 이스라엘과 맞서서는 안 되었다. 그러한 생각을 따르던 "어떤 사람들이 유대로부터 내려와서 형제들을 가르치되 너희가 모세의 법대로 할례를 받지 아니하면 능히 구원을 받지 못하리라"(행 15:1)고 가르친다. 신학적인 갈등은 고통스럽기는 해도 종종 복음을 명확하게 하고 믿는 자들 사이에 지속적인 통합을 낳는다. 그리스도는 바울이 갈라디아 사람들에게 보낸 편지와 예루살렘에서 열린 공의회에서 내린 결정으로 이 목적을 이루신다(행 15장).

바울이 갈라디아서를 쓰다(주후 48년경)

바울의 첫 번째 서신인 갈라디아서가 바로 이때 쓰였다. 시기는 대략 주후 48년으로 추정하는데, 그 이유는 주후 49년(참고 행 15장)에 열린 예루살렘 공의회 이전에 작성된 것이기 때문이다. 바울은 갈라디아 속주 전역에 있는 초기 그리스도인 공동체에 편지를 쓴다. 바울은 "그리스도께서 하나님 곧 우리 아버지의 뜻을 따라 이 악한 세대에서 우리를 건지시려고 우리 죄를 대속하기 위하여 자기 몸을 주셨으니"(갈 1:4)라고 하며, 그리스도가 완성하신 사역을 강조하며 편지를 시작한다. 그는 메시아이신 예수의 죽음과 부활 외에는 다른 복음이 전혀 없다고 굳건히 선포한다. 그리스도를 믿는 믿음만이 경건하지 않은 자들, 즉 이스라엘이나 이방 나라들에 있는 모든 자를 의롭게 한다. 그리스도를 믿는 자는 그리스도의 대속 죽음으로 인해 하나님이 보시기에 의롭다 함을 받는다(갈 3:13). 그리스도를 믿는 자는 용서를 받고 자녀로 인정된다. 그들은 그리스도를 믿는 믿음으로 아브라함의 가족의 일원이 되는 것이다. 그들은 하나님의 약속을 받은 상속자이며 성령으로 인 침을 받은 자들이다(갈 3:25-4:7). 바울은 토라를 통해 의롭다 하심을 입는 것이라면 그리스도가 헛되이 죽으신 것이라고 생각한다(갈 2:21). 그는 갈라디아인들에게 그리스도 안에서 "할례나 무할례가 아무것도 아니로되 오직 새로 지으심을 받는 것만이 중요하니라"(갈 6:15)고 한다. 우리는 **가르침 시대**에 이 편지로 다시 돌아올 것이다. 하지만 현재로서는 이 정도 내용으로도 바울이 초대 교회 형성기에 처음으로 쓴 편지의 의의를 이해하는 데 도움이 될 것이다.

• 예루살렘에서 열린 공의회에서 믿는 이방인들을 받아들이다(행 15장)

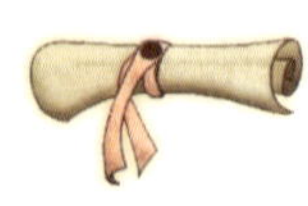

믿는 이방인들의 지위, 특히 그들이 새로운 언약 공동체로서 지켜야 할 사항들은 초대 교회의 중요한 쟁점이 되었다. 이 문제를 해결하기 위해 주후 49년, 처음으로 지도자들이 예루살렘에서 대규모로 만난다. 이때 이루어진 결정을 고려할 때, 우리는 높임 받으신 예수께서 이 공의회에 역사하셨다는 사실을 놓치지 말아야 한다! 바울과 바나바가 하나님이 이방인을 회심시키시며 행하신 모든 일을 보고하자, 바리새파에 속한 자들 중에 일부는 그들에게 할례를 행하고 토라를 지키도록 하는 것이 중요하다고 말한다(행 15:4-5). 더 논의를 거친 후, 베드로는 복음의 말씀을 듣고 믿게 된 고넬료와 그 가족들과 함께 나눈 경험을 이야기한다. 하나님은 오순절에 임하셨던 성령과 동일한 성령을 그들에게 주셔서 그들이 언약 공동체의 온전한 일원이 되었음을 인정하신 것이다. 베드로는 주님이 "믿음으로 그들의 마음을 깨끗이 하사 그들이나 우리나 차별하지 아니하셨느니라"(행 15:9)고 증언한다. 그는 교회가 "우리 조상과 우리도 능히 메지 못하던 멍에를"(행 15:10) 그들에게 지우지 말아야 한다고 주장한다. 1세기 유대교에서는 토라에 따르는 생활 양식으로 온전히 회심하는 것을 "나라의 짐을 지는 것"으로 묘사한다. 비록 베드로는 예전에 안디옥에 있을 때, 예루살렘의 사회적 압력에 굽히기는 했지만(갈 2:11-21), 이제는 이방인들을 완전히 받아들여야 한다고 주장하고 나선 것이다. 왜냐하면 "우리는 그들이 우리와 동일하게 주 예수의 은혜로 구원받는 줄을 믿기"(행 15:11) 때문이다.

바나바와 바울이 하나님이 이방인들에게 행하신 일을 말한 후에 예수의 형제이자 예루살렘 교회의 지도자인 야고보는 모두에게 공개적으로 말한다. 그는 이방인들을 받아들이는 것이 하나님의 변함없는 목적이라고 하며 아모스서 9장 11-12절 말씀을 인용한다. "이 후에 내가 돌아와서 다윗의 무너진 장막을 다시 지으며 또 그 허물어진 것을 다시 지어 일으키리니 이는 그 남은 사람들과 내 이름으로 일컬음을 받는 모든 이방인들로 주를 찾게 하려 함이라 하셨으니 즉 예로부터 이것을 알게 하시는 주의 말씀이라 함과 같으니라"(행 15:16-18). 야고보는 그리스도의 몸의 가시적인 통합을 이뤄 내기 위해 협상안을 내놓는다. 믿는 유대인들은 새롭게 믿는 이방인들에게 할례와 토라에 따른 생활 양식을 요구하지 말아야 한다. 그러한 요구는 십자가의 성취를 흐리고, 모든 음식이 정하다고 하신 부활하신 예수의 분명한 명령을 순종하지 않는 것이다. 하지만 믿는 이방인들 역시 동료인 믿는 유대인들이 혐오스러워 하는 행습과 교회를 불명예스럽게 하는 일을 삼가야 한다. 그는 믿는 이방인들이 우상의 더러운 것과 성적 부도덕, 그리고 목매어 죽인 것과 피를 멀리해야 한다고 결론 내린다. 예루살렘 공의회는 공식적으로 그리스도를 믿는 믿음만으로 이방인들을 받아들였다. 이 역사적인 결정은 바울과 바나바 편에 편지로 "이방인 형제들"(행 15:23)에게 보내졌다. 이 공의회는 유대인과 이방인 모두 예수 그리스도를 믿는 믿음으로 인해 한 언약 공동체가 되었음을 확인한다. **말려 있는 편지 그림**은 이 핵심적인 사건을 상징하는 것으로서, 공의회의 결정을 전하는 편지들을 교회들에 보낸 것을 상기시킨다.

• "크레스투스"를 두고 일어난 폭동으로 글라우디오가 유대인을 쫓아내다

우리는 초대 교회의 선교를 따라가면서, 높임 받으신 예수께서 수많은 다른 사람들을 사용하셨다는 사실을 기억해야 한다. 그들의 이름은 예수에게 알려졌고, 로마 제국 전역에 복음을 전했다. 동일한 해인 주후 49년 바울은 두 번째 선교 여행을 떠난다. 로마 역사가 수에토니우스(Suetonius)는 글라우디오 황제가 로마에서 유대인들을 쫓아냈다고 기록한다. 왜냐하면 그들이 "크레스투스의 선동으로" 혼란을 일으켰기 때문이다. 히브리어 단어 *메시아*가 헬라어 *크리스토스*에서 나온 것임을 기억하라. 이 이름들은 라틴어로도 똑같이 발음된다. 수에토니우스는 이렇게 그리스도인들이 당시 훨씬 먼 곳까지 증인이 되었음을 알리는 1차 사료를 제공한다. 높임 받으신 예수 그리스도는 글라우디오의 칙령을 사용하셔서 자신의 종들을 부르신 곳으로 보내시는 것이다(행 18:2 참고).

이제 **오순절 시대** 1부를 마무리하려고 한다. 우리는 바울과 바나바가 안디옥에서 파송을 받으며(행 13장), 예루살렘(행 1-7장), 유대와 사마리아(행 8-12장), 그리고 그 너머까지 성령의 능력을 받은 교회의 증인들이 선교를 떠나는 과정을 추적해 봤다. 우리는 야고보가 쓴 편지를 봤다. 또한 바울의 첫 설교와, 예수 그리스도의 복음을 전하면서 유대인과 이방인 모두 믿음으로 하나님의 백성이 되는 모습도 봤다. 교회가 성장하는 가운데, 이방인들의 지위와 새 언약 공동체의 일원이 될 때 필요한 요구사항에 대한 문제가 생겼다. 바울은 갈라디아인들에게 보내는 편지에서 이 문제를 다루었고, 유대인과 이방인들이 그리스도를 믿는 믿음으로 하나 되었음을 강조한다. 예루살렘에서 열린 공의회는 믿는 이방인들도 그리스도만을 믿는 믿음으로 받아들여야 한다는 중요한 결정을 내렸다. 이는 믿음을 통해 이방인들도 하나님의 백성으로 받아들인 것으로서, 하나님의 구속 계획에 중요한 전진이 있었음을 나타낸다. **오순절 시대** 1부는 이 핵심적인 결정이 준비된 상태로 마무리된다. 바울과 실라가 유럽에 복음을 전할 준비를 갖추면서 땅끝까지 복음이 선포될 조짐이 보인다.

5장 오순절 시대 Ⅱ

Pentecost

이 장을 읽다 보면 누가가 높임 받으신 예수께서 자기 나라를 어떻게 확장시키시는지를 보여 주기 위해 지리적으로 개괄한다는 사실을 알게 될 것이다. 이는 예루살렘에서 시작하여(행 1-7장), 유대와 사마리아(행 8-12장), 마침내 땅끝(행 13-28장)까지 향하는 것이다. 신약 연대표의 **오순절 시대**에 굵은 글씨로 된 소제목들이 있다. 그 아래에는 내용을 요약한 문장들이 있는데, 새로운 영역과 사람들을 확보하도록 주님이 사용하신 선교 활동, 인물, 여정 등을 설명한다. 예수는 제자들에게 능력을 주셔서 기도하고, 설교하고, 가르치고, 파송하고, 베풀게 하신다. 누구는 고난을 당하고 심지어 목숨까지 내놓기까지 한다. 하지만 여전히 모든 사람은 그리스도의 복음이 그리스도를 필요로 하고 기다리는 세상까지 전해져 나가는 것을 보고 즐거워하도록 부름 받았다. **오순절 시대**에 해당하는 두 장은 사도행전 이야기를 기준으로 진행되는데, 1부는 예루살렘 공의회(행 15장)에서 마무리되고, 2부는 유럽으로 선교가 확장되고 로마에 복음이 선포될 때까지 이어진다(행 28장). 우리는 특별히 초기 그리스도인들의 설교가 우리의 **빈 무덤**(CASKET EMPTY) 연구에서 발전되는 주제들을 어떻게 담아내고 있는지에 관심을 기울일 것이다. 이 장 내내 추가로 성경 구절들이 제공된다. 책과 함께 말씀을 읽으면 큰 유익을 누릴 수 있을 것이다.

◆ 두 번째 선교 여행 : 바울과 실라가 유럽으로 파송되다(주후 49-52년)

오순절 시대 2부는 바울의 두 번째 선교 여행으로 시작된다. 이는 누가가 사도행전 15장 46절-18장 22절에 기록한 내용에 해당한다. 바울과 실라가 유럽에서 복음을 전하면서, 하나님 나라가 확장되어 가는 두 번째 움직임이 일어난다. 바울은 요한 마가를 두고 처음으로 바나바와 이견을 빚고, 실라를 자신의 선교 동역자로 삼는다. 초기 기독교 지도자들이 팀을 짜서 선교 사역을 보내셨던 예수의 본을 어떻게 따르고 있는지에 주목하자(눅 10:1). 헌신된 동역자가 없는 사역은 낙담하게 만들고, 위험하며, 열매도 맺지 못한다. 하지만 겸손함 가운데 서로를 보완하는 은사는 그리스도의 나라가 대약진하는 결과를 낳을 수도 있다. 하나님은 이 두 번째 선교 여행에 이러한 계획을 세우신다. 디모데, 누가, 아굴라, 브리스길라 같은 선교 동역자들이 합류하여 바울과 오랫동안 함께한다. 그들은 헬레스폰토스를 넘어 유럽으로 향한다. 수 세기 전 아하수에로와 달리, 그들은 사람의 영광을 위해 강제로 소집한 군대의 선두에 서지 않았다. 그들은 하나님의 영광을 위해 모든 민족을 구속하시려 기꺼이 죽으신 주 예수 그리스도를 왕으로 선포하며 그곳으로 향한다.

루스드라, 드로아, 빌립보, 데살로니가, 베뢰아, 아덴, 고린도를 향한 여정(행 16-18장)

길리기아의 교회들을 굳게 세운 뒤, 바울과 실라는 루스드라로 돌아왔고 그곳에서 디모데라는 젊은 제자를 만난다. 그는 아마도 20대 초반이었을 것이다(행 16:1). 그의 어머니는 그리스도를 믿는 유대인이었지만, 그의 아버지는 믿지 않는 헬라인이었다. 디모데는 인종적으로는 유대인이었기 때문에 어머니의 유전을 따랐다. 바울은 디모데를 데려와 자신의 선교 팀원으로 삼기 원한다. 바울은 디모데가 동족에게서 불필요한 공격을 당하지 않도록 디모데에게 할례를 받게 한다. 이 경우에 바울은 유대인들이 민감해 하는 부분을 달래는 데 주저하지 않는다. 엄밀히 따지면 디모데도 유대인이기 때문이다. 디모데에게 할례를 받도록 한 일을 의도적으로 경시하는 것은 바울의 신학적 입장을 곡해하고 그의 선교 대의를 약화시키는 것이다. 바울은 이방인인 디도의 경우에는 절대로 할례를 금한다. 그는 이미 그리스도를 믿는 믿음으로 언약 공동체의 일원이 되었기 때문이다. 바울과 그의 동료들은 비르기아(Phyrgia), 갈라디아 전 지역을 다니며 예루살렘 공의회에서 결정된 내용을 기쁘게 전하고 그리스도의 복음을 선포한다.

높임 받으신 예수는 그들에게 드로아, 즉 고대 트로이 인근 서쪽 해안 지역까지 나아가도록 명하신다. 밤에 바울은 하나님께 분명한 명령을 받는다. 마게도냐 사람 하나가 자신에게 청하는 모습을 본다. "마게도냐로 건너와서 우리를 도우라"(행 16:9). 누가는 바울이 그 환상에 어떻게 반응했는지를 기록한다. "우리가 곧 마게도냐로 떠나기를 힘쓰니 이는 하나님이 저 사람들에게 복음을 전하라고 우리를 부르신 줄로 인정함이러라"(행 16:10). 이 구절은 사도행전 이야기에서 주어가 1인칭 복수형(우리가 … 힘쓰니)으로 변화하는 중요한 지점이다. 누가는 사랑받는 의사로 드로아에서 선교 팀에 합류하였고, 그 후로는 목격자의 관점에서 사건들을 진술한다.

그들은 상당한 문화적 간극을 넘어 유럽으로 향했고, 마게도냐의 주요 도시이자 로마의 식민지인 빌립보로 나아간다. 그 도시는 옥타비아누스와 안토니우스가 카시우스와 브루투스에게 승리를 거둔 후, 제대한 군인들이 정착한 곳이었다. 빌립보는 헬라 전역과 아드리아누 해변 및 이달리야까지 연결되는 에그나티아 가도(Via Egnatia)라는 주요 도로를 통해 로마와 긴밀한 소통을 유지했다. 바울과 실라는 그곳에 도착하여 회당을 찾았지만 안식일에 기도하기 위해 모인 몇몇 여성만 강가에서 발견했을 뿐이었다. 주 예수 그리스도께서 적은 무리로 성취하시는 일을 경시하지 말자. 헌신된 그리스도의 종들 중 상당수는 인간의 눈에는 별것 아닌 것처럼 보이는 상황에서 복음을 받아들였다. 빌립보 교회의 시작도 그러했다. 누가는 그리스도의 복음이 열리게 된 귀중한 세 가지 사건을 기록한다. 강가에 있던 여인 중 한 명은 루디아로서 두아디라에서 자색 옷감 장사를 하는 부유한 상인이며 하나님을 경외하는 자였다. 주님은 그의 마음을 복음에 열게 하셨고, 루디아는 가족들과 하인들을 포함하여 자신이 거느린 모든 무리와 함께 세례를 받는다(행 16:14-15).

높임 받으신 예수의 행적은 빌립보에서도 이어진다. 바울은 한 노예 소녀를 "예수의 이름으로" 점치는 귀신에서 해방한다. 하지만 그 주인은 소녀가 마귀의 압제에서 자유로워진 것을 기뻐하기는커녕, 오히려 바울과 실라를 잡아다가 다음과 같은 죄목으로 도시의 재판관들에게 끌고 간다. "이 사람들이 유대인인데 우리 성을 심히 요란하게 하여 로마 사람인 우리가 받지도 못하고 행하지도 못할 풍속을 전한다"(행 16:20-21). 바울과 실라는 매를 맞고 투옥된다. 자정 즈음에 기도하고 하나님께 찬양하자 갑자기 큰 지진이 일어난다. 감옥의 문들이 열렸고 모든 족쇄가 풀렸다. 그러자 간수는 죄수들이 탈출했다고 생각하고 칼을 꺼내 스스로 죽으려고 한다. 하지만 이는 오히려 죽음이 아닌 회심의 순간이 되었다. 바울이 외친다. "네 몸을 상하지 말라 우리가 다 여기 있노라"(행 16:28). 그러자 간수는 "내가 어떻게 하여야 구원을 받으리이까?"(행 16:30)라고 묻는다. 답은 간단하다. "주 예수를 믿으라 그리하면 너와 네 집이 구원을 받으리라"(행 16:31). 이 복음의 말씀을 듣는 순간 간수는 예수를 믿게 된다! 바울과 실라는 "그 사람과 그 집에 있는 모든 사람에게"(행 16:32) 그리스도의 말씀을 나눈다. 간수의 온 가족도 믿고 세례의 징표를 받는데, 이는 그리스도 안에서 새 생명을 누리게 되었음을 의미한다. 이렇게 유럽에서 놀랍게 시작한 그리스도 나라의 출발점은 바울에게 지속적으로 격려와 기쁨의 근원이 되었다. 빌립보 교회는 바울이 사역하는 내내 복음의 동역자로 남아 있게 된다(빌 1:3-5).

이제 선교 팀은 빌립보를 떠나 에그나티아 가도를 따라서 헬라 북부 지역을 지나 서쪽으로 향한다. 그들은 인구가 200,000명인 마게도냐의 수도 데살로니가에 이른다. 이곳에는 유대인 인구도 상당했다. 바울은 늘 하던 대로 우선 회당을 방문한다. 그리고 세 번의 안식일에 연속해서 설교를 한다. 누가에 따르면, 바울이 전한 메시지의 내용은 우리 **빈 무덤**

(CASKET EMPTY) 책의 중심 주제를 그대로 반영한다. 누가는 말한다. "성경을 가지고 강론하며 뜻을 풀어 그리스도가 해를 받고 죽은 자 가운데서 다시 살아나야 할 것을 증언하고 이르되 내가 너희에게 전하는 이 예수가 곧 그리스도라 하니"(행 17:2-3). 여기에서 "강론"이란 유대교에서 성경을 해석하는 행위를 말할 때 사용하는 단어다. 즉, 바울은 성경에서 하나님의 구속 계획이라는 거대한 서사를 읽어 낸 것이다. 바울은 성경 이야기의 핵심이 메시아의 죽음과 부활임을 이해하고 있었다. 바울은 예수가 이스라엘의 약속된 메시아임을 영광스럽게 선포한다. 믿음으로 예수께 돌아오는 모든 사람은 용서와 새 생명을 얻게 될 것이다. 수많은 사람들, 즉 유대인 및 하나님을 경외하는 그리스도인, 그리고 적지 않은 귀부인들이 이 초청에 응한다(행 17:4).

하지만 그의 친족 중 어떤 사람들은 이를 듣고 조상의 전통에 대한 열심이 더했다(행 17:5; 참고 갈 1:14). 그들은 장터에서 군중을 소집한다. 그리고 그리스도를 믿기로 한 야손의 집에 쳐들어가 바울과 실라를 찾는다. 그들은 다음 죄목으로 야손과 및 형제들을 끌어다가 도시 관원들 앞에 둔다. "천하를 어지럽게 하던 이 사람들이 여기도 이르매 야손이 그들을 맞아 들였도다 이 사람들이 다 가이사의 명을 거역하여 말하되 다른 임금 곧 예수라 하는 이가 있다 하더이다"(행 17:6-7). 반역을 부추긴다는 죄목은 잘못하면 중대 범죄로 인식될 수도 있는 심각한 사항이었다. 이는 예루살렘 지도자들이 예수께 씌운 동일한 죄목을 떠올리게 한다(눅 23:1-2; 요 18:33-37). 지역 사회의 갈등이 심화됨에도 불구하고, 높임 받으신 예수는 데살로니가에 자신의 교회를 세우신다. 바울은 후에 그들에게 다음과 같이 애정 어린 편지를 쓴다. "형제들아 우리가 너희 가운데 들어간 것이 헛되지 않은 줄을 너희가 친히 아나니 너희가 아는 바와 같이 우리가 먼저 빌립보에서 고난과 능욕을 당하였으나 우리 하나님을 힘입어 많은 싸움 중에 하나님의 복음을 너희에게 전하였노라"(살전 2:1-2). 우리는 복음을 선포할 때 갈등이 없을 수는 없다는 점을 다시 한 번 깨닫게 된다. 하지만 그러한 갈등은 그리스도의 나라가 세워지는 것을 뒤엎을 수는 없다.

선교 팀은 결국 밤에 조용히 데살로니가를 떠나 베뢰아로 향한다. 이곳은 에그나티아 가도에서 남쪽으로 20킬로미터 떨어져 있는 작은 마을이었다. 그러한 박해를 당한 후에도, 바울과 실라는 잠잠하지 않고 회당에 들어갔다. 그런데 그곳의 유대인 공동체는 "간절한 마음으로 말씀을 받고 이것이 그러한가 하여 날마다 성경을 상고"(행 17:11)하였다. 회당에서 많은 수가 그리스도를 믿었고, 그중에는 헬라의 유력한 남녀들도 많이 있었다(행 17:12). 하지만 이러한 평온함은 데살로니가에서 유대인 몇몇이 와서 군중을 선동해 바울을 대적하도록 만들면서 곧 깨지고 만다. 그러자 새로 믿게 된 이들 중 몇몇이 바울을 호위해서 해안으로 향했고, 그들은 아티카 반도의 말단에서 아덴를 향해 항해를 떠난다. 실라와 디모데는 가능한 신속히 아덴에서 합류하라는 지시를 받고 베뢰아에 머물렀다.

바리새인 사울이 이제는 그리스도의 제자 바울이 되어 아덴 골목을 휘젓고 다니는 모습은 매우 강렬한 심상이다. 이 책의 첫 장에서 아덴이 고대 세계의 문화 정점이었다는 사실을 살펴본 기억이 날 것이다. 아덴은 예술, 문화, 철학 분야에 탁월했다. 아덴의 황금기는 그 어떤 도시와도 비길 수 없다. 모든 사람이 헬라의 종교와 사상이 탁월하다는 사실을 당연하게 받아들였고, 로마의 삶에도 그대로 적용되었다. 저명한 로마의 시인인 호라티우스(Horace)는 로마가 헬라를 군사적으로 점령했을지는 몰라도, 문화적으로는 헬라가 로마를 점령했다는 유명한 말을 남겼다. 하지만 고대의 전통에 숭상 받을 만한 것이 아무리 많다고 해도, 바울의 유대 신학적 관점에서 보자면 그 이방 세계는 하나님을 모르고 우상 숭배에 잡혀 있는 곳에 불과했다. 이 세계관의 갈등은 그 도시 전역에 분명히 드러난다. 제단들과 더불어 올림피아 신들을 묘사한 조각상들이 거리를 장식하고 있었다. 이러한 조각상들은 이스라엘의 하나님, 즉 인간의 손으로 대변되지 않으시는 분과 극적인 대조를 이룬다. 그 신들의 부도덕성은 이스라엘의 거룩하신 한 분과 비교될 수 없었다. 바울의 영은 "그 성에 우상이 가득한 것을 보고…… 격분"(행 17:16)한다. 바울은 아덴에 단지 한 사람의 유대인이 아니라, 예수 그리스도의 사도로 온 것이기 때문이다. 그는 이스라엘의 하나님이 오랜 약속을 성취하기 위하여 일하셨고, 지금도 모든 민족을 자신에게 부르신다고 믿었다. 그래서 바울은 회당에서 유대인들 및 하나님을 경외하는 자들에게 강론했고, 사람들이 모이는 시장에서 만나는 자들에게도 그렇게 했다.

바울은 장터에서 에피쿠로스의 무리와 스토아 철학자들을 만난다(행 17:18). 1세기에는 두 가지 주도적인 철학 학파가 있었다. 그들은 인간을 근본적으로 다르게 평가했고, 인간의 문제를 해결하기 위해 어떠한 지혜가 필요한지에 대해서도 전혀 다른 관점을 지녔다. 각 집단에 대해서 간단하게 살펴보면 앞으로 이어질 대화를 이해하는 데 도움이 될 것이다. 에피쿠로스의 무리란 그 창시자인 에피쿠로스를 따르는 자들이다. 그들은 진리가 인간 내에 존재한다고 믿는다. 따라서 사람은 자신의 인식과 직관을 신뢰하고, 자연을 관찰하며 동물들의 행동 양식을 모방해야 한다. 에피쿠로스 학파는 정원에 위치해 있었다. 에피쿠로스는 행복의 정점이 기쁨에 있다고 하는데, 이는 고통의 부재로 이해할 수 있다. 또한 인간은 그저 원자로 이루어진 존재이기 때문에 사람이 죽으면 분해될 뿐이다. 신은 존재하지 않으며 죽음 이후를 두려워하지 않아도 된다. 신을 믿는 것은 불필요한 불안을 초래할 뿐이라고 추론한다. 에피쿠로스는 인간에 대한 자신의 철학 개념을 간단하게 정리하는데, 이는 "사중 약학"(four-fold pharmacy)으로 알려져 있다. 그 내용은 다음과 같이 요약할 수 있다. "신을 두려워 말라. 죽음을 걱정하지 말라. 좋은 것을 얻을 수도 있다. 끔찍한 것도 견딜 수 있다." 이 네 개의 알약을 섭취하면 당신의 고난은 해결될 것이다!

스토아 학파는 키티온의 제논(Zeno of Citium)이 창시했다. 스토아라는 명칭은 그들이 가르치던 곳인 아덴의 공공건물 주랑(스토아)에서 온 것이다. 그들은 진리가 우리 주위 모든 곳에 있다고 믿는다. 우주는 지혜롭고, 강력하고, 이성적인 신이 주관한다. 인간은 추론할 수 있는 능력 면에서는 "신과 같다." 사람들은 자신들의 인식과 직관을 신뢰하지 말고, 선함을 인식할 수 있도록 마음을 단련해야 한다. 사람들은 종종 무엇이 좋은 것인가에 대해서 잘못된 판단을 내리는데, 이러한 잘못된 판단은 격정을 일으킨다. 그리고 그러한 격정은 쾌락에 대한 과도한 열망과 고통에 대한 비이성적인 두려움을 낳는다. 따라서 진정으로 지혜로운 사람은 이성에 완전히 통제되는 사람으로서, 그러한 자는 격정을 다스려 행복을 이룰 수 있다. 그런 사람은 삶의 상황에 전혀 흔들리지 않는다. 스토아 학파는 추종자들이 좋은 삶을 영위하도록 훈련하기 위하여 형식 논리, 시, 언어 등의 분야에서 엄청난 진보를 이루었다. 바울이 아덴에서 그리스도를 선포한 것은 성경의 구속 서사로 이 경쟁하는 세계관에 해결책을 내놓은 것이었다.

바울이 장터에서 나눈 대화는 처음에 경멸적인 반응을 낳았다. 바울의 헬라어 능력이 부족해 보였기 때문이다. 그리고 바울이 가르침을 통해 도시에 새로운 신을 소개하기 때문에 위험하다는 비난이 나왔다(행 17:18). 예전에 소크라테스 역시 아덴의 젊은이들을 타락시키고 새로운 신을 소개한다는 죄목으로 심문을 받고 처형당했다. 바울은 아레오바고(마르스의 언덕)의 위원회 앞에 서게 되는데, 그곳에서 자신을 옹호한다. 파르테논이 뒤에 버티고 있는 이 언덕에서 예수는 바울에게 할 말을 주신다(참고 마 10:19-20).

바울은 아덴의 사람들이 범사에 종교심이 많다고 인정하며 말을 시작한다. 실제로 다음과 같은 글이 새겨진 제단도 있었다. "알지 못하는 신에게"(행 17:23). 이제 바울은 성경의 증거를 들어 그들이 알지 못하면서도 경배하는 이 하나님을 선포하기 시작한다. 바울의 연설은 하나님의 계시와, 인간에 대한 하나님의 목적에 대한 깊은 성경적 이해를 반영한다. 하나님은 창조주 하나님으로서 세상을 만드시고 그 안에 모든 것을 지으셨다. 하늘과 땅의 주재이신 하나님은 "손으로 지은 전에 계시지 아니하시고 또 무엇이 부족한 것처럼 사람의 손으로 섬김을 받으시는 것이 아니니 이는 만민에게 생명과 호흡과 만물을 친히 주시는 이"(행

17:24-25; 참고 창 1-2장)시다. 이는 그들이 도시의 수호 여신으로 여기는 아테나의 금 신상이 위치한 장엄한 파르테논이 바울 바로 뒤에 자리 잡고 있었다는 사실을 생각하면 놀랍도록 용기 있는 발언이었다. 바울은 계속해서 하나님은 세상의 창조주이실 뿐 아니라, 모든 인류의 창조주라고 말한다. 하나님은 한 사람으로부터 "인류의 모든 족속을 한 혈통으로 만드사 온 땅에 살게 하시고 그들의 연대를 정하시며 거주의 경계를 한정"(행 17:26; 참고 창 1-11장; 신 32:8)하신다. 바울의 가르침은 인종에 따른 어떠한 자부심이 존재할 가능성 자체를 배격하는 것이었다. 그러한 자부심은 헬라인 청중들이 복음을 받아들이는 데 엄청난 장애물이었기 때문이다. 바울이 이야기하고 있는 헬라인들은 그들의 조상들이 헬라의 땅에서 생겨났으며, 세상에서 가장 아름다운 곳이 자신들에게 속했다고 믿었다. 하지만 바울은 하나님이 그들의 장소와 때를 정하신 것은 모두 자신을 찾도록 하시기 위함이라고 설명한다(행 17:27; 참고 신 4:29; 사 55:6; 암 9:12; 슥 8:22).

바울은 헬라 시인들의 작품에서 구속의 은유를 발견함으로써, 청중들과 세계관의 간극을 줄이려고 한다. 바울은 그레데인(크레타인) 에피메니데스(Epimenides)를 인용하는데, 그는 제우스가 죽지 않고 살았으며 "그 안에 우리가 살고 움직이고 존재한다"고 글을 썼다. 또 바울은 "우리는 하나님의 자녀"라는 말도 스토아 학파 클레안테스(Cleanthes)의 《제우스 찬가》(Hymn to Zeus)에서 인용한다. 하지만 바울은 "하나님의 소생이 되었은즉 하나님을 금이나 은이나 돌에다 사람의 기술과 고안으로 새긴 것들과 같이 여길 것이 아니니라"(행 17:29)고 경고하면서 결론을 내린다. 바울은 "알지 못하던 시대에는 하나님이 간과하셨거니와 이제는 어디든지 사람에게 다 명하사 회개하라"(행 17:30)고 하는데, 그의 연설은 스스로를 배운 사람이라고 여기는 아덴 사람들의 문화적 자의식에 상처를 내는 것이었다. 이제껏 아덴 사람들을 무식하다고 한 방문객은 존재하지 않았다! 바울은 호기롭게 모든 형태의 죄와 우상 숭배를 비판했고, 심지어 무지에 의한 것이라도 회개해야 한다고 말한다. 하나님의 공의로운 심판은 분명이 있을 것이다(시 96, 98편; 사 63장). 그리고 이는 하나님이 정하신 인자를 통해 이루어질 것이다(단 7:13-14). 하나님은 그를 죽은 자 가운데서 일으키셨다.

헬라인들이 부활에 대해 듣는 것으로 이 대화는 갑자기 끝난다. 어떤 사람들은 바울이 당시 헬라인들 대부분이 터무니없다고 여긴 생각을 하고 있다고 조롱한다. 아이스킬로스(Aeschylus)는 오래전에 이렇게 단언했다. "죽은 자들은 살 수 없다!" 하지만 또 어떤 사람들은 호기심이 들어 다음에 더 듣고자 하였다. 바울이 그들 사이를 지나갈 때 몇몇 사람이 합류하여 믿는다. 주님은 디오누시오(Dionysius, 아레오바고의 관리)와 다마리(Damaris)라는 여자와 또 다른 사람들의 마음을 여신 것이다(행 17:34).

바울은 아덴을 떠나 60킬로미터 정도 떨어진 고린도로 향한다. 이곳은 로마의 속주인 아가야(아카이아)의 수도였다(행 18장). 이 도시는 로마에 의해 주전 146년 파괴되었다가 디베료 가이사(율리우스 카이사르)가 식민지로 재건한 곳이었다. 바울 시대에 고린도는 부산한 신도시로, 엄청난 자원이 급속하게 유입되고 군인들이 정착하면서 인구가 급증하는 곳이었다. 하지만 고린도는 상업, 악습, 부도덕함으로 타락한 도시로 널리 알려지기도 했다. 이 지역은 바울이 이제껏 여행했던 곳 중에서 가장 먼 곳이었다. 이는 분명히 그에게도 부담이 되었을 것이다. 바울은 후에 자신이 고린도에 도착했을 때 "약하고 두려워하고 심히 떨었노라"(고전 2:3)고 쓴다. 높임 받으신 예수는 아굴라와 그의 부인 브리스길라를 돕는 자로 보내 바울을 격려하신다. 앞서 다룬 내용처럼, 그들은 최근에 글라우디오가 내린 칙령 때문에 로마를 떠난 상태였다. 그들은 바울과 동일하게 천막 만드는 일을 했고 곧 함께 일을 시작한다. 이 부부는 곧 오랜 기간 바울을 돕는 동역자가 되었고, 바울이 사역하는 내내 가장 가까운 친구였다(고전 16:19; 참고 롬 16:3; 딤후 4:19).

이러한 후원에 힘을 얻은 바울은 회당에서 유대인 및 하나님을 경외하는 헬라인들에게 강론한다. 실라와 디모데가 마게도냐에서 도착한 후에 바울은 "예수는 그리스도라"(행 18:5)고 전하는 데 전념한다. 회당에서 쫓겨난 후에는 바로 옆집에 들어가 거하는데, 그 집 주인은 하나님을 경외하는 디도 유스도라는 사람이었다. 또한 고린도의 회당장인 그리스보가 주님을 믿게 되어 사람들과 함께 세례를 받았다(행 18:8; 참고 고전 1:14). 사도행전 18장 9-10절에서 예수는 바울에게 환상 가운데 나타나셔서 고린도에 머물라고 명하신다. "두려워하지 말며 침묵하지 말고 말하라 내가 너와 함께 있으매 어떤 사람도 너를 대적하여 해롭게 할 자가 없을 것이니 이는 이 성중에 내 백성이 많음이라." 엄청난 추수의 약속과 함께 바울은 고린도에 1년 6개월간 머무른다.

바울이 유대인과 이방인들에게 행한 선교 사역이 성공을 거두면서 결국 유대 공동체 일부 구성원들과 갈등이 촉발된다. 바울은 아가야의 총독 갈리오(Gallio) 앞에 끌려간다. 갈리오는 스토아 철학자 세네카의 동생으로서 온화한 성품의 소유자로 알려져 있다. 지금까지 남아 있는 비문에 의하면 갈리오는 주후 51-52년에 총독으로 봉직했다. 이는 바울의 생애와 선교 여행의 연대표를 작성하는 데 중요한 단서를 제공한다. 바울은 동족들에게 "율법을 어기면서 하나님을 경외하라고 사람들을 권한다"(행 18:13)는 죄목으로 고발당한다. 하지만 갈리오는 이 사건이 자신의 소관이 아니라고 생각하고 사건을 회피한다. 그는 바울이 그리스도에 대해서 신포하는 것이 포악한 범죄라고 여기지 않고, 오히려 "언어와 명칭과 너희 법에 관한 것"(18:15)이라고 생각한다. 바울을 고발한 자들은 재판소에서 바울이 처벌당하지 않았다고 새로운 회당장인 소스데네(Sosthenes)에게 달려든다. 다음에 소스데네의 소식을 접할 텐데, 그 역시 그리스도 안에서 믿는 자이자 형제가 되어 있다(고전 1:1).

▶▶▶ 신약 연대표

바울의 고린도 사역을 계속 살펴보기에 앞서 아덴과 고린도를 연대표에 있는 지도에서 찾아보자. 그러면 바울이 그리스도의 복음을 선포하기 위해 얼마나 많은 거리를 이동했는지 실감할 수 있을 것이다. 또한 연대표에서 **파르테논** 그림을 볼 수 있는데, 이는 오랫동안 고대 세계의 상징이었다. 파르테논 신전은 아테나 여신에게 헌정된 것으로서, 내부에는 상아와 은과 금으로 된 12미터 높이의 아테나 신상이 있었다. 바울이 파르테논을 바로 뒤에 두고서 아덴 사람들에게 담대하게 선포했던 장면을 기억하는 데 도움이 될 것이다(행 17장).

오순절 시대 II

• 헬라인, 로마인, 유대인이 그리스도를 믿다

고린도에 있을 때, 바울과 그의 선교 팀은 엄청난 수의 헬라인, 로마인, 유대인이 그리스도를 믿는 것을 목격한다. 높임 받으신 예수께서는 세상에서 일하시면서 다양한 민족의 남자, 여자, 어린이들을 하나님의 가족으로 삼으신다. 이는 하나님이 오래전에 하신 약속과 영원한 목적에 부합하는 것이다(창 12:3; 롬 7:9-10). 그리스도 안에서 아브라함의 자손들은 셀 수 없이 많은 별처럼 빛날 것이다(창 15:5). 새롭게 믿게 된 자들도 이제 함께 모여 예배를 드리고 하나님의 길을 걷는 방법을 배우게 된다. 바울에게 회심이란 단지 시작에 불과하다는 사실을 기억하자. 새롭게 믿게 된 자들은 훈련을 받아 그리스도 안에서 얻은 새로운 생명이 온전히 형성되어 가야 한다(갈 4:19). 예수의 명령을 따라, 새로운 회심자들은 공적으로 세례를 받고 그 후에는 예수께서 명하신 모든 것을 순종하도록 가르침을 받는다(마 28:19-20).

• 복음이 우상 숭배와 충돌하며 그리스도 안에서 새로운 공동체들을 창조하다

> "너희가 어떻게 우상을 버리고 하나님께로 돌아와서 살아 계시고 참되신 하나님을 섬기는지"(살전 1:9)

문화들을 건너 그리스도가 선포되면서 복음은 다양한 형태로 우상 숭배와 충돌을 일으킨다. 바울은 선교 여행을 하면서 다양한 형태의 이교도 관습과 직접 접촉하게 된다. 구약에서 이스라엘 선지자들이 그랬듯이, 초기 기독교 선교사들은 사람들에게 "우상을 버리고 하나님께로 돌아와서 살아 계시고 참되신 하나님을 섬기"(살전 1:9)도록 촉구했다. 새롭게 믿게 된 이들은 그리스도의 대속 죽음을 믿음으로 의롭게 되었다. 그들은 하나님의 구속받은 백성의 일원으로 받아들여진다. 그들은 용서받고, 정결해지고, 우상 숭배에서 자유롭게 되어 성령으로 충만하게 된다. 성령은 열매 맺는 순종의 삶을 가능하게 하시고, 그리스도 안에서 새로운 공동체들을 세워 나가는 데 필요한 은사들을 후하게 베푸신다. 이는 하나님이 언젠가 자기 백성을 우상 숭배에서 깨끗하게 하시리라는, 에스겔 예언의 소망을 성취하는 것이었다. 하나님은 그들의 돌 같은 마음을 제거하시고, 부드러운 마음을 주실 것이다. 하나님은 자신의 영을 그들 안에 두셔서 자신의 길을 걷게 하실 것이다(겔 36:25-27). 이 새로운 공동체들은 계속해서 가르침을 받아 그리스도 안에서 온전히 성숙해져야 한다.

• 바울이 데살로니가전/후서를 쓰다(주후 51-52년경)

우리는 **가르침 시대**에서 신약의 편지들을 더 자세하게 살펴볼 것이다. 하지만 사도행전의 역사적 서술 내에서 각 편지의 목적을 확인하는 것

도 중요하다. 바울이 쓴 편지들은 제자도를 증진하고 그리스도인의 정체성을 형성하려는 바울의 목적을 담고 있다. 바울은 두 번째 선교 여행 막바지인 주후 51-52년경, 고린도에서 데살로니가전/후서를 쓴다. 이 편지를 쓴 목적은 데살로니가에 모인 믿는 자들을 격려하기 위함이었다. 두 편지 모두 "바울과 실루아노(실라)와 디모데"(살전 1:1; 살후 1:1)가 쓴 것이다. 바울은 데살로니가를 급작스럽게 떠났고, 데살로니가를 비운 시간도 길어졌지만(행 17:10-14), 계속해서 그들을 위해 기도했다. 이를 더 이상 견디지 못한 바울은 디모데를 보내 그들의 믿음을 확인하게 한 것이다. 바울은 그들이 박해에도 불구하고 그리스도를 변치 않고 믿고 있는 모습이 다른 사람들에게 본보기가 되었음을 알려 주기 원했다. 바울은 그들에게 회심의 실질적인 의미와, 하나님을 따라 행하고 하나님을 기쁘게 하는 방법에 대해 이미 받은 지침이 중요하다는 사실을 일깨운다. 바울은 이렇게 쓴다. "하나님의 뜻은 이것이니 너희의 거룩함이라 곧 음란을 버리고 각각 거룩함과 존귀함으로 자기의 아내 대할 줄을 알고 하나님을 모르는 이방인과 같이 색욕을 따르지 말고…… 하나님이 우리를 부르심은 부정하게 하심이 아니요 거룩하게 하심이니"(살전 4:3-7). 바울은 "거룩하라 이는 나 여호와 너희 하나님이 거룩함이니라"(레 19:2)는 이스라엘의 소명을 이방인과 유대인들이 모인 그리스도인 공동체에 확대하여 적용하고 있는 것이다. 바울은 그들을 격려하여 그들이 메시아 예수 안에서 누리는 새로운 삶으로 믿지 않는 자들의 존경을 받도록 하고, 그리스도가 영광스럽게 돌아오실 때를 준비하라고 한다.

바울과 그의 선교 팀은 고린도에서 18개월을 머물며 하나님의 말씀을 전한 후(행 18:11), 찬양할 만한 소식과 함께 돌아올 것을 맹세한다. 바울은 하나님께 특별히 구별되는 나실인의 서원을 이루기 위해 겐그레아에서 머리를 자른다(행 18:18; 참고 민 6:1-5). 그는 도중에 에베소에 브리스길라와 아굴라를 남겨 둔다. 그리고 가이사랴에 상륙하여 우선 예루살렘 교회를 방문하러 올라간다. 그러고서는 안디옥을 방문하여 그리스도가 자신들을 통해 이루신 모든 것을 전함으로 교회를 격려한다(행 18:22).

• 세 번째 선교 여행 : 바울이 교회에 힘을 주고 에베소에 남다(주후 52-57년)

우리는 이제 세 번째 선교 여행을 살펴볼 것이다. 하나님이 세상에서 하나님 나라를 확장해 나가시면서, 바울과 동료들은 안디옥에서 파송되어 새롭게 개척된 교회들을 굳건히 하고 전략 도시인 에베소에서 새로운 사역을 시작한다. 누가는 사도행전 18장 23절-20장 3절에서 이 이야기를 기록한다. 바울은 거의 날마다 이곳에서 저곳으로 이동해 다녔지만, 때로 예수는 바울에게 명령하여 한 장소에서 오랜 기간 머물도록 하셨다. 에베소가 그러한 경우다. 바울은 이 도시에서 3년간 복음을 전하는데, 이 도시에서 모든 지역으로 퍼져 나갈 복음의 움직임을 이루기 위함이었다(행 20:31). 또한 세 번째 선교 여행은 제자도에 대한 바울의 깊은 헌신을 드러낸다. 에베소에서 보낸 이 시간 동안 바울은 고린도에서 성장해 나가는 교회들과 서신을 나누고 그들이 성숙한 그리스도인으로 자라나도록 수고한다(고전 14:20).

갈라디아, 에베소, 빌립보, 마게도냐, 일루리곤, 고린도를 향한 여정

누가는 5년이 넘도록 소요된 바울의 장대한 세 번째 선교 여행을 다소 간결하게 기록한다(주후 52-57년). 사도행전 18장 23절에서 우리는 바울이 안디옥에서 시간을 조금 보낸 뒤에 "떠나 갈라디아와 브루기아 땅을 차례로 다니며 모든 제자를 굳건하게 하니라"는 기록을 볼 수 있다. 사도행전 19장 1절에서는 바울이 그 후에 "윗 지방"을 다니며 에베소에 도달했다는 사실을 접하게 되는데, 이는 한 달 만에 800킬로미터에 달하는 거리를 이동한 것이었다. 에베소에서 3년간 사역한 후에, 바울은 빌립보와 마게도냐를 향해 떠나서 교회를 굳건히 하며 새로운 장을 연다. 사도행전 20장 1-2절에서 우리는 바울이 마게도냐를 떠나 "그 지방으로" 다니며 "여러 말로 제자들에게 권하"였음을 본다. 바울의 여정에서 이 부분은 아마도 18개월 정도 지속되었을 것인데, 후에 이 기간에 그리스의 서해안에 있는 일루리곤까지 선교를 했다고 언급한다(롬 15:19). 결국 바울은 주후 57년 1월에 고린도로 돌아와 3개월간 의미 있는 시간을

보내며 "땅끝"(행 1:8 참고)까지 그리스도를 따를 준비를 한다.

• 바울이 3년간 에베소에 머물다(행 19-20장)

주후 52년 가을(행 19:1), 바울은 8킬로미터의 장벽으로 둘러싸여 있으며 250,000명의 주민이 살아가는 분주한 대도시 에베소에 들어선다. 그 도시는 자이스테르 강어귀에 위치하여 아시아 주의 주요 항구 역할을 했다. 양옆에 줄기둥이 들어선 긴 도로가 나 있었고, 중심부에는 25,000명을 수용하는 극장이 있었다. 에베소는 사냥과 풍요의 여신이자 그 도시의 수호신인 아데미(아르테미스, Artemis)를 섬기는 중심지로 잘 알려져 있었다. 연대표를 보면 오순절 부분 아래 바울의 세 번째 선교 여행 부분에 **아데미 여신**의 그림이 보일 것이다. 이는 에베소에 있던 우상의 도전을 상기시킨다. 아데미 신전에는 유방이 여러 개 달린 아데미의 신상이 있는데, 신자들은 여신 신상이 하늘에서 떨어졌다고 주장했다(행 19:36). 그 신전은 파르테논 신전의 두 배 규모로, 당시 세상에서 가장 거대한 헬라 건물로서 18미터에 달하는 기둥이 127개 있었다. 이 신전은 고대 세계의 7대 불가사의 중 하나였으며, "꿀벌"로 알려진 수많은 여사제와 "수벌"로 불린 거세한 제사장들이 그곳을 섬겼다. 또한 에베소는 마법과 주술로도 유명했다. 고대에 "에베소의 글"이란 표현은 다양한 주문과 마법을 담고 있는 문서를 묘사하는 말이었다. 이러한 뿌리 깊은 문화적 장벽과 강력한 우상 숭배에도 불구하고 예수께서 "광대하고 유효한 문"(고전 16:9)을 열어 주신 것을 보고 바울은 큰 감명을 받는다.

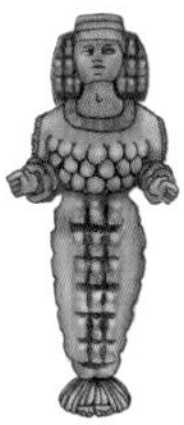

평소에 하던 대로 바울은 우선 회당에 가서 성경에서 하나님 나라의 도래를 강론하기 시작한다(행 19:8). 하나님은 바울을 통해 특별한 일을 하신다. 바울이 이적을 행하고 주 예수의 이름으로 귀신들을 쫓아낸 것이다. 예수의 영적 권위로 사람들은 자신들이 섬기던 우상과 신비적 행습을 버린다. 누가는 다음과 같이 감동적인 장면으로 진정한 회개를 묘사한다. "믿은 사람들이 많이 와서 자복하여 행한 일을 알리며 또 마술을 행하던 많은 사람이 그 책을 모아 가지고 와서 모든 사람 앞에서 불사르니 그 책값을 계산한즉 은 오만이나 되더라"(행 19:18-19). 그리스도의 복음은 계속해서 우상 숭배와 충돌하며 포로 된 자들을 자유롭게 한다. 물이 바다를 덮음같이 주님의 영광을 아는 지식으로 온 땅을 가득 채우겠다는 하나님의 약속이 성취되면서, "주의 말씀이 힘이 있어 흥왕하여 세력을"(행 19:20; 참고 사 11:9) 얻는다.

• **고난과 유대인 및 헬라인들의 반대**

에베소에 있는 유대 공동체 중 몇몇은 공공연하게 "이 도"(행 19:9; 참고 사 40:3; 요 14:6)를 비방하고 나선다. 우리는 진정한 복음 사역을 하면, 그리스도가 당하신 고난까지 포함한 그리스도의 삶이 그대로 다시 나타나게 된다는 사실을 깨닫는다. 하지만 이 시대에 그리스도인 증인들을 가장 적극적으로 반대한 세력은 이방인 공동체였다. 예수 그리스도를 전하는 바울의 설교는 아데미를 섬기는 우상 숭배에 대한 전면적인 공격이었다. 누가는 그에 따른 박해를 "이 도로 말미암아 적지 않은 소동이 있었으니"(행 19:23)라고 기록한다. 우상을 숭배하고 하나님의 형상을 인간의 수준으로 전락시킴으로써 번영하게 된 자들은 그리스도의 형상이 회복되는 것을 보면 언제나 분개한다. 아데미의 신상 모형을 팔아 유익을 얻던 은세공인 협회에서 박해의 물결이 일어난다. 그들의 지도자인 데메드리오는 그리스도를 선하는 바울의 설교가 "사람의 손으로 만든 것들은 신이 아니라"(행 19:26; 참고 사 44:9-20; 행 17:29)고 한다는 사실을 제대로 이해하고 있었다. 마귀의 힘은 하나님의 실상을 조잡하게 흉내만 낼 수 있을 뿐이다. 그리스도의 성육신은 아데미가 하늘에서 내려왔다는 신화가 거짓임을 폭로한다. 그리스도를 통한 새로운 탄생은, 태어날 때부터 보호를 구하며 아데미에게 헌신한 것이 잘못되었음을 드러낸다. 그리스도의 영속하는 왕국의 영광은 "크다 에베소 사람의 아데미여"(행 19:28)라고 외치는 그 도시 시민들의 보잘것없는 자부심을 잠잠하게 만든다. 복음을 대체하려는 그 어떤 종교적 신념도 예수 그리스도 안에 있는 복음의 진리에 비할 수 없다.

• 두란노 서원에서 날마다 강의하다

바울은 에베소에서 일부 유대인 공동체의 반대를 받았지만, 복음을 공적으로 선포할 수 있는 놀라운 방법이 열렸다. 누가는 바울이 두란노 서원에서 "날마다 강론"(행 19:9)을 시작했다고 기록한다. *두란노*(Tyrannus)라는 라틴어 단어는 *폭군*(Tyrant)이라는 뜻으로서, 아마도 학생들이 선생에게 붙여 준 별명일 것이다! 그럼에도 불구하고 예수께서는 이 폭군의 마음을 움직여서 학교를 열고 그리스도의 대의를 가르치게 하신다. 다양한 초기 헬라어 사본들을 보면 바울은 매일 오전 11시에서 오후 4시에 가르쳤다고 기록한다. 바울은 2년 동안 날마다 하루 중 가장 더울 때 다섯 시간씩 가르친 것이다. 이를 더하면 3,000시간이 넘는다. 바울은 이 오랜 가르침을 통해 "측량할 수 없는 그리스도의 풍성함"(엡 3:8)을 제시했다. 그 결과 "아시아에 사는 자는 유대인이나 헬라인이나 다 주의 말씀을 듣더라"(행 19:10)고 한다. 주님은 두란노 서원에서 바울이 날마다 전한 강론으로 그리스도인 공동체를 풍성하게 세우시고, 에베소에서 복음의 움직임을 일으켜 인근 도시들에서 교회가 개척되도록 하신다(골 1:7). 우리는 여기에서 성경을 철저하게 가르치는 것이 기독교 신앙에 핵심이라는 것을 다시 깨닫는다. 하나님의 말씀은 강력하고 하나님의 목적을 성취한다(사 55:11; 마 13:3-8).

바울이 "하나님의 뜻을 다" 선포하다(행 20:27)

바울이 에베소에서 집중적으로 가르친 것을 보면, 개인의 회심과 더불어 공동체 형성에 전념했다는 사실을 알 수 있다. 복음을 전하면 회개와 믿음이라는 개인적인 반응이 요구된다. 그리고 새로 믿게 된 자는 시간에 걸쳐 그리스도 안에서 성숙하게 되기까지 성경의 온전한 뜻을 필요로 한다. 기독교 설교자들은 종종 그리스도를 믿으면 죄를 용서받고 천국에서의 영생을 누리게 된다고 하면서 복음을 마치 간단한 거래처럼 제시한다. 하지만 바울의 설교와 편지들은 바울이 복음을 그리스도 안에서 누리는 완전히 새로운 삶의 시작으로 이해했음을 보여 준다. 이 새로운 삶이 가능하기 위해서는 구약과 신약 성경으로 꾸준한 가르침을 받고, 살아 있는 본보기를 계속 따라야 한다. 그래서 바울은 자신이 담당한 "하나님의 뜻을 다"(행 20:27) 선포하는 거룩한 책임을 수행한 것이다. 이는 우리의 **빈 무덤**(CASKET EMPTY) 연구에 중요한 말씀이다. 바울은 시간을 두고 하나님의 온전한 구속 계획을 청중들에게 전하기 위해 의도적으로 노력한다. 성숙한 기독교의 제자도를 이루려면 전체 성경의 뜻을 알아야 한다. 새로 믿게 된 자들이 창세기로 시작하여 요한계시록으로 막을 내리는 하나님의 위대한 구속 이야기에 깊이 뿌리 내리지 못하면, 잘못된 가르침에 취약해진다. 그들은 개인의 카리스마와 에고(ego)에 기초한 자아 중심적인 사역에 손쉽게 착취 당한다. 바울은 후에 에베소인들에게 이러한 위험들을 경고한다(행 20:28-30). 예전에 사무엘이 그러했듯이, 바울도 개인의 지조를 지키고, 부지런히 일하며, 재정적인 희생을 감수하면서 사역을 행한다(행 20:33-35; 참고 삼상 12:3). 바울의 가르침은 사람들을 "주와 및 그 은혜의 말씀에" 향하도록 만들어 "그 말씀이 여러분을 능히 든든히 세우사 거룩하게 하심을 입은 모든 자 가운데 기업이 있게 하시리라"(행 20:32)고 한다. 그의 설교와 편지 및 스스로 보인 본은 그리스도를 닮은 자로 변해 가는 과정이, 하나님이 주신 말씀의 온전한 뜻에 기초한 강력한 가르침을 통해 일어나는 것임을 드러낸다.

바울이 고린도전/후서를 쓰다(주후 52-56년경)

바울은 에베소에서 예상보다 길게 선교 사역을 하면서, 고린도에서 성장하고 있는 교회와 서신 왕래를 한다. 이것이 우리가 고린도전/후서로 아는 두 개의 편지가 나온 배경이다. 당시 배달원들은 에베소와 고린도 사이의 에게 해를 삼사 일이면 건널 수 있었다. 바울도 적어도 한 번 짧게나마 고린도를 직접 방문한다(고후 2:1). 바울이 고린도에 보낸 편지는 새롭게 믿게 된 자들이 그리스도의 성숙에 이르기까지 직면하게 되는 다양한 도전들을 보여 준다. 젊은 고린도 교회는 예수와 이방인, 부유한 자와 가난한 자, 남자와 여자가 어떻게 그리스도 안에서 새로운 공동체로 연합하게 되는지를 보여 준다. 그들은 내적 분열, 성적 부도덕, 거짓 가르침으로 힘들어 한다. 그들은 주위 문화에 어느 정도까지 참여해야 하는지, 아니면 참여하지 말아야 하는지를 두고 씨름한다. 심지어 자신들에 대한 바울의 권위를 의심하며 외모와 화술과 카리스마가 더 뛰어난 것처럼 보이는 교사들을 선호하기도 한다. 하지만 바울은 교회의 고통이 커져 가고, 엄청난 감정적 희생을 감수하면서도 고린도의 교회를 버리지 않는다. 바울은 후에 자신이 당한 모든 고난 중에서도 가장 어려웠던 것이 "날마다 내 속에 눌리는 일이 있으니 곧 모든 교회를 위하여 염려하는 것이라"(고후 11:28)고 쓴다. 바울은 그들의 영적인 아버지가 되었기 때문에 "사랑하는 자녀"(고전 4:14)같이 그들을 훈계한다. 바울은 디모데와 디도를 보내 그리스도를 따른 자신의 본을 통해 그들이 배웠던 것을 일깨우도록 한다(고전 4:17, 11:11). 이 편지는 결혼, 영적 은사, 부활의 본질 등에 관한 고린도인들의 구체적인 질문에 대한 바울의 자세한 답변을 보여 준다. 하나님은 바울이 고린도에서 직면한 어려움을 사용하셔서 바울의 모든 서신서에서도 가장 감동적인 구절들을 낳게 하신다. 그러한 구절들로는 사랑의 빼어난 탁월성(고전 13장), 질그릇에 담긴 그리스도라는 보배(고후 4장), 복음의 핵심인 그리스도의 죽음과 부활(고전 15:1-11) 등이 있다. 고린도 교회에 편지를 쓰고서, 바울은 마침내 직접 그들을 방문하기로 결심한다. 그는 에베소를 떠나 마게도냐를 향해 떠나는 길에 빌립보와 데살로니가에 잠시 들러 성장하는 교회들을 격려한다(행 20:2-3). 그리고 마침내 주후 57년 1월, 고린도에 도착한다.

• 바울이 고린도에 3개월간 머물며 "땅끝"을 향하다(롬 15장; 시 2편; 사 53장; 단 7장)

고린도에 도착하자 바울은 성령의 감동으로 쓴 편지들이 효과를 발휘했음을 본다. 고린도에 돌아와 보니 공동체는 바울이 사랑하는 마음으로

한 질책을 받아들여 회복되고 화목하게 된 것이다. 바울은 고린도 교회에서 새 힘을 얻고 이제 그리스도께서 자신을 어디로 부르시는지를 깊이 생각한다. 이는 바울의 사역 중 3개월에 걸친 중요한 휴지기였다(행 20:3). 그는 거의 25년 동안 범위를 넓혀 가며 이스라엘 민족과 세상의 나라들 사이에서 증인으로 예수 그리스도를 섬겼다. 그리스도는 바울을 인도하셔서 엄청난 거리를 이동하며 육지, 바다, 문화를 넘나들게 하셨다. 바울은 주님께서 자신의 동족인 유대인들과 우상을 섬기던 이방인들의 마음을 열어 그리스도 안에서 새로운 생명으로 나아가게 하신 것을 보았다. 그는 자신의 삶 속에서 자신을 지켜 주시는 그리스도의 능력을 경험했고, 예수 그리스도만이 어떠한 삶의 환경 가운데서도 의지할 수 있는 분임을 알았다.

바울은 성경에서 메시아로 오신 왕의 통치가 땅끝까지 확대될 것을 알았다(시 2:8, 72:8; 사 49:6). 마땅히 모든 백성과 나라들은 기꺼이 그분께 순종할 것이다(단 7:13-14). 먼 나라들과 섬에 살고 있는 자들도 열렬히 그를 기다리고 서 있다(사 42:4). 그의 고난은 "많은 사람"을 의롭게 할 것이다(사 53:11-12). 나라들은 이에 반응하여 기쁜 마음으로 나아와 공물을 그의 발아래 둘 것이다(창 49:10; 사 60:1-11). 성령은 이제 바울을 격동하여 그리스도의 복음을 가지고 세계의 극한까지 나아가도록 하신다. 따라서 바울은 "후에 로마도 보아야 하리라"(행 19:21)는 목적을 염두에 둔 채 예루살렘에 올라갔던 것이다. 그리고 로마에서 바울은 지중해 서부 극단까지 바라본다. 그곳은 로마의 속주 히스파니아(Hispania)로서, 오늘날 스페인에 해당한다.

바울은 생동감 넘치는 그리스도인 공동체가 이미 로마에 번성하고 있음을 알았다. 아마도 오순절 순례자들이 돌아가서 증인이 되면서 이루어진 역사일 것이다(행 2:10). 바울은 그리스도를 믿는 그들의 신앙에 대해 좋은 소식을 들었다. 수년간, 바울은 이름만 알 뿐이지만 그곳에서 그리스도를 섬기는 자들과 친분을 쌓았다. 바울이 로마에 교회를 개척한 것은 아니었지만, 바울은 그리스도를 "땅끝까지"(행 1:8) 선포하는 선교의 목적을 이루기 위해서는 그들의 후원이 필요하다는 사실을 깨달았다. 바울은 후원자들의 기도, 도움, 동역이 필요했다. 또한 바울은 자신이 제시하는 복음과 교회에 대한 비전, 즉 유대인과 이방인들이 그리스도를 믿는 믿음으로 의롭게 되고 하나가 된다는 사실을 후원자들도 받아들이도록 할 필요가 있었다. 따라서 바울은 수백 편의 설교와 수천 개의 강론을 통해 다듬어진 가르침을 편지 한 통으로 전하여 자신과 자신의 사역을 소개한다. 바울은 주후 57년 봄, 고린도에 3개월간 머물면서 더디오에게 대서하도록 한다. 그리고 이 편지는 인근에 있는 항구 도시인 겐그리아의 교회에서 집사로 섬기는 뵈뵈라는 신실한 여성의 편에 보내진다. 이것이 우리가 로마서로 알고 있는 편지다.

바울이 고린도에 머무는 동안 로마서를 쓰다(주후 57년)

로마서는 여러 가지 이유로 바울이 쓴 편지 중 가장 중요하다. 로마서는 바울의 설교가 완숙해졌음을 보여 준다. 또한 로마서는 바울의 사역 비전을 온전하게 제시한다. 로마서는 십자가에 대해 보통 나타나는 반대에 어떻게 대응해야 하는지 숙련된 대책을 담고 있다. 그리고 부차적인 문제에 대해서는 목회적으로 어떻게 접근해야 하는지를 보여 주고, 하나님의 백성으로서 다양한 모습으로 예배하는 교회를 감동적으로 묘사하며 마무리한다. 로마서는 바울의 편지 중에 가장 길며, 사람들은 로마서의 내용이 가장 심오하다고 생각한다. 동시에, 로마서는 선교 후원을 바라는 편지로서, 한 시간이 넘는 시간 동안 공적으로 읽으며 모든 사람이 이해할 수 있도록 쓰인 것이라는 사실을 기억해야 한다. 바울의 자기 이해와 선교 비전은 로마서 1장 1-7절에 해당하는 로마서의 첫 문장에 헬라어로 압축되어 있다. 그는 자신을 "예수 그리스도의 종 바울은 사도로 부르심을 받아 하나님의 복음을 위하여 택정함"(롬 1:1)을 입은 자로 소개한다. 바울은 마치 옛적 이스라엘의 선지자들처럼 메시아의 종이자 주인의 사역에 동참한 자다. 바울의 사역은 아들에 관한 하나님의 복음, 즉 "하나님이 선지자들을 통하여 그의 아들에 관하여 성경에 미리 약속하신 것"(롬 1:2)을 선포하는 것이다. 그리스도에 대한 바울의 설교는 성경의 성취에 따른 것이며, 성경과 반대되는 것이 아니다. 예수께서는 인성으로서는 약속된 다윗의 자손이며, 신성으로서는 높임 받으신 하나님의 아들이시다(롬 1:4). 바울은 그리스도의 대속 죽음과 부활을 통해 "우리가 은혜와 사도의 직분을 받아 그의 이름을 위하여 모든 이방인 중에서 믿어 순종하게 하나니"(롬 1:5)라고 선포한다. 바울의 선교 사역은 복음, 즉 예수 그리스도에 관한 좋은 소식에 집중하는 것으로서, 예수는 죽으심으로 죄인들에 대한 은혜를 보증했고, 예수는 부활하심으로 모든 민족을 자기의 것으로 삼으시는 세계 선교를 개시하셨다. 바울의 선교는 개인의 회심과 더불어 순종으로 특징지어지는 공동체로의 진정한 변화를 추구한다(롬 1:6). 그는 유대인과 이방인들로 구성된 로마의 교회를 하나님의 백성으로 대한다. 그는 예수 그리스도에게 속한 모든 사람이 하나님의 사랑을 받고 거룩하도록 부르심을 받은 자들이라고 선포하며, 그들 모두 예수 그리스도에게 속한 자로서 이스라엘의 귀중한 유산을 소유했다고 말한다(롬 1:6-7; 참고 레 19:2; 신 7:6; 사 5:1).

바울은 로마의 그리스도인들을 방문하여 다른 이방 민족들에게 했듯이 그들에게서도 수확을 얻고자 한다. 그는 로마에서 복음을 전하기를 간절히 바란다. 왜냐하면 바울은 스스로를 모든 민족과 사회 계층에 빚진 자로 여기기 때문이다. 그는 십자가에서 죽으신 그리스도의 복음을 부끄러워하지 않는다. 왜냐하면 이것이 유대인과 헬라인을 포함한 믿는 모든 자에게 구원을 주는 하나님의 능력이기 때문이다. 그리스도의 죽음과 부활이라는 좋은 소식은 하나님의 의로우심을 드러내는데, 유대인과 이방인을 포함한 모든 죄악 된 인류가 그리스도를 믿는 믿음으로 의롭다 함을 얻기 때문이다(롬 1:14-17). 바울에 따르면 유대인과 이방인들 둘 다 하나님의 진노 아래 있고, 그리스도의 대속 죽음을 믿음으로 의롭다 선포된다(롬 1:18-3:30). 믿음으로 인한 의롭다 하심은 하나님이 아브라함에게 하신 오래된 약속을 성취하는 것이며(롬 4장), 믿는 자들을 새 아담이신 그리스도 안에 있는 새 생명으로 인도한다(롬 5장). 믿는 자들은 이제 그리스도에게 속하여 성령으로 충만하고, 능력을 받고, 성화된다(롬 6-8장). 이는 하나님의 주권적인 계획과 모든 사람에게 자신의 자비를 보여 주시려는 측량할 수 없는 지혜에 따른 것이다(롬 9-11장). 하나님의 자비로, 그리스도를 믿는 자들은 이제 자신들의 몸을 산제사로 주님께 거룩하게 드리며, 하나님이 새롭게 하신 인류가 교회에 나타난다(롬 12-15장). 바울은 그리스도를 섬긴 자신의 25년 사역을 한 문장으로 정리한다. "그리스도께서 이방인들을 순종하게 하기 위하여 나를 통하여 역사하신 것 외에는 내가 감히 말하지 아니하노라 그 일은 말과 행위로 표적과 기사의 능력으로 성령의 능력으로 이루어졌으며 그리하여 내가 예루살렘으로부터 두루 행하여 일루리곤까지 그리스도의 복음을 편만하게 전하였노라"(롬 15:18-19). 바울은 이제 그리스도가 아직 알려지지 않은 곳에서 복음 전하기를 갈망한다고 쓴다. 그리하여 "주의 소식을 받지 못한 자들이 볼 것이요 듣지 못한 자들이 깨달으리라"(롬 15:21; 참고 사 52:1)는 이사야 선지자의 약속을 성취하려고 한다. 바울은 서바나을 향해 가는 길에, 로마의 그리스도인들이 자신의 사역을 인정하고 그 여정을 후원해 주기를 바라는 마음으로 그들을 만나려고 한다(롬 15:24). 하지만 바울은 우선 오순절에 예루살렘을 방문할 계획을 하는데, 이는 자신이 복음의 제사장으로서 이방인을 제물로 드리기 위함이었다. 그리하여 이방인들이 주님이 기쁘게 받으실 만한 제물임을 모든 사람이 알게 해달라고 기도한다(롬 15:16).

• 예루살렘으로 떠난 바울의 여정 : 바울이 여덟 명의 형제(누가, 소바더, 아리스다고, 세군도, 가이오, 디모데, 두기고, 드로비모)와 함께 이방인들의 연보를 가지고 예루살렘으로 가다(주후 57년)

바울은 주후 57년 봄 고린도를 떠나 예루살렘으로 향한다(행 20:3). 예루살렘을 향한 이 여정은 바울의 삶과 그리스도의 섬김에서 의미 있는 순간이다. 이 중요한 여정은 예루살렘을 향한 **배의 그림**으로 신약 연대표에 표시되어 있다. 바울은 거의 25년 동안 문화 전선을 넘어 확장되어 가는 영역에서 증인으로 부활하신 예수를 섬겼다. 그는 유대인들과 이방인들이 그리스도 안에서 믿음으로 반응하고 그리스도인 공동체 내에서 새로운 삶을 시작하는 것을 목격했다. 바울은 여행 동안 전혀 다른 두 편에서 박해와 고난을 경험한다. 헬라, 로마의 비판자들로부터는 편협하고 보수적인 유대인으로서 한 분 하나님과 구주 예수 그리스도를 선포한다고 공격받았다. 이방인들에게는 우상을 섬기고, 죄악 된 인류를 구하기 위해 그리스도가 죽으셨다는 설교가 어리석게만 들렸다(롬 1:18-23; 고전 1:24). 이교도 세계는 반드시 회개하고, 그리스도를 믿으며 삶의 모든 방식을 완전히 바꿔야 한다는 요구에 종종 경멸을 표했다. 반면에 유대인 비판자들에게 바울은 토라의 삶, 즉 할례 의식, 코셔 음식법, 절기력을 요구하지 않고 이교도들을 마음대로 이스라엘의 유산으로 받아들이는 위험한 자유주의 신학자로 공격받았다. 유대인들에게는 그리스도가 신실하지 않은 이스라엘을 언약에 따른 저주에서 구하기 위해 죽으셨다는 설교가 완전히 거리끼는 것이었다(고전 1:23). 동료 이스라엘인들에게 반드시 회개하고, 그리스도를 믿고, 삶의 방식을 완전히 바꾸라고 요구하면 그들은 종종 적대심을 드러냈다.

바울에게 복음이란 지나치게 자신만만한 이교도 사회와 교만하고 종교적인 민족주의에 그리스도의 주 되심으로 모두 맞서는 것이었다. 그는 예수를 믿는 유대인과 이방인들로 구성된 기독교 교회가 그리스도 안에서 새롭게 된 하나님의 신(新)인류의 시작을 대변한다고 믿는다(갈 3:28; 엡 2:15-16; 골 3:10-11). 이 새로운 인류는 이교도에게 이스라엘의 하나님과 성경에서 발견되는 새로운 유산을 받아들이도록 요구한다. 또한 이스라엘 인종에게는 새로운 가족을 받아들일 것, 즉 믿는 이방인들을 그리스도 안에서 형제자매로 받아들일 것을 요구한다. 바울은 예루살렘에서 오순절을 지키면서 그리스도 안에서 새롭게 된 하나님의 신인류의 실체를 보여 주려고 한다.

이러한 목적으로 바울은 지금까지 자신이 사역한 모든 지역을 대표할 만한 자들을 불러 모은다. 사도행전 20장 4절에서 그들의 이름을 확인할 수 있다. 중부 헬라의 베뢰아 사람 부로의 아들 소바더. 북부 헬라의 데살로니가 사람 아리스다고와 세군도. 갈라디아 근처의 루가오니아 주의 더베 사람 가이오. 루스드라 출신 유대인으로서 바울의 두 번째 선교여행에 참여하여 바울의 아들과 같은 사람이 된 디모데. 아시아의 에베소 출신 두기고와 드로비모. 그들은 모두 헬라식 이름을 지녔지만 바울의 세 번째 선교 여행 때 그리스도인이 된 자들이었다. 누가와 함께 매우 다양한 배경을 지닌 여덟 남자가 바울이 사역으로 맺은 가시적인 열매로서, 또한 그리스도 안에서 형제로서 예루살렘으로 여정을 떠난 것이다.

그들은 주 앞에 빈손으로 나타나지 않았다(참고 신 16:16). 그들은 예루살렘 교회 사이에 궁핍한 자들을 위해 상당한 연보를 가져왔다. 이전에 가뭄이 들었을 때 바울과 바나바가 안디옥에 있는 그리스도인 공동체에서 예루살렘에 연보를 가져온 바가 있다(행 11:28-30; 갈 2:1, 10). 선교 여행 과정 중에 바울은 주로 이방인 그리스도인으로 이루어진 공동체에게 정기적으로 예루살렘에 있는 믿는 유대인들을 위해 헌금을 모을 것을 가르친다(고전 16:1-3; 고후 8-9). 그는 이방인 그리스도인들이 인종의 구분을 넘어서 유대인 그리스도인들과 그러한 유대감을 표출하는 것이 특별히 중요함을 깨달았다. 바울은 아마도 이러한 헌금을 시온을 향해 가는 이방 나라들의 공물로서, 예언의 소망을 성취하는 것으로 이해했을 수도 있다(시 72:10; 사 2:3). 바울은 자신이 선교하여 세운 교회들이 "예루살렘 믿는 자 중 가난한 자들을 위하여 기쁘게 얼마를 연보하였음이라 저희가 기뻐서 하였거니와 또한 저희는 그들에게 빚진 자니 만일 이방인들이 그들의 영적인 것을 나눠 가졌으면 육적인 것으로 그들을 섬기는 것이 마땅하니라"(롬 15:26-27)고 보고한다. 바울은 진정으로 예루살렘의 믿는 유대인들이 자신과 함께 여행한 믿는 이방인들을 형제로 받아들이기를 바랐다. 동시에 그는 믿는 이방인들이 믿는 유대인 공동체를 진정한 형제로 여기기를 바랐다. 바울은 사람들과 연보가 따뜻하게 받아들여지기를 바랐다. 그는 점차 긴장이 고조되는 도시의 분위기를 볼 때, 이 중 한 가지 또는 둘 다 거부될 가능성이 있음을 알았다. 그들은 "예루살렘에 대하여 내가 섬기는 일을 믿는 자들이 받을 만하게 하고"(롬 15:31)라는 바울의 기도와 함께 도시에 입성한다.

• 예루살렘 교회가 바울을 받아들이지만 성전에서 체포되다(행 21장)

바울과 그의 동료들은 오순절을 맞아 예루살렘에 도착하여 헬라계 유대인인 구브로 사람 나손의 집에 버문다(행 21:15-16). 곧 그들은 더 많은 교회들과 만나는데 그곳의 형제들은 그들을 기쁘게 영접한다(행 21:17). 다음 날 바울은 비밀리에 야고보 및 예루살렘 교회 지도부와 만난다. 바울은 그들에게 하나님이 자신의 사역을 통해 이방 민족들에게 하나님이 행하신 모든 것을 자세하게 전했고, 그 결과로 "그들이 듣고 하나님께 영광을 돌렸다"(행 21:20). 예루살렘 지도자들은 바울의 동료들을 형제로 받아들이고 그들의 연보를 예루살렘 지역 사역을 위한 지원으로 감사히 받는다. 그들의 대화는 분명히 여러 시간 동안 지속되었을 것이다. 열성적인 바리새인이었던 사울이 이제는 헌신된 바울 사도가 되어 돌아온 것이다. 그리스도의 복음으로 삶들이 변화되었다. 또 더 닿아야 할 멀리 있는 지경과 사람들이 있다.

하지만 예루살렘 지도자들은 그리스도인 공동체, 그리고 특별히 바울이 강력한 반대에 직면해 있음을 잘 알고 있었다. 유대인들, 심지어 그리스도를 믿게 된 자들 중에서도 몇몇은 그리스도인 공동체를 헐뜯고 다녔다. 그 이유는 이방인들을 지나치게 관대하게 받아들이는 자세와 토라의 역할을 강조하지 않는 입장 때문이었다. 그들은 바울의 사역을 "이방에 있는 모든 유대인을 가르치되 모세를 배반하고 아들들에게 할례를 행하지 말고 또 관습을 지키지 말라 한다"(행 21:21)고 가르치는 것으로 잘못 이해하고 비방하는 말을 들은 것이다. 그 결과 예루살렘 지도자들은 바울에게 나실인 서원에 참여함으로써 바울이 믿는 유대인들과 연대하고 있음을 보이는 것이 좋겠다고 제안한다(민 6:1-21 참고). 그들은 바울에게 다른 네 명과 함께 정결 예식을 행하고, 제물의 값을 내며, 성전의 제사장들에게 이를 알릴 것을 요청한다. 정결 예식에는 7일이 소요된다. 그러고 나면 그들은 제단에서 머리를 깎게 된다. 그리고 서원을 마무리하기 위해 각각 속죄제와 번제를 드려야 한다. 바울은 기꺼이 이러한 상징적인 행위에 동의하는데, 이는 부차적인 문제에 대한 그의 일관적인 입장과 부합하는 것이다(롬 14:1; 고전 9:20-23).

7일이 거의 지나자, 바울은 예루살렘 성전에 들어간다. 그는 "이방인을 위하여 그리스도 예수의 일꾼이 되어 하나님의 복음의 제사장 직분을 하게 하사 이방인을 제물로 드리는 것이 성령 안에서 거룩하게 되어 받으실 만하게 하려 하심이라"(롬 15:16)며 예루살렘에 올라간다. 외곽 뜰을 지나서 이방인의 뜰과 이스라엘의 뜰을 구분하는 낮은 벽에 도달한다. 이 낮은 벽은 단지 1.3미터에 불과하며 공들여 조각한 돌들로 만들어졌다. 헬라어와 라틴어로 각인된 글은 일정한 간격으로 떨어져 있는데, "외국인은 성전 내로 들어갈 수 없다는 정결 예식법을 선포"(요세푸스, 《전쟁사》, 5:193-93; 《고대사》, 15.417)하고 있었다. 이 비문 중 두 개가 발견되었는데, 거기에는 다음과 같은 경고문이 있었다. "어떤 이방인도 성전과 뜰을 둘러싼 난간 안으로 들어올 수 없다. 그렇게 하다가 적발되면 곧 죽음으로써 책임을 지게 될 것이다."

바울은 예수의 죽음이 유대인과 이방인 사이에 있는 이 구분을 제거하였으며, 이제는 모든 민족이 그리스도를 믿는 믿음을 통하여 이스라엘의 하나님께 나올 수 있게 된다고 믿었다(롬 5:2; 엡 2:18, 3:2). 그럼에도 불구하고 바울은 어쩔 수 없이, 내키지는 않지만 그 순간에는 이방인 동료들을 경계선에 남겨둘 수밖에 없었다. 그들이 공적으로 공격받을 일을 피하기 위함이었다. 바울은 성전에 들어가서 서원을 마무리했는데, 아시아에서 오순절을 지키기 위해 온 몇몇 유대인이 바울을 알아본다. 그들은 에베소 사람인 드로비모가 바울과 함께 있는 것을 보고 바울이 드로비모를 구분하는 벽을 넘게 했다고 착각한다. 그들은 이렇게 외치며 점차 급증하는 순례객 무리를 격동시킨다. "이스라엘 사람들아 도우라 이 사람은 각처에서 우리 백성과 율법과 이곳을 비방하여 모든 사람을 가르치는 그 자인데 또 헬라인을 데리고 성전에 들어가서 이 거룩한 곳을 더럽혔다"(행 21:28). 바울은 강제로 성전 밖으로 끌려 나갔고 성전 문은 닫혔다. 로마 장군은 군대를 파견하여 격해지려는 상황을 진정시킨다. 그는 바울을 체포하여 쇠사슬로 결박하고 성전 산의 북서쪽 모서리에 솟아 있는 안토니아 요새로 데려오라고 한다. 바울은 영내로 끌려오면서 자기 백성에게 이야기를 할 수 있게 해달라고 부탁한다. 로마 지휘관은 바울이 헬라어를 하는 것을 듣고 놀라 묻는다. "그러면 네가 이전에 소요를 일으켜 자객 사천 명을 거느리고 광야로 가던 애굽인이 아니냐"(행 21:38)라고 묻는다. 바울은 자신이 도시의 소동을 일으킨 원인이라는 혐의를 부인하고 높은 요새에서 순례객 무리에게 말할 수 있는 허가를 받는다.

• 바울이 오순절 순례객, 공회, 벨릭스 앞에서 증언하다(행 22-24장)

바울은 자기 동족들에게 히브리어로 말하며, 그들의 마음에 있는 말로 그들을 안정시킨다. 1세기 내내 유대에서는 여전히 히브리어를 사용했으며, 다만 갈릴리와 북부 지역에서는 아람어를 사용했다. 바울은 "나는 유대인으로 길리기아 다소에서 났고 이 성에서 자라 가말리엘의 문하에서 우리 조상들의 율법의 엄한 교훈을 받았고 오늘 너희 모든 사람처럼 하나님께 대하여 열심이 있는 자라"(행 22:3)고 알리며 청중들과 자신을 동일시한다. 그는 자신이 초기에 예수의 제자들을 박해하였음을 자세히 말한다(행 22:4-5). 그러고 나서 바울은 자신의 삶에 나타난 결정적인 순간에 대해서 이야기한다. "가는 중 다메섹에 가까이 갔을 때에 오정쯤 되어 홀연히 하늘로부터 큰 빛이 나를 둘러 비치매 내가 땅에 엎드러져 들으니 소리 있어 이르되 사울아 사울아 네가 왜 나를 박해하느냐 하시거늘 내가 대답하되 주님 누구시니이까 하니 이르시되 나는 네가 박해하는 나사렛 예수라 하시더라"(행 22:6-8). 눈먼 자들을 인도해 내겠다던 열정으로 가득했던 사람이 이제는 부활하신 예수 그리스도의 영광에 눈이 멀고 만 것이다. 바울은 자신의 사역이 하나님의 뜻을 알게 하시고, 의로우신 한 분을 보게 하시고, 그의 목소리를 듣도록 정하신 "우리 조상들의 하나님"(행 22:14)에게서 온 것임을 강조한다. 신실한 이스라엘인이었지만, 바울은 죄의 용서를 상징하는 공적인 세례를 통해 그리스도께 헌신하였음을 고백한다(행 22:16). 바울은 사람들에게 예전에 메시아를 증언하려는 열심을 가지고 예루살렘에 올라왔었지만, 그들이 메시아를 받아들이지 않을 것이라는 경고를 받았다고 말한다. 따라서 주님은 그를 이방인들을 향해 먼 곳으로 보내신 것이다(행 22:21). "이방인"이라는 단어를 듣자 군중들은 태도를 바꿔 바울을 죽이려고 한다. 이방인들을 하나님의 백성으로 받아들이냐는 문제는 결정적인 것으로서, 그들을 받아들인 것은 바울이 그리스도 안에서 행한 선교 사역의 두드러진 특징이었다(롬 15:5-12; 엡 3:4-7). 이는 열정적인 이스라엘인들에게 선명한 경계선이 된다. 왜냐하면 그들은 "이방인들의 충만한 수가 들어오는"(롬 11:25)는 때를 인지하지 못했기 때문이다.

다음 날, 로마의 지휘관은 바울을 산헤드린, 즉 사두개인 및 바리새인들로 구성된 최고 종교 재판소에 데려간다. 바울은 공회에 "형제"라고 하며 자신이 "오늘까지 양심을 따라 하나님을 섬겼노라"(행 23:1)고 말한다. "섬겼노라"는 단어는 성실한 시민의 의무를 묘사할 때 사용하는 전문 용어다. 바울은 자신이 그리스도를 믿음으로써 언약 공동체의 신실한 일원이 되었다고 여긴 것이다. 바울이 자신감 있게 말하자 대제사장들은 격하게 반응한다. 아나니아는 근처에 있는 자들에게 바울을 치라고 한다. 날이 선 대화가 더 오간다. 바울은 대제사장 아나니아가 "너희는 재판할 때에 불의를 행하지 말며"(레 19:15)라는 토라의 조건을 어기면서 토라로 재판을 거행하는 위선을 저지른다고 고발한다. 그러자 그들은 바울에게 "너는 재판장을 모독하지 말며 백성의 지도자를 저주하지 말지니라"(출 22:28)는 토라를 어겼다고 고발한다. 바울은 이렇게 서로 고발을 계속해 봐야 갈등만 깊어지겠다는 사실을 깨닫는다. 그래서 바울은 가장 중요한 현안에 관심을 돌린다. "형제들아 나는 바리새인이요 또 바리새인의 아들이라 죽은 자의 소망 곧 부활로 말미암아 내가 심문을 받노라"(행 23:6). 바울은 죽은 자 가운데서 부활하는 것이 메시아 예수로부터 시작되었다고 믿는다. 육체의 부활에 대해 바리새인과 사두개인 사이에 엄청난 신학적 갈등이 존재한다는 사실을 기억할 것이다. 바울의 주장은 그곳에 모인 공회 사이에 폭발할 것 같은 논쟁을 촉발시켰다. 이 대소동 가운데, 몇몇 바리새인은 바울의 편을 들며 주장한다. "우리가 이 사람을 보니 악한 것이 없도다 혹 영이나 혹 천사가 그에게 말하였으면 어찌 하겠느냐"(행 23:9). 갈등이 격화되자 바울은 공회에서 빠르게 끌려 나와 안토니아 요새로 복귀한다. 부활하신 주 예수께서는 그날 밤에 꿈에서 바울 옆에 서시고 이렇게 약속하신다. "담대하라 네가 예루살렘에서 나의 일을 증언한 것같이 로마에서도 증언하여야 하리라"(행 23:11).

바울의 생명을 해하려는 모의가 있음을 듣고 천부장인 글라우디오 리시아스(Claudius Lysias)는 밤중에 중무장한 군사들의 호위 아래 바울을 가이사랴로 이송한다. 그는 바울의 사건을 유대의 로마 총독인 벨릭스(안토니우스 펠릭스, Antonius Felix)에게 이관한다. 벨릭스는 자유인 출신으로 5년 전인 주후 52년에 황제 글라우디오에게 임명 받은 상태였다. 로마 역사가 타키투스(Tacitus)는 벨릭스를 "노예의 기실을 지닌 폭군의 능력을 지닌 자"라고 기록한다. 요세푸스는 벨릭스를 불공정한 행위에 마음이 기운 자로 묘사한다. 5일 후, 대제사장 아나니아가 예루살렘에서 장로 몇과 공소관으로 있는 훈련된 변호사인 더둘로(터툴루스, Tertullus)를 데리고 가이사랴에 온다. 그들은 바울이 공공의 위협이 된다고 낙인을 찍고 세 가지 죄목을 댄다. 첫째, 가는 곳마다 유대인들 사이에서 소요를 일으킨다. 둘째, 나사렛 종파의 우두머리다. 셋째, 성전을 더럽힌 자다(행 24:5). 바울은 심금을 울리는 변호로 이 죄목에 각각 반박한다. 첫 번째 죄목에 대해서는 자신이 성전이나 회당에서 절대로 군중을 동요시키려는 의도를 품은 적이 없다고 부인한다. 두 번째 죄목에 대해서는 초기 그리스도인 공동체를 하나의 종파로 보는 것을 거부하고 오히려 이스라엘의 소망이 성취된 것이라고 말한다. "이것을 당신께 고백하리이다 나는 그들이 이단이라 하는 도를 따라 조상의 하나님을 섬기고 율법과 선지자들의 글에 기록된 것을 다 믿으며 그들이 기다리는바 하나님께 향한 소망을 나도 가졌으니 곧 의인과 악인의 부활이 있으리라 함이니이다"(행 24:14-15). 세 번째 죄목에 대해서는 바울은 자신이 성전을 더럽혔다는 혐의를 거부하고 자신이 정결 예식을 행하는 상태였으며 "내 민족을 구제할 것과 제물을 가지고"(행 24:17) 왔을 뿐이라고 주장한다. 그러고 나서 바울은 그때나 지금이나 가장 중요한 문제를 다시 천명한다. "내가 죽은 자의 부활에 대하여 오늘 너희 앞에 심문을 받는다고 한 이 한 소리만 있을 따름이니이다"(행 24:21).

• 바울이 "이스라엘의 소망" 때문에 가이사랴에 투옥되다(주후 57-59년)

벨릭스는 이 사건을 판결하지 않았고 바울은 2년 동안 가이사랴에 투옥된다(행 24:27). 이 기간에 바울의 친구들이 그를 방문하고 필요를 해결한다. 벨릭스는 젊은 유대인 아내 드루실라(헤롯 아그립바 1세의 딸)와 함께 바울을 청하여 대화를 나누는데, 그를 풀어 주면 뇌물을 받을 수 있을까 하는 바람에서였다. 그때마다 바울은 변함없이 그리스도를 믿는 도를 전했다(행 24:24). 바울은 성경으로 "의와 절제와 장차 오는 심판"(행 24:25)에 대해서 강론한다. 바울의 편지를 보면 바울이 '의로움'을 그리스도의 대속 죽음 가운데서 하나님이 드러내신 의로움으로 이해하고 있음을 알게 된다(롬 3:21-25). '절제'란 성령의 내주하심으로 나타나는 열매로서, 성령은 기독교 제자도에 능력을 더하셔서 토라를 성취하게 한다(갈 5:22-23). '장차 임할 심판'은 가시적으로 그리스도가 영광 중에 돌아오시는 것으로서, 그때에는 전 세계가 그의 심판대 앞에 서게 될 것이다(고후 5:10). 바울이 심판을 이야기하자, 벨릭스는 많은 현대인과 마찬가지로 대화를 끝낸다. 바울이 그리스도를 믿는 믿음을 어떻게 성경 이야기의 성취로 제시하는지가 우리의 연구에서 특히 중요하다. 바울은 이스라엘의 소망이 메시아이신 예수의 죽음과 부활로 실현된다고 믿었다. 이는 진정으로 성경 이야기의 중심이며 **빈 무덤**(CASKET EMPTY) 연구를 꿰뚫는 개념이다. 바울이 볼 때, 하나님의 약속은 모두 그리스도 안에서 "예"가 되었으며, 죄의 속죄가 이루어졌고, 새로운 창조가 시작되었다. 이 좋은 소식을 나눌 시간이 가까이 왔고, 바울은 자신을 세상에 보내진 그리스도의 대사로 여겼다(고후 5:20; 엡 6:20).

• 로마로 떠난 바울의 여정과 증언(주후 59-65년경) : 로마, 가이사랴, 시돈, 그레데, 멜리데(말타)(행 25-28상)

성령은 오랫동안 바울에게 로마에서 그리스도를 증언하고 싶은 마음을 주셨다(행 19:21). 바울은 서바나에 선교하러 가는 길에 로마에서 번성하는 그리스도인 공동체를 방문하려는 목적을 세우고 있었다(롬 15:24-28). 바울은 그들에게 감동적인 편지인 로마서를 써서 복음에 대한 자신의 이해와 선교와 교회에 대한 그 함의를 설명한다. 그리스도의 주권적인 손에 의하여 바울이 로마를 향하여 떠날 시간이 왔다. 앞으로 보겠지만 그의 여정은 가이사랴에 있는 헤롯의 궁전에 있는 감옥에서 시작한다(행 25-26장). 그리스도는 그를 시돈, 구브로를 지나, 길리기아 및 초기 선교 여행을 떠난 해안 지역으로 데려가신다. 그는 제우스의 탄생지로 알려진 섬인 그레데에 멈춘다. 그리스도는 큰 난파 사고에서도 바울의 생명을 지켜 주시고 마침내 멜리데에 안전하게 상륙한다(행 27장). 거기서부터 바울은 이달리야 해변에 이르러 결국 로마에 도달한다. 바울은 그리스도의 "쇠사슬에 매인 사신"(엡 6:20; 참고 행 28장)으로 그 도시에 도착한다. 로마에 있는 동안 바울은 자신을 방문한 모든 사람에게 공공연히 그리스도를 나눈다. 그는 이 시기에 편지 중 절반 이상을 기록한다. 황제의 가정 내에도 새로운 회심자들이 생겨났는데, 이는 바울 자신이 쇠사슬에 묶인 바 되었어도 "하나님의 말씀은 매이지 아니하"(딤후 2:9)기 때문이었다.

• 바울이 베스도와 헤롯 아그립바 2세 앞에서 네로에 상소하다(행 25-26장, 주후 48-70년)

바울이 로마에 투옥된 경위를 추적하기 위해서는 반드시 당시의 정치 분위기를 이해해야 한다. 유대의 로마 총독인 벨릭스는 주후 59/60년경에 가이사랴에서 유대인과 이방인 사이에 시민권을 두고 벌어진 폭동을 잘 처리하지 못했다는 이유로 로마로 소환된다. 네로 황제는 베스도로 그 자리를 대체하는데, 그는 유대 문제를 직접 경험한 적이 전혀 없는 자였다. 베스도는 총독의 자리에 오른 지 3일 후 예루살렘을 방문한다. 대제사장들은 그에게 바울에 대한 고발 건을 알리고 그를 예루살렘으로 다시 호송하여 재판을 받게 해달라고 요구한다. 하지만 바울은 계속해서 베스도 앞에서 자신의 무죄를 호소하며, 자신이 토라와 성전과 가이사에게 아무런 악행을 하지 않았다고 말한다(행 25:8). 바울은 예루살렘에 송환되면 분명히 자신이 죽게 될 것을 알고 있었다. 따라서 그는 담대하게 모든 로마 시민에게는 자신의 송사에 대해 로마로 가서 가이사에게 호소할 권리가 있음을 알린다. 베스도는 분명히 어느 정도 안도하며 이렇게 답했을 것이다. "네가 가이사에게 상소하였으니 가이사에게 갈 것이라"(행 25:12).

하지만 베스도는 바울의 죄목을 구체적으로 어떻게 보고해야 할지에 대해서 확신하지 못한 상태였다. 마침 바울의 사건을 특정하려고 하는데 유대 왕 아그립바 2세와 그의 누이인 버니게가 방문한다. 베스도는 흥미로운 이야기를 하면서, 자신이 아는 것이라고는 예루살렘 지도자들이 "자기들의 종교와 또는 예수라 하는 이가 죽은 것을 살아 있다고 바울이 주장하는 그 일에 관한 문제로 고발하는 것"(행 25:19)이라고 말한다. 베스도는 궁전에서 집회를 소집한다. 아그립바 2세와 버니게는 고위 장교들 및 저명한 시민들과 함께 값비싼 예복을 갖춰 입은 채 엄청난 위용을 뽐내며 나온다. 바울은 쇠사슬에 묶인 채로 그 방에 끌려가 자신을 변호한다. 바울의 감동적인 변호는 이스라엘의 소망에 집중하는데, 바울은 자신이 그리스도에게서 이 소망이 실현되었음을 믿는다고 말한다.

"이제도 여기 서서 심문 받는 것은 하나님이 우리 조상에게 약속하신 것을 바라는 까닭이니 이 약속은 우리 열두 지파가 밤낮으로 간절히 하나님을 받들어 섬김으로 얻기를 바라는 바인데"(행 26:6-7). 아그립바 2세는 이스라엘의 소망에 대해서 알고 있었다. 그는 성경에서 하나님이 다시 일하실 것을 알고 있었다. 하나님 나라가 임할 것이며, 인자가 나타나며, 다윗의 자손이 보좌에 앉으실 것이다. 죄의 대속이 이루어지며 새 언약이 영원히 세워질 것이다. 성령이 모든 인류에게 부어지고 아브라함의 축복이 모든 이방에 도달할 것이다. 죽은 자 가운데서 부활이 있을 것이며, 최종 심판과 새로운 창조 세계가 열릴 것이다. 이것들은 **대망 시대**에 우리가 배운 구약의 약속들이다.

바울 역시 이스라엘의 소망을 알았다. 하지만 그는 이 소망이 메시아이신 예수의 삶과 죽음과 부활로 성취되었음을 확신한다. 바울은 자신이 회심하기 전에 예수의 이름에 노를 품었으며, 그에 관하여 신성모독적인 주장을 하는 자들을 격렬하게 박해했다고 자세히 이야기한다(행 26:9-11). 하지만 바울은 하늘에서 부활하신 예수의 계시를 받고 나서 모든 것이 달라졌다(행 26:12-15). 부활하신 예수께서 자신을 종으로 파송하셔서 그리스도를 믿음으로 자기 백성의 눈을 열게 하시고 이방 민족을 어두움에서 빛으로 인도하도록 하신 것이다(행 26:16; 참고 사 35:5, 42:7). 바울은 엄숙하게 자신이 그리스도가 주신 하늘의 계시를 순종하지 않을 수 없었다고 고백한다. 그는 예루살렘과 유대와 이방인들에게 모든 사람이 반드시 회개함으로 하나님께 돌아와야 한다고 증언한다. 바울은 담대하게 그리스도의 죽음과 부활이 하나님이 인류에게 주신 구속 계획의 성취라고 선포한다.

> 아그립바 왕이여 그러므로 하늘에서 보이신 것을 내가 거스르지 아니하고 먼저 다메섹과 예루살렘에 있는 사람과 유대 온 땅과 이방인에게까지 회개하고 하나님께로 돌아와서 회개에 합당한 일을 하라 전하므로 유대인들이 성전에서 나를 잡아 죽이고자 하였으나 하나님의 도우심을

받아 내가 오늘까지 서서 높고 낮은 사람 앞에서 증언하는 것은 선지자들과 모세가 반드시 되리라고 말한 것밖에 없으니 곧 그리스도가 고난을 받으실 것과 죽은 자 가운데서 먼저 다시 살아나사 이스라엘과 이방인들에게 빛을 전하시리라 함이니이다 하니라(사도행전 26:19-23)

바울의 말은 다양한 반응을 낳았다. 베스도는 바울의 말을 막으며 그의 지나친 학식이 그를 미치게 만들었다고 조롱한다. 바울은 자신의 말이 사실에 근거한 진리이며 합리적인 귀결이라고 답한다. 이에 비해 아그립바 2세는 순간 마음의 문을 연 것같이 이렇게 묻는다. "네가 적은 말로 나를 권하여 그리스도인이 되게 하려 하는도다"(행 26:28). 바울은 "말이 적으나 많으나 당신뿐 아니라 오늘 내 말을 듣는 모든 사람도 다 이렇게 결박된 것 외에는 나와 같이 되기를 하나님께 원하나이다"(행 26:29)고 답한다.

베스도는 가이사에게 상소할 바울을 존중하여 바울을 아구스도대(Augustan Cohort)의 일원인 율리오라는 백부장의 책임 하에 로마로 보낸다. 누가와 아리스다고도 함께한다(행 27:2). 그들은 베니게 해변의 시돈에 머물렀고 바울은 그곳에서 친구들의 환대를 받는다. 그들은 심한 바람 때문에 구브로의 남쪽으로 항해해 갔는데, 바울은 거기에서 분명히 그리스도가 첫 번째 선교 여행 때 이루신 일을 기억했을 것이다. 소아시아 해안을 따라 길리기아와 밤빌리아 바다를 건너갈 때는 자기 가족을 회상하면서, 두 번째 및 세 번째 선교 여행 때 그리스도가 자기의 것으로 삼으신 모든 사람을 기억했을 것이다. 그들은 무라에 이르러 이달리야로 향하는 거대한 알렉산드리아의 화물 배에 오른다. 그들은 여름 항해기 막판에 이는 거센 북풍에 맞서 간신히 니도에 닿았고, 어쩔 수 없이 그레데 남부 해안에 있는 미항이라는 작은 항구에서 쉴 곳을 찾아야 했다. 누가는 대속일 금식(주후 59년 10월 5일)이 이미 지나 항해 기간이 끝났다고 우리에게 전한다(행 27:9). 하지만 이 배의 선장은 남풍이 순하게 불자 용기를 내어 좀 더 서편에 있는 뵈닉스의 항구에 닿으려고 했다. 그들이 그레데 해안을 끼고 항해하는데 이다 산에서부터 "광풍이 크게 일어나"(행 27:14) 내려온다. 배는 망망대해에 거칠게 떠밀려 다닌다. 3일 후에는 배의 화물과 연장을 버린다. 계속되는 폭풍에 지치고 항해에 필수적인 해와 별도 보이지 않자 선원들은 희망을 버린다. 그런데 폭풍 중에 주님이 바울에게 나타나셔서 약속하신다. "바울아 두려워하지 말라 네가 가이사 앞에 서야 하겠고 또 하나님께서 너와 함께 항해하는 자를 다 네게 주셨다"(행 27:24). 바울은 사람들에게 배가 파괴되어도 그들의 생명은 보존될 것이라고 격려한다. 배는 멜리데 섬에 좌초하였지만 276명은 모두 살아남았다. 그들은 거기에서 3개월간 겨울을 나고 봄에 로마를 향해 떠난다. 그들은 또 다른 알렉산드리아의 화물 배에 탔는데 그 배의 머리 장식은 디오스구로였다(행 28:11).

그들은 시실리 섬에 있는 고대 헬라 식민지인 수라구사를 향해 북쪽으로 144킬로미터를 항해한다. 그리고 메시나 해협 남단에 있는 레기온을 향해서 계속 간다. 그들은 나폴리 해협을 건너 베수비오 산이 멀리 보이는 보디올에 이르는데, 이곳은 중화물을 내리는 항구로 로마 깊숙이 위치한 곳이었다. 거기에서 그들은 그리스도인 무리를 만난다. 그들은 7일 동안 그들과 머물렀고, 로마까지 거의 200킬로미터에 달하는 그 유명한 압비오 가도를 함께 걸어간다. 그들은 압비오 광장이라고 불리는 로마의 우체국에 도달했는데, 여전히 도시까지는 64킬로미터가 남아 있었다. 이때서야 드디어 우리는 바울이 로마의 교회에 보낸 선교 편지, 즉 로마서의 원 수신자들을 보게 된다. 그곳에 있는 그리스도인 형제들이 바울이 이달리야 해변에 도달했다는 소식을 듣고 그를 만나기 위해 달려 나온 것이다. 그들은 바울의 편지를 읽고 잘 이해했다. 그들은 바울을 지지하고 후원하겠다고 보장한다. 이는 분명히 굉장히 감동적인 장면이었을 것이다. 이에 대해서 누가는 이렇게 기록한다. "바울이 그들을 보고 하나님께 감사하고 담대한 마음을 얻으니라"(행 28:15).

• 바울이 이스라엘의 소망 때문에 쇠사슬에 묶이다(행 28장)

"이스라엘의 소망으로 말미암아 내가 이 쇠사슬에 매인 바 되었노라"(행 28:20)

주후 60년, 바울은 로마 제국의 심장부에 도착한다. 로마는 백만 명이 넘게 거주하는 거대한 도시이자, 당시 세계에서 가장 큰 도시였다. 로마 건축물의 엄청난 규모와 범위는 황제의 야망과 권위를 그대로 보여 주었다. 바울은 주전 4세기에 건설된 세베란 장벽(Severan wall)에 있는 포르타 카페나(Porta Capena)를 통해 도시에 들어선다. 그리고 글라우디오 아래 최근 건설된, 높이가 33미터에 달하는 송수관을 지나갔다. 또 네로가 제멋대로 만든 25만 좌석 규모의 경주로인 키르쿠스 막시무스(Circus Maximus)를 지나 걸어갔다. 그리고 팔라티나 언덕에 세워진 황제의 궁정과 신전들도 봤다. 바울은 신성한 길(Sacred Way)을 따라 로마 시민의 중심지인 포럼을 지나갔는데, 그곳은 로마에 돌아온 군대가 개선 행군을 하던 곳이었다. 바울은 공공 연설이 행해지던 높은 단상을 봤다. 또 모든 도로의 시작점을 알리고, 로마로부터 제국의 주요 도시에 이르는 거리를 기록해 놓은 금으로 된 이정표를 지나쳤다. 바울은 쥬피터 옵티무스 막시무스의 화려한 신전이 있는 카피톨리누스 언덕도 봤다. 그곳은 쥬피터, 주노, 미네르바와 같은 신들에게 헌정된 로마의 종교 중심지였다. 마침내 바울은 도시의 북동쪽에 위치한 근위대 병영으로 향한다. 여기서 율리오는 지휘관에게 보고하고 바울을 넘겨주며 그 죄목을 기록한 서류를 건넨다. 바울은 네로 앞에서 재판 받기를 기다리며 "자기를 지키는 한 군인과 함께"(행 28:16) 근처의 숙소에 거하도록 허가를 받았다.

선교 사역 내내 했던 대로 바울은 우선 도시의 유대인 공동체 내에서 들을 자를 찾는다. 우리는 바울이 이스라엘의 메시아가 오셨다는 좋은 소식을 자기 백성에게 알리는 일을 절대 멈추지 않았다는 사실을 반드시 기억해야 한다. 그는 형제로서 그들을 대했고 자신이 "이스라엘 백성이나 우리 조상의 관습을 배척한 일이 없다"(행 28:17)고 말한다. 그에게는 사형 당할 만한 어떤 범죄 혐의도 없다. 바울은 그들과 만난 자리에서 매우 분명한 용어로 자신의 목적을 언명한다. "이스라엘의 소망으로 말미암아 내가 이 쇠사슬에 매인 바 되었노라"(행 28:20). 아침부터 저녁까지 바울은 성경으로 강론하고 "하나님의 나라를 증언하고 모세의 율법과 선지자의 말을 가지고 예수에 대하여 권하"(행 28:23)였다. 그때나 지금이나 거의 모든 설교 시간에 그렇듯이 누군가는 마음이 움직이지만, 반면에 누군가는 믿기를 거부한다. 바울은 자신의 동족들에게 이사야서 6장 9-10절 말씀을 통해 불신앙을 강력하게 경고한다. 바울은 이방인들 중 몇몇도 영원한 생명을 받기로 정해 있다는 확신을 품고 이방인들에게 관심을 돌린다(행 28:28; 참고 행 13:38). 바울은 로마에 2년간 머물며 "자기에게 오는 사람을 다 영접하고 하나님의 나라를 전파하며 주 예수 그리스도에 관한 모든 것을 담대하게 거침없이 가르치더라"(행 28:30-31)고 성경은 전한다.

누가가 하나님의 감동으로 기록한 사도행전 이야기는 바울이 로마에서 담대히 그리스도를 선포하는 모습으로 마무리된다. 수 세기에 걸쳐 사람들은 성령이 누가를 감동하셔서 세 번째 기록을 작성하게 하셨으면 얼마나 좋았을까 생각했다. 하지만 하나님은 하나님의 지혜로 이 이야기를 여기에서 마무리하는 것이 적절하다고 여기셨다. 그리스도의 말씀은 세상 전역에 퍼져 나간다. 하나님의 구속 목적은 수없이 많은 다른 사람들의 신실한 증언을 통해 더 멀리 확장된다. 바울이 로마에 투옥된 것은 실제로 복음의 진보에 도움이 되었다(빌 1:12 참고). 그리스도의 말씀은 황제의 근위대와 심지어 식구까지 이르렀다(빌 4:22 참고).

옥중 서신 : 바울이 에베소서, 빌립보서, 골로새서, 빌레몬서를 쓰다(주후 60-62년경)

바울은 로마에 투옥되었을 때에 주 예수에 대해서 말로만 가르친 것이 아니라, 글도 썼다. 성령은 바울에게 영감을 주셔서 에베소, 빌립보, 골로새에 있는 그리스도인 공동체에 편지를 쓰게 하셨다. 또한 빌레몬, 압비아, 아킵보 및 그들의 집에서 모이는 교회에 개인적으로 편지를 썼다. 이 편지들이 에베소서, 빌립보서, 골로새서, 빌레몬서다. 이 편지들은 바울이 투옥되어 있는 사실을 분명하게 언급하기 때문에 한데 묶어 **옥중 서신**이라 한다(엡 3:1, 4:1; 빌 1:14; 골 4:3, 10; 몬 1:1). 연대표에 **쇠사슬** 그림이 있는데, 이는 바울이 로마에 투옥되었음을 나타낸다. 바울은 큰 고난 가운데 있었지만, 이 편지들은 바울의 끊임없는 기도의 삶, 그리스도 안에서 누리는 깊은 즐거움, 및 그리스도의 몸에 대한 변함없는 애정을 드러낸다. 그는 믿는 자들에게 부르심에 합당하게 걷고 그리스도 안에 굳게 연합하라고 역설한다(엡 4:1; 빌 1:27; 골 3:15). 그들은 모든 일에 그리스도를 닮아야 한다(엡 5:1; 빌 2:5-11). 그들은 거짓 교사들을 경계하고 그리스도 안에서 온전한 성숙을 추구해야 한다(엡 4:14-20; 빌 3:2-15; 골 2:8-23). 바울은 그들이 복음 안에서 동역함을 그리스도께 감사드리고, 자신이 재판을 받을 때 담대하게 증언하고 좋은 결과가 나오도록 기도해 달라고 요청한다.

• 바울이 석방되어 서바나 선교를 하다가 다시 투옥되다

후에 바울은 자신이 첫 번째 변호를 할 때, "주께서 내 곁에 서서 나에게 힘을 주심은…… 내가 사자의 입에서 건짐을 받았느니라"(딤후 4:17)고 말한다. 몇몇 초기 기독교 자료에 따르면 바울은 석방되어 서바나에서 선교하다가 이후에 로마에 두 번째로 투옥되었다. 이 두 번째 투옥 기간에 성령은 바울을 감동하셔서 자신이 신뢰하는 복음의 동역자들에게 마지막 편지를 쓰게 하신다. 그들은 부활하신 예수를 다음 세대 기독교 지도자들 사이에서 섬길 것이다. 이 편지가 바로 디모데전후서와 디도서다.

목회 서신 : 바울이 디모데전/후서와 디도서를 쓰다(주후 63-65년경)

바울이 디모데와 디도에게 보낸 편지는 완숙한 목회의 지혜와 더불어 미래 교회 지도자들을 향한 애정으로 가득하다. 이 세 편의 편지를 **목회 서신**이라고 한다. 바울은 이 교회 지도자들에게 경건한 성품의 중요성과, 하나님이 선포하신 말씀의 우선됨을 가르친다(딤전 3장; 딤후 4:2; 딛 2:1). 바울은 그들에게 복음의 주제는 "다윗의 씨로 죽은 자 가운데서 다시 살아나신 예수 그리스도"(딤후 2:8)임을 상기시킨다. 바울은 가장 위대하고, 가장 효과적이고, 절대로 마르지 않는 가르침의 근원이 하나님의 말씀이라고 강조한다. 왜냐하면 "모든 성경은 하나님의 감동으로 된 것으로 교훈 ……에 유익"(딤후 3:16)하기 때문이다.

오순절 시대를 마무리하면서, 바울의 생애 말년과 기타 편지들을 **가르침 시대**에 다룰 것이라는 점을 기억하자. 우리는 이어지는 장에서 각 편지의 내용을 자세하게 다룰 것이다. **오순절 시대**에 우리의 주된 관심은 사도행진의 이야기였다. 다음 시대로 넘어가면 겹치는 부분이 다소 있을 것이다. **가르침 시대**로 이어지기 전에 아직 사도행전을 읽지 않았다면 꼭 한 번 읽어 볼 것을 권한다. 예수께서 교회를 통해 행하신 모든 일을 담은 이 역사적 기록으로 마음이 동하여 여러분도 증인이 되게 하는 것이 내 기도 제목이다. 예수께서는 제자들에게 약속하셨다. "오직 성령이 너희에게 임하시면 너희가 권능을 받고 예루살렘과 온 유대와 사마리아와 땅끝까지 이르러 내 증인이 되리라"(행 1:8). 우리가 성령의 권능을 받아 열렬한 증인이 되어, 아직 복음이 닿지 못한 사람들에게서도 예수의 이름이 높여지기를!

6장 가르침 시대 I

Teaching

이 장을 읽을 때는 신약 연대표를 앞에 두기 바란다. 지도에서 각 편지의 위치를 확인하면서 초기 기독교 선교의 광범위한 움직임을 시각적으로 파악하면 도움이 될 것이다. 이 지도를 보고 마음이 동하여 오늘날 세계에서 벌어지는 하나님의 사명에 참여도록 하자. 이 **가르침 시대**는 세 부분으로 구분되며, 신약에 나오는 스물한 편의 편지를 모두 다룰 것이다. 1부에서는 사도행전에서 다룬 시대에 기록된 편지를 연구할 것이다. 여기에는 야고보서와 세 차례 선교 여행을 하며 기록한 편지들, 즉 갈라디아서, 데살로니가전/후서, 고린도전/후서, 로마서가 포함된다. 2부 역시 일곱 편의 편지를 연구할 것이다. 바울이 로마에 투옥되었던 기간에 작성된 네 편의 편지와 디모데와 디도에게 보낸 마지막 세 편의 편지가 해당된다. 여기에는 옥중 서신인 에베소서, 빌립보서, 골로새서, 빌레몬서와 목회 서신인 디모데전/후서와 디도서가 포함된다. 3부는 그 외, 일반 서신으로 알려진 신약의 편지들을 연구할 것이다. 이 편지들은 박해, 거짓 가르침, 사회적 갈등 가운데 교회를 굳건히 하려는 목적으로 작성된 것이다. 여기에는 베드로전/후서, 히브리서, 유다서, 요한1-3서가 있다. 3부 말미에는 기독교의 가르침을 포괄하는 핵심 믿음을 정리할 것이다.

미리 보는 가르침 시대

신약의 네 번째 시대는 **가르침 시대**라고 했다. 그 이유는 이때가 구속 역사에서 하나님이 자기 백성을 명하여 이방 민족에 복음을 가르치도록 하신 시대이기 때문이다. 가르침은 세계 선교에 필수적인 부분이다. 예수는 자신을 따르는 자들에게 모든 사람을 제자 삼고, 세례를 베풀며, 자신의 명령을 모두 순종하도록 가르치라고 지시하셨다. 이 신성한 사명은 이사야 선지자가 전한 예언의 표적을 성취하는 것으로서, 즉 세상의 모든 민족이 살아 계신 하나님께 나아와 하나님의 길을 배우는 것이다.

그리스도인들이 권능을 주시는 성령의 임재를 통하여 예수 그리스도에 관한 좋은 소식을 나누면서, 증인들의 영역도 지리적으로 확장되어 나간다. 도시 중심지에 그리스도인 공동체들이 세워지면 주위 지역으로 퍼져 나갔다. 그리고 교회가 개척되면 그리스도인 지도자들이 편지를 보내 계속해서 추가적인 가르침을 제공했다. 스물일곱 권의 신약 성경 중 스물한 권이 초기 그리스도인 공동체에 보낸 편지들이다. 이렇게 해서 공동체들은 교리 문제와 예수의 제자로서 살아가는 방법에 대해 가르침을 받았다. 이 편지들을 서신서(epistles)라고도 하는데, 이는 헬라어로 "편지"라는 뜻이다. 신약의 서신서를 쓴 저자들은 모두 예수의 제자가 된 이스라엘인들이다. 그들이 그리스도인 공동체에 보낸 편지는 사도 시대부터 지금까지 기독교 신앙과 신학을 규정하는 데 도움을 준다. 저자들은 구약, 예수의 가르침, 그리고 새롭게 형성된 그리스도인 공동체에 하나님이 행하신 일들에서 내용의 많은 부분을 끌어온다. 이 신약의 편지들은 **가르침 시대**를 위해 하나님이 영감을 주셔서 작성된 성경의 책들이다.

가르침 시대는 **오순절 시대**와 상당 부분 겹친다. 두 시대 모두 높임 받으신 예수의 주 되심 아래 교회가 확장되어 가는 이야기를 다룬다. 다만 **오순절 시대**의 초점은 사도행전의 내용이었다. 그래서 편지들은 이름에 따라 포함되었고, 사도행전의 이야기 내에 연대기순으로 위치했다. 그렇지만 **가르침 시대**에 초점은 편지의 내용들이다. 각 편지는 편지의 원래 수신자들의 위치에 따라 연대표의 지도에 위치하고 있다. 예를 들어, 바울은 고린도에 머무는 동안 로마서를 썼다. 하지만, 그 편지는 연대표상에 고린도가 아닌 로마에 위치하고 있다. 그 이유는 그 편지의 원래 수신자들이 로마에 거주했기 때문이다. 지도상에 있는 편지는 모두 붉은 글자로 되어 있는데, 이는 그리스도가 우리의 죄악을 위해 피를 흘려 주셨음을 일깨우기 위함이다. 각 편지마다 편지의 핵심 가르침을 요약한 노란색 요약문이 있다. 노란색은 그리스도의 부활이 하나님이 시작하신 새 창조의 시작임을 상기시킨다. 이 두 가지 색은 신약의 편지마다 각기 저자, 환경, 청중은 다르지만, 초기 기독교가 메시아의 죽음과 부활을 성경 이야기의 핵심에 두고 통일성 있게 가르쳤음을 강조한다.

인쇄된 성경 판본에서는 신약의 편지들이 저자 및 분량에 따라 내림차순으로 정리되어 있다는 사실을 기억하자. 정경의 순서에 따르면, 바울이 쓴 열세 편의 편지는 목록에서 가장 처음에 나오며, 그 시작은 로마서다. 왜냐하면 로마서가 가장 길기 때문이다. 그리고 빌레몬서가 가장 짧기 때문에 마지막에 있다. 히브리서는 바로 뒤에 있는데 그 이유는 초기에 히브리서가 바울 또는 그의 제자 중 한 사람과 연관되어 있다고 생각했기 때문이다. 야고보, 베드로, 요한, 유다의 편지 역시 마찬가지다. 이는 문학 장르, 저자, 분량에 따라 구분하는 헬라식 출판 관습을 반영하는 것이다. 하지만 **가르침 시대**에서는 **빈 무덤**(CASKET EMPTY) 책의 학습 목표를 강화하기 위해 **오순절 시대**에 나온 것처럼 편지들이 기록된 순서를 따를 것이다.

신약 서신서의 대략적인 순서를 기억하는 한 가지 방법은 다음과 같다. 야고보와 유다는 예수의 형제로서, 예루살렘에 있는 교회에 편지를 썼다(편리하게도 모두 J로 시작한다. 야고보[James], 유다[Jude], 예루살렘[Jerusalem]). 이는 신약 서신서 연대기의 시작과 끝을 알리는 북엔드 기능을 한다. 바울의 편지는 다음과 같이 기억할 수 있을 것이다. 바울은 **첫 번째** 선교 여행에서 **한 편**의 편지를 썼다(갈라디아서). **두 번째** 선교 여행에서는 **두 편**의 편지를 썼다(데살로니가전/후서). **세 번째** 선교 여행에서는 **세 편**의 편지를 썼다(고린도전/후서와 로마서). 로마로 잡혀 간 **네 번째** 선교 여행 후에는 가택 연금 상태에서 재판을 기다리며 **네 편**의 편지를 썼다(에베소서, 빌립보서, 골로새서, 빌레몬서). 이 편지들을 옥중 서신이라고 한다. 삶의 말미에는 다음 세대 그리스도인 목회자들에게 마지막으로 **세 편**의 편지를 쓴다(디모데전/후서와 디도서). 이 편지들은 목회 서신으로 알려져 있다. 이렇게 하면 바울이 기록한 총 열세 편이 된다. 마지막으로 교회를 굳건히 세우기 위한 목적으로 작성된 일곱 편의 편지가 더 있다. 이 편지들은 히브리서, 베드로전후서, 유다서, 요한 1-3서인데 일반 서신으로 알려져 있다.

그리스도의 가르침이 세상에 퍼져 나가면서, 로마와 예루살렘의 정치적 긴장 관계는 악화일로를 걷는다. 주후 66년 종교 민족주의와 제국의 열망이 격렬하게 부딪히면서 유대 전쟁이 터진다. 이 세계관의 갈등으로 주후 70년 예루살렘 성전은 대대적으로 파괴되었고 인간성을 말살하는 로마의 권력이 전면에 드러난다. 이 중대한 사건은 신약 연대표에 **가르침 시대** 밑에 오른쪽 아래 구석에 **불타는 성전** 그림으로 표시되어 있다. 이러한 대변동 와중에 복음이 모든 나라에 선포되면서 하나님 나라는 계속 확장해 나간다. 유대인과 이방인은 모두 그리스도를 믿음으로

의롭다 함을 받으며, 함께 그의 길을 걷는 법을 배운다. 교회는 죄악 되고, 망가지고, 폭력을 행하는 이 세상에 대항하여 하나님이 새롭게 하신 인류를 담대하게 반영한다. 박해는 인내를 낳는다. 거짓 가르침은 신실한 가르침을 야기한다. 사회적 갈등은 평화의 복음을 드러낼 것이다.

가르침 시대의 핵심 연도는 주후 33년과 주후 95년이다. 주후 33년은 예수께서 부활하신 후에 제자들을 명하여 이방 민족들을 가르치라고 하신 때다. 이 말씀처럼, 이 장에서 우리는 사도행전의 줄거리를 다시 추적하지만 편지의 내용에 중점을 둘 것이다. 이 장 내내 개별 편지에 대해 추기로 연도를 제시할 것이다. 주후 95년은 대략적으로 신약의 마지막 편지에 해당하는 때다. 이 시기의 핵심 인물은 신약의 편지들을 쓴 저자들로서, 야고보, 바울, 베드로, 요한, 유다다. 이 시대에 통치했던 로마 황제는 글라우디오(주후 41-54년), 네로(주후 54-68년), 베스파시아누스(Vespasian, 주후 69-79년) 및 그의 아들 티투스(Titus, 주후 79-81년)다.

가르침 시대를 연구할 때는 연대표에서 이 시대를 상징하는 **두루마리** 그림의 위치를 확인하자. 예수는 제자들에게 모든 민족의 교사가 되라고 명하셨다(마 28:20; 딤전 2:7; 딤후 1:11; 참고 사 2:3). 신약의 편지들은 예수 안에 있는 진리를 증언하는 자들이 점차 증가하는 상황에서 그리스도인 공동체에 보내진 것들이다(엡 4:21). 이 편지들은 세상에서 하나님의 백성으로 살아가도록 하나님이 영감으로 주신 지침들이다. **두루마리** 그림은 토라 두루마리를 떠올리게 한다. *토라*라는 단어는 하나님이 구약에서 자기 백성에게 주신 "지침" 또는 "가르침"을 의미한다(출 24:12; 시 19:7, 119:18; 사 2:3, 8:16, 42:4; 렘 31:33). 교회의 가르치는 사명에는 신약도 포함한다. 기독교 신학의 구조는 그리스도 안에서 시작한 이스라엘의 소망을 성취하는 것이다. 신약의 열 구절 중 한 구절은 구약의 인용문이거나, 명백히 구약을 암시하는 내용이다. 이는 우리에게 구약이 성경 이야기에서 얼마나 중요한지를 일깨워 준다. 모든 사람을 "그리스도 안에서 완전한 자"(골 1:28)로 세우기 위해서는 반드시 구약과 신약 모두를 포괄하여 역사를 통한 하나님의 구속 계획을 전해야 한다.

하나님이 자기 백성에게 모든 민족에 복음을 가르치도록 명하시다

연대표에서 **가르침 시대** 부분 상단에 있는 이 굵은 글씨는 이 시대에 행하신 하나님의 주된 구속 활동을 나타낸다. 지중해 인근의 세계 지도는 초기 기독교 선교의 범위를 보여 준다. 이 지도는 다채로운 색상으로 되어 있는데, 이는 그리스도가 주님이 되시면서 이 세상의 삶과 창조 세계가 새롭게 되었음을 나타낸다(창 1:28; 사 65:17; 고후 5:17; 갈 6:15). 바다의 푸른 물은 "물이 바다를 덮음같이 여호와의 영광을 인정하는 것이 세상에 가득함이니라"(합 2:14; 참고 사 11:9)는 선지자의 약속이 성취되었음을 시각적으로 드러낸다. 또한 복음이 아프리카, 아시아, 유럽, 그리고 그 너머로 움직인다는 것을 보여 주기 위해 신중하게 지도의 경계선을 그렸다. 메시아이신 예수의 통치는 이 세계의 가장 먼 해안과 섬들까지 확장된다(시 2:8, 22:27, 72:8-11; 사 11:11, 52:10). 지도의 좌측 하단에는 핵심 믿음 박스가 있다. 이 핵심 믿음 박스는 신약 편지들의 핵심적인 가르침을 구성하는 일곱 가지 믿음에 해당한다. 우리는 이 일곱 가지 믿음을 요약하면서 **가르침 시대**를 마무리할 것이나.

신약의 편지들을 연구할 텐데, 처음부터 그리스도인이 세상에서 담당한 교사의 책임은 영원한 것임을 강조해야 할 것이다. 그리고 그리스도인이 가르쳐야 할 핵심적인 교육 내용은 구약과 신약이다. 배움은 단지 목회자나 교사뿐 아니라 모든 제자에게 요구되는 것이다. 설교는 하나님의 말씀을 선포하고 적용하기 위해 제정된 것이다. 어린이, 청년, 성인을 교육하는 것은 교회 사역에서 핵심적인 요소다. 신학교, 성경 학교, 및 기타 훈련 기관들 역시 기독교 학문을 지탱하는 데 필수다. 물론 언제나 이와 대립 관계에 있는 교육 내용이 있기 마련이다. 심지어 종교적인 사람들도 하나님의 말씀이 아닌 다른 주제들을 요구한다. 문화 인사들이나 인기 있는 연예인들은 세상을 가르치는 책임은 자신들에게 속한 것이라고 주장한다. 그러한 모든 주장에도 불구하고 하나님은 자기 백성에게 모든 민족에 복음을 가르치라고 명하셨다.

야고보서, 예수의 형제 야고보가 예루살렘 교회에 쓰다(주후 45년경)

야고보서는 신약의 편지 중 가장 초기 저작으로서 예수의 형제인 야고보가 쓴 것이다. 비록 예수의 형제들은 처음부터 예수를 믿지는 않았지만(요 7:5), 야고보는 예수가 죽은 자 가운데서 부활하신 것을 보고 예수를 믿게 되었고(고전 15:7), 예루살렘 교회의 지도자 중 하나가 되었다(행 15장). 헬라어 본문을 보면 저자의 이름은 *이아코보스*(Iacobos)로 되어 있는데, 이는 야곱 족장을 반영하는 것이다. 그리고 *이아콤부스*(Iacombus)라는 이름을 라틴어로 옮긴 것이 영어로 *제임스*(야고보, James)가 되었다. 이미 연대표의 **오순절 시대** 부분에서 야고보서를 확인했을 것이다. 따라서 사도행전의 줄거리에서 이 편지의 위치를 파악하는 데 도움이 될 것이다. 또한 야고보서는 연대표 지도에서 예루살렘에 위치하고 있다. 그 이유는 이 편지의 수신자들이 그곳에 거주했기 때문이다. 야고보는 주후 45년경에 이 편지를 쓰는데, 당시는 기근과 더불어 포학했던 헤롯 아그립바 1세의 통치(주후 41-44년) 이후에 발생한 박해로 인해 그리스도인들이 어려움을 겪던 때였다. 헤롯 아그립바 1세에 대해서는 **오순절 시대**에서 이미 살펴봤기 때문에 당시의 통치 상황에는 익숙할 것이다. 그 부분을 다시 살펴보면서 글라우디오 황제의 통치(주후 41-54년) 동안 교회가 직면했던 도전들을 확인해도 좋다. 야고보와 예수는 이 땅에서는 형제 관계였지만, 야고보는 자신을 "하나님과 주 예수 그리스도의 종"(약 1:1)이라고 소개한다. 또한 야고보는 "흩어져 있는 열두 지파"(약 1:1)에게 문안하는데, 이 표현은 야고보가 모든 공동체를 염두에 두고 있었음을 나타낸다.

야고보는 믿는 자들에게 시험을 당할 때에 인내하며 그리스도에게 계속 신실할 것을 권하면서 글을 시작한다(약 1:2-8). 그는 "내 형제들아 너희가 여러 가지 시험을 당하거든 온전히 기쁘게 여기라 이는 너희 믿음의 시련이 인내를 만들어 내는 줄 너희가 앎이라"(약 1:2-3)고 역설한다. 예루살렘에 있는 그리스도인들은 동족들과 주위 이교도 세계로부터 극심한 반대에 직면해 있었다. 그들은 열성적인 민족주의자 세력에 합류하거나, 이교도 문화와 타협하라는 압력을 받았던 것이다. 또한 그들은 사망으로 인도하는 죄의 욕망들에 빠질 수도 있었다. 야고보는 시험을 견딘 이들에게 "주께서 자기를 사랑하는 자들에게 약속하신 생명의 면류관"(약 1:12)이 있다고 전한다.

야고보는 성경의 지혜와 윤리에 깊이 경도된 사람이었다. 분명히 산상수훈을 암시하는 부분이 전체 편지에서 스무 곳이 넘는다(약 1:4; 참고 마 5:48; 약 1:5; 참고 마 7:7-11; 약 1:22; 참고 마 7:24-27 등등). 구약과 예수의 말씀 모두 하나님이 영감을 주신 가르침으로 인용되었다. 편지 내내 야고보는 믿는 자들에게 그리스도를 믿는 믿음을 행동으로 옮기라고 촉구한다. 야고보가 실질적인 호소를 했다는 점은 언어학적인 측면에서도 확인된다. 이 편지의 총 108구절 중에 명령문이 거의 오십 번에 달하기 때문이다. 야고보는 믿는 자들이 "말씀을 행하는 자가 되고 듣기만"(약 1:22) 하는 자가 되지 않기를 바랐다. 믿는 자들은 "진리의 말씀"(약 1:18)으로 낳아진 존재라고 하는데, 여기서 진리의 말씀은 복음의 메시지로 이해해야 한다. 또한 그들은 "마음에 심어진 말씀"을 받는데, 마음에 심어진 말씀은 죄의 능력을 뿌리 뽑고 의로움 가운데 새롭게 성장하도록 만든다(약 1:21). 그들은 "듣고 잊어버리는 자가 아니요 실천하는 자"(약 1:25)가 되어야 한다. 또한 성경의 최고의 법이 그들 안에서 실현된다. 즉, "네 이웃 사랑하기를 네 몸과 같이 하라"(약 2:8; 참고 레 19:18; 마 5:17)는 것이다. 이러한 심상은, 새로운 언약 공동체의 특징은 순종이 될 것이라고 한 예언의 소망을 성취하는 것이다(렘 31:34). 야고보는 행함이 없는 믿음은 죽은 것이라고 가르친다(약 2:14-26). 진정한 믿음은 하나님을 영화롭게 하는 가시적인 행위로 표출되는 것이다. 야고보는 이를 뒷받침하기 위해 구약의 예를 두 가지 든다. 우선 아브라함이 하나님께 순종하여 이삭을 드린 것이다(약 2:21-24; 참고 창 22:1-18; 히 11:17-19). 또한 기생 라합이 믿음으로 하나님의 백성을 도운 것이다(약 2:25-26; 참고 수 2:1-24; 히 11:31). 하지만 행위에 대한 야고보의 가르침이, 후에 "너희는 그 은혜에 의하여 믿음으로 말미암아 구원을 받았으니…… 행위에서 난 것이 아니니"(엡 2:8-9)라고 바울이 강조한 내용과 대치되는 것은 아니다. 두 저자 모두 구원이 그리스도를 믿음으로 말미암아 주시는 하나님의 은혜의 선물이라는 점에 동의한다. 둘 다 행위가 구원의 기초는 아니지만, 구원받는 믿음의 결과라는 점에 동의하는 것이다. 바울도 에베소서에서 곧바로 이 말을 더한다. "우리는 그가 만드신 바라 그리스도 예수 안에서 선한 일을 위하여 지으심을 받은 자니 이 일은 하나님이 전에 예비하사 우리로 그 가운데서 행하게 하려 하심이니라"(엡 2:10).

야고보는 그리스도인들에게 가난한 자와 약한 자를 도움으로써 그리스도 안에서 하나님의 사랑을 보이라고 촉구한다. 특히 과부와 고아는 하나님이 아버지와 같이 돌보시는 대상이다(약 1:27; 참고 신 10:18, 15:4-11; 시 68:5-6; 사 1:17; 렘 7:5-7). 믿음의 공동체는 가난한 자들을 동일하게 존중해야 한다. 그리스도인 공동체는 "우리 주 예수 그리스도에 대한 믿음을 너희가 가졌으니 사람을 차별하여 대하지"(약 2:1) 말아야 한다. 믿는 자들은 점차 핍박을 가하는 문화 가운데에서 하나님의 성품을 드러내야 한다. 그들은 말을 자제해야만 한다. 그들은 통일된 증언을 유지하고 어떤 형태의 교만, 질투, 이기적인 야망에도 맞서야만 한다. 그들은 폭력적인 종교 민족주의와 교만한 로마 제국주의에 모두 반대하고 하나님의 지혜를 삶에서 드러내야 한다. 믿음의 공동체는 모든 사람을 그리스도를 믿는 믿음으로 부르고, "첫째 성결하고 다음에 화평하고 관용하고 양순하며 긍휼과 선한 열매가 가득하고 편견과 거짓이 없"(약 3:17)는 하나님의 지혜를 드러내야 한다.

야고보는 믿는 자들에게 세상과 벗이 되면 그들의 믿음과 증인 됨을 타협하게 될 것이라고 주의한다(약 4:4). 하나님께 헌신된 자세를 유지하기 위해서 세상적인 정욕과 기쁨에 대해서 스스로 거리를 두어야 한다. 야고보는 헛된 부유함을 신뢰하는 것, 개인적인 이익을 위해 일꾼들을 기망하는 행위, 사치 및 방탕한 삶에 대해 경고한다(약 5:1-5). 그는 서로를 위해 기도하라고 간곡하게 권고하며 편지를 마무리한다. 그리고 하나님이 치유와 용서, 심지어 방황하는 형제를 회복시켜 주심으로 응답하실 것이라고 약속한다(약 5:13-20).

연대표 지도에서 야고보서의 요약문은 **"그리스도를 믿는 믿음을 행동으로 옮기라"**이며, 핵심 구절은 "너희는 말씀을 행하는 자가 되고 듣기만 하여 자신을 속이는 자가 되지 말라"(약 1:22)이다. "말씀을 행하는 자"가 된다는 것은 갈등으로 가득한 현 세상을 살아가는 우리에게 특히 중요한 말씀이다. 그리스도인 공동체는 하나님의 지혜를 따르는 대안적인 삶의 비전을 제시해야 한다. 진리는 행동에서 관찰된다. 예수께서 다음과 같은 약속으로 산상수훈을 마무리하셨음을 기억할 것이다. "그러므로 누구든지 나의 이 말을 듣고 행하는 자는 그 집을 반석 위에 지은 지혜로운 사람 같으리니"(마 7:24). 야고보의 편지는 우리에게 바로 이렇게 할 수 있는 강력한 용기를 준다.

갈라디아서, 바울이 갈라디아 교회에 쓰다(주후 48년경)

다음으로 살펴볼 신약의 편지는 갈라디아서다. 이는 바울이 쓴 첫 번째 편지로서, 바울이 첫 번째 선교 여행을 마무리하며 쓴 편지다(주후 46-48년). 연대표에서 갈라디아의 위치를 확인하고 로마의 속주인 갈라디아 지역이 얼마나 광활한지 실감해 보자. 바울과 바나바는 갈라디아의 여러 도시를 다니며 전도 활동을 하면서 그리스도의 능력을 목격했다. 바울이 복음을 선포하면 이에 대한 반응으로 유대인들과 이방인들은 그리스도를 믿었다(행 13-14장). 바울이 다메섹으로 향한 길에서 체험한 사건은 유대인과 이방인 모두 하나님의 용서가 필요하다는 사실을 확증하는 것이었다. 아무도 자신의 행실이나 율법의 행위(토라의 행위)로서는 하나님 보시기에 의로울 수 없다. 다만 그리스도가 십자가에서 죽으시면서 죄를 속죄하셨기 때문에 그리스도를 믿는 모든 사람은 의롭게 되는 것이다(하나님 앞에서 의롭다 선포됨). 그리스도를 믿는 믿음은 새로운 언약 공동체를 규정한다. 하나님은 새롭게 믿는 자들을 성령으로 충만하게 하시며 이 현실을 확증하신다(행 13:52; 참고 갈 3:1-3).

이방인들도 그리스도를 믿음으로써 하나님의 언약 백성의 일원이 된다는 깨달음은, 바울 및 새롭게 믿게 된 사람들에게 삶을 변화시키는 실질적인 영향을 미쳤다. 그래서 바울은 이방인 회심자들에게 옛 언약의 징표인 할례를 받으라고 강요하지 않았고, 그들에게 이스라엘을 다른 나라들과 구별했던 음식 법이나 절기를 지키라고 요구하지도 않았다. 이러한 바울의 신학적 입장은 갈라디아에 있는 그의 동족들에게서 강력한 반대를 초래했다. 믿는 유대인 중 몇몇도 예루살렘에서 내려와 새롭게 믿게 된 이방인들에게 반드시 할례를 받고 토라에 따라 살아야 한다고 가르쳤다(행 15:1, 5). 왜 그들이 이러한 관점을 지니게 되었는지를 이해하는 것이 중요하다. 그리스도를 믿게 된 이 유대인들은 자신들의 성경 이해, 전통의 중요성, 이스라엘에 있는 열성적인 동족들의 박해의 위협 때문에 그렇게 마음이 움직인 것이었다. 게다가 그들은 바울이 이방인들에게 어떠한 대가도 없이 이스라엘로 합해질 때 누리게 될 모든 유익만 제시한다고 느꼈다. 그래서 아직 유아기에 있는 갈라디아에 있는 교회들은 동요되어 혼란에 빠진 것이다. 바울에게 이러한 가르침은 그리스도가 죽으심으로 이루신 것들을 모호하게 만들고, 모든 사람에게 해당하는 복음의 필요성을 부정하는 것이었다. 이에 대한 답으로 바울은 예루살렘 공의회(행 15장) 직후인 주후 48년경 수리아의 안디옥에서 열정적으로 첫 번째 편지를 작성한다.

바울은 자신이 "사람들에게서 난 것도 아니요 사람으로 말미암은 것도 아니요 오직 예수 그리스도와 그를 죽은 자 가운데서 살리신 하나님 아버지로 말미암아 사도"(갈 1:1)의 권위를 지니고 있음을 강변하며 편지를 시작한다. 바울은 홀로 있는 것이 아니고, "함께 있는 모든 형제와"(갈 1:2) 같이 있다. 그는 갈라디아 교회들에 특별한 표현으로 인사를 한다. "우리 하나님 아버지와 주 예수 그리스도로부터 은혜와 평강이 있기를 원하노라"(갈 1:3). 바울은 성부 하나님과 주 예수 그리스도를 통합하는 신학 고백을 통해, 일상적인 헬라식(은혜) 인사와 히브리식(평화) 인사를 하나로 묶은 것이다. 그는 "하나님 곧 우리 아버지의 뜻을 따라 이 악한 세대에서 우리를 건지시려고 우리 죄를 대속하기 위하여 자기 몸을 주셨으니"(갈 1:4)라고 말하며 그리스도의 절대적인 독특성을 강조한다. 바울은 갈라디아인들이 그렇게 신속하게 "그리스도의 은혜로 너희를 부르신 이를 이같이 속히 떠나 다른 복음을 따르는 것"(갈 1:6)에 놀란다. 그는 다른 복음을 전하는 자에게 저주의 서약을 내리는 것으로 인사를 마무리한다(갈 1:9). 갈라디아인들에게 보내는 편지에 나타나는 바울의 생각은 복음을 변론하는 내용으로 발전해 나간다. 1-2장은 바울이 직접 경험한 복음을 설명한다. 3-4장은 갈라디아인들이 경험한 복음에 호소한다. 5-6장은 굳게 서서 성령의 능력 가운데 그리스도의 복음을 살아내라는 권고로 마무리한다.

바울은 사신의 회심으로 본론에 들어간다(갈 1:10-24). 자신은 교회를 격렬하게 박해하였고 조상의 유전을 열성적으로 따르던 자였지만 하나님이 "내 어머니의 태로부터 나를 택정하시고 그의 은혜로 나를 부르"셨으며, "그의 아들을 이방에 전하기 위하여 그를 내 속에 나타내시기를 기뻐하셨"(갈 1:15-16)다고 증언한다. 바울은 높임 받으신 예수께 복음을 받았고, 예수는 바울을 불러 자신의 이름을 전하게 하신다(행 9:15, 13:46-47, 26:17-18). 따라서 바울의 설교는 인간의 권위가 아니라 오직 그리스도의 부르심에만 달려 있는 것이었다. 바울은 갈라디아인들에게 그가 이해하는 복음이, 기근 구제금을 전하러 예루살렘을 직접 방문했을 때 예루살렘 교회 지도부에 인정받았고 확인받은 것이라고 설명한다(갈 2:1-10). 베드로와 야고보와 요한도 이방인인 디도에게 할례를 받으라고 강요하지 않았다. 오히려 그들은 하나님의 은혜가 바울의 사역에 임하였기 때문에 친교의 악수를 청했다(갈 2:9).

바울은 안디옥에서 자신이 베드로와 갈등을 빚었던 것을 상기시키며 자신이 경험한 복음을 끝맺는다(갈 2:11-21). 베드로는 새로 믿게 된 이방인들과 식사를 나누고 있었다(갈 2:12; 참고 행 10장). 하지만 예루살렘에서 야고보가 보낸 몇몇 사람이 도착하자 베드로는 "할례자들을 두려워하여 떠나 물러가매 남은 유대인들도 그와 같이 외식"(갈 2:12-13)했던 것이다. 바울은 그러한 행위가 복음을 부정한 것이라고 봤다. 그래서 솔직하게 베드로를 책망한다. "네가 유대인으로서 이방인을 따르고 유대인답게 살지 아니하면서 어찌하여 억지로 이방인을 유대인답게 살게 하려느냐"(갈 2:14). 베드로는 분명히 부끄러움에 얼굴을 붉혔을 것이다. 바울은 형제의 잘못을 폭로하는 것에 머물지 않고, 곧 다음과 같이 1인칭 복수형으로 개인적인 증언을 덧붙인다. "우리는 본래 유대인이요 이방 죄인이 아니로되 사람이 의롭게 되는 것은 율법의 행위로 말미암음이 아니요 오직 예수 그리스도를 믿음으로 말미암는 줄 알므로 우리도 그리스도 예수를 믿나니 이는 우리가 율법의 행위로써가 아니고 그리스도를 믿음으로써 의롭다 함을 얻으려 함이라"(갈 2:15-16). 바울은 아무도 율법의 행위로는 하나님 앞에 의롭지 않다고 분명히 말한다. 복음은 유대인도 이방인과 동일하게 십자가에 죽으신 그리스도를 통한 용서가 필요한 죄인임을 드러낸다. 바울은 그리스도 안에서 누리는 새로운 생명에 대한 인상적인 공식으로 자신이 경험을 마무리한다.

> 내가 그리스도와 함께 십자가에 못 박혔나니 그런즉 이제는 내가 사는 것이 아니요 오직 내 안에 그리스도께서 사시는 것이라 이제 내가 육체 가운데 사는 것은 나를 사랑하사 나를 위하여 자기 자신을 버리신 하나님의 아들을 믿는 믿음 안에서 사는 것이라 내가 하나님의 은혜를 폐하지 아니하노니 만일 의롭게 되는 것이 율법으로 말미암으면 그리스도께서 헛되이 죽으셨느니라(갈 2:20-21)

그러고 나서 바울은 갈라디아인들이 이미 경험한 복음에 호소한다. 바울은 그들이 회심한 이야기로 시작한다(갈 3:1-5). 그리고 걱정스럽게 묻는다. "누가 너희를 꾀더냐"(갈 3:1). 그들은 분명히 그리스도가 자신들의 죄를 위하여 십자가에 달리셨음을 배웠다. 그들은 자신들을 하나님의 가족으로 들이셨음을 확증하시는 성령도 받았다. 바울은 묻는다. "너희가 성령을 받은 것이 율법의 행위로냐 혹은 듣고 믿음으로냐…… 성령으로 시작하였다가 이제는 육체로 마치겠느냐?"(갈 3:2-3). 이 질문들은 바울의 편지를 이해하는 데 필수적인, 대조되는 두 짝을 소개한다. 즉

"율법의 행위"(문자적으로는 "토라의 행실")와 "듣고 믿음"이 서로 대조되는 것이다. 이와 유사하게 "육체"라는 용어는 "성령"과 대조된다. 이 구절에서 강조하는 "율법의 행위"란 구체적으로 할례와 음식 법을 말한다. 그러한 의식은 이스라엘의 언약 공동체를 수천 년 동안 이교도 세계와 구별하는 것이었다(창 17:9-14; 레 20:26). 하지만 바울은 새 언약 공동체는 그리스도를 믿는 믿음으로 규정되는 것이며, 예수를 믿는 유대인과 이방인이 함께 구성하는 것이라고 주장하였다. 그들은 더 이상 구별되지 않으며, 그리스도 안에서 하나가 된 것이다. 이 새로운 언약 공동체는 민족이나 인종으로 구별되는 것이 아니라, 오직 성령의 내주하심으로 구별된다.

바울은 성경에서 갈라디아인들이 경험한 것은 하나님이 직접 세운 구속 계획이며, 아브라함에게 주신 옛 약속의 성취임을 강론한다. 구약 연구에서 우리는 아브라함이 선물로 받은 믿음으로 의롭게 되었음을 배웠다(창 15:6; 참고 갈 3:6). 바울은 할례의 징표를 받기에 앞서, 그리고 시내산에서 율법을 받기 전에 아브라함이 이미 믿음으로 의롭다 선포되었다는 사실을 강조한다. 아브라함은 하나님의 구속 계획에 중요한 인물이다. 왜냐하면 그는 율법의 행위와 별개로 은혜의 선물을 받아 믿음으로 말미암아 의롭다 함을 입었기 때문이다. 따라서 그는 믿음으로 의롭다 함을 입은 본보기가 된 것이다. 하나님은 실제로 "믿음이 있는 아브라함과 함께"(갈 3:8-9; 참고 창 12:3, 22:18) 이 땅의 모든 가족을 축복하겠다고 약속하셨다. 바울은 이렇게 하나님이 앞서 아브라함에게 복음을 선포하셨다는 점을 인지했다. 따라서 바울은 갈라디아인들에게 "믿음으로 말미암은 자들은 아브라함의 자손"(갈 3:7)이라고 역설하는 것이다. 그리스도를 믿는 모든 사람은 약속된 하나님의 축복을 경험하고 믿음으로 하나님 백성의 일원이 되는 것이다.

바울은 아브라함에게 베푸신 이 축복이 그 무엇보다도 우선됨을 강조한다. 그는 하나님이 은혜로 아브라함의 자손들에게 율법을 베푸셨지만, 율법은 하나님의 약속을 얻어 내는 수단이 되지 못한다고 설명한다

(갈 3:17-18). 그는 성경에서, 그리고 자신의 삶에서 이스라엘은 율법 아래에서 하나님의 진노 아래 놓였다는 사실을 알았다. 이 율법은 "율법책에 기록된 대로 모든 일을 항상"(갈 3:10; 참고 신 27:26; 렘 11:3-12) 지키지 못하는 자에게는 언약에 따른 저주를 선포한다. 이스라엘은 하나님의 명령을 순종하지 않았기 때문에 하나님의 징계를 받아 그 땅에서 제하여져 포로가 되었다. 바울은 이스라엘의 역사 자체가, 의롭다 하심은 율법을 통해 임하는 것이 아님을 입증한다고 가르친다(갈 2:16; 참고 롬 3:20, 28). 오히려 의인은 율법을 자랑하기보다(갈 3:12; 참고 레 18:5), 그저 아브라함처럼 하나님의 약속을 믿는 믿음으로 살아야만 하는 것이다(갈 3:11; 참고 합 2:4).

바울은 더 나아가 하나님이 이스라엘의 불순종과 그에 따른 저주에 대하여 주신 해답이 십자가에 달리신 메시아에서 발견된다고 설명한다. "그리스도께서 우리를 위하여 저주를 받은 바 되사 율법의 저주에서 우리를 속량하셨으니 기록된 바 나무에 달린 자마다 저주 아래에 있는 자라 하였음이라 이는 그리스도 예수 안에서 아브라함의 복이 이방인에게 미치게 하고 또 우리로 하여금 믿음으로 말미암아 성령의 약속을 받게 하려 함이라"(갈 3:13-14). 바울은 갈라디아인들에게 이스라엘의 불순종과 그들의 불순종에 대한 해답은 십자가에서, 즉 예수께서 "나무"에 달리셨을 때 발견된다고 가르친다(갈 3:13; 참고 신 21:23; 행 5:30, 10:39; 벧전 2:24). 예수는 죄지은 자들을 대신해서 하나님의 진노를 다 받으셨고, 모든 믿는 자의 죄에 대한 용서도 얻으셨다. 십자가는 율법의 저주에서 구속되었음을 확증하는 것으로서, 하나님이 아브라함에게 주신 축복을 모든 민족에게 미치게 하려는 것이다(갈 3:14). 아브라함의 "자손"이신 예수를 통해 그 약속이 성취된 것이다(갈 3:16, 19; 참고 창 18:18, 26:4). 따라서 그리스도를 믿는 모든 사람은 유대인이든 이방인이든 모두 하나님의 한 백성이며, 아브라함에게 속한 믿음의 가족 일원이 되는 것이다. 그는 강력하게 결론 내린다. "너희가 그리스도의 것이면 곧 아브라함의 자손이요 약속대로 유업을 이을 자니라"(갈 3:29; 참고 롬 9:6-8). 그리스도를 믿는 모든 자는 하나님이 "그 아들의 영을 우리 마음 가운데 보내사 아빠 아버지라 부르게"(갈 4:4-6) 하심으로써 온전하게 자녀로 받아들여진다.

갈라디아서는 성령의 능력 가운데 굳게 서서 복음을 살아 내라는 감동적인 권고로 마무리된다(갈 5:1). 바울은 편지를 읽는 자들에게 종의 멍에를 지려는 모순에 빠지지 말라고 경고한다. 그는 할례를 받는 자들은 "그리스도에게서 끊어지리라"(갈 5:4)고 언명한다. 동시에 바울은 갈라디아인들에게 그리스도 안에서 그들이 누리는 자유를 육체에 탐닉하는 방편으로 삼지 말라고 권고한다(갈 5:13). 바울은 육체의 일과 성령의 열매를 극명하게 대비시킨다(갈 5:16-23). 믿는 자들은 성령으로 살기 위해서 육체와 함께 그 정욕과 탐심을 십자가에 못 박아야만 한다(갈 5:24-25). 열매 맺는 새 언약 공동체는 사랑으로써 역사하는 믿음으로 말미암아 성령의 능력 가운데 토라를 성취한다(갈 5:6, 14, 6:8; 참고 렘 31:33-34; 겔 36:27; 롬 8:4). 바울은 말미에 그리스도 안에서 "할례나 무할례가 아무것도 아니로되 오직 새로 지으심을 받는 것만이 중요하니라"(갈 6:15)고 확언한다.

연대표에서 갈라디아서 요약문은 **"그리스도 외에 다른 복음은 없다"**이며, 핵심 구절은 "우리나 혹은 하늘로부터 온 천사라도 우리가 너희에게 전한 복음 외에 다른 복음을 전하면 저주를 받을지어다"(갈 1:8)이다. 우리는 그리스도의 인격과 사역을 흐리거나 상대화시키는 그 어떤 것도 경계해야만 한다. 예수의 죽음으로 성취된 것은 온전하다. 예수의 부활은 새 창조의 시작을 나타낸다. 여기에 무엇을 더하든지 복음을 약화시킬 뿐이다. 복음을 지지한다는 것은, 아무런 관심이 없는 이교도이든 또는 문화적으로만 종교적인 사람들이든 누구나 회개와 믿음이 필요하다는 뜻이다. 새 언약 공동체로 들어선다는 것은 그리스도 안에서 새로운 관계를 생성하는 공적인 행위다. 우리를 박해와 고난으로부터 면제해 줄 수 있도록 비밀스럽게 그리스도를 따르는 길은 없다. 오히려 새로운 언약을 믿는 자들은 유대인이든 이방인이든 성령으로 충만하여 그리스도의 길을 함께 걸음으로써, 그리스도 안에서 하나님의 구속 계획을 경험해야 한다.

데살로니가전/후서, 바울이 데살로니가 교회에 쓰다(주후 51-52년경)

우리는 이제 바울이 두 번째 선교 여행에서 쓴 편지를 살펴보려고 한다. 데살로니가전/후서는 바울이 유럽으로 떠난 여정 말미에 가까워질 때 쓴 편지다(주후 49-52년). 데살로니가전/후서의 위치를 연대표 지도에서 파악하면 도움이 될 것이다. 데살로니가와 예루살렘이 엄청나게 떨어져 있다는 것이 실감날 것이다. 교회의 선교가 확장되어 나가는 것은 예수께서 사도행전 1장 8절에서 주신 약속을 성취하는 것이다. 바울이 처음 데살로니가에 도착했을 때(행 17장), 그 도시는 로마 속주인 마게도냐의 수도로서 인구가 약 200,000명에 달했다. 바울은 초청을 받아 회당에서 설교한다. 그는 성경에서 메시아가 고난을 받고 죽은 자 가운데서 살아나셨음을 강론하고 "내가 너희에게 전하는 이 예수가 곧 그리스도라"(행 17:3)고 주장한다. 유대인들과 하나님을 두려워하는 헬라인들, 그리고 적지 않은 귀부인들이 믿음으로 반응한다(행 17:4). 하지만 어떤 사람들은 조상의 전통에 열심을 품고 바울 일행이 "가이사의 명을 거역하여 말하되 다른 임금 곧 예수라 하는 이가 있다 하더이다"(행 17:7)라고 하며 고발한다. 극렬한 반대에도 불구하고 예수는 데살로니가에 교회를 세운다. 하지만 바울과 동료들은 어쩔 수 없이 갑자기 그 도시를 떠나야만 했다. 그들은 데살로니가에서 새로 믿게 된 자들이 그리스도 안에서 굳게 서기를 기도하며 헬라 중부 지역을 향해 남쪽으로 떠난다.

아덴에 도착하자 바울은 "참다 못하여 너희 믿음을 알기 위하여 그를 보내었노니 이는 혹 시험하는 자가 너희를 시험하여 우리 수고를 헛되게 할까 함이니"(살전 3:5)라고 하며 디모데를 보낸다. 디모데는 고린도에서 바울과 다시 합류하여 "믿음과 사랑의 기쁜 소식"(살전 3:6)을 전한다. 바울은 데살로니가인들이 그리스도를 굳건히 믿고 있다는 소식에 크게 위안을 받고 이렇게 고백한다. "너희가 주 안에 굳게 선즉 우리가 이제는 살리라"(살전 3:8). 동시에 디모데는 데살로니가의 젊은 교회가 직면하고 있는 구체적인 문제들과 목회자로서 느낀 우려를 나눈다. 그에 대한 답변으로 바울과 디모데와 실라는 데살로니가전/후서로 알려진 두 편의 편지를 보내어 그들의 믿음을 격려하고 그리스도를 위한 삶을 살도록 하는 더 많은 지침을 제시한다.

성부 하나님과 주 예수 그리스도의 은혜와 평강으로 인사한 후에, 바울은 "믿음의 역사와 사랑의 수고와 우리 주 예수 그리스도에 대한 소망의 인내를"(살전 1:3) 인하여 하나님께 감사드리며 글을 연다. 여기에서 바울이 그리스도인의 삶을 요약할 때 사용하는 미덕 세 가지, 즉 믿음, 사랑, 소망이 처음으로 나타난다. 예수 그리스도를 믿는 믿음은 공동체를 규정하는 것이고, 사랑은 믿음이 행동을 통해 외적으로 표출되는 것이며, 소망은 믿는 자들이 그리스도의 영광스러운 다시 오심을 고대하며 미래를 지향하는 것이다. 바울은 이스라엘에 해당하는 택하심("선택" 되었다)이라는 용어를 전체 믿음 공동체에 확대 적용한다(살전 1:4). 이는 유대인과 이방인이 그리스도 안에서 하나라는 사실을 나타내는 것이다. 성령은 그들이 택정된 것과 양자 된 것을 확증하신다(살전 1:5). 성령의 능력으로 데살로니가의 믿는 자들은 "우리와 주를 본받은 자가" 되어서 마게도냐와 아가야에 있는 모든 믿는 자의 본이 되었다(살전 1:6-7). 데살로니가의 믿는 자들은 "우상을 버리고 하나님께로 돌아와서" 살아 계시고 참되신 하나님을 섬긴다(살전 1:9). 그들은 새 생명을 얻어, "죽은 자들 가운데서 다시 살리신 그의 아들이 하늘로부터" 영광스럽게 강림하실 것과 "장래의 노하심에서 우리를 건지시는 예수"(살전 1:10)를 고대한다.

편지는 계속해서 진정한 복음 전도 사역을 감동적으로 그려 낸다(살전 2-3장). 바울과 그의 동역자들은 많은 갈등 가운데에서도 복음을 선포했다. 그들은 부정한 동기나 욕심, 허영심으로 권면하지 않았다(살전 2:3-6). 바울은 그들이 "유순한 자가 되어 유모가 자기 자녀를 기름과 같이 하였"(살전 2:7)다는 것을 상기시킨다. 그들은 애정이 넘쳤으며, 하나님의 복음뿐 아니라 자신의 생명도 기꺼이 나누려고 했다. 그들은 열심히 일하여 생계를 유지했고, 성장하는 공동체에 부담을 주지 않았다. 바울은 또한 그들의 사역을 아버지의 돌봄에 비유하며 이렇게 말한다. "우리가 너희 각 사람에게 아버지가 자기 자녀에게 하듯 권면하고 위로하고 경계하노니 이는 너희를 부르사 자기 나라와 영광에 이르게 하시는 하나님께 합당히 행하게 하려 함이라"(살전 2:11-12). 갑작스럽게 헤어지게 되었지만 선교사들은 데살로니가의 믿는 자들 보기를 간절히 바랐고, 믿음이 부족한 것을 더 가르치려고 했다(살전 2:17, 3:10). 바울은 그때까지 "주께서 우리가 너희를 사랑함과 같이 너희도 피차간과 모든 사람에 대한 사랑이 더욱 많아 넘치게 하사 너희 마음을 굳건하게 하시고 우리 주 예수께서 그의 모든 성도와 함께 강림하실 때에 하나님 우리 아버지 앞에서 거룩함에 흠이 없게 하시기를 원하노라"(살전 3:12-13)고 기도한다.

데살로니가전서는 그리스도를 위해 살라고 권고하는 내용으로 끝맺는다. 믿는 자들은 "행하며 하나님을 기쁘게"(살전 4:1)해야 한다. 이 말은 에녹, 노아, 아브라함, 이삭의 경우에 사용한 히브리어 숙어 "하나님과 동행함"을 반영하는 것이다(창 5:22-24, 6:9, 17:1, 48:15). 바울은 데살로니가의 믿는 자들에게 그리스도 안에서 누리는 새 생명은, 그들을 새로운 유산, 새로운 공동체, 그리고 완전히 새로운 삶의 양식과 연결시킨다는 점을 상기시킨다. 회심한 자들에게 하나님이 품으신 뜻은 거룩함이다(살전 4:3). 바울은 구약의 하나님이 주신 명령, 즉 "너희는 거룩하라 이는 나 여호와 너희 하나님이 거룩함이니라"(레 19:2)를 새로운 언약 공동체에도 적용한다. 그들이 거룩하신 하나님과 새로운 관계를 맺게 되었다는 것은 하나님을 모르는 이방 나라들과 다르게 성적 부도덕과 강렬한 욕정을 삼간다는 것이다(살전 4:3-5; 참고 레 18장). 그들이 새롭게 맺게 되는 관계의 특징은 형제 사랑인데, 이는 그들이 하나님께 배웠다는 사실을 드러낸다(살전 4:9; 참고 사 54:13).

마지막으로 바울은 데살로니가인들에게 그리스도의 다시 오심이 그리스도인 소망의 중심이라고 가르친다. 분명히 새로운 공동체 중 몇몇은 죽음을 맛봤을 것이다. 하지만 바울은 교회에 소망 없는 자들처럼 슬퍼하지 말라고 가르친다(살전 4:13). 그는 예수께서 죽으셨다가 다시 살아나셨으며, 잠든 자들과 함께 다시 오실 것을 재차 확인한다. 주님이 하늘에서 내려오시고, 그리스도 안에서 죽은 자들이 먼저 일어날 것이다. 그러면, 여전히 살아 있는 자들이 하나님의 영광의 구름 속으로 끌어 올려 다시 오시는 주님을 맞이할 것이다(살전 4:14-17). 이러한 심상은 매우 높은 고관이 도시에 도착하는 모습을 묘사한 것이다. 왕의 백성들은 그를 영접하기 위해 미리 달려 나가 그를 모시고 도성에 들어온다. 믿는 자들은 이러한 소망으로 서로를 격려해야 한다. 그들은 자신들이 하나님의 진노가 아닌 구원을 받기로 정해져 있음을 알고 믿음과 사랑과 소망 가운데 처신해야 한다(살전 5:5-9). 이 편지는 일련의 명령문과, 다음 기도로 마무리된다.

> 평강의 하나님이 친히 너희를 온전히 거룩하게 하시고 또 너희의 온 영과 혼과 몸이 우리 주 예수 그리스도께서 강림하실 때에 흠 없게 보전되기를 원하노라(살전 5:23)

데살로니가후서는 첫 번째 편지를 쓴 지 얼마 지나지 않아 작성된다. 두 번째 편지에서 바울은 첫 번째 편지에서 나온 여러 핵심 개념을 이어간다(살후 2:15). 바울과 그의 선교 동역자들은 데살로니가인들의 믿음과 서로에 대한 사랑이 성장하는 것에 대해 하나님께 감사한다(살후 1:3). 그들은 박해와 고통에 직면해서도 "그 날에 그가 강림하사 그의 성도들에게서 영광을 받으시고 모든 믿는 자들에게서 놀랍게 여김을 얻으시리니"(살후 1:10)라는 소망을 가지고 변함없이 그리스도를 보려는 갈망을 품었다. 그리스도의 다시 오심에 대한 성경의 가르침은 끊임없는 지침을 필요로 한다. 이스라엘이 고대 세계에서 죽은 자 가운데서 몸의 부활을 믿은 유일한 민족 집단이었음을 기억하라(사 25:8-9; 겔 37장; 단 12:1-2 참고). 그레코-로만 세계에는 그러한 믿음이 없었으며, 단지 플라톤의 주장처럼 영혼은 육신을 떠나 영원히 존재한다거나, 에피쿠로스의 주장처럼 육체는 땅에서 분해된다는 믿음만이 있었다. 로마 제국 시대의 묘비에는 보통 "나는 존재하지 않았었다. 나는 존재했었다. 나는 존재하지 않는다. 나는 개의치 않는다"(non fui, fui, non sum, non curo)는 글귀가 적혀 있다. 성경에서는 부활의 소망이 포로에서의 귀환 및 주님의 날과 연결되어 있다. 데살로니가의 믿는 자들은 주님의 날이 이미 임했다고 주장하는 거짓 가르침에 노출되어 있었다. 바울과 디모데와 실라는 그러한 가르침이 자신들에게서 나온 것이 아니라고 경고한다. 그리스도의 영광스러운 재림 이전에 무법, 악함, 속임이 엄청나게 늘어날 것이다(살후 2:3-12). 이와 아주 대조적으로 데살로니가의 그리스도인들은 하나님께 선택받았고 사랑받는다. 성경은 "처음부터 너희를 택하사 성령의 거룩하게 하심과 진리를 믿음으로 구원을 받게 하심이니"(살후 2:13)라고 한다. 그들은 복음을 통해 주 예수 그리스도의 영광을 얻도록 부름 받았다. 그들은 반드시 "굳건하게 서서 말로나 우리의 편지로 가르침을 받은 전통을"(살후 2:15; 참고 살후 3:6) 지켜야 했다. 바울이 하는 말을 받아 적은 이 편지는 바울이 친필로 쓴 인사말로 마무리되는데, 아마도 바울은 자신만의 필체로 크게 글씨를 썼을 것이다(살후 3:17; 참고 갈 6:11). 바울의 편지가 다 그렇듯이, 바울의 마지막 말은 그리스도인 공동체의 독특한 보배를 다시 언급함으로 처음 인사말과 반향을 일으킨다.

> 우리 주 예수 그리스도의 은혜가 너희 무리에게 있을지어다(살후 3:18)

신약 연대표에서 데살로니가전/후서의 요약문은 **"그리스도의 재림을 위해 살라"**이며, 핵심 구절은 "평강의 하나님이 친히 너희를 온전히 거룩하게 하시고 또 너희의 온 영과 혼과 몸이 우리 주 예수 그리스도께서 강림하실 때에 흠 없게 보전되기를 원하노라"(살전 5:23)이다. 데살로니가의 젊은 교회는 그리스도를 믿음으로 복음에 반응하여 진정한 회심을 경험했다. 그들의 신앙은 하나님과 서로에 대한 새로운 사랑으로 입증되었다. 그들은 박해와 고통 가운데에서도 변함이 없었고, 그리스도의 재림을 바라는 소망으로 지탱되었다. 그들은 이제 그리스도의 얼굴을 보리라는 기대감 가운데 복음을 전하면서, 거룩함을 추구하는 삶을 살도록 격려 받는다. 바울이 하나님의 감동으로 기록한 이 편지는 오늘날까지도 읽는 모든 사람을 깨우치고 있다.

고린도전/후서, 바울이 고린도 교회에 쓰다(주후 55-56년경)

우리는 이제 바울이 세 번째 선교 여행에서 기록한 편지들을 살펴보려고 한다(주후 52-57년). 고린도전/후서는 바울과 소스데네(고전 1:1), 그리고 바울과 디모데(고후 1:1)가 고린도의 교회에 보낸 두 편의 서신이다. 이 두 편지는 바울이 에베소에 있을 때(고린도전서), 그리고 이후 마게도냐에 있을 때(고린도후서) 작성되었다. 연대표의 지도에서 위치를 확인하자. 두 번째 선교 여행의 막바지, 바울이 아덴을 방문한 후 고린도에 처음 도착했었다는 사실을 기억할 것이다(행 18:1-11). 고린도는 너무나 압도적이면서도 복음이 전혀 닿지 않은 곳이었다. 이 도시는 부유함과 부도덕, 그리고 우상을 숭배하는 상업 도시로 이름이 높았다. 하지만 예수께서는 그곳에도 자기의 교회를 세우시고, 심지어 바울에게 그 도시에 자신의 백성이 많다고 환상 중에 말씀하신다(행 18:10). 바울은 1년 반을 고린도에 머물며(주후 50-52년), 아굴라, 브리스길라, 실라, 디모데와 함께 친밀하게 사역했다. 이 시기를 거치면서 예수를 믿는 유대인과 이방인들로 이루어진 새로운 공동체는 바울에게 매우 소중한 존재가 된다. 바울은 새롭게 믿게 된 사람들이 직면한 문화적, 영적 도전을 세밀하게 인식하고 있었다.

안디옥에 잠시 돌아온 후, 바울은 세 번째 선교 여행을 떠나 에베소에서 3년간 머문다(행 20:31). 바울은 에베소에 있을 때 자신이 사랑하는 고린도 교회와 몇 차례 편지를 나눈다. 바울은 분열과 부도덕함이 교회에 영향을 끼치고 있음을 알았다(고전 1:10-11). 교회는 영적 지도자들, 제자도 및 그리스도인 공동체에 관한 복음의 함의 등을 두고 분열되었다. 바울은 교회가 성적인 부도덕을 가볍게 다루지 말아야 한다고 쓰는데, 그러한 행위가 복음에 누가 되기 때문이다(고전 5:9; 참고 살전 4:3; 살후 3:6, 14). 고린도인들은 몇 가지 구체적인 질문이 담긴 편지를 바울에게 보낸다(고전 7:1). 이 편지는 스데바나, 브도나도, 아가이고 편에 전해졌다(고전 16:17). 바울은 그 후 그들의 질문에 대한 답과 그리스도 안에서 하나가 되라는 강력한 권고가 담긴 편지를 쓰는데 우리는 이를 고린도전서라고 한다(주후 55년경).

고린도전서는 바울 자신이 하나님의 뜻에 의하여 그리스도의 사도가 되었음을 역설하는 것으로 시작한다(고전 1:1). 그는 고린도에서 회당장을 하던 형제인 소스데네(행 18:17)와 함께 글을 쓴다. 그들은 고린도의 교회가 그리스도 안에서 거룩하여지고 거룩하도록 부름을 받았다고 전한다(고전 1:2; 참고 출 19:6; 레 10:2; 사 62:12). 바울은 편지를 시작하면서 감사를 드리는데, 그 내용은 초기 기독교 선교와 가르침을 포괄하는 신약의 핵심적인 믿음을 반영한다(고전 1:4-9). 바울은 예수가 메시아이며, 그리스도 주라는 확신을 고수한다. 고린도인들은 믿음으로 말미암아 의롭다 함을 입었다. 성령과 그의 은사는 능력으로 나타난다. 유대인과 이방인은 복음을 통해 그리스도 안에서 하나가 되며, 그들은 주님이신 예수 그리스도와 교제하도록 부름 받았다(고전 1:9). 이방 민족 사이에서 그들이 믿음으로 순종한다는 사실은 그들의 말과 지식과 행동으로 입증된다. 여호와께 드려진 거룩한 산제사로서 그들은 끝까지 지켜질 것이며, 하나님 앞에 죄 없이 설 것이다. 그리스도가 영광 중에 심판주로 돌아오시기 때문에 이 새로운 공동체는 "우리 주 예수 그리스도의 날"(고전 1:8)을 기다리면서 앞을 바라볼 것이다.

바울은 고린도인들에게 "모두가 같은 말을 하고 너희 가운데 분쟁이 없이 같은 마음과 같은 뜻으로 온전히 합하라"(고전 1:10)고 호소함으로써 자신의 주된 근심을 제기한다. 바울은 수사학적 기술을 사용하여 하나 됨에 관한 자신의 근심을 고조시킨다. 바울은 사랑하는 회중 앞에서 자신을 낮추고, 효과적인 설교는 말의 유창함이 아니라 복음의 능력에

가르침 시대 I

있다고 담대하게 주장한다(고전 1:17). 그는 그리스도의 십자가가 어리석게 보이지만, 구원하시는 하나님의 능력이라는 사실을 일깨운다(고전 1:18). 그는 그들 중에 한 사람도 지혜롭고, 권세 있고, 문벌 좋은 자가 없지만, 하나님이 약한 자, 천한 자, 경멸 받는 자를 택하여 그리스도를 드러내셔서 예수만으로 모든 자랑을 하게 하셨음을 지적한다(고전 1:26-31; 참고 렘 9:23-24). 바울은 그들이 성령으로 가득하기를 바라지만, 그들이 육체에 따라 생각하고 행동함을 본다(고전 3:1). 그들은 질투, 불화, 부도덕함으로 가득하지만 어째서인지 여전히 스스로를 뽐내고 있다! 바울은 다음과 같은 연속된 질문으로 마무리한다. "불의한 자가 하나님의 나라를 유업으로 받지 못할 줄을 알지 못하느냐"(고전 6:9). "너희 몸이 그리스도의 지체인 줄을 알지 못하느냐"(고전 6:15). "너희 몸은 너희가 하나님께로부터 받은 바 너희 가운데 계신 성령의 전인 줄을 알지 못하느냐"(고전 6:15). 그리고 강력한 결론을 내린다. "너희는 너희 자신의 것이 아니라 값으로 산 것이 되었으니 그런즉 너희 몸으로 하나님께 영광을 돌리라"(고전 6:19-20).

편지 나머지 부분에서는 고린도인들이 문의한 주제들을 다룬다(고전 7:1). 바울은 그리스도 안에서 교회를 하나 되게 만들려고 노력하며 핵심 문제들을 체계적으로 다룬다. 그는 결혼(고전 7장), 우상의 제물(고전 8-10장), 예배와 성찬식에서 하나 될 것(고전 11장), 영적 은사(고전 12-14장), 부활(고전 15장), 그리스도의 사역을 후원하기 위해 정기적으로 모금하는 일(고전 16장) 등에 대한 질문에 답한다. 이러한 실질적인 주제들은 세상 가운데 존재하는 지역 교회의 특성, 생명, 증언에 영향을 미친다. 결혼에 대해서 바울은 고린도인들에게 결혼 생활에 충실하고 이혼을 피하라고 가르친다. 동시에 혼자 지내는 것을 예수를 따르는 참된 방식의 하나로 장려한다. 바울은 그들에게 결혼은 부도덕한 세대에 복음을 강력하게 증언하는 것이라고 상기시킨다. 우상에게 제물로 드려진 음식에 대해서 바울은 고린도인들에게 우상 숭배와 어떻게도 연루되지 말 것을 촉구한다. "너희가 주의 잔과 귀신의 잔을 겸하여 마시지도 못하고 주의 식탁과 귀신의 식탁에 겸하여 참여하지 못하리라"(고전 10:21). 분명히 고린도의 그리스도인 중 몇몇은 계속해서 거리낌 없이 이교도의 예식에 바쳐진 음식을 함께 먹으면서 다른 사람들을 난처하게 만들었던 것이다. 바울은 시장에서 파는 음식은 먹어도 된다고 허락한다. 또한 식사를 통해 복음을 전할 기회가 마련된다면 믿지 않는 자가 그들에게 차려 준 것은 무엇이든지 먹으라고 가르친다(고전 10:25-28). 바울은 그들에게 자신들의 권리를 행사하는 것보다는 다른 사람을 더 귀하게 여기라고 말한다. 그래서 "무엇을 하든지 다 하나님의 영광을 위하여 하라"(고전 10:31)고 권면한 것이다. 성찬식에 관해서는 교회에 "주의 죽으심을 그가 오실 때까지 전하"(고전 11:17-34)며 하나로 모이라고 가르친다. 영적 은사에 관해서는 모두 사랑으로 행하여 교회가 세워지도록 해야 한다고 설명한다(고전 12-14장).

부활에 관해서 바울은 그리스도의 죽음과 부활이 복음에서 가장 중요하다고 본다(고전 15:3-4). 그리스도의 부활이 없으면 믿는 자들은 자신들의 죄에 그대로 머물러 헛되이 믿는 것이다(고전 15:17-19). 그리스도의 부활은 하나님의 새 창조의 시작이며 그리스도를 주님으로 드러내는 것이다. 이는 모든 믿는 자에게 미래에 부활이 있음을 보여 주는 본이자 확증이다(고전 15:20-21). 바울은 교회를 격려하면서, 사망이 승리 가운데 집어삼켜질 때 믿는 자들은 그리스도 안에서 불멸을 입고 영원한 나라를 유업으로 받을 것이라고 단언한다(고전 15:50-58). 믿는 자들은 그리스도의 부활을 기념하며 한 주를 시작하는 첫 날인 일요일에 모인다(고전 16:2). 마지막으로 정기적인 연보에 관해서 바울은 그들에게 매주 연보를 모으도록 가르친다(고전 16:1). 이렇게 모은 것은 세계 선교를 전진시키고 그리스도의 몸의 하나 됨을 강화하는 역할을 한다. 이 편지는 굳건하게 서라는 마지막 권면과 자매 교회와 동료 성도들이 전하는 개인적인 인사로 마무리된다(고전 16:12-20). 바울은 자신의 손으로 쓴 인사를 덧붙여서 그리스도 안에서 그들을 향한 자신의 사랑을 확인한다(고전 16:24).

고린도후서는 바울이 고린도인들을 직접 만나기로 결심하고 에베소를 떠난 지 대략 1년이 지난 때, 즉 주후 56년에 마게도냐에서 작성되었다(행 20:1; 참고 고후 2:13). 이는 바울이 자신의 사역의 진실성과 특성을 옹호하는 굉장히 감성적인 편지다. 바울의 부재가 길어지면서 고린도의 교회는 고난이 없는 제자도를 제시하고, 바울보다 외모나 언변이나 가문이 나은 것처럼 보이는 몇몇 "크다는 사도들"에게 매혹되었다(고후 11:5, 12:11). 이 "거짓 사도들"은 자신들의 언변과 선교 기술을 뽐낸다. 그들은 히브리 혈통과 성경 지식을 뽐낸 것처럼 보인다(고후 11:22). 바울은 고린도전서를 쓴 후에 짧고도 고통스러운 방문을 한다(고후 2:1). 이제 바울은 세 번째로 그들을 방문할 계획을 세운다(고후 13:1). 바울은 자신이 방문하기에 앞서 그들이 자신들의 어리석음을 후회하고 그리스도의 죽으심과 부활을 자신들의 삶을 지배하는 비전으로 받아들이기를 바랐다.

바울은 "우리의 모든 환난 중에서 우리를 위로"(고후 1:4)하시는 하나님께 감사함으로 편지를 시작한다. 진정한 목회자는 그리스도를 위해 시험과 고통과 고난을 당한다. 바울은 고린도인들이 이를 멸시하지 않고 그리스도의 고난을 받아들여 그리스도의 위로를 경험하기를 바랐다. 바울은 "하나님의 거룩함과 진실함으로 행하되 육체의 지혜로 하지 아니하고 하나님의 은혜로 행함은 우리 양심이 증언하는 바니"(고후 1:12)라며 스스로를 신교 협잡꾼들과 구별한다. 바울은 "우리는 수많은 사람들처럼 하나님의 말씀을 혼잡하게 하지 아니하고"(고후 2:17)라며 자신의 행실을 언급한다. 그는 단언한다. "숨은 부끄러움의 일을 버리고 속임으로 행하지 아니하며 하나님의 말씀을 혼잡하게 하지 아니하고 오직 진리를 나타냄으로 하나님 앞에서 각 사람의 양심에 대하여 스스로 추천하노라"(고후 4:2). 바울은 복음의 보배를 "질그릇에 가졌으니 이는 심히 큰 능력은 하나님께 있고 우리에게 있지 아니함"(고후 4:7)이라고 자랑한다. 진정한 사역은 그리스도의 사랑으로 이루어지는 것으로서, "자신을 위하여 살지 않고 오직 그들을 대신하여 죽었다가 다시 살아나신 이를 위하여 살게 하려"(고후 5:15)는 것이다. 바울은 고린도인들에게 그리스도 안에서 하나님과 화목하게 되며, 하나님의 진정한 사신을 영접하라고 촉구한다(고후 5:16-21). 바울은 그들에게 사람의 관점에서 영적 지도자들을 평가하지 말라고 한다. 그리스도와 그리스도의 진정한 제자들은 고난과 하나님의 판단(vindication)으로 인정되며, 죽었지만 부활하고, 슬프지만 언제나 즐거워하며, 가난하지만 많은 부를 이루며, 아무것도 없지만 모든 것을 가진 자라고 한다(고후 6:1-13). 그는 고린도인들에게 회개하고 거룩할 것을 외친다(고후 7장). 또한 그들에게 바울의 개인적인 이익 때문이 아니라 세계 전도를 위해서 성도 섬기는 일에 넉넉하게 베풀라고 권한다(고후 8:4). 그는 사역으로 스스로 부유하려고 하고 성공만 자랑하는 자들을 경고한다. 바울은 자신의 약함을 자랑하여 "내 능력이 약한 데서 온전하여짐이라 하신지라 그러므로 도리어 크게 기뻐함으로 나의 여러 약한 것들에 대하여 자랑하리니 이는 그리스도의 능력이 내게 머물게 하려 함이라 그러므로 내가 그리스도를 위하여 약한 것들과 능욕과 궁핍과 박해와 곤고를 기뻐하노니 이는 내가 약한 그때에 강함이라"(고후 12:9-10)고 한다. 이 감성적인 편지는 고린도인들에게 스스로를 시험하고 회복을 바라라고 호소하며 마무리된다(고후 13:5, 11). 바울은 "예수 그리스도의 은혜와 하나님의 사랑과 성령의 교통하심이 너희 무리와 함께 있을지어다"(고후 13:14)라는 개인적인 인사와 기도로 편지를 마무리한다. 고통스러운 긴급성과 고뇌하는 어조에도 불구하고 하나님의 영은 이 편지를 사용하셔서 교만하고 성숙하지 못한 교회를 낮추신다. 바울은 곧 주후 57년 그 도시에 도착하여 고린도인들과 화목하게 된다. 바울은 그들의 후원을 받아 거기에서 예루살렘, 로마, 서바나으로 여정을 떠난다.

연대표 지도에서 고린도전/후서의 요약문은 **"모든 일을 그리스도의 영광을 위하여 하라"**는 단호한 문장이며, 핵심 구절은 "너희가 먹든지 마시든지 무엇을 하든지 다 하나님의 영광을 위하여 하라"(고전 10:31)이다. 고린도의 성장하는 교회에 보낸 바울의 편지는 강력한 세속성의 유혹, 분열, 영적인 교만이 교회를 황폐하게 만들 수도 있다는 사실을 드러낸다. 바울의 편지는 끊임없이 그리스도와 그리스도가 십자가에 달리신 것이야말로 영적인 지도력과 진정한 제자도를 다스리는 패러다임으로 가리킨다. 진정한 사역은 십자가에 죽으신 그리스도의 복음을 전함으로 진전된다. 경건한 지도자는 사람의 기술이 아닌 성령의 능력에 의지하며, 겸손한 태도를 유지한다. 지역 회중에 대한 지속적인 헌신은 어두운 시기를 지나 성화의 빛으로 나아가게 하고, 이를 통해 새로운 사명이 태어나게 된다.

로마서, 바울이 로마 교회에 쓰다(주후 57년경)

우리는 이제 바울이 세 번째 선교 여행 말미에 가까워질 때 기록한 세 번째 편지로 넘어간다. 바울이 주후 57년 1월에 고린도로 돌아왔을 때, 그는 공동체가 자신의 질책을 사랑으로 받아들였음을 본다. 다음 3개월 넘는 기간(행 20:3)에 바울은 고린도 교회의 지지를 받고, 기운을 되찾고, 힘을 얻는다. 바울은 25년 동안 먼 거리와 문화적 차이를 넘어서 증인으로 부활하신 예수를 섬겼다. 그는 기독교 신앙에 대한 일반적인 반대에 익숙했고, 사람들에게 복음을 전할 때 받는 도전에도 익숙해졌다. 바울은 주님이 동료 유대인과 우상을 섬기는 이방인의 마음을 열어 그리스도 안에서 새 생명을 찾게 하시는 것을 목격했다. 그는 새롭게 믿는 자들이 거룩함 가운데 살아가는 새로운 삶의 방식을 배울 때 겪게 되는 도전들을 깊이 깨달았다. 또한 바울은 교회가 주변 사회에서 박해에 직면하고, 복음의 함의를 오해한 자들의 거짓 가르침과 부딪히게 된다는 사실도 알았다. 그는 에베소에서 수백 편의 설교와 수천 편의 강의를 하면서 자신이 전하고 가르치는 내용을 갈고 닦았다. 또한 바울은 고린도인들과 겪은 최근 경험을 통해서 교회가 하나님이 그리스도 안에서 새롭게 하신 인류라는 확신이 더욱 깊어졌다.

바울의 사역에서 매우 중요한 이 분기점에서, 아마도 50대 초반이었을 바울은 더 멀리 떨어진 해안가를 생각한다. 그는 그리스도가 아직 알려지지 않은 곳에 그리스도를 전하겠다는 열망을 품었다(롬 15:20-21; 참고 사 52:15). 그는 자신을 기다리고 있는 해안 지대에 메시아의 도래를 전하기를 갈망했다(참고 시 2:8, 72:8; 사 42:4, 49:6). 그는 우선 오순절에 예루살렘에서 이방인들을 제물로 드림으로써, 자신이 거둔 사역의 열매를 보여 주기로 결심한다(롬 15:16, 25). 그러고 나서 지중해 세계의 서편 극단에 가기로 계획한다. 즉 로마의 속주인 히스파니아(Hispania), 오늘날 우리가 스페인으로 알고 있는 지역으로 가기로 결정한 것이다. 이 사명을 이루기 위해서 바울은 로마 제국의 수도에 있는 그리스도인 공동체의 후원이 필요했다(롬 15:24). 바울은 그들이 자신이 제시하는 복음을 포용하고, 그리스도를 믿는 믿음으로 하나가 된 유대인과 이방인으로 구성된 교회라는 비전을 받아들이기 바랐다. 그래서 바울은 그들을 직접 방문하기 전에 미리 자신과 자신의 복음 사역을 편지로 소개한다. 우리는 이 편지를 로마서라고 하는데, 바울이 구술하여 더디오에게 기록하게 했으며, 겐그레아의 이웃 교회에 집사로 있는 뵈뵈라는 신실한 여성의 손에 맡겨 보낸다(롬 16:1, 22).

로마서는 바울이 쓴 편지 중 가장 길고, 기독교 복음이 가장 완벽하게 진술되어 있다. 바울은 하나님의 감동을 받아 로마서에서 복음을 제시하는데, 이는 기독교 신앙과 신학 및 설교에 가늠할 수 없을 정도로 깊은 영향을 미쳤다. 바울은 자신을 "하나님의 복음을 위하여 택정함"(롬 1:1; 참고 행 13:2)을 입은 자로 밝힌다. 그는 복음이 "하나님이 선지자들을 통하여 그의 아들에 관하여 성경에 미리 약속하신 것이라"(롬 1:2)고 단언한다. 복음은 하나님의 아들, 우리 주 예수 그리스도에 관한 것으로서, 그는 "육신으로는 다윗의 혈통에서 나셨고 성결의 영으로는 죽은 자들 가운데서 부활하사 능력으로 하나님의 아들로 선포"(롬 1:3-4)되신 분이다. 예수 그리스도의 복음은 은혜와 사도의 직분을 주어 "그의 이름을 위하여 모든 이방인 중에서 믿어 순종하게"(롬 1:5) 한다. 아들에 대한 하나님의 좋은 소식은 은혜, 사명, 칭의, 성화, 인류의 구원, 하나님의 영광을 담고 있다. 로마서의 표제와도 같은 다음 진술에서 바울은 이렇게 고백한다.

> 헬라인이나 야만인이나 지혜 있는 자나 어리석은 자에게 다 내가 빚진 자라 그러므로 나는 할 수 있는 대로 로마에 있는 너희에게도 복음 전하기를 원하노라 내가 복음을 부끄러워하지 아니하노니 이 복음은 모든 믿는 자에게 구원을 주시는 하나님의 능력이 됨이라 먼저는 유대인에게요 그리고 헬라인에게로다 복음에는 하나님의 의가 나타나서(롬 1:14-17)

바울은 자신이 모든 민족, 즉 교양인이나 비교양인이나, 지혜로운 자나 어리석은 자 모두에게 신성한 빚을 진 자라고 생각한다. 그는 무척이나 로마에 복음을 전하고 싶어 했다. 로마의 연사인 키케로는 십자가형을 너무나 수치스럽기 때문에, "십자가"(crux)라는 단어 자체도 로마 시민과는 연계시키지 말아야 할 뿐 아니라 로마 시민의 생각과 눈과 귀에서 멀리 떨어지게 만들어야 한다고 주장한다. 하지만 바울 사도는 십자가에서 죽으신 그리스도의 복음을 전혀 부끄러워하지 않았다. 그는 복음이 구원을 주시는 하나님의 능력이라는 사실을 알았다. 이는 유대인이든 이방인이든 상관없이 믿는 모든 사람에게 사실이다. 로마서에서 바울은 이 처음 구절에 드러난 주요 개념과 핵심 용이를 발진시켜 나간다. 그리스도의 죽으심과 부활의 복음은 죄악 된 인류를 향한 하나님의 의로우심을 드러낸다. 유대인과 이방인은 그리스도의 대속 죽음으로 인해 믿음으로 말미암아 의롭게 된다. 그들은 모두 하나님이 새롭게 하신 인류로 부름 받고, 성령으로 성화되며, 능력을 받아 믿음으로 순종하며, 세상에서 하나님의 사명에 참여하도록 초청받는 것이다.

바울의 복음 선포에서 가장 첫 단계는 복음에 대한 보편적인 필요를 드러내는 것이었다. 로마서 1장 18절-3장 20절에서 모든 인류, 즉 유대인과 이방인의 불의함은 십자가에서 드러난 하나님의 의로움을 인정해야 할 필요를 설명하는 배경이 된다. 바울은 하나님의 공의로운 진노가 불의한 인류에 현재 드러난다고 주장하며 논의를 시작한다(롬 1:18-32). 하나님의 창조 세계에 하나님의 능력과 본성이 분명하게 입증됨에도 불구하고, 사람들은 그러한 지식을 적극적으로 억누르고, 하나님을 경외하기는커녕 감사하지도 않는다. 그들은 살아 계신 하나님을 예배하는 것을, 로마 황제를 신격화한 것처럼 죽을 운명인 인간을 예배하는 것으로 대체했다. 또는 당시 보편적이었던 애굽 종교에 나타나는 동물이나 파충류의 형상으로 하나님을 대체했다. 바울은 인류가 하나님의 진리를 거짓말과 바꾸는 것은 인간의 원천적인 타락을 떠올리게 한다고 설명한다(창 3장). 그 결과 하나님은 인류가 온갖 종류의 성적 부도덕함 가운데 그들의 육체를 아무 제한 없이 더럽히도록 내버려 두셨다. 하나님은 그들을 온갖 종류의 악행을 저지르고 선한 것을 인식하지 못하고 인정하지도 못하는 타락한 마음에 내버려 두신다. 하나님의 형상으로 만들어진 인간이 타락하고, 훼손되고, 더럽혀진 것이다.

독실한 이스라엘인들은 이교도의 우상 숭배와 불의함에 대한 이러한 비판에 기꺼이 동의할 것이다. 하지만 로마서 2장에서 바울은 자신을 포함한 자기 민족까지도 비판한다. 그는 다른 사람들을 판단하는 자가 실제로는 동일한 죄를 저지르는 것이라고 쓴다. 로마서 2장 17절에서 시작하여 바울은 토라를 소유했다는 유대인의 종교적 자부심을 겨냥하여, 그들이 하나님의 명령에 순종하지 못한 현실을 자세히 다룬다. 그는 유대인들이 이방인들보다 낫기는 한 것인지 묻고, 겸손하게 "유대인이나 헬라인이나 다 죄 아래에 있다"(롬 3:9)고 인정한다. 구약에서 이스라엘에 가장 만연했던 핵심적인 문제가 우상 숭배였다는 사실을 기억할 것이다(출 32-34장; 사 40-45장; 렘 2:11, 10:1-16 등등). 우리는 아담이 그들 안에 있기 때문에 이스라엘이 인류의 곤경을 보여 주는 것임을 살펴봤다. 구약의 증거를 따라 바울은 아무도 의롭지 않으며, 단 한 사람도 의롭지 않다는 사실을 깨닫는다(롬 3:10-18; 참고 시 14:1-3). 바울의 성경 읽기에 따르면, 주전 586년 하나님의 백성이 하나님의 명령에 순종하지 않음으로 포로로 끌려갔던 일에서 보듯이 이스라엘 또한 하나님의 의로운 진노 아래 놓여 있다(렘 11장, 겔 18장). 따라서 바울은 아무도 율법의 공로로는 하나님 보시기에 의롭다 함을 받을 수 없으며, 오히려 율법은 인간의 마음에 있는 죄를 폭로한다고 주장한다(롬 3:19-20). 그는 온 세상이 하나님의 심판 아래 있다고 단호하게 결론 내린다(롬 3:19).

우상을 숭배하는 이교도와 불순종하는 이스라엘인들이 당하는 곤경을 당할 때에, 복음은 밝은 빛을 비춘다(롬 3:21-5:21). 하나님의 공의는 이제 "예수 그리스도를 믿음으로 말미암아 모든 믿는 자에게"(롬 3:22) 드러난다. 바울은 하나님 앞에서는 죄와 죄책에 관하여 아무 구분이 없다고 결연하게 언명한다. "모든 사람이 죄를 범하였으매 하나님의 영광에 이르지 못하더니(문자적으로는 "부족하더니")"(롬 3:23). 죄로 인해 인간이 처한 곤경과 영광의 부재 가운데 하나님의 해결책은 믿는 자는 모두 "그리스도 예수 안에 있는 속량으로 말미암아 하나님의 은혜로 값없이 의롭다 하심을"(롬 3:24) 얻는 것이다. 그리스도의 구속은 애굽에서 노예 생활을 하다가 구속된 사건을 떠올리게 한다. 그의 보혈은 유월절 어린양의 피와 유사하여, 하나님은 자기 백성에 대한 진노를 "유월"하게 하신다. 하나님은 자기 아들을 죄의 대속 제물로 내어놓으신다. 하나님의 아들은 속죄소로서, 죄에 대한 하나님의 진노가 없어지며 죄의 용서를 얻어 내는 곳이다(롬 3:25; 참고 출 25:17; 레 16:2). 십자가에서 하나님의 진노가 그리스도에게 부어졌는데, 이는 하나님이 죄에 대하여 공적으로 의로운 심판을 내리심을 보여 준다. 그리스도의 죽음은 우리의 대속이 되어, 하나님이 "자기도 의로우시며 또한 예수 믿는 자를 의롭다 하려 하심"(롬 3:26)이었다. 이신칭의(Justification by faith)란 기독교 신학의 가장 소중한 보배다. 십자가 주위의 땅은 피로 적셔졌지만, 여전히 평평했다. 그리스도 한 분 말고는 자랑할 여지가 전혀 없다(롬 3:27; 참고 갈 6:14). 그리스도가 십자가에서 행하신 사역은 믿는 모든 자에게 반드시 필요한 것이며 온전한 것이다. 십자가에 무엇을 더하든지 십자가를 약화시킬 뿐이다. 여기 십자가에서는 유대인과 이방인 모두 그리스도를 믿는 믿음으로만 의롭다 선포된다.

로마서 4장에서 바울은 이스라엘의 조상인 아브라함에게 화제를 돌려, 언제나 하나님의 뜻은 믿음을 통해 경건하지 않은 자들을 의롭다고 하시는 것이었음을 밝힌다(롬 4:1-5; 참고 창 15:6). 우리는 구약 연구를 통해 아브라함은 경건하지 않은 사람이었지만 하나님을 믿을 때 의롭다 함을 입었음을 알고 있다(창 15:6). 하나님은 아브라함의 나이가 많고 그 아내는 아이를 낳을 수 없는 상태였지만 많은 자손을 약속하신다(창 11:30, 18:11). 하지만 아브라함은 그러한 여건에도 불구하고 하나님이 약속하신 것을 이뤄 주시리라 믿는다. 아브라함은 하나님이 죽은 자를 살리신다는 것을 온전히 확신하는 "부활 신앙"을 소유했다(롬 4:18-21). 하나님은 그 족장이 은혜를 받을 만한 어떤 "공로"가 있거나, 그러한 판단을 받을 가치가 있기 때문이 아니라 은혜의 선물로 아브라함을 의롭다 하신 것이다. 바울은 시편 32편을 인용하면서(롬 4:6-8) 과분한 용서의 축복을 누린 또 다른 사람으로 다윗 왕을 든다. 구약의 이 두 인물은 하나님의 은혜를 경험했다. 바울은 더 나아가 아브라함의 약속된 자손들은 유대인이든 이방인이든, 육체에 할례를 받았든 받지 않았든 그의 믿음을 공유하는 자들이라고 선포한다(롬 4:11-12, 23-25). 믿는 자들은 하나님의 은혜로운 약속에 따라 아브라함의 자손, 세상의 상속자로 인정되는 것이다. 그리스도를 믿는 믿음으로 이방 민족을 받아들이는 것은 하나님이 아브라함에게 하신 약속, 즉 아브라함이 "많은 민족"(롬 4:17; 참고 창 17:5)의 조상이 되게 하시겠다는 약속을 성취하는 것이다.

믿는 자들은 믿음으로 의롭다 하심을 받은 후에 "우리 주 예수 그리스도로 말미암아 하나님과 화평을"(롬 5:1; 참고 사 53:5) 누리게 된다. 하나님의 임재와 평화가 그들에게 내린다(민 6:24-26 참고). 그들은 하나님께 나아갈 권한을 얻고 하나님의 은혜 가운데 언약 백성이 되어 선다. 믿는 자들은 하나님의 영광의 소망만이 아니라, 현재의 고난도 즐거워한다. 하나님의 주권적인 손 아래에서는 고난도 인내와 성품과 소망을 만들어 내기 때문이다(롬 5:2-5, 8:28). 자기 백성을 향한 하나님의 사랑은 그리스도의 십자가로 영원히 입증되었다(롬 5:6-8). 또한 이제 그 백성들은 그리스도 한 분만 자랑하게 된다(롬 5:11; 참고 갈 6:14).

바울의 편지는 더 나아가 아담과 그리스도를 비교하면서 첫 절정에 달한다(롬 5:12-21). 동산에서 아담은 하나님의 명령에 불순종하였고, 그 결과로 사망을 낳았다(창 2-3장). 또한 모든 인간은 아담의 후손이기 때문에, 그들 역시 죄와 사망이라는 현실을 공유한다(롬 5:12-14; 참고 창 4:1-16, 5:1-32, 6:1-5). 바울은 이 이야기를 불러내어 한 사람으로 인해 죄가 세상에 들어왔고, 죄로 인해 사망이 들어왔다는 점에 주목한다(롬 5:12). 그는 더 나아가 모든 인류가 죄를 저질렀기 때문에 그들은 사망이라는 인간의 곤경을 공유한다고 설명한다(롬 5:15; 참고 롬 6:23). 하지만 바울은 인간의 이야기에 대한 해답을 두 번째 아담에서 찾는다. 왜냐하면 아담의 불순종이 사망을 낳았던 것과 동일하게 그리스도의 순종은 생명을 낳았기 때문이다(롬 5:17-19; 참고 고전 15:21-22). 또한 아담의 범죄가 심판을 낳은 것처럼 그리스도의 의로우심은 칭의를 낳는다. 바울은 이를 간결하게 다음과 같이 정리한다. "한 사람이 순종하지 아니함으로 많은 사람이 죄인 된 것같이 한 사람이 순종하심으로 많은 사람이 의인이 되리라"(롬 5:19; 참고 사 53:11-12). 의로움은 선물로 주어지는 것이다. 죄책은 예수의 대속 죽음을 통해 무효가 되는데, 예수는 십자가에서 죽기까지 순종한다. 예수는 죄, 사망, 영광의 상실이라는 인간의 곤궁에 대한 해결책이지만 그가 주시는 선물은 오직 믿음으로만 얻을 수 있다. 바울 스스로도 그리스도 안에서 이 새로운 생명을 경험했다. 그는 이제 그리스도가 로마에 있는 믿는 자들을 위해 성취하신 모든 것을 자세히 설명하여 복음이 그리스도 안에서 그들의 새로운 생명 역시 규정한다는 것을 보장한다.

로마서 6-8장에서 바울은 복음이 주는 새로운 생명을 묘사한다. 믿는 자들은 이제 그리스도에게 속하며, 성령으로 충만하고, 성화되며, 능력을 입는다. 이 장들은 칭의가 성화로 나아가며, 회심은 그리스도를 닮아가게 하는 변화를 낳는다는 바울의 목회적 확신을 드러낸다. 그는 은혜의 복음을 전함으로 오히려 죄를 부추겼다는 비난을 받았다. 하지만 바울은 이러한 죄목을 결연하게 부인한다(롬 6:1-2; 참고 롬 3:8; 갈 2:17). 실제로 바울은 그리스도와 하나가 된다는 것은 한 사람의 옛 삶이 그리스도와 함께 십자가에 못 박히는 것이라고 믿는다(롬 6:6; 참고 갈 2:20). 이는 예전에 이방인이었던 이들에게도(롬 6장), 또한 독실한 이스라엘인들에게도(롬 7장) 동일하게 적용되는 것이다. 모든 사람은 반드시 자신을 죄에 대해서는 죽고 그리스도와 함께 산 것으로 여기고, 새로운 삶 가운데 걸어야 한다(롬 6:4). 믿는 자들은 자신의 욕정을 따르는 것이 아니라 오히려 자신의 몸을 의의 무기로 드려야 한다(롬 6:13, 19). 그들은 하나님의 종이 되기 위하여 죄에서 자유로워졌으며, 그렇게 성화와 영생에 이른다(롬 6:22; 참고 레 18:2-5, 19:2; 요 3:16; 살전 4:3). 바울은 로마에 거하는 자신의 이스라엘 동족들에게 그들 역시 예전의 생명에 대해서는 죽고, 그리스도 안에서 새 생명을 얻도록 부름 받았다는 사실을 일깨운다(롬 7:1-6). 바울은 그들이 하나님이 영감으로 주신 토라를 소유하고 있다고 하더라도 그들의 삶이 이방인들과 마찬가지로 죄악 된 욕정과 불순종으로 가득했기 때문에, 그들도 이제 새로운 삶 가운데 걸어야 한다고 촉구한다.

바울은 자신의 일대기를 감동적으로 기록하는데, 이는 이스라엘이 겪는 곤경을 떠올리게 한다. 이 부분에서 바울은 예전에는 자신 안에 있는 죄 때문에 하나님의 거룩하고, 의롭고, 선한 율법을 따를 능력이 없었음을 설명한다(롬 7:9-24). 바울 자신과 마찬가지로 그리스도 없는 이스라엘은 이방 나라들과 동일한 심판을 받는다. 하나님의 구속 목적에서, 율법은 이스라엘을 살릴 수 없고 다만 그들의 죄악이 얼마나 가증한지, 그리고 대속의 필요성이 얼마나 큰지를 드러낼 뿐이다(롬 7:13-14; 참고 갈 2:21, 3:21). 하나님의 진노에 대한 해결책은 십자가에 있다. 그래서 바울은 선언한다. "그러므로 이제 그리스도 예수 안에 있는 자에게는 결코 정죄함이 없나니"(롬 8:1). 하나님은 자기 아들을 육신의 모양으로 보내어 육신의 죄를 정하사, "육신을 따르지 않고 그 영을 따라 행하는 우리에게 율법의 요구가 이루어지게 하"(롬 8:4)신 것이다. 이 결론은 바울의 복음 이해에 엄청난 의의를 지닌다. 그리스도를 믿는 유대인과 이방인은 그리스도의 대속 죽음으로 말미암아 의롭다 함을 입으며, 성령에 의해 새로운 삶 가운데 성화되는 것이다. 내재하는 죄는 이제 내주하시는 성령으로 대체된다(롬 8:11). 성령의 임재는 생명, 평화, 새로운 순종을 낳는다.

바울은 "빚진 자"라는 중요한 용어를 사용하여 그들이 하나님께 진 종교적 의무를 설명한다(롬 8:12). 이스라엘에서 이 용어는 하나님께 빚진 것, 또는 기쁘게 순종해야 할 것을 설명할 때 쓰인다(마 6:12 참고). 믿는 자들은 더 이상 그들의 죄악 된 인간의 조건에 굴복할 것이 아니라, 그들이 하나님의 가족으로 입양되었음을 확증하시는 성령에 굴복해야 한다(롬 8:12-16). 성령은 그들에게 힘을 주셔서 하나님의 방법을 따라 걷게 하실 것이다. 이러한 변화는 이스라엘의 선지자들이 하나님의 감동을 받아 대망하던 것을 성취하는 것이다(렘 31:33-34; 겔 36:25-27). 이 충격적인 현실은 바울로 하여금 하나님의 구속 목적이 온전히 이루어질 때를 고대하게 만든다. 그때는 "피조물도 썩어짐의 종 노릇 한 데서 해방되어 하나님의 자녀들의 영광의 자유에 이르게"(롬 8:21) 될 것이다. 그 영광스러운 미래를 고대하며, 성령은 하나님의 백성을 약함 가운데서 도우시고, 그들의 고난을 구속하시고 "그의 뜻대로 부르심을 입은 자들에게는 모든 것이 합력하여 선을 이루느니라"(롬 8:28)는 사실을 확신하게 하신다. 바울은 "사망이나 생명이나 천사들이나 권세자들이나 현재 일이나 장래 일이나 능력이나 높음이나 깊음이나 다른 어떤 피조물이라도 우리를 우리 주 그리스도 예수 안에 있는 하나님의 사랑에서 끊을 수 없으리라"(롬 8:38-39)고 확신한다. 이는 오늘날 우리에게도 강력한 격려와 소망을 준다.

로마서 8장의 의기양양한 기쁨은 로마서 9장을 시작하는 깊은 슬픔과 만난다. 바울은 유대인과 이방인이 복음에 상당히 반응하는 것을 봤다. 하지만 그는 자신의 골육의 친척들 때문에 "큰 근심과 마음에 그치지 않는 고통이 있다"(롬 9:2 참고)고 쓴다. 그는 극단적으로 그들을 위해서는 자신이 저주를 받아 그리스도에게서 끊어져도 좋다고 말하기까지 한다(롬 9:3; 참고 출 32:32). 우리 중 많은 사람이 아는 것처럼, 이것이 바로 우리가 사랑하는 이들이 회심하기를 간절히 사모하는 마음이다. 로마서 9-11장에서 바울은 이스라엘과 모든 나라에 복음이 절대로 필요하다고 단언한다. 이 장들은 부록 또는 선택 교리에 대한 추상적인 논의가 아니다. 오히려 바울이 "먼저는 유대인에게요 그리고 헬라인에게"(롬 1:16) 전한 복음의 중요한 연속선상에 있다. 이 부분은 바울이 선교 활동을 하며 기울인 노력의 목적이 무엇인지, 그리고 그 노력들을 뒷받침하는 신학적 확신이 무엇인지에 대해 더 깊이 접근할 수 있게 한다. 바울이 볼 때, 하나님의 주권적인 목적은 이스라엘의 메시아인 예수 그리스도를 믿는 믿음을 공유하는 유대인들과 이방인들이 모인 교회로 성취되었다. 이스라엘은 그리스도를 믿는 믿음을 가져야 하고, 모든 민족을 수확하겠다는 마음의 여유가 있어야 한다. 이방 민족은 그리스도를 믿는 믿음을 가져야 하고, 이스라엘의 하나님과 긴밀하게 연결된 새로운 유산을 누리겠다는 마음의 여유가 있어야 한다.

바울은 자기 민족에 닿으려는 시도를 절대 멈추지 않았다. 그는 하나님이 이스라엘에 부여하신 위대한 선물을 확언한다(롬 9:4-5). 그들은 하나님의 아들로 입양되었다(롬 9:4; 참고 출 4:22). 그들은 홍해에서 하나님의 영광을 체험했다(출 15:6). 그들은 하나님과 맺은 언약의 동역자가 되어 시내 산에서 하나님의 율법을 받았다(출 19-20장). 그들은 장막과 성전에서 하나님을 예배하도록 부름 받았다(출 25-40장). 이스라엘은 족장에서 시작하여 메시아의 약속에 이르기까지 세상을 향한 하나님의 구속 목적의 줄거리를 쥐고 있었다. 하지만 바울은 이스라엘에 그러한 특권을 생득권으로 여기지 말라고 경고한다. 왜냐하면 하나님이 아브라함에게 하신 약속을 볼 때, 아브라함의 생물학적 자녀들이라고 모두 그의 후손으로 여겨지지는 않기 때문이다. 하나님은 아브라함에게 "이삭으로부터 난 자라야 네 씨라 불리리라"(롬 9:7)고 하시며 아브라함의 자녀는 약속에 따라 태어난 자임을 가리키신다. 하지만 바울은 로마에 있는 믿는 자들에게 이 말씀의 의미를 끌어낸다. "육신의 자녀가 하나님의 자녀가 아니요 오직 약속의 자녀가 씨로 여기심을 받느니라"(롬 9:8). 이는 이삭과 야곱의 경우에서 생생하게 확증되는데, 그들은 받을 자격이 없지만 하나님의 자비를 입었던 것이다.

다음으로, 바울은 동족들에게 하나님의 자비가 주권적인 것임을 상기시킨다. 바로는 마음이 강퍅하여 심판을 받았지만 이스라엘은 금송아지 앞에서 은혜를 받았다. 유한한 인간은 하나님의 뜻이나 공의를 의심하지 말아야 한다. 다만 하나님을 부르는 모든 자에게 베푸시는 하나님의 자비를 경외해야 한다. 이는 복음을 통해 이제 살아 계신 하나님을 부르게 된 유대인과 이방인 모두에게 해당한다. 세상 나라들은 하나님의 백성으로 입양되며 그리스도를 믿는 믿음으로 의롭다고 선포된다(롬 9:24-26, 30; 참고 호 1:10, 2:23). 이스라엘은 그리스도를 믿는 믿음으로 자신의 죄악을 인정할 뿐 아니라 용서를 받아야 한다.

바울은 이제 율법의 목적이 사실은 그리스도라고 말하면서, 그리스도의 중심성에 집중한다(롬 10:4). 바울은 신명기 30장 1-15절에 약속된 언약 갱신이라는 극적인 장면을 불러온다. 주님은 모세를 통해 이스라엘이 언약에 따른 복과 저주를 경험한 후, 다시 한 번 회복될 것임을 약속하셨다. **포로 시대** 후에 그들은 돌아와서 하나님의 음성에 순종할 것이다. 그들은 하나님의 말씀을 듣고 영접할 것이다. 바울은 하나님이 자기 백성에게 주신 말씀이 자신이 지금 선포하는 "믿음의 말씀"이라고 하며, "네가 만일 네 입으로 예수를 주로 시인하며 또 하나님께서 그를 죽은 자 가운데서 살리신 것을 네 마음에 믿으면 구원을 받으리라"(롬 10:8-9)고 한다. 하나님의 위대한 구속 목적은 그리스도의 죽음과 부활로 성취되었다. 구원은 그리스도를 믿음으로 온다. 바울은 격정적으로 "유대인이나 헬라인이나 차별이 없음이라…… 누구든지 주의 이름을 부르는 자는 구원을 받으리라"(롬 10:8-9; 참고 욜 2:32)고 결론 내린다. 바울이 선교를 하며 애 쓴 모든 이유는 이 목적을 이루기 위함이었다. 보내심을 받은 자는 반드시 그리스도를 전하여 듣는 자가 그의 이름을 부르고 구원을 받게 해야 한다(롬 10:14-17; 참고 행 2:21, 4:12).

바울은 믿는 이방인들에게 관심을 돌리며 이 부분을 마무리한다. 바울은 그들에게 하나님이 그저 이방인들을 받아들이기 위한 여유를 만들기 위해 이스라엘을 거부하신 것이 아니라는 점을 일깨운다. 하나님은 계속해서 주권적인 은혜로, 언제나 그러하시듯이 이스라엘의 일부를 구원하실 것이다(롬 11:1-6). 이스라엘은 회개하지 못할 정도로 넘어진 것은 아니다. 사실, 믿는 이방인들은 이스라엘 민족을 그리스도를 믿는 믿음으로 이끌기 위한 하나님의 계획 일부다. 바울은 이렇게 말한다. "내 직분을 영광스럽게 여기노니 이는 혹 내 골육을 아무쪼록 시기하게 하여 그들 중에서 얼마를 구원하려 함이라"(롬 11:13-14). 바울은 이방인 회심자들에게 영적으로 교만하지 말 것을 주문한다. 특히 교회에서 그들의 수가 늘어날 때 더욱 그러해야 한다. 그들은 커다란 참감람나무에 접붙여진 돌감람나무와 같다(롬 11:17). 그들은 나무의 뿌리를 거룩히 여기고, 복음을 우선 유대인에게 그리고 또한 헬라인에게 선포하기 위해 계속 노력해야 한다. 예수는 이스라엘의 메시아이기 때문에 세상의 구주가 되신다. 교회가 역사를 통한 하나님의 구속 계획을 이해하고 전하기 위해서는 구약과 신약 모두 필요하다. 바울은 하나님의 구원 목적에 있는 신비에 대해서 "이방인의 충만한 수가 들어오기까지 이스라엘의 더러는 우둔하게 된 것이라 그리하여 온 이스라엘이 구원을 받으리라"(롬 11:25-26)고 선포한다. 이는 하나님의 주권적인 계획과 모든 사람에게 자비를 베푸시려는 측량할 수 없는 지혜에 부합하는 것이다(롬 11:32). 로마서 1-11장에 일관적인 신학 담론은 "이는 만물이 주에게서 나오고 주로 말미암고 주에게로 돌아감이라 그에게 영광이 세세에 있을지어다 아멘"(롬 11:36)이라는 찬양과 예배로 적절하게 귀결된다.

이제 바울은 로마서 12장 1절-15장 13절에서 복음이 어떻게 그리스도인 공동체를 형성하는지 설명한다. 복음의 진리는 복음으로 인한 변화를 낳는다. 로마서 12장 1-2절은 하나님의 형상으로 만들어진 이들을 극적으로 새로워지게 한다.

그러므로 형제들아 내가 하나님의 모든 자비하심으로 너희를 권하노니 너희 몸을 하나님이 기뻐하시는 거룩한 산 제물로 드리라 이는 너희가 드릴 영적 예배니라 너희는 이 세대를 본받지 말고 오직 마음을 새롭게 함으로 변화를 받아 하나님의 선하시고 기뻐하시고 온전하신 뜻이 무엇인지 분별하도록 하라

공동체의 새로운 생명은 복음으로 드러난 하나님의 자비에 반응하여 성장한다(롬 11:36). 믿는 자들은 예배의 삶으로 하나님께 거룩하여지고, 하나님께 속하여, 스스로를 산제사로 하나님께 온전히 드린다(롬 12:1). 이는 그리스도와 아무런 관계가 없던 인간의 상태를 완전하고 철저하게 뒤집는 것이다. 로마서 1-3장에서 인간이 지닌 하나님의 형상은 비천해지고, 훼손되고, 치욕을 당했다. 하나님의 영광의 빛은 죄로 사라졌었다(롬 3:23). 하지만 이제, 하나님의 형상은 십자가를 통해 회복되었다. "영적 예배"(문자적으로는 "논리적 예배")로 번역된 구절은 인간에 "적절한" 또는 "어울리는"이라는 뜻이다. 우리 인간이 할 수 있는 최상의 표현은 하나님께 찬양을 드리는 것이다. 이러한 급진적인 새로운 시작을 고려할 때 새로운 언약 공동체는 완전한 변화를 향해 나아가는 것이다. 믿는 자들은 더 이상 자신의 믿음과 행동뿐 아니라, 자신의 삶과 논리를 이 세상에서 끌어내지 않는다. 그들은 하나님의 뜻을 알고 동의하는 새롭게 된 마음으로 변화된다(롬 12:2). 그렇게 하여 타락한 인류의 부패한 마음을 대체하게 된다(롬 1:32).

바울은 계속해서 영적 은사의 다양함에 대하여 쓰고, 이것이 그리스도의 몸을 굳건하게 한다고 말한다(롬 12:3-8). 진정한 사랑, 형제애, 헌신된 섬김, 기쁨이 넘치는 소망, 끈기 있는 인내, 전념하는 기도, 가난한 사람을 돌봄, 악을 악으로 갚고 싶은 욕구를 끊임없이 거부하는 것 등이다. 바울은 이러한 성품들이 하나님의 새 창조가 시작되었다는 현실을 알리는 것이라고 본다(롬 12:9-21). 그리스도인들은 권세 있는 자를 경외하고 하나님이 세우신 이 땅의 통치자들을 존경함으로 세금을 내야 한

다(롬 13:1-7). 새로운 언약 성도들은 서로를 사랑하여 율법을 성취한다(롬 13:8-10; 참고 레 19:18; 마 22:39; 갈 5:14; 약 2:8). 이 공동체는 논란의 여지가 있지만 부차적인 문제들에 대해서는 반드시 은혜로 하나 됨을 유지해야만 한다(롬 14장). 바울은 유대인 및 이방인 성도들에게 음식 법과 안식일 준수에 대해서는 관대한 자세를 지닐 것을 권한다. 모든 음식이 정결하다고 납득시킨 후에도, 바울은 독자들에게 자신들의 양심을 따라 "덕을 세우는 일을 힘쓰나니"(롬 14:19)라고 한다. 우리는 스스로를 기쁘게 하는 것이 아니라 "우리 각 사람이 이웃을 기쁘게 하되 선을 이루고 덕을 세우도록"(롬 15:2) 해야 하는 의무가 있다. 그리스도는 하나님이 이스라엘에 주신 약속을 확증하고 하나님의 영광을 위해 민족들을 하나로 모으기 위해 오셨다(롬 15:8-13; 참고 신 32:43; 시 18:49, 117:1; 사 11:10).

로마서 15장 14절-16장 27절에서 바울은 자신의 선교 목적을 표명하면서 편지를 마친다. 즉, 아직 복음을 듣지 못한 자들을 향해 복음을 더 멀리 전해야 한다는 것이다. 바울은 "하나님의 복음의 제사장 직분을 하게 하사 이방인을 제물로 드리는 것이 성령 안에서 거룩하게 되어 받으실 만하게 하려고"(롬 15:16) 수고를 했다. 바울이 그리스도를 섬기며 보낸 첫 25년 동안, 그는 그리스도의 복음을 전하는 사역 가운데 예루살렘에서 일루리곤까지 나아갔다(롬 15:19). 그는 이제 "주의 소식을 받지 못한 자들이 볼 것이요 듣지 못한 자들이 깨달으리라"(롬 15:21)는 이사야서 52장 15절의 약속을 성취하기 위해, 그리스도가 아직 알려지지 않은 곳에 복음을 전하려는 열망을 품는다. 바울은 예루살렘에 가서 이방인들에게서 거둔 선교의 열매를 제시하고, 성도들에게 그들이 모은 연보를 드린 후에 서바나으로 향하는 길을 떠나 로마의 그리스도인들을 만날 계획을 한다. 바울은 그들이 자신의 복음 사역을 이해하고 인정하여 그들이 기도와 온전한 후원을 제공해 주기를 바라는 마음에 글을 쓴다(롬 15:24-32). 인사를 나누기 원하는 스물일곱 명의 로마의 선교 동역자들을 일일이 호명하며 나열할 때 그의 마음은 기쁨으로 넘쳐흐른다(롬 16:3-16). 이 이름들을 너무 빠르게 지나쳐서는 안 된다. 이 이름들은 하나님의 새로운 인류가 교회에 드러났음을 반영하는 것이다. 이들은 유대인과 이방인이며, 남자와 여자이며, 자유인과 종이다. 모든 사람이 함께 그리스도의 복음을 위해 애쓰고 있다. 바울은 독자들에게 "내가 전하는 복음 곧 예수 그리스도에 관한 선포로 여러분을 능히 튼튼히 세워" 주시는 분이신, "오직 한 분이신 지혜로우신 하나님께, 예수 그리스도로 말미암아 영광이 영원무궁 하도록 있기를 빕니다. 아멘"(롬 16:25-27, 새번역)이라고 쓰고, 확신에 차서 찬송을 드리며 독자들을 축복한다.

연대표 지도에서 로마서의 요약문은 **"그리스도 안에서 하나님의 의로우심"**이며 그에 따른 핵심 구절은 "내가 복음을 부끄러워하지 아니하노니…… 복음에는 하나님의 의가 나타나서"(롬 1:16-17)이다. 바울이 로마의 그리스도인에게 보낸 편지는 우리의 관심을 복음에 드러난 하나님의 의로우심에 집중하게 만든다. 복음이란 하나님이 자기 아들 예수 그리스도에 대해 주시는 좋은 소식이다. 그리스도는 십자가에서 죽으심으로 믿는 모든 자를 대속하신다. 믿는 자들은 믿음으로 의롭다 선포함을 받고 성령의 임재로 성화된다. 성령은 우리가 하나님의 가족으로 입양되었음을 확증하시며, 우리가 교회로서 순종할 수 있도록 능력을 주신다. 교회는 하나님이 새롭게 하신 인류를 보여 준다. 하나님이 새롭게 하신 인류는 희생적으로 섬기고, 하나님의 사명에 동참한다. 세계에서 펼쳐지는 하나님의 선교는 로마의 그리스도인뿐 아니라, 오늘날 우리의 후원과 참여도 촉구한다.

가르침 시대 1부를 마치면서 우리가 지금까지 살펴본 편지들을 죽 읽어 볼 것을 권한다. 한 번에 앉아서 편지 전체를 읽는 것은 참 좋은 습관이다. 또한 연대기 순서에 따라 편지들을 읽어 보거나, 한 개념이 어떻게 발전하는지를 추적하거나, 계속해서 등장하는 주제를 살펴보는 것도 훌륭하다. 우리는 야고보의 편지가 그리스도를 믿는 믿음을 행동으로 옮기도록 교회에 촉구하는 것을 봤다. 또한 바울이 세 차례 선교 여행을 하면서 쓴 편지들, 즉 갈라디아서(첫 번째 선교 여행), 데살로니가전/후서(두 번째 선교 여행), 고린도전/후서와 로마서(세 번째 선교 여행)을 살펴봤다.

갈라디아서는 새로 믿게 된 자들에게 그리스도 외에는 다른 복음이 없음을 역설한다. 데살로니가전/후서는 새로운 그리스도인들에게 거룩함을 추구하고 그리스도의 재림을 위해 살라고 말한다. 고린도전/후서는 교회의 연합을 호소하고 모든 일을 그리스도의 영광을 위해 하라고 촉구하며, 제자도에 관한 질문들에 답을 한다. 로마서는 하나님이 자기 아들에 대해 들려주신 좋은 소식이 땅끝까지 달하기를 바라는 소망에서, 그리스도 안에서 모든 믿는 자들에게 나타난 하나님의 의로우심이라는 복음을 전한다.

7장 가르침 시대 Ⅱ

Teaching

이제 바울의 나머지 편지를 보면서 하나님의 구속 목적을 추적하려고 한다. 이때 반드시 성경을 옆에 두고 따라가야 한다. 우리는 각 편지의 내용을 제시한 후에 그리스도에 대해서 각 편지가 전하는 내용을 기억하는 데 도움이 될 요약문과 핵심 구절을 제공할 것이다. 연구할 때 연대표의 지도에서 각 편지의 위치를 확인하자. 그래서 하나님이 여러분을 감동하여 전 세계에서 일어나는 하나님의 사명에 모두 동참하도록 하자. 복음은 이 세상을 위해 주신 것으로, 사랑하는 아들에 대한 하나님의 좋은 소식이다. 그리고 어떤 대가가 있더라도 나눌 만한 가치가 있는 좋은 소식이다.

바울의 나머지 일곱 편지: 옥중 서신과 목회 서신

가르침 시대 2부는 바울의 나머지 일곱 편지를 연구할 것이다. 여기에는 바울이 로마에서 투옥된 동안 쓴 네 편의 편지와 디모데와 디도에게 보낸 마지막 세 편이 포함된다. 옥중 서신인 에베소서, 빌립보서, 골로새서, 빌레몬서와 목회 서신인 디모데전/후서와 디도서가 있다. **가르침 시대** 1부를 마무리할 때 바울은 고린도에서 막 로마 교회에 편지를 쓴 상태였다(주후 57년). 우리는 그 뒤를 이어 바울이 로마를 방문한 이야기는 간단히 다루려고 한다. 그 이유는 이미 **오순절 시대**에서 사도행전을 이야기하며 자세히 다루었기 때문이다(행 20-28장). 고린도에서 3개월을 머문 후, 바울은 주후 57년 오순절 때에 맞춰 예루살렘으로 간다. 바울은 로마를 방문하고 결국에는 서바나에서 그리스도를 선포할 계획이었다. 바울은 앞으로 자신이 투옥되고 고난을 겪을 것을 인지하고 있었다. 성령이 바울에게 그렇게 될 것을 보이셨기 때문이다(행 20:22-23). 하지만 바울은 그리스도에 대한 헌신과 소명이 확고했기 때문에 이렇게 담대히 선포한다. "내가 달려갈 길과 주 예수께 받은 사명 곧 하나님의 은혜의 복음을 증언하는 일을 마치려 함에는 나의 생명조차 조금도 귀한 것으로 여기지 아니하노라"(행 20:24). 바울이 성전에서 체포되고(행 21장), 그 후에 가이사랴에 2년간 투옥된 사실을 기억할 것이다(주후 57-59년). 예수는 바울의 생명을 보호하시고 자기 백성과 아그립바 2세와 그의 누이 버니게 앞에서 그리스도를 믿는 믿음을 증언할 기회를 허락하셨다. 또한 로마 총독인 벨릭스와 베스도 앞에서도 증언한다(행 22-26장; 참고 행 9:15). 로마 시민으로서 바울은 가이사 앞에서 재판 받을 권리를 주장한다(행 25:11). 바울은 쇠사슬에 묶인 채 그리스도의 대사로서 로마를 향해 간다. 주님은 위험한 여정과 끔찍한 난파 사고에서도 바울의 생명을 구하신다(행 27장; 참고 고후 11:25-27). 바울은 로마에 도착하여 가택에 연금된다. 하지만 바울은 자신을 방문하는 모든 사람에게 공공연히 그리스도를 나눔으로써 복음은 계속해서 퍼져 나간다. 사도행전의 이야기는 바울이 로마에서 2년 동안 재판을 기다리며 "하나님의 나라를 전파하며 주 예수 그리스도에 관한 모든 것을 담대하게 거침없이 가르치더라"(행 28:31)는 말씀으로 마무리된다.

로마에서 가택 연금을 당하는 동안(주후 60-62년), 성령은 바울을 감동하셔서 여러 교회와 그리스도 안에서 신뢰하는 동역자들에게 편지를 쓰게 하신다. 에베소서, 빌립보서, 골로새서, 빌레몬서 네 편의 편지는 모두 바울이 투옥되었음을 명시적으로 언급하고 있기 때문에 옥중 서신이라고 불린다(엡 3:1, 4:1; 빌 1:14; 골 4:3, 10; 빌 1:1). 점차 정신이 불안정해지는 네로 황제의 재판을 기다리면서, 바울은 저술 활동을 통해 가르치는 사역을 계속한다. 바울은 그리스도의 죽음과 부활 및 교회의 영광스러운 소명에 대해서 쓴다. 로마에서 1차로 석방되었다가 다시 투옥된 후에, 바울은 신뢰하는 미래 지도자인, 디모데와 디도에게 목회 서신(디모데전/후서, 디도서)으로 알려진 마지막 편지를 쓴다. 이는 바울이 쓴 열세 편의 편지 중에 일곱 편이 그의 말년에 작성되었다는 뜻이다. 이 편지들은 바울이 전한 설교의 중심 주제, 즉 예수는 이스라엘의 약속된 메시아시다, 예수를 믿는 자는 누구든지 믿음으로 의롭다 함을 받는다, 모든 민족으로 이루어진 교회가 성령으로 성화되고 그리스도 안에서 하나님이 새롭게 하신 인류를 반영한다 등을 드러낸다. 이 편지들은 또한 교회를 위한 바울의 도고, 감옥에 있으면서도 개인적인 전도 활동에 헌신한 일, 교회의 미래 지도자들을 후원하려는 바울의 진실한 열망을 드러낸다. 이 편지들은 예수 그리스도로 완전히 변화된 한 남자의 감동적인 간증도 담고 있다. 교회를 열렬하게 박해하던 그 사울이 이제는 그리스도의 성별된 종 바울이 되어 모든 민족에 복음을 선포하는 일에 삶을 바친 것이다.

에베소서, 바울이 에베소 교회에 쓰다(주후 60-62년경)

에베소서는 바울이 로마에 투옥된 기간에 쓴 네 편의 편지 중 가장 첫 편지다(주후 60-62년). 에베소는 바울의 세 번째 선교 여행에서 중요한 도시였다(행 19장). 그는 에베소에 3년 동안 머물렀다(행 20:31). 그 도시는 로마 제국에서 네 번째로 큰 도시로, 인구는 250,000명이며, 그중에 유대인이 10,000명이었다. 헬라의 지리학자인 스트라보는 에베소가 토로스 산맥 서편에서 가장 거대한 무역 중심지라고 기술한다. 높임 받으신 예수는 바울의 회당 설교 사역을 통해 유대인과 이방인을 그리스도를 믿는 믿음으로 이끌어 내신다. 또한 바울은 두란노에서 날마다 강론했다(행 19장). 치유의 이적을 경험하면서 에베소인들은 마술을 버린다(행 19:18-19). 또한 아데미 신전을 방문하는 수가 상당히 감소한다(행 19:23-41). 그럼에도 불구하고 이 젊은 교회는 거짓 가르침, 분열, 세속성이라는 이미 익숙한 유혹들과 직면하게 된다. 바울이 에베소인들에게 보낸 편지는 하나님이 그리스도 안에 계획하신 영원한 목적을 감동적으로 다시 서술하며, 그리스도 안에 나타나는 교회의 하나 됨을 살아 내라고 권고한다. 바울은 감옥에 있었기 때문에 두기고에게 이 편지를 맡긴다. 아마 아시아 지역의 여러 교회에서 이 편지를 돌려 가며 읽었을 것이다(엡 6:21-22).

바울은 자신을 "하나님의 뜻으로 말미암아 그리스도 예수의 사도" 된 자라고 밝히며 편지를 시작한다. 또한 에베소 교회를 "성도"(문자적으로 "거룩한 자들")라고 지칭한다(엡 1:1). 바울은 이 편지뿐 아니라 다른 편지에서도 이스라엘의 소명에 해당하는 용어를 모든 믿음의 가정에 광범위하게 적용하면서(출 19:6; 레 19:2), 그들이 복음 안에 하나가 되었음을 강조한다. 바울은 하나님이 그리스도 안에서 성취하신 것을 찬양하며, 확장된 축복을 제시한다(엡 1:3-14). 이 바울의 축복은 헬라어로 단 한 문장인데, 듣는 사람으로 하여금 **그리스도 안에서** 살아가는 삶에 절대적으로 집중하도록 만든다. 바울은 **그리스도 안에서** 하나님이 우리에게 모든 영적인 축복을 주신다고 쓴다(엡 1:3). 하나님은 창세전에 **그리스도 안에서** 우리를 선택하셨다(엡 1:4). 하나님은 **예수 그리스도를 통해서** 우리를 자녀 삼기로 작정하셨다(엡 1:5). **그리스도 안에서** 우리는 하나님의 풍성한 은혜를 따라 구속과 용서를 얻었다(엡 1:6-7). **그리스도 안에서** 하나님이 구속하시려는 목적의 신비가 드러났다(엡 1:9). 하늘과 땅의 모든 것이 **그 안에서** 통일된다(엡 1:10). **그리스도 안에서** 우리는 하나님이 약속하신 기업이 된다(엡 1:11). **그리스도 안에서** 우리는 약속의 성령으로 인 치심을 받는데, 성령은 그리스도의 영광을 찬송하기 위해 우리가 기업을 소유하기까지 우리의 기업을 보증하신다(엡 1:13-14). 이것이 바로 **빈 무덤**(CASKET EMPTY) 연구가 우리를 인도하는 곳이다. 즉, **예수 그리스도**가 역사를 통한 하나님의 구속 계획의 정중앙에 서신다는 것이다. 그리스도의 죽음과 부활은 하나님의 구원의 목적을 드러낸다. 하나님의 영광스러운 계획에 숨이 멎을 지경이다. 바울은 하나님이 믿는 자들에게 지혜의 영과 계시를 주셔서 그들이 부름 받은 이 소망을 알게 되기를 기도한다. 바울은 그들이 자신들의 삶에서, 또한 그리스도의 몸인 교회로서 하나님의 놀라운 능력을 체험하기를 기도한다(엡 1:15-23).

그러고 나서 바울은 그리스도 안에서 교회의 하나 됨을 설명한다(엡 2-3장). 그의 생각은 로마인들에게 보낸 편지와 같은 방식으로 발전된다. 바울은 믿는 이방인들에게 "너희는 그 가운데서 행하여 이 세상 풍조를 따르고 공중의 권세 잡은 자를 따랐으니 곧 지금 불순종의 아들들 가운데서 역사하는 영이라"(엡 2:2; 참고 롬 1장)는 점을 기억하길 권한다. 동시에 다음과 같이 말하며 자기 자신과 동료 유대인들도 그 범주에 포함시킨다. "전에는 우리도 다 그 가운데서 우리 육체의 욕심을 따라 지내며 육체와 마음의 원하는 것을 하여 다른 이들과 같이 본질상 진노의 자녀이었더니"(엡 2:3; 참고 롬 2-3장). 인류의 보편적인 죄악에도 불구하고 바울은 하나님이 은혜와 자비를 베풀어 주심을 크게 찬양한다. 우리는 구약에서 이 하나님의 은혜와 자비가 하나님만의 특별한 성품임을 확인했다(출 34:6). 하나님의 자비는 그리스도의 구속 사역에서 가장 극적으로 표출된다. "긍휼이 풍성하신 하나님이 우리를 사랑하신 그 큰 사랑을 인하여 허물로 죽은 우리를 그리스도와 함께 살리셨고"(엡 2:4-5; 참고 롬 3:21-26). 이 새 생명은 그리스도의 죽음과 부활을 통해 나타난다. 바울은 에베소의 믿는 자들에게 그들이 은혜로 인해 믿음을 통하여 구원받았음을 상기시킨다(엡 2:5, 8). 구원은 그들이 행함으로 얻는 것이 아니다. 바울은 구원이 "하나님의 선물이라 행위에서 난 것이 아니니 이는 누구든지 자랑하지 못하게 함이라"(엡 2:8-9; 참고 롬 3:27)고 한다.

바울은 십자가가 이룬 놀라운 성취를 주해한다. 바울은 이방인들에게 그들이 예전에는 그리스도와 분리되어 있었음을 일깨운다. "이스라엘 나라 밖의 사람이라 약속의 언약들에 대하여는 외인이요 세상에서 소망이 없고 하나님도 없는 자이더니"(엡 2:11-12). 하지만 바울은 그리스도 안에서 멀리 떨어져 있던 자들이 "그리스도의 피로 가까워졌느니라"(엡 2:14)고 담대하게 언명한다. 바울은 에베소인들에게 예수께서 평화를 가져오셨고 "원수 된 것 곧 중간에 막힌 담을 자기 육체로 허"(엡 2:14)셨음을 다시 확인한다. 여기서 우리는 성전의 심상을 염두에 두어야 한다. 바울은 예전에 예루살렘 성전 내부 뜰에서 이방인의 출입을 제한하는 벽을 넘어서까지 이방인을 데리고 왔다는 죄목으로 체포된 적이 있다(행 21장). 하지만 바울은 그리스도가 이 원수 된 막힌 담을 "자기 육체로" 허시고 자신 안에서 둘로 "하나를" 만드셨다(엡 2:14)고 말한다. 그리스도의 죽음으로 평화가 이루어졌고, 이제는 모든 사람이 "한 성령 안에서 아버지께 나아감을"(엡 2:18) 얻게 된 것이다. 따라서 바울은 모든 믿는 자가 "외인도 아니요 나그네도 아니요", 오히려 그들이 "성도들과 동일한 시민이요 하나님의 권속이라 너희는 사도들과 선지자들의 터 위에 세우심을 입은 자라 그리스도 예수께서 친히 모퉁잇돌이 되셨느니라 그의 안에서 건물마다 서로 연결하여 주 안에서 성전이 되어 가고"(엡 2:19-21)라고 전한다. 그리스도가 이루신 공로를 얼마나 놀랍게 표현했는지! 믿는 유대인과 이방인이 한데 모인 교회는 주님의 집, 하나님이 거하시는 처소, 바위로서 어느 날 온 땅을 덮을 것이다(엡 2:22; 참고 사 2:1-4; 단

2:35, 44-45).

바울의 생각은 구약에 깊이 경도되어 있다. 바울은 모든 민족을 구속하시려는 하나님의 목적이 이제 그리스도 안에서 드러나게 되었다고 본다. 이 비밀은 구약이 고대하던 것으로서, "이방인들이 복음으로 말미암아 그리스도 예수 안에서 함께 상속자가 되고 함께 지체가 되고 함께 약속에 참여하는 자가"(엡 3:6) 되는 것이다. 아브라함의 씨를 통해 이방을 축복하겠다는 하나님의 약속은 그리스도 안에서 실현되었다. 바울의 소명은 이방인들에게 "측량할 수 없는 그리스도의 풍성함"을 전하고, 모든 민족에게 "영원부터 만물을 창조하신 하나님 속에 감추어졌던 비밀의 경륜이 어떠한 것"(엡 3:8-9)을 밝히는 것이다. 따라서 교회의 하나 됨은 하나님의 각종 지혜를 하늘에 있는 통치자들과 권세자들에게 드러내는 것이다(엡 3:10). 교회는 하나님의 영원한 목적을 "우리 주 그리스도 예수 안에서" 성취하고, 우리는 "그 안에서 그를 믿음으로 말미암아 담대함과 확신을"(엡 3:11-12) 얻는다. 바울은 그리스도 안에서 하나님이 인류를 새롭게 하실 것이라는 비전을 보았다. 그리고 이는 너무나 압도적인 것이기에 바울은 즉시 예배와 기도와 찬양을 드리게 된다.

> 이러므로 내가 하늘과 땅에 있는 각 족속에게 이름을 주신 아버지 앞에 무릎을 꿇고 비노니 그의 영광의 풍성함을 따라 그의 성령으로 말미암아 너희 속사람을 능력으로 강건하게 하시오며 믿음으로 말미암아 그리스도께서 너희 마음에 계시게 하시옵고 너희가 사랑 가운데서 뿌리가 박히고 터가 굳어져서 능히 모든 성도와 함께 지식에 넘치는 그리스도의 사랑을 알고 그 너비와 길이와 높이와 깊이가 어떠함을 깨달아 하나님의 모든 충만하신 것으로 너희에게 충만하게 하시기를 구하노라(엡 3:14-19)

바울의 찬양문을 읽으며 하나님이 어떠하신 분인지, 그리고 하나님이 우리를 위해 그리스도 안에서 행하신 일이 무엇인지를 알고 그 위대함에 마음이 동하기를 바란다. 교회가 하나님의 구속 목적이 실현된 것이라는 이 영광스러운 비전으로 인해, 당신의 마음이 하나님에 대한 사랑으로 충만하고, 전 생애를 바쳐 하나님을 섬기겠다는 결심이 굳건해지기를!

이 영광스러운 현실을 염두에 둔 채로, 바울은 독자들에게 하나님이 그리스도 안에서 새롭게 하신 인류인 이 교회의 하나 됨을 지키라고 권고한다(엡 4-6; 참고 롬 5-15장). 그들은 "부르심을 받은 일에 합당하게 행해야" 한다(엡 4:1). 그들은 "사랑 가운데서 서로 용납하고 평안의 매는 줄로 성령이 하나 되게 하신 것을 힘써 지켜야"(엡 4:2-3) 한다. 몸도 하나고, 성령도 한 분이며, 소망도 하나이고, 주도 한 분이며, 믿음도 하나이며, 세례도 하나이고, 하나님 만유의 아버지도 한 분이지만, 각 사람에게는 각종 은사가 주어진다(엡 4:4-7; 참고 고전 12:4-11). 다양한 은사와 더불어 특별히 사도, 선지자, 복음 전하는 자, 목사, 교사와 같은 지도자도 하나님의 백성들을 온전하게 만들어 선교 사역을 완수할 수 있도록 하나님이 주신 것이다. 그 목적은 그리스도의 몸을 세워 믿음으로 하나가 되고 온전히 성숙하도록 만드는 것이다(엡 4:11-13). 바울은 믿는 자들에게 "범사에 그에게까지 자랄지라 그는 머리니 곧 그리스도라 그에게서 온몸이 각 마디를 통하여 도움을 받음으로 연결되고 결합되어 각 지체의 분량대로 역사하여 그 몸을 자라게 하며 사랑 안에서 스스로 세우느니라"(엡 4:15-16; 참고 고전 12-13장)고 한다. 바울은 교회 생활에 그리스도가 중심이 된다는 사실을 그 무엇보다도 격정적으로 선포한다.

새롭게 믿는 자들은 예전의 삶의 방식을 버리고 하나님의 방식을 받아들이도록 부름 받은 것이다. 그들은 더 이상 이방 민족들처럼 마음의 허망한 것으로 행하고, 마음이 굳어지고, 방탕과 더러운 것을 행하지 말아야 한다(엡 4:17-19, 참고 레 18:1-5; 롬 1장). 구약에서는 이스라엘이 이방 민족을 따라가는 것이 지속적인 문제였다. 하지만 그리스도 안에서 이뤄지는 하나님의 새 창조는 자기 백성에게 새로운 삶을 살 능력을 주신다. 따라서 바울은 그들에게 옛 자아를 벗어 버리고 마음이 "새롭게 되어"야 한다고 권고한다(엡 4:23; 참고 롬 12:1-2). 그들은 "하나님을 따라 의와 진리와 거룩함으로 지으심을 받은"(엡 4:24; 참고 롬 6:4) **새로운** 자아를 입어야 한다. 이는 하나님이 자신의 형상과 모양대로 인간을 창조하신 태초의 창조 이야기를 떠올리게 한다(창 1:26). 그 형상은 보이지 않는 하나님의 형상으로 오신 그리스도 안에서 회복된다. 바울은 첫 사람인 아담의 불순종으로 말미암아 모든 인류에게 죄와 사망이 임했지만(창 2-3장; 롬 5:12-21; 고전 15:21-22), **그리스도 안에서** 하나님이 새롭게 하신 인류가 창조되었다고 본다. 믿는 자들의 변화된 삶은 그들이 화를 다스리고, 정직하게 일하고, 거룩한 말을 하는 것으로 입증된다(엡 4:26-31). 그들은 하나님이 그리스도 안에서 자신들을 용서하셨듯이, 자신들도 서로를 용서함으로써 그리스도의 생명을 드러낸다(엡 4:32). 그들은 "사랑을 받는 자녀같이 너희는 하나님을 본받는 자"(엡 5:1; 참고 출 4:22)가 되어야 한다. 그들은 "사랑 가운데서 행해야" 한다. 왜냐하면 그리스도는 "우리를 위하여 자신을 버리사 향기로운 제물과 희생 제물로 하나님께 드리셨기"(엡 5:2; 참고 요 3:16; 롬 5:8, 8:32) 때문이다. 이 부분에 나오는 모든 동사는 복수 형태로서, 그러한 삶이 공동체 내에서만 실현될 수 있음을 나타낸다. 이것이 우리 하늘 아버지의 본래 뜻이며(창 1:28; 출 19:6; 사 11:9; 합 2:14), **그리스도 안에서** 지금 성취되고 있는 것이다.

새롭게 된 그리스도인의 삶은 타락한 세상과 극명한 대조를 이룬다. 믿는 자들은 "빛의 자녀들"처럼 행해야 하고, 그리하여 "열매 없는 어둠의 일에 참여하지"(엡 5:8, 11) 말아야 한다. 그들은 지혜롭게 처신해야 한다. 그렇기 때문에 바울은 그들에게 어리석지 말고 "오직 주의 뜻이 무엇인가 이해하라…… 술 취하지 마라…… 오직 성령으로 충만함을 받으라"(엡 5:17-18)고 한다. 하나님이 새롭게 하신 인류는 그리스도를 경외함으로 서로에게 복종한다(엡 5:21). 그리스도가 보이신 겸손과 섬김의 본은 모든 인간관계를 완전히 변화시킨다. 아내들은 "주께 하듯"(엡 5:22-24) 남편을 존경한다. 남편들은 "그리스도께서 교회를 사랑하시고 그 교회를 위하여 자신을 주심같이"(엡 5:25-29) 아내를 사랑한다. 한 남자와 한 여자가 결혼으로 맺은 연합은 그리스도가 자신의 신부인 교회를 사랑하는 것을 보여 주는 살아 있는, 평생의 비유다(엡 5:32-33). 자녀들은 "주 안에서"(엡 6:1) 부모에게 순종해야 한다. 그리고 부모는 자녀들을 "주의 교훈과 훈계"(엡 6:4)로 양육해야 한다. 종들은 "그리스도의 종들처럼 마음으로 하나님의 뜻을 행하고 기쁜 마음으로 섬기기를 주께 하듯"(엡 6:6-7) 권위에 복종해야 한다. 권세 있는 자리에 있는 자들도 자신들의 행위를 하나님 앞에서 해명해야 할 것을 알고 똑같이 해야 한다(엡 6:9).

바울은 태초부터 마귀의 간계는 사람을 유혹하여 하나님께 순종하지 않은 자를 고발하는 것임을 알았다. 오히려 그리스도 안에 있다고 주장하는 자의 삶 때문에 복음이 그 신뢰성을 잃은 적이 얼마나 많은가! 바울은 영적 전투의 전장과 전술에 능숙했다. 그는 또한 승리의 비법도 알았다. "너희가 주 안에서와 그 힘의 능력으로 강건하여지고 마귀의 간계를 능히 대적하기 위하여 하나님의 전신 갑주를 입으라"(엡 6:10-18). 아마도 자신을 호송해 가는 로마 군사를 보면서 바울은 믿는 자들이 진리의 허리띠를 띠고, 의의 흉갑을 착용하고, 복음을 전할 준비가 된 신을 신은 것으로 묘사했을지 모른다. 그들은 마귀의 화살을 무력화할 믿음의 방패를 든다. 그들은 구원의 투구를 쓰고 성령의 검을 휘두르는데, 이는 바로 하나님의 말씀이다. 그들의 전투 표어는 기도와 간구다. 그들은 승리할 것이다. 그들을 공격하기 위해 만들어진 어떤 무기도 공격에 성공하지 못한다. 그들은 복음에 굳게 선다(엡 6:14; 참고 롬 5:2; 고전 15:1). 바울은 에베소 교회에 은혜와 평화의 복을 내리며 편지를 마무리한다(엡 6:23-24).

연대표 지도에 에베소서의 요약문은 **"그리스도 안에서 하나 됨"**이며, 핵심 구절은 "평안의 매는 줄로 성령이 하나 되게 하신 것을 힘써 지키라 몸이 하나요 성령도 한 분이시니…… 주도 한 분이시요 믿음도 하나요 세례도 하나요 하나님도 한 분이시니 곧 만유의 아버지시라 만유 위에 계시고"(엡 4:3-6)이다. 바울이 옥에서 에베소의 교회에 보낸 편지는 교회의 고상한 소명을 드러낸다. 하나님의 영원한 구속 목적은 그리스도 안에서 성취되었고, 교회 안에서 전 우주에 드러나게 된다. 그리스도의 십자가 대속 죽음은 서로를 구분하는 반목의 벽을 허물었고, 인류를 자신의 살아 있는 성전으로 다시 지으셨다. 하나님이 새롭게 하신 인류는 예수를 믿는 유대인과 이방인들로 구성되었는데, 그들은 복음에 합당하게 행하도록 부르심을 받았다. 그들은 반드시 예전의 삶의 방식을 버리고 그리스도를 받아들여야 했다. 그리스도가 보이신 본은 모든 세상적인 관계를 강력하게 변화시킨다. 믿는 자들은 마귀의 간계에 맞서 연합해야 한다. 그들은 평화의 복음에 굳게 서서 그리스도를 모든 민족에 선포해야 한다.

빌립보서, 바울이 빌립보 교회에 쓰다(주후 60-62년경)

빌립보서는 바울이 로마에서 투옥되었을 때 두 번째로 쓴 편지다(주후 60-62년). 아마 사도행전에서 바울이 두 번째 선교 여행을 할 때 빌립보에 교회가 세워진 일을 기억할 것이다(행 16장). 바울은 하나님께 마게도냐로 가라는 계시를 받는다(행 16:9-10). 그리고 그곳에서 자색 옷감 장사인 루디아가 유럽의 첫 회심자가 된다(행 16:14-15). 바울은 그 도시에서 투옥되지만 하나님은 이마저도 빌립보인 간수와 그 가족에게 나아가는 방법으로 사용하신다(행 16:20-34). 빌립보에서 믿는 자들은 계속해서 바울이 즐거워하는 근거가 되었다. 그들은 처음부터 바울의 사역 동역자가 되었고 종종 재정적으로 바울을 후원했다(빌 1:5, 4:15-16). 최근에도 빌립보 교회는 에바브로디도 편에 바울에게 필요한 것을 보냈다(빌 2:25, 4:18). 바울은 이제 감사함이 가득한 마음으로 편지를 보낸다. 비록 바울은 감옥에 있지만 바울의 편지에는 기쁨이 묻어난다(빌 1:4, 1:18, 1:25, 2:2, 2:17-18, 2:28-29. 3:1. 4:1, 4:4, 4:10). 그는 빌립보인들에게 동역에 감사하며 자신이 투옥되면서 오히려 예상치 못한 방식으로 복음이 진보

했다는 사실을 알린다. 바울은 믿음 가운데 그들의 기쁨을 굳건히 하기 위해 편지를 쓴다(빌 1:25). 또한 그들이 그리스도께 변함없이 헌신할 것을 격려한다(빌 2:5, 3:14-17).

바울과 디모데는 그리스도 예수의 종으로서 빌립보에 있는 모든 성도 및 감독들과 집사들에게 편지한다(빌 1:1). 바울은 경건한 지도자들이 함께 인도하면서 교회가 번성하고 있음을 안다. 바울은 헌신된 종들을 훈련하고 그들에게 권한을 준 뒤에 교회를 맡기는 일을 반복해 왔다. 바울은 특이한 방식으로 문안을 전한 후에 빌립보인들을 위해 기도하는데, 이 기도가 편지의 주제를 드러낸다(빌 1:3-11). 바울의 기도는 기쁨으로 가득하다. 왜냐하면 그들이 "복음을 위한 일에 참여"(빌 1:5)하고 있기 때문이다. 바울은 그리스도가 그들 안에서 자신의 선한 일을 완수하시리라고 확신한다. 바울은 그들을 마음속에 항상 품고 있는데, "너희가 내 마음에 있음이며 나의 매임과 복음을 변명함과 확정함에 너희가 다 나와 함께 은혜에 참여한 자가 됨이라"(빌 1:7)고 그 이유를 밝힌다. 바울의 기도는 바울의 소망을 아름답게 요약한다. "내가 기도하노라 너희 사랑을 지식과 모든 총명으로 점점 더 풍성하게 하사 너희로 지극히 선한 것을 분별하며 또 진실하여 허물없이 그리스도의 날까지 이르고 예수 그리스도로 말미암아 의의 열매가 가득하여 하나님의 영광과 찬송이 되기를 원하노라"(빌 1:9-11).

바울은 빌립보인들에게 최근에 자신이 처한 상황을 알리기 원한다(빌 1:12-30). 바울은 자신이 수감된 것이 오히려 복음의 진보에 도움이 되었음을 알아주기 바란다. 빌립보인들은 예수께서 자신의 목적을 위해 감옥도 사용하신다는 사실을 알 수 있을 만큼 준비되어야만 한다(행 16:23-33). 바울은 로마 황제의 근위대에게도 예수를 증언하였고, 가이사랴의 가족 중에서도 그리스도에게 나온 자가 있었다(빌 1:13, 4:22). 다른 그리스도인들은 바울의 본을 보고 담대함을 입어 두려움 없이 말씀을 전한다(빌 1:14). 바울은 "너희의 간구와 예수 그리스도의 성령의 도우심으로 나를 구원에 이르게 할"(빌 1:19) 것을 확신한다. 그는 "내게 사는 것이 그리스도니 죽는 것도 유익함이라"(빌 1:21)는 사실을 알고 있다. 그는 그리스도와 함께하기를 간절히 바라지만, 아직 사역의 열매가 남아 있다고 믿는다. 그는 빌립보인들이 그리스도 안에서 진보하고 기뻐하는 일에 헌신하였고, 그들을 다시 볼 것을 즐거워한다(빌 1:22-26). 그날까지 바울은 그들에게 상기시킨다. "오직 너희는 그리스도의 복음에 합당하게 생활하라 이는 내가 너희에게 가 보나 떠나 있으나 너희가 한마음으로 서서 한 뜻으로 복음의 신앙을 위하여 협력하는 것과 무슨 일에든지 대적하는 자들 때문에 두려워하지 아니하는 이 일을 듣고자 함이라 이것이 그들에게는 멸망의 증거요 너희에게는 구원의 증거니 이는 하나님께로부터 난 것이라"(빌 1:27-28). 억압과 박해에도 불구하고 그리스도에게 헌신하는 모습은 그들이 구원받았다는 확실한 증거다. 그리스도인은 세상 가운데에서 그 대안이 되는 나라를 제시한다. 이 땅에 사는 천국 시민으로서, 그리스도를 믿는 자들은 세상의 참된 왕을 섬기고 그 왕이 직접 영광스럽게 돌아오실 날을 고대하며 삶을 영위한다.

바울은 생각과 사랑 가운데 하나가 되어 서로를 닮도록 힘쓰라고 교회에 가르친다(빌 2장). 바울은 그들에게 "아무 일에든지 다툼이나 허영으로 하지 말고 오직 겸손한 마음으로 각각 자기보다 남을 낫게 여기고"(빌 2:3)라며 훈계한다. 무엇보다도 바울은 그들에게 그리스도를 닮으라고 권한다. 그리스도의 겸손, 순종, 높임 받으심은 위대함이 무엇인지를 재정의하며 진정한 인생의 본이 되기 때문이다.

> 너희 안에 이 마음을 품으라 곧 그리스도 예수의 마음이니 그는 근본 하나님의 본체시나 하나님과 동등 됨을 취할 것으로 여기지 아니하시고 오히려 자기를 비워 종의 형체를 가지사 사람들과 같이 되셨고 사람의 모양으로 나타나사 자기를 낮추시고 죽기까지 복종하셨으니 곧 십자가에 죽으심이라 이러므로 하나님이 그를 지극히 높여 모든 이름 위에 뛰어난 이름을 주사 하늘에 있는 자들과 땅에 있는 자들과 땅 아래에 있는 자들로 모든 무릎을 예수의 이름에 꿇게 하시고 모든 입으로 예수 그리

스도를 주라 시인하여 하나님 아버지께 영광을 돌리게 하셨느니라(빌 2:5-11; 참고 사 45:23)

이 숭고한 찬양시는 이사야서 53장에 나오는 주의 종이 보이신 겸비함과 반향을 일으키는 것으로, 기독교 제자도의 핵심적인 틀이다(참고 마 16:24; 눅 14:11; 롬 6:5; 고후 4:8-18).

마찬가지로 빌립보인들 역시 구원을 이루기 위해 겸손한 순종의 자세를 유지해야 한다(빌 2:12). 하나님은 그들 사이에서 역사하시며 그리스도를 향한 새로운 열망과 애정을 일으키신다. 바울은 모든 일을 불평 없이 하며 어그러지고 거스르는 세대 가운데 흠 없는 하나님의 자녀로 살아갈 것을 권고한다(참고 민 14:27; 신 32:5; 고전 10:1-12). 그들은 생명의 말씀을 굳게 붙잡고 세상에서 밝게 빛난다(빌 2:13-16). 그들은 자신들의 삶이 바울의 삶과 같이 다른 사람들을 위해 전제로 드려질지라도, 미래에 바울과 함께 높아질 소망 가운데 기뻐한다(빌 2:17). 바울은 디모데와 에바브로디도에게 그리스도와 같이 다른 사람들을 섬기는 살아 있는 본이 될 것을 명한다(빌 2:19-30).

바울은 사랑하는 동료들에게 "주 안에서 기뻐하라"(빌 3:1)고 역설한다. 그는 십자가의 성취를 모호하게 만드는 어떠한 사람이나 가르침에 대해서도 경계를 기울이라고 다시 한 번 경고한다. 바울의 사역 내내 바울의 권위에 대한 비판의 소리가 가장 높았다. 그의 동족 중 많은 사람은 이스라엘인들도 세상의 다른 사람들과 마찬가지로 악하며 회개가 필요하다는 바울의 이야기를 거부했다. 믿는 자가 된 독실한 이스라엘인들조차도 세상의 민족들이 그리스도를 믿는 믿음에만 근거하여 자신들과 공동 상속인이 되었다는 사실을 받아들이기 힘들어 한다. 또 다른 사람들은 이방 민족들이 반드시 할례를 받고 토라의 길을 따르도록 가르침을 받아야 한다고 주장한다(행 15:15; 고후 11:18-28; 갈 3:1-3). 바울은 이러한 모든 관점들을 뒤집으며 빌립보인들에게 그리스도를 믿는 믿음 이외에 다른 구원의 길을 가르치는 사람들에 대해서 경고한다. 바울은 담대하게 단언한다. "하나님의 성령으로 봉사하며 그리스도 예수로 자랑하고 육체를 신뢰하지 아니하는 우리가 곧 할례파라"(빌 3:3; 참고 신 10:16, 30:6, 렘 4:4; 롬 2:26-29). 바울이 스스로 보인 본은 하나님 앞에서는 어떠한 특권이나 지위와 비교해도 그리스도의 가치가 우월함을 드러낸다. 바울의 종교적 배경은 누구에게도 뒤지지 않았다. 그는 "팔 일 만에 할례를 받고 이스라엘 족속이요 베냐민 지파요 히브리인 중의 히브리인이요 율법으로는 바리새인이요 열심으로는 교회를 박해하고 율법의 의로는 흠이 없는 자"(빌 3:5-6)였다. 하지만 그는 이 모든 것을 "그리스도를 위하여 다 해로 여길 뿐더러 또한 모든 것을 해로 여김은 내 주 그리스도 예수를 아는 지식이 가장 고상하기 때문이라"(빌 3:7-8)고 한다. 바울은 "내가 가진 의는 율법에서 난 것이 아니요 오직 그리스도를 믿음으로 말미암은 것이니"(빌 3:9)라고 하며 자신이 그리스도를 얻고 그리스도 안에서 발견되기 위하여 세상적인 모든 자랑을 버린다. 바울은 더 나아가 그리스도와 그의 부활의 능력을 알고, 고난에 참여하고 죽으심을 본받고자 한다(빌 3:10). "그리스도 예수 안에서 하나님이 위에서 부르신 부름의 상"(빌 3:14)을 위해 안간힘을 쓴다. 그는 빌립보인들에게 이렇게 말하며 자신을 본받으라고 권한다(빌 3:17). 바울은 눈물을 흘리며 "여러 사람들이 그리스도의 원수로 행하느니라"(빌 3:19)고 경고한다. 바울은 새 창조가 이미 그리스도 안에서 시작되었음을 믿으며 시선을 하늘로 돌린다(참고 고후 5:17, 갈 6:15). 그리스도는 분명히 다시 오실 것이고, 영광스럽게 만물을 통치하실 자신과 우리가 완전히 닮아지도록 변하게 하실 것이다(빌 3:20-21).

바울은 편지 마지막 부분에서 교회에 주님 안에서 굳건히 설 것을 권한다(빌 4:1; 참고 롬 5:2; 고전 15:1; 엡 6:14). 바울은 복음을 위해 자신과 동역하는 남자와 여자들에게 같은 마음을 품으라고 권한다(빌 4:2-3). 복음을 위해 함께 일하는 그들에게 이렇게 강권한다. "주 안에서 항상 기뻐하라 내가 다시 말하노니 기뻐하라"(빌 4:4). 바울은 그들에게 어떠한 상황에도 염려하지 말고 감사함으로 하나님께 구할 것을 아뢰라고 온화하게 조언한다(빌 4:6). 바울은 "모든 지각에 뛰어난 하나님의 평강이 그리스도 예수 안에서 너희 마음과 생각을 지키시리라"(빌 4:7)고 약속한다. 바울은 그들에게 "무엇에든지 참되며 무엇에든지 경건하며 무엇에든지 옳으며 무엇에든지 정결하며 무엇에든지 사랑 받을 만하며 무엇에든지 칭찬 받을 만하며 무슨 덕이 있든지 무슨 기림이 있든지 이것들을 생각하라 너희는 내게 배우고 받고 듣고 본 바를 행하라"(빌 4:8-9)고 촉구한다. 이러한 가르침은 오늘날 교회가 받은 숭고한 소명을 반영하는 것이다.

바울은 빌립보인들에게 그들의 희생적인 베풂에 감사하며, 모든 상황에서도 자족하는 자신의 비결을 밝힌다. "내게 능력 주시는 자 안에서 내가 모든 것을 할 수 있느니라"(빌 4:13). 바울은 확신에 차서 "나의 하나님이 그리스도 예수 안에서 영광 가운데 그 풍성한 대로 너희 모든 쓸 것을 채우시리라"(빌 4:19)고 기대하며 편지를 마무리한다. 바울은 감옥에서 기쁘게 "나와 함께 있는 형제들"과 "특히 가이사의 집 사람들 중 몇"의 인사를 전한다(빌 4:21-22).

연대표 지도에서 빌립보서의 요약문은 **"그리스도 안에서 기뻐하라"**이며 핵심 구절은 "주 안에서 항상 기뻐하라 내가 다시 말하노니 기뻐하라"(빌 4:4)이다. 감옥에 갇혀 있음에도 불구하고 바울의 편지는 기쁨이 흘러넘친다. 바울은 복음 안에서 자신과 함께하는 그들의 동역에 기쁨을 체험한 것이다. 그의 기쁨은 복음이 사회 모든 계층에 퍼져 나갈수록 커져만 간다. 마찬가지로 우리의 기쁨도 그리스도를 아는 지식의 위대함, 또한 우리의 모든 삶이 그리스도의 삶과 닮아지기를 추구하는 위대함 가운데 풍성해진다. 이렇게 할 때 우리는 염려 대신 평안함을, 부끄러움 대신 자신감을, 두려움 대신 소망을 볼 것이다.

골로새서, 바울이 골로새 교회에 쓰다(주후 60-62년경)

골로새서는 바울이 로마에 투옥되어 있을 때 쓴 세 번째 편지다. 높임 받으신 예수께서는 에바브라를 통해 골로새에 교회를 세우신다. 에바브라는 바울이 세 번째 선교 여행을 할 때, 에베소에서 믿음으로 나온 자다(주후 52-57년). 그 후 에바브라는 약 160킬로미터 떨어진 고향인 골로새로 돌아갔다. 그는 골로새와 인근 도시인 라오디게아와 히에라볼리(골 1:7, 4:12)에서 복음을 선포한다. 이 헌신된 그리스도의 종은 바울을 보기 위해 로마에 와서 리쿠스 강 연안의 도시들에서도 새로운 교회가 세워지고 있다는 소식을 전한다. 바울은 골로새서를 써서 그리스도 안에서 새로운 삶을 살아가게 된 믿는 자들을 격려한다. 이 편지는 두기고 편에 보내지는데, 그는 골로새 출신으로 동료인 오네시모와 함께 이동한다(골 4:7-9).

바울은 로마에서 자신과 함께 있는 디모데와 사도의 권위로 이 편지를 쓴다(골 1:1). 바울은 골로새의 교회에 "골로새에 있는 성도들 곧 그리스도 안에서 신실한 형제들"(골 1:2)이라고 한다. 은혜와 평강의 인사를 전한 후에 바울은 자신이 그들로 인해 하나님께 드린 감사와 기도를 나눈다(골 1:3-14). 그는 그리스도에 대한 그들의 믿음과, 그리스도의 백성에 대한 그들의 사랑과, 그리스도가 돌아오실 것을 바라는 그들의 소망에 대해 들었다. 그들은 이러한 진리들을 복음에서 배웠는데, 이는 전 세계에서 열매를 맺고, 또 왕성하여 간다(참고 행 6:7, 19:10). 바울은 그들이 하나님의 뜻을 아는 지식으로 가득하여, "주께 합당하게 행하여 범사에 기쁘시게 하고 모든 선한 일에 열매를 맺게 하시며 하나님을 아는 것에 자라게"(골 1:10) 되기를 기도한다. 또한 바울은 그들이 능력과 기쁨으로 굳건하여지기를 기도하며, 그들이 빛 가운데서 하나님의 백성이 되고 기업의 부분을 얻게 하신 하나님께 감사한다(골 1:12). 골로새인들은 어두움의 세력에서 구조되어 하나님의 사랑하는 아들의 나라로 옮겨졌고, 그 아들 안에서 구속과 죄의 용서를 받았다(골 1:13-14). 십자가가 이루신 궁극적이고 영광스러운 성취는 바울로 하여금 찬양과 예배를 드리게 만든다. 바울은 영원하신 분이자 성육신하신 하나님의 아들이며 창조주, 구속주, 교회의 탁월한 주님이신 예수 그리스도의 위대함을 생각할 때 시상이 불타오른다.

> 그는 보이지 아니하는 하나님의 형상이시요 모든 피조물보다 먼저 나신 이시니 만물이 그에게서 창조되되 하늘과 땅에서 보이는 것들과 보이지 않는 것들과 혹은 왕권들이나 주권들이나 통치자들이나 권세들이나 만물이 다 그로 말미암고 그를 위하여 창조되었고 또한 그가 만물보다 먼저 계시고 만물이 그 안에 함께 섰느니라 그는 몸인 교회의 머리시라 그가 근본이시요 죽은 자들 가운데서 먼저 나신 이시니 이는 친히 만물의 으뜸이 되려 하심이요 아버지께서는 모든 충만으로 예수 안에 거하게 하시고 그의 십자가의 피로 화평을 이루사 만물 곧 땅에 있는 것들이나 하늘에 있는 것들이 그로 말미암아 자기와 화목하게 되기를 기뻐하심이라(골 1:15-20)

바울은 여기에서 골로새의 믿는 자들을 청하여 예수께서 누구신지, 그리고 예수께서 교회의 머리 되심을 상고하게 한다. 예수는 골로새의 교회를 포함한 만물 위에 탁월하신 분이다.

바울은 더 나아가 골로새인들이 예전에는 하나님을 멀리 떠나 마음과 행습이 하나님과 원수가 되었지만, 이제는 그리스도의 대속 죽음으로 화목하여져서 "거룩하고 흠 없고 책망할 것이 없는 자로 그 앞에"(골 1:21-22; 참고 엡 2:1-7) 선다고 말한다. 하나님의 은혜는 그리스도 안에서 이방인들에게도 풍성하다. 바울은 자신이 모든 민족에 복음을 전했기 때문에 투옥되었음을 알고 있다. 그는 자신이 그들을 위해 고난 받음을 기뻐하고 있으며, 또한 "그리스도의 남은 고난을 그의 몸 된 교회를 위하여 내 육체에"(골 1:24) 채우고 있다는 것을 골로새인들이 알기 원했다. 진정한 사역과 모든 선교는 고난을 통해 진짜임이 증명된다. 바울은 다시 한 번 하나님의 구속 목적의 비밀이 그리스도 안에서 성취되었음을 설명한다. 하나님의 구원의 뜻이 이제 모든 민족에게 드러났고, 그리스도는 그들에게 "영광의 소망"(골 1:26-27; 참고 엡 3:1-12; 골 2:2)이 되신다. 따라서 바울은 그리스도를 선포하고, 골로새의 믿는 자들에게 그리스도 안에서 성숙하도록 가르치는 것이다(골 1:28).

바울은 골로새인들에게 그리스도를 깎아내리는 어떤 가르침에 대해서도 경계할 것을 경고한다(골 2장). 바울은 골로새인들과 얼굴을 맞대고 본 적은 없었지만 그들이 직면한 도전은 익히 알고 있었다. 바울은 그들에게 그리스도와 그리스도의 지혜 및 지식을 가리킨다(골 2:3). 바울은 그들에게 인간의 전통을 따르는 그럴듯한 논변에 속지 말도록 주의한다(골 2:4, 8; 참고 갈 3:1). 그러한 전통은 "신성의 모든 충만이 육체로 거하시"는 분이며 "모든 통치자와 권세의 머리"(골 2:9-10)이신 그리스도를 따른 것이 아니다. 바울은 그들이 그리스도 안에서 "손으로 하지 아니한 할례를 받았으니"(골 2:11)라고 단언하면서, 바울이 우려하는 내용은 점차 분명해진다. "그리스도의 할례"는 새로운 언약의 징표인 세례와 동일시된다(골 2:12; 참고 신 30:6; 롬 2:29). 골로새인들은 예전에 범죄와 무할례로 죽었지만 하나님이 그들을 "그와 함께 살리시고 우리의 모든 죄를 사하"(골 2:13)셨다. 그리스도의 대속 죽음은 법조문으로 쓴 증서를 십자가에 박아 버리며 그 모든 기록을 제하여 버렸다(골 2:14). 그리스도는 십자가에서 모든 통치자들과 권세들에 승리를 거두셨고 하나님의 백성에 대한 어떤 혐의도 무력화시키셨다(골 1:15; 참고 창 3:15; 사 54:17; 마 12:29; 눅 10:18; 롬 8:33-34).

믿는 자들은 그리스도를 믿음으로 의롭다 함을 받고 하나님의 새로운 언약 공동체의 일원이 된 것이기 때문에, 먹고 마시는 것, 절기 또는 안식일 준수에 관한 문제들로는 어떠한 정죄도 허용하지 말아야 한다(골 2:16; 참고 롬 14:1-6). 바울에게 율법의 목적은 그리스도다. 율법은 장래에 임할 좋은 것들의 그림자다. 율법은 초등 교사로서, 아들이 성숙해질 때까지 이스라엘을 보호하는 역할을 한다(골 2:17; 참고 롬 10:4; 갈 3:24-26).

이 비유는 각기 율법의 책임을 중시하면서도, 그리스도의 탁월함을 가리키는 것이다. 바울은 엄격한 영적 규율, 즉 성령 없는 율법 또는 인간의 계율로는 죄를 억제할 능력이 없다는 사실을 안다(골 2:18-23; 참고 롬 7:1-11; 갈 3:21). 그것들은 "세상의 초등학문"과 같고, 믿는 자들은 이에 대해서 죽은 것이다(골 2:20; 참고 갈 4:3, 9).

바울은 골로새의 믿는 자들에게 그리스도에게 시선을 고정하라고 역설한다. 그들은 예수 안에서 죽었고, 그 안에서 새로운 생명을 얻었다. 우리의 **빈 무덤**(CASKET EMPTY) 연구에서 이 부활의 심상이 핵심이라는 사실을 다시 한 번 상기하자. 따라서 그들은 위에 있는 것들을 추구해야 하는데, 거기에는 그리스도가 하나님의 우편에 앉아 계신다. 그리스도가 돌아오시면, 그들도 영광 중에 그리스도와 함께 나타날 것이다(골 3:1-4; 참고 빌 3:14-21). 그들이 위의 것들에 집중하려면, 예전에 삶의 일부였던 부도덕함과 우상 숭배와 같은 세상적인 정욕을 반드시 죽여야만 한다(골 3:5-7). 에베소에 보낸 편지에서처럼 바울은 그들에게 "옛 사람과 그 행위를 벗어 버리고 새 사람을 입었으니 이는 자기를 창조하신 이의 형상을 따라 지식에까지 새롭게 하심을 입은 자니라"(골 3:9-10; 참고 롬 12:1-2, 13:14; 엡 4:22-24)고 권고한다. 하나님이 인류를 새롭게 하신다는 것은 "헬라인이나 유대인이나 할례파나 무할례파나 야만인이나 스구디아인이나 종이나 자유인이 차별이 있을 수 없나니 오직 그리스도는 만유시요 만유 안에 계시니라"(골 3:11)는 의미다. 이는 바울의 서신 전반에 계속해서 등장하는 주제다(롬 10:12, 15:9; 고전 12:13; 고후 5:16-17; 갈 3:28, 5:6).

믿는 자들은 이제 예전에 살던 삶과는 반대로, 그리스도를 입고, 긍휼과 자비와 겸손과 온유와 오래 참음을 "옷 입도록" 명령받는다(골 3:12). 그들은 주님이 자신들을 용서하셨듯이 서로를 용납하고 용서해야 한다(골 3:13). 무엇보다도 그들은 모든 것 위에 사랑을 더해야 하는데, 사랑은 "온전하게 매는 띠"(골 3:13; 참고 고전 13장)이기 때문이다. 그들은 가르치고, 권면하고, 하나님께 감사하며 함께 노래해야 한다. 또한 모든 것을 주 예수의 이름으로 행해야 한다(골 3:15-17). 그들이 서로 맺는 관계, 즉 남편과 아내, 자녀와 부모, 고용주와 고용인의 관계는 그들이 그리스도 안에서 얻은 새로운 정체성을 반영해야 한다(골 3:18-41; 참고 엡 5:22-6:9). 그들은 꾸준히 기도해야 하며, 그리스도를 전할 수 있는 모든 기회를 최대한 선용해야 한다(골 4:2-6). 바울이 옥중 서신에서 하는 권면을 보면 교회는 새로운 인류를 반영해야 하는데, 이 새로운 인류는 그리스도를 닮아가도록 형성되는 과정에 있다.

바울이 골로새인들에게 보낸 편지는 몇몇 사람의 이름을 언급하면서 마지막 인사로 마무리된다. 이름들을 편지에 포함시키는 것은 바울이 항상 다른 사람들과 동역 관계에서 사역했다는 사실을 일깨워 준다. 우리는 종종 바울이 홀로 있는 모습을 상상하며, 스스로에게 이러한 사역의 비전을 불어넣는 오류를 범한다. 그리스도의 대의를 위해 다른 사람들과 함께 일하다 보면 도전과 좌절과 실망이 생길 수도 있다. 하지만 그리스도는 우리 주위에 그들을 두셔서 우리로 겸손하고, 성화되고, 사역에 성장하게 하신다. 우리는 그들이 필요하다. 바울의 인사는, 바나바의 조카인 요한 마가에 관한, 부차적이지만 감동적인 신약의 한 줄거리를 전개시킨다. 거의 15년 전, 마가는 이방인 선교라는 무게감에 압도되어 바울과 바나바를 떠나간다(행 13:13). 그러면서 바울과 바나바 사이에는 이견이 생겼었다. 하지만 이제 화해가 이루어졌고, 마가는 바울과 함께 로마에 있다. 그래서 바울은 마가가 그들에게 가면 그를 반갑게 맞아달라고 쓴다(골 4:10). 여기에서 우리는 하나님 나라를 위해 바울과 함께 일한 유스도와, 바울의 동역자인 사랑 받는 의사 누가와 같이 그 외의 믿는 유대인들에 대해서도 알게 된다(골 4:11, 14). 바울은 그리스도 안에서 신뢰하는 동역자인 디모데에게 구술한 뒤에 직접 마지막 인사말을 더한다(골 1:1, 4:18).

연대표 지도에서 골로새서의 요약문은 **"그리스도 안에서 새로운 삶"**이며, 핵심 구절은 "우리 생명이신 그리스도께서 나타나실 그때에 너희도 그와 함께 영광 중에 나타나리라"(골 3:4)이다. 로마서와 이 편지의 원래 독자와 마찬가지로 현대 독자들도 바울을 직접 만나 보지는 못한 채로 바울의 목소리를 듣는다. 그럼에도 불구하고 하나님의 감동으로 된 이 편지는 우리 모두에게 그리스도 안에서 새로운 생명을 받아들이도록 촉구한다. 또한 골로새 교회는 하나님이 우리가 가르치는 사람들을 사용하셔서 하나님 나라의 새로운 전초 기지로 삼으신다는 사실을 일깨워 준다. 그 좋은 예가 골로새에서 처음으로 복음을 선포한 에바브라다. 하나님은 인간을 대리인으로 삼으셔서 성령을 통해 복음을 폭발적으로 확장시키시는데, 이는 태초에 세우신 하나님의 구속 계획을 반영한다.

빌레몬서, 바울이 빌레몬에게 편지를 쓰다(주후 60-62년경)

빌레몬서는 바울의 옥중 서신 중 마지막 편으로서, "우리의 사랑을 받는 자요 동역자인 빌레몬과 자매 압비아와 우리와 함께 병사 된 아킵보와 네 집에 있는 교회"(몬 1:1-2)에 보낸 편지다. 에바브라와 마찬가지로 빌레몬 역시 바울의 3차 선교 여행 때 믿음으로 나온 것 같다(주후 52-57년). 그는 고향인 골로새로 돌아가 아내 압비아와 함께 집에 교회를 연다. 빌레몬은 골로새의 부유한 주민으로서 자신의 토지에 종들을 두고 있었다. 그런데 종들 중 오네시모라는 사람이 우리는 알지 못하는 이유로 달아나 버린다. 하나님의 주권적인 계획에 따라 오네시모는 로마에서 바울을 만나고 그리스도를 믿게 된다. 바울은 오네시모를 매우 사랑하여 아버지가 아들을 대하듯 그를 대한다(빌 1:10). 바울은 또한 하나님이 오네시모에게 그리스도를 섬기는 일에 큰 은사를 주셨음을 본다. 바울은 심지어 골로새에 쓴 편지를 그의 편에 보낸다(골 4:9). 동시에 바울은 빌레몬과 오네시모가 그들의 제자 됨에 관해 중요한 기로에 직면했음을 알았다. 오네시모는 반드시 예전의 주인에게 돌아가서 예전에 달아났던 일을 사과해야 했다. 또한 빌레몬은 그리스도 안에서 그를 형제로 받아들이며 용서해야 했다. 빌레몬서는 짧지만 심오하다. 이 편지는 이 두 사람의 화해를 확실하게 하려는 목적으로서, 복음의 변화시키는 능력을 드러내도록 한 것이다.

바울은 일반적인 문안 인사로 빌레몬서를 시작한다(빌 1:3). 바울은 빌레몬과, 빌레몬이 예수와 그분의 백성에게 보인 사랑과 믿음의 보고에 대해 하나님께 감사한다. 바울은 빌레몬이 나누는 믿음의 교제에 역사가 있기를 기도하고, 자신의 편지가 그러한 계기가 될 것이라 말한다(몬 1:6, 8). 바울은 편지에 엄하게 명령을 내릴 수도 있었지만, 사랑으로써 간구하는 편을 택한다(몬 1:8-9). 이는 갈등 가운데 있는 자들 사이에 화해를 시도하는 누구에게라도 아름다운 본이 된다. 바울은 자신의 "자녀"와 같은 오네시모를 대신해서 아비의 사랑으로 호소한다(몬 1:10). 오네시모라는 이름은 당시 노예에게 붙이는 평범한 이름으로 "유용하다" 또는 "이익이 되다"라는 뜻이다. 바울은 이 이름을 가지고 재기 넘치는 언어유희를 편다. 즉, "그가 전에는 네게 **무익하였으나** 이제는 나와 네게 유익하게"(몬 1:11) 되었다고 말하는 것이다. 즉 예전에 오네시모는 그저 한낱 노예에 불과했지만, 이제는 그리스도의 소중한 종이 된 것이다. 바울은 오네시모를 빌레몬에게 돌려보내며, "이 후로는 종과 같이 대하지 아니하고 종 이상으로 곧 사랑 받는 형제로" 받아 줄 것을 바란다(몬 1:12-16). 이는 그리스도 안에서 하나님의 새로운 인류가 지니게 된 심오한 현실로서, 하나님의 가족 안에서는 노예가 주인과 동등한 일원으로서 그리스도의 형제가 되는 것이다. 바울은 안전거리를 유지하며 이러한 놀라운 요구를 한 것이 아니다. 그는 다음과 같이 요청하면서 자신과 빌레몬의 관계까지도 감수한다. "네가 나를 동역자로 알진대 그를 영접하기를 내게 하듯 하고"(몬 1:17). 바울은 심지어 재정적인 보상과 함께 해결되지 않은 부채까지도 자신의 책임으로 돌리도록 한다(몬 1:18). 그리고 바울은 디모데에게서 펜을 취하여 친필로 쓴다. "내가 갚으려니와"(몬 1:19). 그러고 나서 바울은 그가 회심한 것이 자신의 사역 때문임을 세련되게 알리면서, 빌레몬 자신이 바울에게 빚진 존재임을 상기시킨다(몬 1:19). 바울은 "오 형제여 나로 주 안에서 너로 말미암아 기쁨을

(benefit, 오네시모를 의미함) 얻게 하고 내 마음이 그리스도 안에서 평안하게 하라"(몬 1:20)고 말하며 빌레몬에게 더 간절히 호소한다. 바울은 빌레몬이 자신의 요청에 긍정적으로 반응할 것임을 확신하며 편지를 마친다(몬 1:21). 또한 바울은 자신이 직접 방문할 때 필요한 숙소를 마련해 달라고 청한다(몬 1:22). 바울은 여전히 로마에 수감되어 있었는데 말이다. 바울은 "그리스도 예수 안에서 나와 함께 갇힌 자"인 에바브라 및 동역자인 "마가, 아리스다고, 데마, 누가"(몬 1:23-24)의 문안을 전한다.

연대표 지도에서 빌레몬서의 요약문은 **"그리스도 안에서 네 형제를 영접하라"**이며, 핵심 구절은 "나는 네가 순종할 것을 확신하므로 네게 썼노니 네가 내가 말한 것보다 더 행할 줄을 아노라"(몬 1:21)이다. 바울의 선교 사역에는 언제나 인간적인 면이 있다. 그는 그리스도의 복음이 용서, 구속, 개인의 변화를 가져온다고 믿었다. 바울의 사역을 가까이에서 보자면, 바울의 전도는 부유한 지주와 도망한 노예를 회심시킨다. 하나님의 섭리로서, 이 삶들이 밀접하게 연결된다. 바울은 두 사람에게 그리스도를 따르는 그 깊은 의미로 나아가도록 촉구한다. 그들은 그리스도의 죽음과 부활이 그들을 형제로 만들었음을 함께 깨닫는다. 서구 세계가 바울의 요청을 따르기까지는 거의 19세기가 소요되었다.

디모데전/후서, 바울이 디모데에게 쓰다(주후 63-65년경)

사도행전 28장 30절에 따르면, 바울은 로마에서 재판을 받기 전 2년 동안 가택에 연금되어 있었다(주후 60-62년). 마침내 바울의 사건이 네로 앞에서 판결을 받게 되었고, 바울은 이에 대해 "주께서 내 곁에 서서 나에게 힘을 주셨으며", 자신이 "사자의 입에서"(딤후 4:17) 건짐을 받았다고 쓴다. 여러 초기 기독교 사료에 따르면 바울은 재판 후에 석방되었고, 로마에서 두 번째로 투옥되기 전까지 서바나에서 사역을 했다고 한다(주후 63-65년). 이 기간에 성령은 바울을 감동하셔서 신뢰하는 복음의 동역자

들에게 마지막으로 세 편의 편지를 쓰게 하신다. 이 편지들이 바로 디모데전/후서와 디도서인데, 바울이 다음 세대 목회 지도자들에게 썼기 때문에 목회 서신으로 알려져 있다. 바울은 지도자들의 경건한 성품과 더불어, 신실하게 사역할 것과 하나님의 말씀 선포를 우선으로 삼을 것을 강조한다(딤전 3:1-13; 딤후 4:2; 딛 2:1). 바울은 지도자들에게 복음에 집중하지 못하게 하는 것들을 삼가고 방만하지 말라고 명하며, 거짓 가르침으로 인한 분열을 경고한다. 그들은 반드시 하나님이 교회에 맡기신 진리를 가르치는 일에 부지런하고 헌신된 교사가 되어야만 한다(딤전 2:4, 3:15; 딤후 2:15; 딛 1:1). 그들에게 가장 효과적이고, 또한 마르지 않는 가르침의 근원은 하나님의 말씀이기 때문에 바울은 모든 성경이 "하나님의 감동으로 된 것으로 교훈과 책망과 바르게 함과 의로 교육하기에 유익하니"(딤후 3:16)라고 쓴다.

바울은 믿음 안에서 사랑하는 아들인 디모데에게 두 편의 편지를 쓴다(딤전 1:1-2; 딤후 1:1-2). 사도행전을 연구하면서 디모데가 바울의 두 번째 선교 여행에 동참하게 되었던 내용을 배운 기억이 날 것이다(행 16:1-3). 디모데는 이스라엘인 어머니와 헬라인 아버지를 둔 청년이었다. 그는 바울의 선교에 참여하라고 권함을 받던 초기 성도들 중에서도 가장 칭송받는 자였다. 그러면서 디모데는 바울과 평생 멘토 관계를 맺었고, 함께 복음을 전하는 사역에 나선다. 디모데는 바울보다 매우 어렸음에도 불구하고 데살로니가, 고린도, 빌립보에서 맡은 막중한 선교 업무들을 신실하게 해낸다. 그래서 바울은 감옥에서 빌립보에 있는 교회들에 편지할 때, 다음과 같이 추천의 말을 쓴다. "이밖에 내게 없음이라", "자식이 아버지에게 함같이 나와 함께 복음을 위하여 수고하였느니라"(빌 2:19-22). 디모데는 바울의 편지 중 여섯 편에서 공동 저자로 이름을 올린다(고후 1:1; 빌 1:1; 골 1:1; 살전 1:1; 살후 1:1; 몬 1:1). 바울은 디모데를 두고 "나의 동역자", "형제", "믿음 안에서 참 아들"(롬 16:21; 고후 1:1; 딤전 1:2)이라고 설명한다.

바울은 로마에서 1차로 석방된 후에 디모데에게 광범위한 에베소 교회의 전권을 맡긴다. 바울은 이제 디모데에게 처음으로 편지를 보내 그러한 중요한 임무를 신실하게 담당하라고 격려한다. 바울은 디모데에게 에베소에 남도록 하는데, 이는 몇몇 사람이 "다른 교훈을 가르치지"(딤전 1:3) 못하도록 막기 위함이었다. 바울은 많은 사람이 "신화와 끝없는 족보"(딤전 1:4)에 대한 사변적인 가르침에 의해 복음에서 멀어졌다는 보고를 듣는다. 이는 미드라시 아가다(Midrash Aggadah)로 알려진 랍비의 교훈을 지칭하는 기술적인 용어로서, 구전 토라로 알려지게 될 것의 주요 부분이다. 이 방대한 자료는 성경 주석, 본이 되는 현자들의 행실, 이교도 세상에 대한 변증학 등을 담고 있다. 바울은 디모데에게 몇몇 사람이 헛된 말에 빠져 "율법의 선생이 되려"(딤전 1:6-7) 한다고 경고한다. 바울은 디모데에게 토라를 아는 지식이 우리를 의롭게 하는 것이 아니며, 다만 우리의 죄와 더불어 복음이 필요하다는 사실을 더욱 분명히 깨닫도록 돕는 역할을 해야 한다고 일깨운다(딤전 1:8-11). 바울은 자신의 간증으로 이를 정리한다. 바울은 "내가 전에는 비방자요 박해자요 폭행자였으나 도리어 긍휼을 입은 것은…… 우리 주의 은혜가 그리스도 예수 안에 있는 믿음과 사랑"(딤전 1:13-14) 때문이라고 전한다. 바울은 자신에게 어떠한 특권적인 지위가 있다는 일말의 가능성도 부정하며, "그리스도 예수께서 죄인을 구원하시려고 세상에 임하셨다 하였도다 죄인 중에 내가 괴수니라"(딤전 1:15; 참고 롬 7:14-8:4; 갈 1:13-16; 빌 3:4-9)고 고백하며 하나님을 찬양한다. 복음의 목적은 정결하게 된 마음, 새롭게 된 양심, 그리스도를 믿는 신실한 믿음에서 흘러나는 사랑이다(딤전 1:5, 18-19; 참고 롬 13:10; 갈 5:6).

바울은 디모데에게 질서 있게 예배하고 교회를 지도할 것을 명한다. 모든 사람을 위해 기도를 드려야 하는데, 황제를 위해서도 기도해야 한다. 그래서 고요하고 평안한 생활을 통하여 모든 사람에게 복음을 전하는 일이 수월하게 되어야 한다(딤전 2:1-7). 남자들은 분노와 다툼 없이 서로 기도해야 한다(딤전 2:8). 여자들은 단정하게 옷을 입고, 경건함으로 자기를 단장해야 한다. 또한 하나님의 말씀을 경청하지 않거나 모인 회중을 방해하는 자들은 순종함으로 조용히 배워야 한다(딤전 2:9-12). 이 구절에서 모든 것을 아우르는 바울의 관심은 통일된 분위기를 조성하여 모든 사람, 모든 남자와 여자가 하나님의 말씀을 읽고, 배우고, 습득하는 것이다(딤전 2:1-7). 여기에서 바울은 특별히 서로 논쟁을 한다거나, 복음의 가르침을 막는 식으로 서로를 좌지우지하려는 태도를 경고한다. 그리스도인들마다 이 구절을 어떻게 적용해야 하는지 그 방식에 대해서는 서로 이해가 다를지 모르지만, 그러한 논의는 복음, 성령의 다양한 은사, 교회의 통일성을 우선시한 바울의 의도를 반영해야 한다. 바울은 우리에게 부차적인 문제에 대해서는 너그러운 태도를 보이는 모범을 직접 보여 줬고, 그리스도 안에서 누리는 자유를 자신의 권리를 행사하는 식으로 사용하지 않도록 했다(롬 14:1; 고전 9:1-15). 바울이 보기에는 모든 사람이 죄를 범하였기 때문에(딤전 2:14; 참고 롬 5:12-14; 고전 15:21-22), 개인의 경건함은 교회 지도자들에게 가장 요구되는 조건이었다(딤전 3:1-13). 교회를 인도하는 모든 자는 반드시 "책망할 것이 없으며", "가르치기를 잘"(딤전 3:2)해야 했다. 그들은 성실하고, 자신의 집을 잘 다스려야 했다. 마찬가지로 지도자들은 "하나님의 집…… 이 집은 살아 계신 하나님의 교회요 진리의 기둥과 터"(딤전 3:15)에서 신실할 것을 요청 받았다.

거짓 가르침이 넘쳐났기 때문에 바울은 디모데에게 "읽는 것과 권하는 것과 가르치는 것에 전념하라"(딤전 4:13)고 권한다. 바울은 니보데에게 "네 자신과 가르침을 살펴"(딤전 4:16)보라고 강권한다. 디모데는 자신의 연소함으로 의기소침할 것이 아니라 "말과 행실과 사랑과 믿음과 정절에 있어서 믿는 자에게 본이 되어"(딤전 4:12)야 한다. 디모데는 언제나 겸손하게 사람들을 인도하며 "늙은이를 꾸짖지 말고 권하되 아버지에게 하듯 하며 젊은이에게는 형제에게 하듯 하고 늙은 여자에게는 어머니에게 하듯 하며 젊은 여자에게는 온전히 깨끗함으로 자매에게 하듯"(딤전 5:1-2) 해야 했다. 그리고 교회에서 함께 인도하는 자들을 존경하며 "말씀과 가르침에 수고하는 이들에게는 더욱 그리"(딤전 5:17)해야 한다. 바울은 그리스도가 주신 사역에 만족하는 것이 중요하다고 강조하며, 야망과 욕심과 돈에 대한 사랑을 경고한다(딤전 6:3-10). 바울은 디모데에게 그러한 일을 멀리 떠나고, 선한 싸움을 싸우고 영생을 취할 것을 명한다(딤전 6:11-12). 바울은 편지 말미에서 디모데에게 "네게 부탁한 것을 지키라"(딤전 6:20)고 한다.

디모데에게 두 번째 편지를 쓸 때, 바울은 로마에 두 번째로 수감된 상태였다(딤후 1:16, 2:9). 주님은 바울에게 "전제와 같이 내(바울)가 벌써 부어지고 나(바울)의 떠날 시각이 가까웠도다"(딤후 4:6)는 사실을 이미 알려 주셨다. 이 땅의 삶이 끝에 가까운 상황에서 바울은 디모데를 "사랑하는 아들"(딤후 1:2)이라고 칭하며 매우 개인적인 편지를 보낸다. 바울은 세상을 구속하시는 하나님의 목적이 다음 세대 지도자를 통해 이어질 것을 알았다. 바울은 디모데에게 "은사를 다시 불일 듯하게"(딤후 1:6) 할 것을 권하며 두려워하지 말라고 한다(딤후 1:7). 바울은 하나님의 위대한 목적이 "우리 구주 그리스도 예수의 나타나심으로 말미암아 나타"났으며, 예수에 대해서는 "사망을 폐하시고 복음으로써 생명과 썩지 아니할 것을 드러내신지라 내가 이 복음을 위하여 선포자와 사도와 교사로 세우심을 입었노라"(딤후 1:10-11)고 쓴다.

자신의 죽음이 눈에 보이는 상황에서 바울은 디모데에게 "그리스도 예수 안에 있는 믿음과 사랑으로써 내게 들은 바 바른 말을 본받아 지키고 우리 안에 거하시는 성령으로 말미암아 네게 부탁한 아름다운 것을 지키라"(딤후 1:13-14)고 권한다. 그리고 디모데는 반드시 다른 사람들을 가르칠 수 있는 자들에게 복음을 나눠야 한다(딤후 2:1-2). 디모데는 그리스도 예수의 좋은 군사가 되어 고난을 기꺼이 받으며 자기 생활에 얽매이지 말아야 한다(딤후 2:3-4). 고결한 운동선수처럼 디모데는 승리자의 관을 얻기 위해 법대로 경기해야 한다(딤후 2:5). 그러면 수고하는 농부처럼 정해진 때에 수확 중 자신의 몫을 받을 것이다(딤후 2:6). 그는 반드시 자신을 하나님께 "진리의 말씀을 옳게 분별하며 부끄러울 것이 없는 일꾼으로 인정된 자로"(딤후 2:15) 드려야 한다. 그는 반드시 역경과 박해 및 자신이 인도하려고 하는 자들의 뿌리 깊은 죄에 놀라지 말아야 한다

(딤후 3:1-13). 그는 반드시 하나님의 영감으로 된 말씀의 충분성과 능력을 의지해야 한다. 이 성경은 "그리스도 예수 안에 있는 믿음으로 말미암아 구원에 이르는 지혜가 있게"(딤후 3:15) 한다. 젊은 디모데에게 보내는 이 권고는 오늘날 우리에게도 여전히 사실이다. 우리는 말씀을 전하는 일을 그 무엇보다도 우선해야 한다.

우리는 바울이 자신의 마지막 날이 가까울수록, 하나님의 말씀을 전하고 가르치는 일에 완전히 헌신했음을 보게 된다. 바울은 디모데에게 "모든 성경은 하나님의 감동으로 된 것으로 교훈과 책망과 바르게 함과 의로 교육하기에 유익하니 이는 하나님의 사람으로 온전하게 하며 모든 선한 일을 행할 능력을 갖추게 하려 함이라"(딤후 3:16-17)고 단언하면서 성경의 충분성을 다시 확인한다. 따라서 바울은 이렇게 쓴다. "하나님 앞과 살아 있는 자와 죽은 자를 심판하실 그리스도 예수 앞에서 그가 나타나실 것과 그의 나라를 두고 엄히 명하노니 너는 말씀을 전파하라 때를 얻든지 못 얻든지 항상 힘쓰라 범사에 오래 참음과 가르침으로 경책하며 경계하며 권하라"(딤후 4:1-2).

연대표 지도에서 디모데전/후서의 요약문은 **"그리스도의 말씀을 전하라"**이며, 핵심 구절은 "너는 말씀을 전파하라 때를 얻든지 못 얻든지 항상 힘쓰라 범사에 오래 참음과 가르침으로 경책하며 경계하며 권하라"(딤후 4:2)이다. 바울은 30년이 넘도록 신실하게 예수 그리스도를 섬겼다. 그는 엄청난 거리를 이동했고, 수백 편의 설교를 전했으며, 수천 시간을 가르쳤다. 수없이 많은 회심을 목격했으며, 교회를 개척했고, 다양한 사회 계층과 인종을 배경으로 하는 사람들과 함께 그리스도의 대의를 위해 일했다. 그는 또한 우리 영혼의 원수가 펴는 간계와 유혹도 알았다. 바울이 디모데에게 보내는 완숙한 조언은 그 당시만큼이나 오늘날도 긴박한 것이다. 목회자들과 교수들, 선교사들과 교회 개척자들, 소그룹 리더들과 교회 학교 교사들은 반드시 하나님의 말씀을 가르치는 데 최고의 관심을 기울여야 한다. 교회는 하나님의 아들 예수 그리스도에 대한 영광스러운 진리를 부여받았다. 하나님의 백성은 복음을 모든 민족에 가르쳐야 하는 신성한 책임을 맡은 것이다.

디도서, 바울이 디도에게 쓰다(주후 63-65년경)

바울이 디도에게 보낸 마지막 편지도 이 기간에 기록되었다. 바울은 1차 선교 여행을 하면서 처음으로 디도를 만난다(갈 2:1). 디도는 이방인으로 그리스도께 나온 사람이다. 바울은 이방인도 믿음으로 의롭다 함을 받았기 때문에 할례와 무관하게 하나님의 언약 가족의 일원으로 인정받는다고 가르쳤는데, 디도가 그 중요한 본보기였다(갈 2:1, 3). 디도는 신실한 동료이자 그리스도를 위한 동역자였다. 바울은 디도 편에 고린도 교회에 가슴 아픈 편지를 보냈고, 또한 디도는 예루살렘 교회를 위해 고린도 교회가 드린 연보를 수합하는 책임도 맡았다(고후 2:3-4,13, 7:6-16, 8:16-24). 바울은 디도에게 그레데 지역의 성장하는 교회에 경건한 지도자들을 세우라는 책임을 부여한다(딛 1:5). 바울이 디도에게 보낸 편지는 헌신된 섬김으로 이 임무를 완수하라고 격려하는 내용이다.

바울은 광범위한 인사말로 편지를 시작하는데, 이는 하나님이 그의 삶을 부르신 사명을 상기시킨다. 바울은 자신을 하나님의 종이자 예수 그리스도의 사도로 밝힌다. 바울은 그렇게 하신 목적이 "하나님이 택하신 자들의 믿음과 경건함에 속한 진리의 지식과 영생의 소망"을 위함이며, "거짓이 없으신 하나님이 영원 전부터 약속하신 것인데 자기 때에 자기의 말씀을 전도로 나타내셨으니 이 전도는 우리 구주 하나님이 명하신 대로 내게 맡기신 것이라"(딛 1:1-3; 참고 롬 1:1-6)고 말하며 이를 확증한다. 바울의 마지막 날이 가까이 오는 상황에서도 바울의 삶에 주신 그리스도의 사명과, 무엇보다도 하나님의 말씀을 전하려는 마음은 여전히 그 중심을 차지한다. 바울은 애정 어린 목소리로 디도에게 "같은 믿음을 따라 나의 참 아들 된 디도"(딛 1:4)라고 쓴다. 그레데에서 처음으로 복음을 전한 후, 디도는 모든 도시에 생긴 새로운 교회마다 지도자를 임명하라는 지시를 받는다. 디모데전/후서와 마찬가지로 개인의 경건함은 교회 지도자에게 가장 중요한 자격 요건이었다(딛 1:5-9; 참고 딤전 3:1-6). 지도자들은 책망할 것이 없어야 하며, "제 고집대로 하지 아니하며 급히 분내지 아니하며 술을 즐기지 아니하며 구타하지 아니하며 더러운 이득을 탐하지 아니하며 오직 나그네를 대접하며 선행을 좋아하며 신중하며 의로우며 거룩하며 절제"(딛 1:7-8)해야만 한다. 그들은 하나님의 말씀을 굳건히 붙잡고 "바른 교훈으로 권면하고 거슬러 말하는 자들을 책망"(딛 1:9)할 수 있어야 한다. 또한 바울은 거짓된 가르침으로 "가정들을" 온통 무너뜨리는, "할례파"의 복음에 대한 오해에 대해 걱정한다(딛 1:10-11). 바울은 십자가의 성취를 흐리는, 바리새인들에게 전통으로 내려오는 구전 율법을 설명할 때 사용하는 것과 동일한 기술적 용어를 쓴다(딛 1:14; 참고 딤전 1:4; 딛 3:9). 그리고 디도에게 그리스도의 사역을 통해 정결이 성취된다는 사실을 일깨운다(딛 1:15).

바울은 디도에게 바른 교훈에 맞게 가르치라고 권고한다(딛 2:1). 그는 믿음으로 인한 의로움에서 흘러나오는 선한 행실의 본이 되어야 한다(딛 2:7). 바울은 교회를 하나님이 그리스도 안에서 새롭게 하신 인류로 보는데, 이러한 바울의 신학적 비전은 바울의 사역 전반에 핵심 주제다.

> 모든 사람에게 구원을 주시는 하나님의 은혜가 나타나 우리를 양육하시되 경건하지 않은 것과 이 세상 정욕을 다 버리고 신중함과 의로움과 경건함으로 이 세상에 살고 복스러운 소망과 우리의 크신 하나님 구주 예수 그리스도의 영광이 나타나심을 기다리게 하셨으니 그가 우리를 대신하여 자신을 주심은 모든 불법에서 우리를 속량하시고 우리를 깨끗하게 하사 선한 일을 열심히 하는 자기 백성이 되게 하려 하심이라(디도서 2:11-14)

바울은 디도에게 이것들을 "권면하며 모든 권위로 책망"(딛 2:15)하라고 역설한다. 그는 반드시 교회에 순종하라고 촉구해야 하며, 그래서 하나님의 백성이 모든 선한 일에 준비되도록 해야 한다(딛 3:1). 바울은 수 세기 동안 자신의 사역을 강권했던 좋은 소식을 자세히 논한다.

> 우리 구주 하나님의 자비와 사람 사랑하심이 나타날 때에 우리를 구원하시되 우리가 행한 바 의로운 행위로 말미암지 아니하고 오직 그의 긍휼하심을 따라 중생의 씻음과 성령의 새롭게 하심으로 하셨나니 우리 구주 예수 그리스도로 말미암아 우리에게 그 성령을 풍성히 부어 주사 우리로 그의 은혜를 힘입어 의롭다 하심을 얻어 영생의 소망을 따라 상속자가 되게 하려 하심이라(디도서 3:4-7)

바울은 이 진리가 참으로 "아름다우며" 모든 이에게 "유익하니라"(딛 3:8)고 단언한다.

연대표 지도에서 디도서의 요약문은 **"그리스도 우리 구주를 섬기라"**이며, 핵심 구절은 "오직 너는 바른 교훈에 합당한 것을 말하여"(딛 2:1)이다. 바울은 디도에게 그리스도의 대의를 위해 헌신하며 섬기라고 명한다. 이제 모든 사람 가운데, 모든 도시 가운데, 그리고 모든 세대 가운데 새로운 지도자들을 찾아야만 한다. 그들은 그리스도 안에 나타난 하나님의 은혜라는, 이 숨이 멎을 듯 아름다운 복음을 알리는 책임을 위탁받아야 한다. 예수께서는 우리의 구주로서 우리를 위해 자신을 포기하셨다. 그분의 피가 우리를 정결하게 하신다. 예수께서는 우리를 자기 소유의 백성으로 삼으셨고, 우리의 삶 가운데 자신의 영광을 드러내는 일에 열심이시다. 이 위대한 신학 진리가 바울의 삶과 회심과 선교 사역에 영속하는 감명을 주었다. 그리스도의 죽음과 부활이 그의 삶을 바꿔 놓았다. 그리스도의 사랑이 그의 섬김을 강권하였다. 예수 그리스도는 오늘날에도 계속해서 우리에게 동일한 일을 행하신다.

가르침 시대 2부의 결론을 내리며 바울이 감옥에서 보낸 편지 및 다음 세대 기독교 지도자에게 보낸 편지를 읽어 볼 것을 권한다. 하나님의 말씀이 당신의 영혼을 흠뻑 적셔 당신으로 찬양하게 하라. 시간을 내서 당신이 얼마나 제자의 도를 다하고 있는지 평가해 보라. 에베소서는 예수 그리스도에 대한 압도적인 비전을 제시하며 교회, 즉 그리스도의 사랑받는 신부에게 주어지는 놀라운 특권을 보여 준다. 빌립보서는 우리의 상황과 상관없이 그리스도 안에 존재하는 억누를 수 없는 기쁨을 드러낸다. 골로새서는 우리가 영향을 미친 다른 사람들의 공로를 통해서도 그리스도 안에서 새로운 생명이 자라나게 된다는 사실을 일깨운다. 빌레몬서는 복음은 우리가 형제라고 증명하지만, 실제 사역은 실제 삶에서 어떻게 나타나는지 그 모습을 자세하게 그려 낸다. 디모데전/후서는 우리에게 여러 가지 도전들 때문에 두려운 마음이 들 때 하나님의 말씀에 기초하여 용기 있게 사역하라고 명한다. 디도서는 우리에게 그리스도를 섬기는 사역이 막중해 보일 때에도 그 일에 헌신할 것을 강권한다. 예수 그리스도는 우리에게 절대적으로 충분하다. 예수께서는 이제 이방 민족을 향한 기치가 되시며 그가 거하시는 곳은 영화롭다(사 11:10). 예수께서는 "물이 바다를 덮음같이 여호와의 영광을 인정하는 것이 세상에 가득"(합 2:14)하게 만드시기로 작정하셨다. 신약 연대표에 있는 선교의 바다로 눈을 새롭게 하라. 그리고 어디로 당신을 부르시는지 주님께 물으라.

8장 가르침 시대 Ⅲ

Teaching

이 장에서는 일반 서신서를 통한 하나님의 구속 목적을 추적할 텐데, 반드시 성경을 옆에 펴 놓고 따라가기를 권한다. 우리는 다시 편지들의 내용을 제시하고 편지별로 요약문과 핵심 구절을 제공하여 각 편지가 그리스도를 어떻게 가르쳤는지 기억하게 할 것이다. 선교가 확장되어 가는 지도에서 각 편지의 위치를 확실히 확인하자. **오순절 시대** 부분 아래에서 일반 서신서를 볼 수 있고, 이 시대에 일어난 핵심 사건을 확인할 수 있다. 여기에는 초기 기독교 지도자들에 대한 박해 및 주후 70년 예루살렘 성전의 파괴를 낳게 되는 주후 66년에 발발한 유대 전쟁 등이 있다. 우리는 이러한 일반 서신서를 연구하면서 이 소제목들을 이야기에 포함할 것이다. 또한 교회의 가르침을 하나로 묶고 기독교 선교를 낳은 일곱 가지 핵심 믿음을 요약하면서 **가르침 시대**를 마무리할 것이다.

미리 보는 가르침 시대 3부

가르침 시대 3부에서는 신약에 나오는 마지막 편지 일곱 편을 연구할 것인데, 여기에는 베드로전/후서, 히브리서, 유다서, 요한1-3서가 포함된다. 이 일곱 편지를 두고 때로 일반 서신이라고 하는데, 그 이유는 이 글들이 교회 전체, 아니 적어도 지리적으로 상당한 범위에 해당하는 지역에 쓴 글이기 때문이다. 성령은 일반 서신을 쓰도록 감동하셔서 점차 하나님을 대적하는 세상에서 박해, 거짓 가르침, 마귀의 권세와 맞선 교회에 힘을 주신다. 우리는 기독교의 가르침이 매우 다른 두 가지 방향에서 박해를 받았다는 사실을 기억해야 한다. 한편에서는 종교적인 유대인들이 십자가를 공격하고 이방 민족들도 구원받은 백성에 포함한다는 것을 멸시했다. 다른 편에서는 우상을 섬기는 이교도들이 십자가를 조롱하고 이스라엘의 하나님께 영광 돌리기를 거부했다. 그리스도인 공동체는 이 두 세계 사이에서 그리스도의 가르침을 들고 섰다. 하나님의 백성들은 성경에 따른 그리스도의 죽음과 부활을 선포한다. 그들은 예수의 이름을 믿는 모든 자에게 죄의 용서를 제시한다. 그들은 모든 민족을 청하여 하나님의 백성이 되어 그리스도와 공동 상속자가 되자고 한다. 이렇듯 기독교의 가르침은 그리스도가 온 땅의 주 되심을 들고 종교 민족주의와 로마 제국주의에 맞선 것이다. 그의 주권적인 손아래, 우리는 사회의 박해가 아무리 심해도 그리스도의 말씀을 더 널리 퍼지게 할 뿐이라는 사실을 목격할 것이다. 또한 거짓 가르침이 복음의 빛을 더욱 밝히 빛나게 한다는 사실을 깨닫게 될 것이다. 그리고 천국과 이 땅의 어떤 권세도 교회를 이길 수 없다는 사실을 알게 될 것이다. 왜냐하면 손대지 아니한 돌이 온 땅을 계속해서 채울 것이기 때문이다.

• 예수의 형제 야고보가 예루살렘에서 처형당하다(주후 62년)

기독교의 가르침이 극적으로 퍼져 나가자 이스라엘 내에서는 계속해서 격렬한 반대가 일어났다. 주후 62년 초반, 로마 총독인 베스도가 갑자기 죽는다. 바울 사도가 그 앞에서 증언한 일을 기억할 것이다(행 25-26장). 베스도는 그리스도에 대한 바울의 증언을 받아들이지는 않았지만, 가이사에게 상소한 바울을 존중하여 제국의 죄수로서 로마에서 재판을 받도록 그를 보낸다(행 27-28장). 바울이 로마에서 수감되었을 때, 예루살렘에서는 교회가 격렬한 반대와 직면한다. 베스도를 대체할 인물이 도착하기 전인 그 짧은 기간에 예루살렘의 종교 지도자들은 교회를 격렬하게 탄압한다. 아나누스(Ananus)라는 사람이 대제사장으로 임명을 받는다. 그는 예수를 심문하고, 초기 기독교 지도자들에게 예수의 이름으로 말하지도 가르치지도 말라고 명령한 가야바의 장인 안나스의 자손이었다(요 18:13, 24; 행 4:6, 18). 안나스는 예수의 형제이자 수십 년간 예루살렘의 그리스도인 공동체를 이끌던 야고보를 체포한다. 안나스는 또한 야고보와 가까운 동료들도 붙잡아 산헤드린 앞에 끌고 간다. 요세푸스는 안나스가 "율법을 파괴한 자들로 그들을 고소하여, 투석형 판결을 내렸다"(《고대사》, 20:200)고 기록한다. 야고보는 유월절을 지키기 위해 모인 사람들 앞에 끌려 나온다. 그는 이스라엘에서 예수가 메시아이심을 고백하는 사람들을 꾸짖으라는 명령을 받는다. 하지만 야고보는 그 대신 예수가 이스라엘의 약속된 메시아이며, 하나님의 우편에 앉아서 영광 속에 다시 오실 것임을 담대하게 증언한다. 그를 고발하는 자들이 돌을 던지기 시작하자, 야고보는 그리스도의 본을 따라 다음과 같이 기도한다. "아버지 저들을 사하여 주옵소서 자기들이 하는 것을 알지 못함이니이다"(눅 23:34 참고).

• 로마의 대화재와 그리스도인에 대한 박해(주후 64년)

또한 신실하게 그리스도를 가르친 결과, 바울이 투옥된 곳인 로마 제국에서부터 박해가 촉발된다. 주후 64년, 대화재가 발생하여 도시는 폐허로 변한다. 로마의 중심 구역 세 곳이 파괴되었다. 그러자 네로가 새로운 궁궐이 들어설 자리를 만들기 위해 불을 냈다는 소문이 돌았다. 하지만 네로는 그리스도인 공동체가 화재를 냈다고 거짓말을 한다. 그리고 제국의 궁전에서 저녁 연회를 열 때 그들을 산 채로 인간 횃불로 태워 그곳을 밝히도록 명한다. 바울이 상소를 하고 재판을 받기 위해 기다리는 그 사람이 바로 이 사람이다! 로마의 역사가 타키투스는 엄청난 무리가 도시에 불을 냈다는 죄 때문이 아니라, "인류에 대한 증오" 때문에 유죄 판결을 받았다고 기록한다. 그는 그들의 창시자를 "그리스투스, 디베료(티베리우스)의 통치 기간에 총독 본디오 빌라도의 손에 십자가 극형을 받은 자"로 명명한다. 그는 그리스도인들이 범죄자임에 동의하면서도, 그들을 죽이는 방식이 지켜보는 자들 사이에 동정심을 일으켰다고 언급한다.

몇몇 로마의 문인들은 대중에게 악의적인 모략을 퍼뜨리면서 그러한 박해에 기름을 끼얹었다. 그리스도인들이 기소된 주된 내용을 보면 무신론, 식인 행위, 근친상간이었다. 그들은 그리스도인들이 전통적인 신과 신격화된 황제들을 존경하지 않는다는 이유로 무신론자로 공격한다. 그들은 "자신들의 신의 몸을 먹고 피를 마신다"는 소문을 듣고서는 그리스도인들을 식인 행위자로 조롱한다. 그들은 그리스도인들이 모든 자를 "형제와 자매"로 부르는 "애찬"을 두고 비방한다. 옛 것을 가치 있게 여기는 문화에서 기독교는 무언가 위험하면서도 새로운 것으로 보였다. 그들은 기독교를 비(非)로마적인 것, 제국의 변방에서 일어난 외국의 미신 정도로 생각했다. 그들은 일반적으로 그리스도인들에게 "인간성을 증오하는 자"라는 낙인을 찍는다. 왜냐하면 그리스도인들이 공인된 쾌락과 로마 사회의 관습을 버리고 십자가에 죽은 죄인을 하나님으로 예배하기 때문이었다.

강렬한 박해에도 불구하고 높임 받으신 예수는 그리스도인들의 생명을 지키신다. 하지만 어떤 사람들에게는 자기 이름을 위해 고난 당하는 특권을 주신다. 또한 사랑하는 자기 양떼를 목회하도록 경건한 지도자를 주시고, 가르침을 베푸신다. 베드로 사도 또한 이때 로마에 있었다. 베드로는 갈릴리 바다 연안에서 로마 제국의 심장부까지 내내 그리스도를 따랐다. 그는 동료 이스라엘인이 박해를 가하든, 로마 세계에서 박해를 당하든, 박해를 당할 때마다 그리스도에게 신실한 것이 무엇인지를 더 많이 배워 나갔다. 성령은 이제 베드로를 감동하셔서 로마에서 전 세계에 퍼진 그리스도인 공동체를 격려하는 두 편의 일반 서신을 쓰게 한다.

베드로전/후서, 베드로가 흩어진 교회에 쓰다(주후 64-65년경)

베드로전/후서는 베드로 사도가 이 땅에서 자신이 걸은 순례 길과 예수 그리스도를 섬기는 마지막에 다다랐을 때 쓴 두 편의 서신이다. 베드로전서는 본도, 갈라디아, 갑바도기아, 아시아, 비두니아에 흩어진 믿는 자들에게 보낸 편지다(벧전 1:1). 334,120제곱킬로미터에 달하는 이 거대한 지역에는 1세기에 약 850만 명의 인구가 있었다. 신약 연대표를 보면 이 지역은 현대 터키의 북부와 서부 지역을 모두 포괄한다. 이 편지는 로마를 지칭하는 비밀스러운 표현인 "바벨론"에서 기록되었다(벧전 5:13; 참고 계 18:2). 이 편지들의 문체는 매우 수준이 높기 때문에 사람들이 어떻게 갈릴리의 어부가 저자일 수 있느냐며 의심했다. 베드로는 예전에 바울을 따르던 실루아노(Silvanus, 또는 실로로 알려짐)의 도움을 받아 이 편지들을 썼다고 우리에게 전한다(벧전 5:12; 참고 행 15:22, 16:19, 25). 베드로는 그리스도를 직접 목격한 사람으로서 "이것이 하나님의 참된 은혜임을"(벧전 5:12; 참고 벧후 1:16) 증언한다. 그는 교회가 그리스도의 피가 뿌려지고, 성령으로 성화되며, 순종할 준비가 된 하나님이 선택하신 백성이라는 감동적인 비전을 제시한다(벧전 1:2). 그는 믿는 자들에게 박해에 직면해서도 굳게 서서 거짓 가르침을 물리치라고 격려한다. 하나님의 주권적인 손에 의하여, 그러한 고난은 그리스도인들로 하여금 확신에 가득하여 그리스도의 재림을 기다리며 경건함 가운데 성장하게 할 뿐이다(벧전 1:6-9). 그때까지 경건한 지도자들은 반드시 신실하게 그리스도의 양 떼를 쳐야 한다. 그리하면 "목자장이 나타나실 때에 시들지 아니하는 영광의 관"(벧전 5:4)을 얻을 것이다.

예수는 갈릴리의 어부였던 베드로를 변화시켜 종과 같이 헌신된 지도자로 삼으신다. 박해와 적개심이 가중하는 매우 실제적인 상황에서 베드로는 교회에 행동할 것을 긴급하게 촉구한다. 이 두 편지에만 거의 40개의 명령문이 나온다. 베드로는 듣는 자들에게 행동할 마음의 준비를 하고, "근신하여" 마음의 소망을 "예수 그리스도께서 나타나실 때에 너희에게 가져다주실 은혜"(벧전 1:13)에 두라고 훈계한다. 베드로는 그들에게 "알지 못할 때에 따르던 너희 사욕을" 따르지 말고 "모든 행실에 거룩한 자"(벧전 1:14-15)가 되라고 말하는데, 이는 이스라엘의 소명을 떠올리게 한다(레 19:2, 롬 12:1-2). 그들은 "살아 있고 항상 있는 하나님의 말씀"을 통해 "그리스도의 보배로운 피로" 대속함을 받은 것이다(벧전 1:19, 23; 참고 요 1:12-13, 3:3). 따라서 그들은 반드시 하나님의 말씀이라는 순전하고 신령한 젖을 사모하여 구원에 이르도록 자라나야 한다(벧전 2:2). 그들은 산 돌같이 "신령한 집으로 세워지고 예수 그리스도로 말미암아 하나님이 기쁘게 받으실 신령한 제사를 드릴 거룩한 제사장"(벧전 2:5; 참고 2:19-22)이 되어야 한다. 예수 자신이 건축자들이 버린 돌이었지만, 이제는 머릿돌이 되신다(벧전 2:6-8; 참고 시 118:22; 사 8:14, 28:16). 그리스도를 믿는 모든 자는 이제 "택하신 족속이요 왕 같은 제사장들이요 거룩한 나라요 그의 소유가 된 백성"(벧전 2:9; 참고 출 19:6; 신 7:6)이라는 이스라엘의 소명을 공유하게 된 것이다. 하나님의 구속의 목적을 선포하면서, 바울은 이방인들에게 다음과 같이 상기시킨다. "너희가 전에는 백성이 아니더니 이제는 하나님의 백성이요 전에는 긍휼을 얻지 못하였더니 이제는 긍휼을 얻은 자니라"(벧전 2:10; 참고 호 2:23; 롬 9:25-26).

하나님의 백성은 "영혼을 거슬러 싸우는 육체의 정욕을 제어"하고 "행실을 선하게"(벧전 2:11-12) 가짐으로 경건함에서 자라나야 한다. 그들은 "자유가 있으나", 이제는 "하나님의 종"이 되었다(벧전 2:16; 출 8:20,

12:31). 그들은 "친히 나무에 달려 그 몸으로 우리 죄를 담당하셨으니 이는 우리로 죄에 대하여 죽고 의에 대하여 살게"(벧전 2:21-24; 참고 사 53:5) 하신 그리스도의 본을 따른다. 경건함은 그들의 결혼 관계 및 서로를 사랑하고 자신을 박해하는 자들도 축복하는 모습으로 나타난다(벧전 3:1-12). 이러한 행동을 통해 다른 사람들을 그리스도에게 이끌 수 있다(벧전 3:1, 15-16). 믿는 자들은 반드시 "정신을 차리고 근신"(벧전 4:7, 5:7)해야 한다. 베드로는 경험상 그들이 마귀에 저항해야 함을 알았다. 왜냐하면, "모든 은혜의 하나님 곧 그리스도 안에서 너희를 부르사 자기의 영원한 영광에 들어가게 하신 이가 잠깐 고난을 당한 너희를 친히 온전하게 하시며 굳건하게 하시며 강하게 하시며 터를 견고하게"(벧전 5:9-10; 눅 22:31-34; 요 21:7-18) 하시기 때문이다.

얼마 지나지 않아 베드로후서가 작성되었고 첫 편지와 동일한 우려를 담고 있다. 베드로는 "너희 부르심과 택하심을 굳게 하라"고 마지막으로 일깨우고 믿는 자들에게 거룩함과 경건함 가운데 계속 성장하라고 강권한다(벧후 1:10, 1:3, 6-7, 3:11). 그는 "우리 주 예수 그리스도께서 내게 지시하신 것같이 나도 나의 장막을 벗어날 것이 임박한 줄을"(벧후 1:14; 참고 요 21:18-19) 확실히 의식한 상태에서 편지를 쓴다. 베드로는 그리스도의 위엄을 눈으로 목격한 자로서 성부 하나님이 하늘에서 말씀하셨던 그 잊을 수 없는 순간을 기억한다. "이는 내 사랑하는 아들이요 내 기뻐하는 자라"(벧후 1:17-18; 참고 마 17:5). 베드로는 교회에게 하나님의 진정한 선지자들이 성령의 감동을 받아 그리스도의 고난과 그 뒤에 따를 영광을 모두 예언했다는 점을 상기시킨다(벧후 1:19-21; 참고 벧전 1:10-12). 거짓 선지자들이 이스라엘을 잘못된 곳으로 인도한 것처럼, 베드로는 거짓 교사들이 그들 가운데 있어, 은밀하게 거짓 가르침을 교회에 들이고 있음을 경고한다(벧후 2:1). 거짓 가르침은 언제나 경건하지 않음과 하나님의 형상을 더럽히는 결과를 초래한다(벧후 2:10-21). 거짓 교사들은 현재 감각적인 쾌락을 제공할지 모르지만, 그들의 말로는 파멸과 심판이 될 것이다(벧후 3:7). 믿는 자들은 반드시 하나님의 말씀을 신뢰하고,

그리스도의 영광스러운 재림을 기다리며 신실함을 지켜야 한다. 주님의 날이 임할 때 세상은 불로 정제될 것이다. 악은 영원히 심판을 받을 것이다. 하나님의 약속에 따르면, 믿는 자들은 "의가 있는 곳인 새 하늘과 새 땅을"(벧후 3:13; 사 65:17, 66:22) 기업으로 받을 것이다.

연대표 지도에서 베드로전/후서의 요약문은 **"그리스도의 양 떼를 치라"**이며, 핵심 구절은 "너희 중에 있는 하나님의 양 무리를 치되"(벧전 5:2)이다. 베드로는 예수께서 자신을 회복시키신 그 순간을 절대로 잊지 않았다. 베드로는 예수를 세 차례 부인하였고, 그 후에 세 차례 질문을 받는다. "네가 나를 사랑하느냐?" 베드로는 "주님 그러하나이다"라고 답했고, 예수께서는 그에게 "내 양을 먹이라"(요 21:15-17)고 명령하셨다. 베드로는 남은 삶 내내 그리스도의 양 떼를 치는 신실한 목자로 그리스도를 섬겼다. 그는 다음 세대 지도자들에게 동일하게 할 것을 명한다. "너희 중에 있는 하나님의 양 무리를 치되 억지로 하지 말고 하나님의 뜻을 따라 자원함으로 하며 더러운 이득을 위하여 하지 말고 기꺼이 하며 맡은 자들에게 주장하는 자세를 하지 말고 양 무리의 본이 되라"(벧전 5:2-3). 이 편지는 베드로 사도의 마지막 말씀이다. 그는 곧 로마에서 십자가에 달려 죽기 때문이다. 이로써 베드로의 지상 사역은 마무리되지만, 베드로는 목자장이 나타날 때, 믿는 자들은 모두 "시들지 아니하는 영광의 관"(벧전 5:4)을 얻게 되리라는 사실을 알았다.

• 네로의 통치 때 바울이 참수당하고 베드로가 십자가에 죽다(주후 65년경)

네로의 통치 아래 교회를 향한 박해는 더욱 심해졌고, 마침내 주 예수 그리스도의 사도인 바울과 베드로가 죽음을 맞이한다. 신약은 그들이 순교당한 정확한 방식과 장소에 대해서는 침묵하지만, 몇몇 자료에 따르면 바울은 참수를 당했고, 베드로는 로마 외곽에서 십자가에 거꾸로 매달려 죽었다고 한다. 바울은 로마 시민이었기 때문에 십자가의 굴욕을 면했던 것이다. 피지배국 사람으로서 베드로는 수치의 십자가를 감내해야 했다. 바울은 자신의 임박한 죽음을 두고 제단에 드려진 "전제"

라 묘사했다(딤후 4:6; 출 29:40-41). 베드로는 자신이 예수의 말씀대로 죽을 것을 알았다(벧후 1:14; 요 21:18-19).

나이와 은사와 성품은 다르지만 베드로와 바울은 많은 부분을 공유한다. 두 사람 모두 독실한 유대인으로 자랐다. 그들은 말씀을 듣고 읽었으며, 기도했다. 그들은 이스라엘의 소망을 알았다. 두 사람 모두 처음 그리스도를 만나는 순간 자신의 죄에 압도당했다. 베드로는 갈릴리 바닷가에서 그러했고, 바울은 다메섹으로 향하는 길에서 그러했다(눅 45:8; 행 9:4-5). 두 사람 모두 그리스도를 믿음으로 용서를 얻었고, 그리스도를 섬기는 일에 삶을 바치도록 부름 받았다. 베드로와 바울은 예루살렘, 안디옥, 소아시아, 로마에 걸친 동일한 사역지에서 수고했다. 그들은 그리스도의 사랑이 우리를 강권한다는 것을 알았다. 그들은 그리스도의 능력이 우리의 약함에서 완벽해진다는 사실을 깨달았다. 그들은 그리스도의 삶과 죽음이 자신들의 삶의 본이라는 점을 알았다(빌 3:17, 벧전 2:21). 둘 다 그리스도의 고난을 공유하였고, 죽음에서도 그리스도를 닮았다(빌 3:10). 둘 다 그리스도의 부활을 공유하였고, 영광 가운데 그리스도와 같이 되었다(빌 3:11; 계 6:10).

소중한 지도자들의 죽음은 우리를 멈추게 한다. 종종 그들의 이름을 언급하는 것만으로도 그들이 우리 삶에서 얼마나 중요한 존재였는지를 깨닫게 될 때가 있다. 시간을 내서 당신이 믿음의 삶을 살아갈 수 있도록 그들을 사용하신 예수 그리스도께 감사를 드리고, 그들을 기억하자. 또한 신실한 지도자들의 삶은 우리가 주님께 어떻게 헌신해야 하는지 영감을 준다. 그리스도의 말씀은 계속해서 전 세계에 전해져야 한다. 비록 우리는 그들을 모를지라도, 그리스도는 모든 세대, 모든 장소에서 신실한 교사들을 세우실 것이다. 우리는 히브리서라는 독특한 편지에서 이 사실을 목격할 것이다.

히브리서, 유대인(히브리) 그리스도인에게 쓴 편지(주후 65년경)

히브리서는 독특하다. 신약의 다른 모든 편지는 저자를 확인할 수 있지만, 히브리서 저자는 불확실하다. 초기 독자들은 대부분 히브리서의 고상한 문체나 논리 전개 방식 및 수사학적 용법이 바울의 저작으로 알려진 성경들과는 상당히 다르다는 점을 인식했다. 하지만 동시에 히브리서는 하나님의 아들이신 예수 그리스도, 예수의 죽음과 부활의 중심성, 믿음의 중요성과 같은 바울의 중요한 신학 사상을 공유하고 있다. "우리 형제 디모데"라는 인사는 바울의 편지 말미에 드러나는 표현과도 유사하다(히 13:17-25). 따라서 히브리서 저자에 대한 가장 설득력 있는 관점은, 그 저자가 아마도 바울의 선교 팀과 밀접한 관계가 있는 사람일 것이라는 추측이다. 아마 바울의 초기 동료였던 구브로에서 난 레위 족속 바나바(행 4:36, 13:2, 15:39), 아니면 디모데와 동역했으며 헬라어에 정통한 것으로 알려진 실라(또는 실루아노, 행 17:14-15; 살전 1:1; 벧전 5:12), 아니면 "알렉산드리아에서 난…… 언변이 좋고 성경에 능통한 자"(행 18:24; 참고 고전 3:5-6, 16:12)로서 성경에서 유대인들에게 예수가 메시아라는 사실을 강력하게 보여 준 아볼로일 가능성이 높다(행 18:28).

히브리서를 받은 수신자들의 정확한 위치 역시 불확실하다. 학자들은 로마, 예루살렘, 알렉산드리아를 가능한 지역으로 추론한다. 알렉산드리아는 대규모 디아스포라 유대인 공동체의 본거지로서, 아볼로도 그곳에 있었다(행 18:24). 우리 책에서는 히브리서를 신약 연대표 상에 알렉산드리아 주변, 그것도 우리가 앞서 배웠던 유명한 **등대** 옆에 위치시켰다. 광을 낸 동판에 반사시킨 빛줄기는 160킬로미터 떨어진 곳까지 미치지만, 히브리서 저자가 보기에 그리스도의 영광은 그보다 훨씬 멀리까지 비친다.

히브리서의 저자와 위치는 불확실하지만, 절대적으로 확실한 한 가지가 있다. 바로 이 저자가 예수 그리스도에 대해 깜짝 놀랄 만한 관점을 지니고 있다는 것이다. 그는 그리스도의 인격과 그리스도인의 삶을 놀라울 정도로 생생하고 풍부한 어휘로 묘사한다. 히브리서에는 신약의 다른 성경에는 등장하지 않는 헬라어 단어가 169개나 된다. 히브리서의 문체는 성경의 다른 어느 책과도 견줄 수 없을 정도로 뛰어나다. 또한 이 저자는 구약을 꿰고 있는데, 특히 칠십인 역으로 알려진 헬라어 번역본에 정통하다. 그는 자신의 모든 논의를 성경 주해와 적용을 통해 전개시킨다. 히브리서는 서른한 차례 성경을 인용하고, 분명히 성경을 암시한 부분은 일흔다섯 차례에 달한다. 그가 이렇게 "권면의 말"을 하는 목적은 믿는 자들에게 박해를 당하고, 감옥에 갇히고, 재산을 약탈 당해도 그리스도께 신실하라고 격려하기 위함이다(히 13:22; 참고 히 10:32-39, 12:1-6). 이 믿음의 공동체에 속한 몇몇은 그리스도인으로서 함께 모이는 일을 멈추거나, 또는 보복이 두려워서 조상의 관습으로 돌아갈 위험에 처해 있는 것이 분명해 보인다(히 10:25). 이러한 모든 증거와 더불어 계속해서 현재 시제로 예루살렘 성전을 설명하는 것을 볼 때, 주후 70년 도시가 파괴되기 전인 주후 65년경에 작성되었다고 짐작할 수 있다. 이에 대해서는 앞으로 더 다룰 것이다.

히브리서의 핵심 주제는 예수 그리스도가 하나님이 자기 백성에게 주신 말씀의 절정이라는 것이다. 히브리서를 시작하는 문장은 선지자들을 통해서 우리 조상들에게 여러 가지 많은 방식으로 말씀하셨던 하나님이 "이 모든 날 마지막에는 아들을 통하여 우리에게 말씀"하셨는데, "이 아들을 만유의 상속자로 세우시고 또 그로 말미암아 모든 세계를 지으셨다"(히 1:1-2)는 것이다. 많은 번역본은 2절을 "그러나"로 시작하며 앞의 내용과 대비되는 것으로 제시하는데, 원문에서는 그렇지 않다. 히브리서 저자는 두 가지를 대비하는 것이 아니다. 오히려 실제로는 우리가 구약을 통해서만 목소리를 알았던 그 하나님이, 이제는 자신의 유일한 아들을 통해 말씀하신다는 점을 강조하는 것이다. 그 아들은 "하나님의 영광의 광채시요 그 본체의 형상"(히 1:3)이시다. 만일 우리가 하나님이 어떠한 모습인지를 알려면, 그분의 아들이신 예수를 바라보면 된다. 왜냐하면 하나님은 이제 **그를** 통해 우리에게 말씀하시기 때문이다. 히브리서 저자는 아들이 "능력의 말씀으로 만물을 붙드시며", 죄를 정결하게 한 후에는 "높은 곳에 계신 지극히 크신 이의 우편에 앉으셨느니라"(히 1:3) 고 말한다. 그 아들은 천사보다 우월하신데, 그 이유는 "그들보다 더욱 아름다운 이름을 기업으로 얻"(히 1:4)으셨기 때문이다. 하나님이 다시 말씀하신다는 현실 자체가 하나님의 말씀을 듣고 따르려는 자들의 마음을 울린다. 히브리서 첫 문장의 동사는 "옛적에…… 말씀하신"(히 1:1-4)인데, "여러분은 말씀하시는 분을 거역하지 않도록 조심하십시오"(히 12:25, 새번역)라는 경고로 절정에 달한다.

히브리서는 수사학에 의거하여 전개되는데, 이는 아주 세심하게 구성된 것이다. 저자는 일곱 편의 성경 주해를 통해서 하나님이 주신 말씀의 절정이신 예수 그리스도의 탁월함을 제시한다. 각 주해는 "우리가 믿는 도리"인 예수를 "굳게 잡을"(히 4:14) 것을 권하는 내용이다. 또한 각 성경 주해에는 그리스도께 헌신했다가 뒷걸음질하는 이들을 하나님이 심판하신다는 경고를 담고 있다(히 2:1-4, 3:1, 12-14, 4:1, 14-16, 6:1, 18, 10:19-39, 12:1-3, 18-28).

첫째, 저자는 하나로 이어지는 일곱 개의 성경 인용을 통해 천사보다 아들이 뛰어나다는 점을 제시한다(히 1:5-2:4; 인용 시 2:7; 삼하 7:14; 신 32:43; 시 104:4, 45:6-7, 102:25-27, 110:1). 이 권면 뒤에는 독자들에게 그들이 들은 것에서 흘러 떠내려가지 않도록 들은 것에 더욱 유념하라는 권고가 따른다. 히브리서 저자는 시내 산에서 하나님의 말씀이 계시되었는데, 사람들은 이를 하늘의 천사를 통해 이루어진 것으로 이해했다는 사실을 상기시킨다(히 2:1-3; 참고 신 33:2; 행 7:53; 갈 3:19). 저자는 따라서 하나님이 자기 아들을 통해 말씀하신 그 절정의 말씀에 무심한 자는 아무도 안전하지 못할 것이라는 점을 암시한다.

둘째, 저자는 시편 8편에 나타나는 것처럼 예수를 인류의 겸손한 대표자로 제시한다(히 2:5-18). 하나님은 창조 시에 인류에게 독특한 지위를 주셨다. 즉, 영광과 존귀의 관을 씌우시고 하나님의 창조 세계를 통치하는 권세를 주신 것이다(시 8; 참고 창 1:26-28). 히브리서 저자는 인간에게 주어진 이 존귀한 지위를 상기하며, 인간은 "천사들보다 잠시 동안 못하게 하심을 입은 자"이지만, 만물이 그 아래 복종하는 "영광과 존귀로" 관을 쓴 존재라고 한다(히 2:6-8; 인용 시 8:4-6). 그리고 이제 히브리서 저자는 우리의 시선을 돌려, 성육신하시고 죽으시고 부활하셔서 "영광과 존귀"로 관을 쓰신 예수를 보게 한다(히 2:7). 예수는 하나님의 본체의 형상이자, "많은 아들들을 이끌어 영광에"(히 2:10) 들어가도록 하시는 분이다. 따라서 믿는 자들은 우리가 고백하는 구원의 주이시자 대제사장이신 예수께 시선을 고정해야 한다.

셋째, 저자는 시편 95편에서 인용한 "오늘 너희가 그의 음성을 듣거든"이라는 핵심 구절로 하나님의 백성에게 약속된 안식을 탐구한다(히 3:1-4:13). 그는 듣는 자들에게 출애굽 세대가 광야에서 멸절된 것은 그들의 믿음이 부족했기 때문이라는 점을 일깨운다(민 14장). 그는 듣는 자들에게 조심하고, "오직 오늘이라 일컫는 동안에 매일 피차 권면하여 너희 중에 누구든지 죄의 유혹으로 완고하게 되지 않도록 하라 우리가 시작할 때에 확신한 것을 끝까지 견고히 잡고 있으면 그리스도와 함께 참여한 자가 되리라"(히 3:12-14)고 권한다. 믿는 자들은 그리스도의 안식에 들어가도록 힘써야 하는데, 그 이유는 살아 있고 활력이 있는 하나님의 말씀은 우리의 신앙 고백이 진실한지를 드러낼 것이기 때문이다(히 4:11-13).

넷째, 저자는 시편 110편의 말씀을 기준으로 그리스도를 "멜기세덱의 반차를 따른 대제사장"으로 해석한다(히 4:14-7:28). 그리스도는 하늘 성소에서 영원한 대제사장직을 담당하시는데, 이 땅의 성전은 그 모방에 불과하다(히 4:14, 8:5; 참고 출 25:40). 그런데 예수께서는 이곳에서 자신을 단번에 자기를 드리셨다(히 7:27). 예수를 통해 우리는 죄의 용서를 받고 하나님의 보좌에 나아갈 수 있게 되었다. 믿는 자들은 그들이 신앙에서 떨어져 나갈 수도 있다는 영적인 위험에 대해 경고를 받는다. 그렇게 하는 것은 실제로 "하나님의 아들을 다시 십자가에 못 박아 드러내 놓고 욕되게"(히 6:6) 하는 것이다. 비록 글쓴이는 엄중한 경고를 하고 있지만,

믿는 자들이 자신의 말을 들을 것을 확신한다(히 6:9). 그리스도가 "항상 살아 계셔서 그들을 위하여 간구"(히 7:25)하시기 때문에 그들은 변함이 없을 것이다.

다섯째, 저자는 그리스도를 예레미야서 31장에서 약속된 새 언약의 중보자로 드러낸다(히 8:1-10:31). 우리는 구약을 연구하면서 모세 언약(옛 언약이라고도 함) 아래에서 하나님의 백성이 순종하지 않은 결과 포로 생활이라는 심판을 당하게 되었다는 사실을 봤다(렘 11장). 예레미야 선지자는 하나님이 이스라엘이 파기해 버린, 동물의 피를 흘리는(참고 창 15:7-21; 출 24:1-8) 옛 언약과 같지 않은 새 언약을 세우실(문자적으로는 "자르다") 미래의 때에 대해서 이야기한다. 그분의 피는 영원한 구속을 확증하고, 우리의 양심을 정결하게 하여 살아 계신 하나님을 섬기게 한다(히 9:12-15). 그리스도의 대속 죽음으로 더 이상 레위기의 율법에 따른 희생 제사가 필요 없는 새 언약이 발효된다. 그리스도는 "단번에" 자신을 드리심으로 우리의 용서와 성화를 확증하신다. 따라서 하나님의 백성은 "예수의 피를 힘입어 성소에 들어갈 담력을" 얻는데, "그 길은 우리를 위하여 휘장 가운데로 열어 놓으신 새로운 살 길이요 휘장은 곧 그의 육체"(히 10:19-20)인 것이다. 저자는 믿는 자들에게 다시 한 번 "우리가 믿는 도리의 소망을 움직이지 말며 굳게 잡"(히 10:23)을 것을 권고한다. "하나님의 아들을 짓밟"는 자들에게는 심판이라는 두려운 미래만이 있을 뿐이다(히 10:26-31).

여섯째, 저자는 하박국서 2장을 통해 믿음을 지키시는 궁극적인 본으로 예수를 추앙한다(히 10:32-12:2). 믿는 자들에게는 "인내가 필요함은 너희가 하나님의 뜻을 행한 후에 약속하신 것을 받기 위함이라"(히 10:36)고 한다. 그들은 움츠러들지 말고 오히려 "바라는 것들의 실상이요 보이지 않는 것들의 증거"(히 11:1)인 믿음으로 살아야 한다. 저자는 아벨, 에녹, 노아, 아브라함, 사라, 이삭, 야곱, 모세, 여호수아, 사사들과 선지자들과 같은 예들에서 구약을 포괄하는 한 가지 관점을 제시한다. 이 강력한 장은 그리스도 안에서 하나님의 약속이 성취하신 것을 지키는 믿음을 일으키기 위해 성경의 거대한 서사를 논한다. 믿는 자들은 구름같이 둘러싼 허다한 증인들 앞에서 "우리 앞에 당한 경주를" 하며, "믿음의 주요 또 온전하게 하시는 이"이자 "그 앞에 있는 기쁨을 위하여 십자가를 참으사 부끄러움을 개의치 아니하시더니 하나님 보좌 우편에 앉으"(히 12:1-2)신 분을 바라본다.

일곱째, 저자는 예수의 본을 사용하여, 그들이 당하는 박해와 적개심을 잠언 3장에 나오는 아들 됨의 증거로 해석한다. 실제로 고난은 우리 하늘 아버지가 마침내 큰 상급을 주시기 위해 우리를 징계하시는 것이다. 우리 아버지는 자신이 사랑하는 자들을 훈련하고 징계하신다. 하나님은 언제나 "우리의 유익을 위하여 그의 거룩하심에 참여하게"(히 12:10) 하신다. 고통스럽지만, 하나님의 징계는 훈련 받는 자들에게 "의와 평강의 열매"(히 12:11)를 준다. 하나님의 현현, 즉 자신을 드러내신 절정은 그리스도 안에서 우리에게 전해졌다. 그의 음성을 들은 자는 절대로 돌아설 수 없다. 글쓴이는 그리스도를 믿는 자들에게 임하는 새로운 현실을 숭고하게 묘사한다.

> 그러나 너희가 이른 곳은 시온 산과 살아 계신 하나님의 도성인 하늘의 예루살렘과 천만 천사와 하늘에 기록된 장자들의 모임과 교회와 만민의 심판자이신 하나님과 및 온전하게 된 의인의 영들과 새 언약의 중보자이신 예수와 및 아벨의 피보다 더 나은 것을 말하는 뿌린 피니라(히 12:22-24)

이 영광스러운 소망을 보며 하나님의 백성들은 자기 아들로 우리에게 "삼가 말씀하시는 이를" 거역하지 말아야 한다(히 12:25). 저자는 믿는 자들에게, 하늘에서 직접 임한 말씀을 거역하면 하나님의 심판을 피할 수 없다는 사실을 상기시킨다(히 12:25; 참고 히 1:1-2, 2:1-4). 편지는 마지막 권면과 경고 뒤에 개인적인 문안으로 끝난다(히 13장).

연대표 지도에 히브리서 요약문은 **"그리스도가 만물보다 우월하시다"**

이고 핵심 구절은 "이 모든 날 마지막에는 아들을 통하여 우리에게 말씀하셨으니 이 아들을 만유의 상속자로 세우시고 또 그로 말미암아 모든 세계를 지으셨느니라"(히 1:2)이다. 하나님이 주신 말씀의 절정은 그리스도 안에서 전해졌다. 아들 안에서 우리에게 주신 하나님의 말씀은 약속된 "마지막"(히 1:1, 6:5, 9:26; 참고 신 4:30; 사 2:2; 렘 23:20; 단 2:28; 호 3:5; 막 1:15; 요 2:18; 고전 10:11; 벧전 1:20)을 연다. 예수 그리스도는 천사들보다 높은 보좌에 앉으신다. 그리스도는 참된 인류를 대변하신다. 예수는 우리에게 약속된 안식을 보증하신다. 예수는 우리의 대제사장으로서 중보하신다. 예수는 자신의 피로 새 언약을 중재하신다. 예수는 앞서서 굴하지 않는 믿음의 본을 보이셨다. 그리스도의 고난과 높임 받으심은 영광으로 향하는 길을 드러낸다. 아무도 그와 무관하게 있을 수는 없다.

유다서, 유다가 예루살렘 교회에 쓰다(주후 65년경)

이제 다음 일반 서신서로 넘어갈 것이다. 유다서는 예수의 형제인 유다가 예루살렘 교회에 보낸 짧은 편지다(마 13:55 참고). 야고보와 마찬가지로 유다는 자신을 "예수 그리스도의 종"이라고 한다(유 1:1). 예수의 육체의 형제들은 처음부터 예수를 믿지는 않았지만(요 7:3-5), 야고보와 유다는 오순절에 모인 무리 가운데 있었다(행 1:14). 그리고 교회의 지도자가 되었다(고전 9:5). 유다는 예수를 "주재 곧 우리 주 예수"(유 1:4)라고 지칭하는데, 이는 그가 자신의 (육체의) 형제인 예수가 이스라엘의 약속된 메시아라는 것을 인정하는 놀라운 간증이다. 유다는 "부르심을 받은 자 곧 하나님 아버지 안에서 사랑을 얻고 예수 그리스도를 위하여 지키심을 받은 자들에게"(유 1:1) 편지한다. 유다는 원래 우리가 공통으로 받은 구원에 대해서 쓰려고 했지만, "믿음의 도를 위하여 힘써 싸우라"(유 1:3)는 편지를 써야 할 필요를 느낀다. 이 짧지만 강력한 편지는 하나님의 은혜가 죄에 대한 면죄부라는 거짓 가르침을 드러내려는 것이었다. 초기 기독교의 모든 지도자는 그러한 가르침을 복음에 대한 근본적인 오해라고 비판했다(롬 5:18, 6:1-15; 벧후 2:1; 요일 2:1).

유다는 하나님의 은혜를 방탕한 것으로 바꾸는 자들은 우리 주 예수 그리스도를 부인한 것이며, 그 심판을 받을 것이라고 단언한다(유 1:4). 그는 성경을 통해서 하나님의 의로운 심판이라는 두려운 현실을 강론한다. 유다는 불신앙으로 멸망하고 만 출애굽 세대의 예를 든다(유 1:5; 참고 민 14:11-12). 그리고 하나님이 세운 권위에 반역한 천사들에게 내린 하나님의 심판도 설명한다(유 1:6; 참고 벧후 2:4; 계 20:2; 창 6:1-4을 암시한 것으로 볼 수 있음). 마지막으로, 유다는 하나님의 진노를 일으키는 개인적인 행동의 예로 소돔과 고모라의 성적 부도덕에 내린 하나님의 심판을 제시한다(유 1:7; 참고 창 19:1-18).

유다는 독자들에게 그들 가운데 있는 거짓 교사들도 마찬가지로 "육체를 더럽히며 권위를 업신여기며 영광을 비방"(유 1:8)한다고 경고한다. 그들의 욕구가 그들 자신을 파괴하는 것이다. 유다는 그들을 하나님의 길과 반대로 행했던 여러 인물들에 비유한다(유 1:11; 참고 창 4장; 민 16, 22장). 유다는 배를 침몰시키는 암초, 자기 양을 삼아먹는 목사, 비를 내리지 못하는 구름, 뿌리 뽑힌 열매 없는 나무, 거품을 뿜는 거친 바다 물결, 어둠 속을 헤매게 될 궤도 잃은 별들과 같이 생생한 심상들을 동원하여, 하나님의 은혜를 더럽혀 죄를 만드는 이들을 비유한다(유 1:12-13). 유다는 잘 알려진 당시의 몇몇 문헌(비정경)을 인용하며 경건하지 않은 자들에게 임하는 하나님의 분명한 심판을 경고한다(유 1:14-15). 유다는 이러한 문헌이 정경과 같은 권위를 지니는 것으로 보고 인용한 것은 아니고, 다만 바울이 헬라의 시를 인용한 것(행 17:28; 고전 15:33; 딛 1:12 참고)과 비슷한 맥락에서 사용한 것이다.

믿는 자들은 거짓 교사들이 존재한다는 사실에 놀라지 말아야 한다. 사도들은 이미 말세에 그러한 자들이 있을 것이라고 말했다(유 1:17-18; 참고 행 20:29-30; 딤전 4:1-5; 딤후 3:1-5; 벧후 3:2-3). 오히려 그들은 "지극히 거룩한 믿음 위에 자신을 세우며 성령으로 기도"(유 1:20)하는 일에 헌신해야 한다. 유다는 그들에게 하나님의 사랑 안에서 자신을 지키며 "영생에 이르도록 우리 주 예수 그리스도의 긍휼을 기다리라"(유 1:21)고 권면한다. 그들은 의심과 죄로 고통 받는 자들에게 자비를 베풀어야 한다. 그들은 다른 사람들을 불에서 끌어내야만 한다. 그들은 "이것이 없이는 아무도 주를 보지 못하리라"(히 12:13; 참고 마 5:8; 살전 4:7)고 하신 그 거룩함을 추구해야 한다. 유다는 "능히 너희를 보호하사 거침이 없게 하시고 너희로 그 영광 앞에 흠이 없이 기쁨으로 서게 하실 이 곧 우리 구주 홀로 하나이신 하나님께 우리 주 예수 그리스도로 말미암아 영광과 위엄과 권력과 권세가 영원 전부터 이제와 영원토록 있을지어다 아멘"(유 1:24-25)이라고 담대하게 찬양하며 편지를 마무리한다.

연대표 지도에서 유다서 요약문은 **"그리스도를 위해 자신을 지키라"**이며, 그 핵심 구절은 "성도에게 단번에 주신 믿음의 도를 위하여 힘써 싸우라"(유 1:3)이다. 오늘날 믿는 자들도 반드시 자신에게 맡겨진 믿음의 도를 위해 싸워야 한다. 우리는 하나님의 은혜를 면죄부로 바꾸는 자들이 잘못되었음을 분명히 알아야 한다. 하나님이 우리를 은혜로 구원하신 것은 우리로 하여금 하나님 앞에 거룩함으로 살아가게 하려는 것이다. 그리스도를 구주라고 말은 하지만 주님으로는 받아들이지 않는 자들에게 하나님의 심판이 드러날 것이다. 믿는 자들은 그리스도가 그들을 넘어지지 않도록 지키시고 우리를 그의 영광 앞에 흠이 없이 기쁨으로 서게 하실 것을 확신하며 살아간다.

요한 1-3서, 요한 사도가 교회에 쓰다(주후 65-95년경)

요한 1-3서는 일반 서신서의 마지막이다. 이 세 편의 짧은 편지는 요한 사도가 에베소 부근에서 자신의 삶과 사역의 마지막을 바라보며 쓴 편지다. 그 정확한 연대는 분명하지 않다. 우리는 이 편지들을 일반 서신에 포함하는데, 그 이유는 독자가 명시되지 않기 때문이다. 요한의 편지는 아마도 소아시아 지역에 있는 그리스도인 공동체 내에서 돌려 가며 읽었을 것이다. 문체는 요한 사도가 쓴 요한복음과 매우 유사하다. 요한은 간단한 단어와 짧은 문장을 사용하여 그리스도에 관한 숭고한 진리들을 전한다. 요한은 "우리가 들은 바요 눈으로 본 바요 자세히 보고 우리의 손으로 만진 바"인 "생명의 말씀에 관하여"(요일 1:1; 참고 요 20:30-31, 21:24-25) 증인으로서 이 글을 쓴다. 자신의 복음서와 마찬가지로 요한은 말씀이 육신을 입었고, 이 생명이 나타내신 바 되었다고 단언한다(요일 1:2; 요 1:14, 3:16, 17:3, 20:31). 그리스도가 하나님의 사랑을 나타내신 것처럼, 그리스도인 공동체는 서로를 향한 사랑으로 정의된다(요일 3:11, 23, 4:7, 11-12; 요이 1:5). 요한의 편지들은 사랑받은 제자가 사랑하는 믿음의 자녀들에게 남긴 항구적인 증언이다.

요한은 "우리의 기쁨이 충만하게"(요일 1:4) 하려는 바람에서 글을 쓴다. 그는 자신의 자녀들이 진리 안에서 행한다는 소식을 듣는 것보다 더 큰 기쁨이 없음을 안다(요삼 1:4). 요한은 자신의 메시지가 "하나님은 빛이시라 그에게는 어둠이 조금도 없으시다는 것"(요일 1:5)임을 확언한다. 믿는 자들은 빛 가운데 걸으며 사귐을 갖고, "그 아들 예수의 피가 우리를 모든 죄에서 깨끗하게"(요일 1:7) 하신다. 죄 없다고 주장하는 자들은 스스로를 속이고 하나님을 거짓말하는 분으로 만드는 것이다. 자신의 죄를 고백하는 자는 아버지 앞에서 대언자가 있음을 보게 될 것인데, 그는 "곧 의로우신 예수 그리스도"(요일 2:1)시다. 요한은 그리스도가 "우리 죄를 위한 화목 제물이니 우리만 위할 뿐 아니요 온 세상의 죄를 위하심이라"(요일 2:2; 참고 요 3:16)는 놀라운 선언을 한다. 그리스도인 공동체는 세상을 위한 그리스도의 대속 죽음을 증언하기 위해 존재한다.

요한에게 믿는 자들이란 위로부터 다시 태어난 자라는 뜻이다(요 3:3). 이 새로운 탄생은 그분의 명령을 지키는 새로운 삶으로 입증된다(요일 2:3; 참고 렘 31:34). 따라서 요한은 하나님의 말씀을 지키는 자는 그 속에서 하나님의 사랑이 온전하게 된다고 쓴다(요일 2:5; 참고 요 14:15). 믿는 자들은 진리와 사랑 가운데 걸으며 그리스도를 닮아가야 한다. 그들은 "내가 너희를 사랑한 것같이 너희도 서로 사랑하라"(요 13:34; 참고 요 15:12; 요일 2:7; 요이 1:5)고 하신 새 계명을 순종해야 한다. 요한은 독자들에게 세상이나 세상에 속한 것을 사랑하지 말라고 경고한다. 그는 이렇게 말한다. "누구든지 세상을 사랑하면 아버지의 사랑이 그 안에 있지 아니하니 이는 세상에 있는 모든 것이 육신의 정욕과 안목의 정욕과 이생의 자랑이니 다 아버지께로부터 온 것이 아니요 세상으로부터 온 것이라 이 세상도, 그 정욕도 지나가되 오직 하나님의 뜻을 행하는 자는 영원히 거하느니라"(요일 2:15-17). 그리스도인 공동체는 이 포학한 세상에서 그리스도의 사랑을 반영하기 위해 그리스도의 사랑 가운데 존재한다.

요한은 말세에 영적인 위험이 가득하다는 사실을 알고 긴급하게 글을 쓴다. 그는 예수가 그리스도임을 부인하는 자들이 적그리스도의 영을 받은 자라고 강력한 경고를 내린다(요일 2:22, 4:1-3; 요이 1:7). 성령은 언제나 예수가 그리스도임을 증언하신다(요 15:26; 요일 4:2, 5:6; 참고 고전 12:3). 아들을 부인하는 자는 아버지를 부인하는 자이며, 아들을 인정하는 자는 아버지를 아는 자다(요일 2:23, 4:15, 5:1; 요이 1:9; 참고 요 5:23). 믿는 자들은 반드시 그리스도와 그들이 받은 진리 안에 거해야 한다(요일 2:24-25; 참고 요 15:4). 그들의 삶은 그리스도가 다시 오심을 바라는 소망 가운데 열매를 맺는다(요일 2:28). 그리스도가 나타나실 때, 그들은 그리스도를 보고 그리스도와 같이 될 것이다(요일 3:2). 그리스도인 공동체는 그리스도의 재림을 소망하며 이를 알지 못하는 세상에 경고하기 위해 존재한다.

요한은 하나님의 아들이 마귀의 일을 멸하기 위해 나타나셨다고 선포한다(요일 3:8). 하나님에게서 태어난 자들은 새로운 생명 가운데 걷는다. 그들은 실제로 서로를 사랑하며 진리를 사랑한다(요일 3:11, 16-18, 4:20-21). 그들은 우리 죄를 위해 자기 아들을 보내심으로 존엄하게 나타난 하나님의 사랑으로 세상을 이긴다(요일 4:4-12, 5:4-5). 그들은 하나님이 사랑하신 아들이 세상의 구주임을 증언한다(요일 4:14). 그들은 "그가 먼저 우리를 사랑"(요일 4:19)하셨기 때문에 사랑한다. 하나님은 예수를 믿는 모든 자에게 영생을 주심으로, 예수가 하나님의 아들, 약속된 메시아임을 직접 증언하신다(요일 5:9-13, 20). 그리스도인 공동체는 이 빈곤한 세상에 그리스도를 구주로 증언하기 위해 존재한다.

요한의 짤막한 두 번째 편지는 "택하심을 받은 부녀와 그의 자녀들에게"(요이 1:1) 쓴 것이다. 이는 아마도 특정한 그리스도인 여성과 그 가정, 또는 한 여성으로 의인화한 지역 교회를 지칭하는 표현일 것이다(계 21:2, 22:17 참고). 요한은 그들이 하나님의 진리를 따라 행한다는 소식을 듣고 기뻐한다(요이 1:4). 또한 그리스도가 주신 새 계명, 즉 "서로 사랑"(요이 1:5; 참고 요 13:34)할 것을 다시 강조한다. 그는 예수 그리스도가 육체로 오심을 부인하는 자들을 경고한다(요이 1:7; 참고 요 1:14). 그리고 성도들에게 그리스도의 가르침 안에 거하라고 격려한다(요이 1:9-10). "택하심을 받은 네 자매의 자녀들이"(요이 1:13) 마지막으로 문안하는데, 이들은 또 다른 지역 교회에서 온 사람들 같다(요이 1:13).

요한의 세 번째 편지는 "가이오 곧 내가 참으로 사랑하는 자에게"(요삼 1:1) 보낸 것이다. 가이오는 평범한 로마 이름으로서 신약에 나오는 동일한 이름과 관련이 있을 수도 있고, 그렇지 않을 수도 있다(행 19:29, 20:4; 롬 16:23; 고전 1:14). 요한은 그가 진리 안에서 행한다는 소식을 듣고 기뻐한다(요삼 1:3). 요한은 가이오가 신실하게 선교사들을 후원한 일을 감사한다(요삼 1:7). 그리고 데메드리오라는 사람을 충실한 사람으로 추천하고 전적으로 지지해도 좋다고 권한다(요삼 1:12). 하지만 "으뜸되기를 좋아하는" 디오드레베에 대해서는 경고를 하며, 그가 다른 충실한 일꾼들을 후원하지 않았다고 밝힌다(요삼 1:9-10). 마지막으로, 요한은 가이오에게 훈계한다. "사랑하는 자여 악한 것을 본받지 말고 선한 것을 본받으라"(요삼 1:11).

연대표에서 요한 1-3서 요약문은 **"그리스도 안에서 서로를 사랑하라"**이며, 그 핵심 구절은 "사랑하는 자들아 우리가 서로 사랑하자 사랑은 하나님께 속한 것이니 사랑하는 자마다 하나님으로부터 나서 하나님을 알고"(요일 4:7)이다. 요한 사도는 그리스도 안에서 하나님의 사랑으로 압도되었고, 그렇기 때문에 자신을 예수의 사랑받는 자로 묘사한다. 그의 편지는 예수가 하나님이 세상을 사랑하신 표현임을 강조한다(요일 4:9; 참고 요 3:16). 이 사랑이 예수로 하여금 우리 죄를 위한 대속 제물로 자신의 생명을 드리게 한 것이다(요일 2:12, 4:10). 요한은 그리스도인 공동체가 이 사랑 안에서 살아야 한다는 것을 알았다. 그들도 자신들이 하나님의 사랑받는 자로 부름을 받았으며(요일 4:7, 요삼 1:2), "하나님이 이같이 우리를 사랑하셨은즉 우리도 서로 사랑하는 것이 마땅"(요일 4:11)하다는 사실을 알았다.

• 가이사랴에서 로마에 대항하는 유대 전쟁이 발발하다(주후 66년)

서로를 사랑하라는 기독교의 가르침은 유대인과 로마인 사이에 긴장 관계가 고조되면서 새롭게 긴박성을 띠게 된다. 이 갈등은 로마 총독이었던 게시우스 플로루스(Gessius Florus, 주후 64-66년)의 부패한 통치 권력으로 촉발되어 급작스럽게 전쟁으로 전개된다. 주후 66년 여름 가이사랴에서 발생한 사소한 일로 전쟁이 발생한다. 어떤 유대인 공동체의 회당 옆에 헬라인 소유의 작은 토지가 있었다. 유대인들은 급등하는 가격에도 불구하고 그 토지를 구매하려는 노력을 거듭 기울였다. 결국 그들은 플로루스에게 은 여덟 달란트를 제시했고, 그는 이 제안을 기꺼이 받아들였다. 그 다음 안식일에 유대인 공동체가 회당에 모였는데, 가이사랴에서 온 어느 헬라인이 회당 입구 옆에 서서 흙으로 만든 큰 용기에 새를 제물로 드리고 있었다. 유대인 공동체는 이 모욕적인 행위에 격노하였다. 왜냐하면 흙으로 만든 용기에 새를 제물로 드리는 것은 나병환자를 정결하게 하는 예식이었기 때문이었다(레 14:2-9). 당시에 유대인을 모욕하는 말 중에 유대인들은 나병환자기 때문에 애굽에서 쫓겨 나왔다고 조롱하는 것이 유행이었다. 분노가 폭발하였고, 곧 소요가 발생했다. 유대인 지도자들이 플로루스에게 여덟 달란트를 상기시켰지만, 플로루스는 오히려 그들을 잡아 감옥에 가둔다.

폭력 사태는 급속하게 예루살렘으로 퍼져 나갔다. 플로루스가 도시를 공격하면서, 헤롯 아그립바 2세와 그의 누이인 버니게도 이 상황을 진정시킬 수 없었다. 유대교 내에 열심당원들이 로마군의 요새를 공격하였고, 마사다의 헤롯 요새도 점령했다. 엘르아살이라는 젊고 열성적인 제사장은 예루살렘 성전에서 로마와 황제를 위해 날마다 드리던 제사를 중단하였다. 이 행동은 유대가 로마에 공식적으로 반란을 선포한 것이었다. 유대교 내의 혁명 분파들이 예루살렘을 장악하면서, 로마에 충성하던 대제사장 아나니아를 죽이고 도시에 주둔하던 로마 주둔군을 패퇴시켰다.

수리아의 군단장이던 세스티우스 갈루스(Cestius Gallus)는 폭동을 제압하기 위해 로마 제12군단을 이끌고 안디옥에서 출정한다. 주후 66년 가을, 그는 예루살렘을 포위하고 성전 산으로 진군한다. 그는 반란을 잠재웠다고 만족하여, 돌연히 군대를 철수한다. 유대의 병력이 고지인 벧 호론(Beth-Horon)에서 퇴각하는 로마 군대를 공격한다. 그들은 성공에 고취되어 예루살렘으로 돌아가 전쟁 준비에 들어간다. 유대 지도자들은 성전에 모여 지역별로 전쟁을 수행할 지휘관들을 임명한다. 이 연구 내내 우리가 인용하고 있는 요세푸스는 갈릴리의 지휘관이 된다. 그는 도시를 요새로 만들고 60,000명의 시민군과 350명의 기갑병 및 4,500명의 용병을 양성한다. 그는 당시 29세였다.

로마 황제 네로는 세스티우스가 패배했다는 소식을 듣자, 베스파시아누스(Vespasian)를 임명하여 유대의 반란을 진압하게 한다. 그는 평생 군인으로 복무한 인물로서, 그의 할아버지는 백부장이었고, 아버지는 세관 관리였다. 그는 당시 57세였다. 베스파시아누스는 아들인 티투스를 파견하여 알렉산드리아의 유명한 제15군단을 소환하도록 한다. 그렇게 해서 그는 제12군단과 제15군단으로 이루어진 두 개 군단의 수장이 되어 직접 헬레스폰토스를 넘어 안디옥까지 진군한다. 베스파시아누스가 남쪽으로 이동해 가자 각 지역의 통치자들이 궁수, 기갑병, 지원 부대를 제공하였고, 로마 진영은 규모가 급증했다.

주후 67년, 베스파시아누스는 갈릴리에 군사 작전을 개시한다. 로마 군대가 변방 지역으로 이동하였고, 요세푸스는 이렇게 한탄한다. "온 갈릴리는 불과 피로 덮였다"(《전쟁사》, 3.63). 로마인들은 무기를 지닌 자들을 모두 죽였고, 그 외에는 노예로 팔아 버렸다. 주위 마을들은 완전히 불탔다. 요세푸스는 갈릴리 가나 부근의 요새화된 도시인 요타파타(Jotapata)로 도주하여 혼신의 힘을 다하여 45일 동안 로마군에 맞섰다. 포위 공격이 막바지에 달하자, 요세푸스는 도시의 지도자 40명과 함께 깊은 물 저장고에 숨는다. 하지만 그들은 결국 발각되었고, 베스파시아누스는 그들에게 산 채로 투항하라고 말한다. 유대인 지도자들은 로마인들이 사로잡은 적장을 어떻게 처리하는지 알고 있었다. 그들은 로마의 개선 행렬의 후미에서 가두 행진을 하다가 군중들의 아우성 가운데 처형되고 말 것이다. 요세푸스의 동료들은 제비뽑기로 자살을 감행하기로 결심한다. 이 극도의 압박 가운데 요세푸스는 누구도 생각하기 힘든 행동을 한다. 그는 다음과 같이 하나님께 기도하며 로마군에 항복한다. "저는 기꺼이 살기 위해 로마에 항복하겠습니다. 하지만 당신의 종으로서, 변절자가 아닌 증인으로 가겠습니다"(《전쟁사》, 3.354). 로마 진영에 들어선 후 요세푸스는 베스파시아누스와 비밀리에 접견을 요청한다. 요세푸스는 로마의 장군 및 그 아들과 독대하며, 이렇게 예언한다. "당신 베스파시아누스와 당신의 아들은 황제가 될 것입니다"(《전쟁사》, 3.401). 이 로마 장군은 이 이야기를 듣고 놀랐던 것이 분명하다. 베스파시아누스는 요세푸스를 포로로 2년간 가이사랴에 감금한다. 마치 바울 사도가10년 전에 그러했던 것처럼 말이다. 로마 진영에 있던 모든 사람은 베스파시아누스가 갈릴리 정복을 마치고 예루살렘에 마지막 공격을 준비할 때 그 예언이 진실인지를 궁금해 했다.

그 다음해는 로마 역사에서 "네 황제의 해"로 알려져 있다. 1년간 연속해서 네 명의 황제가 등극했기 때문이다. 네로가 주후 68년 6월 9일 자살하면서, 서바나의 로마 총독인 갈바(Galba)가 73세의 나이에 새로운 황제로 추대된다. 7개월 후 황제의 근위대가 그들의 충성에 보상하지 않았다는 이유로 그를 살해한다. 그리고 그들을 매수한 오토(Otho)가 같은 날 황제로 선포된다. 하지만 오토는 3개월 후에 자살하고 만다. 그 사이에 게르마니아 군단은 지휘관인 비텔리우스(Vitellius)를 새로운 황제로 선포하고 이달리야로 진군한다. 비텔리우스는 얼마 지나지 않아 제국을 파산으로 몰아갔고, 국내 상황도 불안정해졌다. 그는 "네 황제의 해"의 네 번째 황제가 된다. 주후 69년 7월 1일 네로가 자살한 지 막 1년이 지났을 때, 유대에 있는 로마 군단이 베스파시아누스를 황제로 추대했다. 그는 요세푸스의 쇠사슬을 끊게 하고 로마로 돌아갈 채비를 한다. 그는 29살이 된 티투스를 남겨 예루살렘 공격을 완수하게 한다.

그런데 성벽 안에서 셋으로 나뉜 유대인 열성 분파들 가운데 분쟁이 일어난다. 예루살렘은 무장한 요새가 되었다. 티투스는 네 개 군단으로 도시를 포위하고 열성 분파들이 서로를 공격하기를 기다렸다. 엄청난 양의 군량미도 불에 타 버렸다. 성전 주위 지역은 시체로 더럽혀졌다. 주후 70년 예루살렘이 유월절 순례자들로 가득 차자, 열성분파의 지도자들이 도시의 문을 닫고, 모든 사람을 내부에 가두었다.

예수께서 이 격동의 사건을 예언하셨다는 사실을 기억할 것이다. 예수께서는 종려 주일에 예루살렘에 가까이 오시며 이 도성을 보고 우셨다(눅 19:41). 예수께서는 예루살렘이 평화에 관한 일을 알지 못하며, 하나님이 찾아오신 때를 알지 못했음을 한탄하신다(눅 19:42, 44). 예수께서는 그 파멸이 분명히 임할 것을 선포하신다. "날이 이를지라 네 원수들이 토둔을 쌓고 너를 둘러 사면으로 가두고 또 너와 및 그 가운데 있는 네 자식들을 땅에 메어치며 돌 하나도 돌 위에 남기지 아니하리니"(눅 19:43-44). 예수께서는 심지어 자기 제자들에게 경고하신다. "너희가 예루살렘이 군대들에게 에워싸이는 것을 보거든 그 멸망이 가까운 줄을 알라 그때에 유대에 있는 자들은 산으로 도망갈 것이며 성내에 있는 자들은 나갈 것이며 촌에 있는 자들은 그리로 들어가지 말지어다"(눅 21:20-21). 초기 기독교 역사가 에우세비우스(Eusebius)에 따르면 그리스도인 공동체는 "전쟁 전에 하나님의 계시로 명령을 받았다." 그래서 로마의 포위 공격 직전에 예루살렘을 떠났다고 한다. 그들은 평화의 왕 아래에서 다른 종류의 전쟁을 수행하기 위해 살아남아야 했던 것이다(사

9:6; 고후 10:3; 엡 6:10-18).

주후 70년 봄, 티투스는 예루살렘 장벽을 향해 공격을 시작한다. 그는 거대한 공사를 벌여 토성을 쌓았다. 로마의 투석기와 노포가 거대한 돌과 쇠창을 예루살렘의 성벽과 방어 병력에 쏘아 댔다. 도성 내부에는 공성퇴가 성벽을 치는 무서운 소리가 울려 퍼졌고, 상황은 더욱 절박해졌다. 15일 만에 외벽이 무너졌다. 두 번째 내벽은 닷새 후에 붕괴되었다. 오직 성전 산을 지키고 서 있는 안토니아 요새와 성소만이 남았다. 티투스는 모든 공성 병기에 마지막 공격을 가하라고 명한다. 요세푸스는 내부에 있는 자들에게 무기를 내려놓고 성소를 지키라고 호소한다. 그의 아버지와 어머니, 아내 및 형제 역시 포위 공격을 당하는 그 도성 안에 갇혀 있었다. 도망가려고 시도하는 자들은 처형당했다. 어떤 사람들은 모든 소유를 팔아 얼마 안 되는 곡식을 구했다. 배고픔에 정신을 잃은 여성은 자기 아기를 구워서 먹어 버린다. 도시를 탈출하려고 했던 사람들이 하루에 500명 꼴로 성벽 앞에서 십자가형에 처해졌다. 로마 군사들은 지루함, 증오, 분노를 이유로 십자가에 포로를 여러 가지 자세로 못 박는 일을 즐겼다(요세푸스, 《전쟁사》, 5.451).

주후 70년 7월 24일, 로마 병력은 격렬한 전투 끝에 안토니아 요새를 점령하였고 양편에 엄청난 손실을 남겼다. 티투스는 성전 산을 보호하는 북벽에 닿기 위해 진입로를 내라는 힘든 임무를 지시한다. 8월 5일에는 하나님께 날마다 드리던 제사가 제단에 드려지지 않았다. 6일 동안 공성퇴가 헤롯이 지은 기념비적 건축물의 거대한 석재를 때렸지만 성과가 없었다. 로마의 부대는 어쩔 수 없이 사다리를 사용하였지만, 위에서 지키는 방어병들이 꼭대기에 오르는 자들을 내던졌다. 그러자 티투스는 성전 주변을 둘러싼 화려한 문들을 불태우도록 지시한다. 그러자 그 위에 덮어씌운 은이 화염에 녹아내렸다. 티투스는 여섯 장수와 군사 회의를 연다. 그들 중 몇은 예루살렘 성전을 파괴할 것을 권고한다. 하지만 다른 사람들은 그러한 구조물이 오히려 로마 제국을 기릴 것이라고 한다. 마지막 날인 8월 29일(유대력으로 아브달 9일째), 로마인들은 새벽에 총

공격을 가한다. 이날은 공교롭게도 바벨론 왕 느부갓네살이 솔로몬 성전을 멸망시킨 바로 그 날이었다. 이어지는 참혹함 가운데 요세푸스는 이렇게 기록한다.

> 한 로마 병사가 명령을 기다리지도 않은 채, 자신이 저지르려 하는 행동이 얼마나 두렵고 엄청난 일인지도 모르고, 초자연적인 충동에 의해 불에 타는 나무토막을 하나 집어 들어 성소의 북쪽을 둘러싸고 있는 방들로 이어지는 금 창문에 내던졌다. 불길이 치솟았고, 이때까지 그렇게 헌신하며 지켜온 거룩한 건물이 눈앞에서 사라지는 것을 보고 경악하는 유대인들의 비명소리가 터져 나왔다(《전쟁사》, 6.252-53).

예루살렘은 완전히 황폐해졌고, 성물들은 약탈당했으며, 모든 기념물은 파괴되었다(마 23:37-38). 예수께서 눈물을 흘리시며 예언하신 것처럼 돌 위에 돌 하나도 남지 않았다(눅 19:44).

하지만 유대에서 로마의 완전한 승리는 주후 73년 봄까지 이루어지지 않았다. 사해 서편을 내려다보는 마사나(Masada, "요새"라는 뜻)가 아직 남은 것이다. 그곳에는 전쟁 초기에 그 요새를 점령한 마지막 열성당원 집단이 남아 있었다. 마사다는 400미터 높이의 우뚝 솟은 바위 위에 위치한 요새로서, 사면은 깎아지른 절벽으로 되어 있다. 정상에 오르는 유일한 길은 "뱀의 길"인데, 그렇게 불리는 이유는 그 휘감긴 길을 오르기가 위험하기 때문이었다. 요새화된 성벽이 망루와 함께 정상에 있었다. 엄청난 규모의 물 저장소와 식량 및 무기 저장소가 있어 거의 천 명에 달하는 열심당원 전투원과 그 가족들이 수개월간 버틸 수 있을 정도였다.

새로 부임한 로마 총독인 플라비우스 실바(Flavius Slilva)는 난공불락으로 보이는 마사다 요새의 정복이라는 거의 불가능한 임무에 직면했다. 그의 군단은 메마른 땅과 사해를 포위하여, 물과 식량의 공급을 완전히 차단했다. 실바는 기지 부근에 여덟 개의 진지를 세웠는데, 그 윤곽선은 오늘날에도 볼 수 있다. 그는 우선 티투스가 예루살렘에서 한 것처럼 마사다 주위에 벽을 쌓았다. 로마의 지휘관들은 그 암석 지대 서편에 정상에서 150미터 이내에 돌출된 부분이 있다는 사실을 알았다. 그들은 노예를 동원하여 엄청난 누벽을 쌓는다. 상상을 초월하는 수고를 통해 로마 군단은 철갑으로 둘린 공성탑을 그곳에 올린다. 공성탑의 높이는 30미터에 달하고, 꼭대기를 공격할 수 있는 공성퇴가 장착되어 있었다. 1차 성벽이 파괴되자 내부에 있던 열심당원이 빠르게 목재 위에 흙을 덮어 다시 성벽을 세웠다. 그러자 실바는 그 목재 구조를 태워 버리라고 명했다. 처음에는 화염이 로마의 공성 장비들을 휘덮었다. 그렇지만 갑자기 바람 방향이 바뀌면서 2차 성벽도 파괴되었고 마사다는 아침에 있을 마지막 공격에 그대로 노출되고 말았다.

열심당원들과 지도자인 엘르아살 벤 야이르(Eleazar ben Jair)는 어떻게 할지를 두고 밤새 논의를 거듭했다. 그들은 날이 밝으면 남자들은 사로잡혀 갈 것이고, 여인들과 어린이들은 노예로 팔려 갈 것을 알았다. 남자들은 강제로 로마의 여흥을 위한 구경거리가 되어 피가 낭자한 채로 싸우게 될 것이다. 엘르아살은 마침내 스스로 목숨을 취하자고 마지막 사람까지 설득한다. 각 남자는 깨진 도자기 조각에 자신의 이름을 기록했다. 그리고 다른 사람들을 죽일 자를 결정하기 위해 제비를 뽑았다. 각 남자는 먼저 자기 가족을 죽이고 나서 칼에 자신의 목을 들이댔다. 마지막으로 남은 열 명은 죽을 순서를 정하기 위해 또 제비뽑기를 했다. 그리고 마지막으로 남은 자는 자기 칼 위에 쓰러졌다.

다음 날 아침 로마 군사들이 마사다로 몰려들어왔다. 하지만 모든 것이 잠잠했다. 그들이 내지르는 전쟁의 함성은 죽은 것 같은 적막함과 마주했다. 오직 나이 많은 한 여인이 지하의 물 저장소에서 나왔고, 좀 더 나이가 어린 여자와 작은 아이 다섯이 그 뒤를 이었다. 그들이 전한 이야기는 믿을 수 없는 것이었지만, 곧 사실로 확인되었다. 로마인들은 가족끼리 누워 있는 960구의 시체를 발견하였다. 그들의 집단 자살은 승리자로 하여금 그들이 거둔 승리에서 어떠한 즐거움도 누리지 못하게 했다. 로마 군대는 아연실색했다.

유대 전쟁이 미친 지속적인 충격은 유대인, 로마인, 그리스도인의 다양한 반응에서 확인할 수 있다. 유대인 공동체는 깊은 애도와 경악으로 반응했다. 요세푸스는 도성과 성전의 파멸을 민족의 죄에 대한 하나님의 징계로 해석한다(《고대사》, 20.166). 랍비인 엘르아살 벤 페다트(Eleazar ben Pedat)는 이 파괴로 말미암아 하나님과 이스라엘 사이에 철벽이 생겼다며 한탄한다(참고 겔 4:3). 이제 파괴된 성소에 접근할 수 없게 되자, 독실한 유대인들은 연구하고, 애도하고, 기도했다. 도성 파괴는 예수 그리스도를 통해 하나님이 찾아오신 때를 인지하지 못한 사람들에게 회개를 일으켰다. 또 다른 사람들은 성전이 폐허가 되었는데 어디에서 속죄를 드려야 할지를 궁금해 했다.

로마인들은 유대 전쟁에 승리로 반응했다. 엄청난 은과 금과 상아로 만든 보물들이 로마의 대로를 행진해 갔다. 화려한 융단으로 장식한 3, 4층에 이르는 엄청나게 큰 이동식 무대에서는 전쟁의 과정을 묘사했다. 전리품 중에 가장 눈에 띄는 것은 예루살렘 성전에서 약탈한 것들로서, 수 달란트의 무게가 나가는 금 탁자, 금으로 만들어진 메노라, 토라 두루마리 등이었다. 베스파시아누스와 그의 아들들은 카피톨리누스 언덕에 있는 쥬피터 옵티무스 막시무스(Jupiter Optimus Maximus) 신전까지 행렬을 인도했다. 이 로마 세계의 종교 중심지에서 예루살렘의 마지막 저항자인 시몬 바르 기오라스(Simon bar Gioras)는 군중의 환호 속에 처형당한다(요세푸스, 《전쟁사》, 7.155).

베스파시아누스와 그의 아들들은 동전과 거대한 건축물로 이 승리를 기념한다. 베스파시아누스는 평화의 신전을 건설하고 그곳에서 예루살렘 성전의 성물들을 전시한다. 도미티아누스는 티투스 개선문을 세우고, 다음과 같은 비문을 새겼다. "신성한 베스파시아누스의 아들 신성한 티투스에게" 그리고 그 내부에는 예루살렘을 약탈하는 장면을 묘사해 놓았다. 하지만 그들이 지은 가장 인상적인 구조물은 후에 콜로세움으로 알려진 플라비안 원형 경기장이었다. 이 엄청난 건축물은 높이가 48미터에 달하며 입구가 80개였고, 좌석은 50,000개였다. 개폐가 가능한

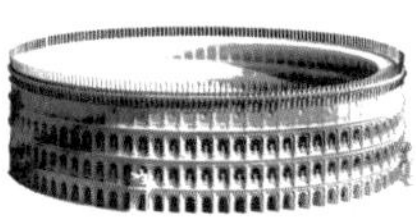

캐노피(천막 덮개)가 설치되어 있어 관중들을 햇빛에서 보호했다. 서로 연결되어 있는 지하의 엄청나게 복잡한 터널들에서 갑자기 동물이나 출전자가 튀어나와 재미를 더했다. 티투스는 주후 80년에 이 건물을 헌정하며 100일 동안 검투 경기 및 각종 볼거리를 제공한다. 9,000마리의 동물들과 하나님의 형상으로 창조된 3,000명의 사람이 개막하는 날에 죽임을 당했다. 수천 명의 그리스도인이 이 경기장의 모래 바닥에서 그리스도를 증언했다.

그리스도인 공동체는 계속해서 모든 민족에 복음을 전함으로 유대 전쟁에 반응했다. 그들은 하나님 나라는 멸망당하지 않는다는 좋은 소식을 온 땅에 알렸다. 속죄는 그리스도가 로마 십자가에서 마지막으로 희생 제물이 되시면서 단번에 이루어졌다. 예수께서는 죽은 자 가운데서 살아나셔서 지금도 살아 계시고 영원히 통치하신다. 예수는 버림받은 돌이지만 소중한 모퉁잇돌이 되셨다. 예수는 모든 민족을 위해 살아 있고 영존하는 성전, 즉 교회를 세우시고, 그분을 믿는 모든 자가 "산 돌"(벧전 2:5)이 되게 하신다.

기독교 지도자들은 그때까지 알려진 세계 모든 곳으로 퍼져 나갔다. 안드레는 유럽으로, 도마는 인도로, 사랑받는 제자인 요한은 아시아의 에베소로 흩어졌다. 수없이 많은 사람과 함께 그들은 예수께서 죽으시고 다시 살아나신 것과 "죄 사함을 받게 하는 회개가 예루살렘에서 시작하여 모든 족속에게 전파될 것"(눅 24:47)을 가르쳤다. 그리스도인들은 전쟁으로 황폐해진 사람들에게 용서와 새 생명을 제시한다. 오직 복음만이 그리스도가 종교적 열심에서 난 폭력 때문에 죽으셨다고 선포할 수 있다. 오직 복음만이 그리스도가 우상 숭배에서 난 착취 때문에 죽으셨다고 선포할 수 있다. 오직 복음만이 그리스도를 믿는 모든 사람에게 새로운 정체성과 새로운 공동체를 제공할 수 있다. 이것이 하나님의 지혜다. 이것이 영속하는 평화다. 이것이 교회가 보여 주는 하나님이 새롭게 하신 인류다.

▶▶▶ 신약 연대표

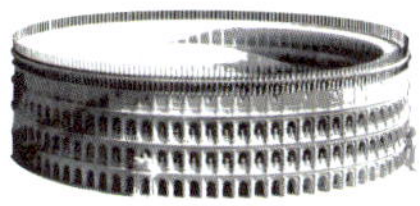

유대 전쟁의 중요성은 신약 연대표에서 **가르침 시대** 아래에 나타나 있다. 오른편 아래쪽에 주후 70년에 **파괴된 예루살렘 성전** 그림이 보인다. 그리고 왼편 위쪽에 콜로세움으로 알려진 **플라비안 원형 경기장** 그림이 보인다. 이는 예루살렘에서 약탈한 자원으로 만들어졌으며, 주후 80년에 헌정된다. 이 두 대조되는 건축물 사이에 선교 사역이 지도 전반으로 확대되며 믿는 자들이 모퉁잇돌이신 그리스도와 함께 살아 있는 성전으로 만들어져 간다. 이렇게 모인 교회는 세상에서 하나님이 거하시는 곳이다. 이곳에 모든 민족의 열망이 있다.

◆ 신약의 핵심 믿음

신약의 편지들에 관한 연구를 마치면서, **가르침 시대** 부분 왼쪽 하단에서 연대표 지도에 관한 핵심 내용을 볼 수 있다. "**신약의 핵심 믿음**"이라고 제목이 붙은 상자가 보일 것이다. 여기에는 점차 포학하게 변하는 적대적인 세상에서 기독교 선교를 일어나게 하고 기독교의 가르침을 하나로 묶는, 일곱 개의 핵심 믿음이 있다. 이것들은 신약의 저자들에게 영감을 준 중심적인 신념이며, 또한 교회에 영원히 가장 중요한 내용이다. 우리는 지금까지 박해가 이러한 신념을 약화시키기는커녕 오히려 교회를 더 강하게 만들었다는 사실을 살펴봤다. 거짓 가르침은 교회를 습격했지만, 기독교 신앙이 지니는 빛은 더욱 밝게 빛났다. 믿는 자들은 하늘과 땅의 어떤 능력도 교회를 이길 수 없다는 사실을 알고, 굳게 서서 시급하게 이 진리들을 전해야 한다.

우리는 이러한 핵심 믿음을 전하는 데 주된 역량을 발휘해야 한다. 우리는 종종 기독교 가르침의 주요 진리는 당연하게 생각하고, 그리스도의 몸 안에 존재하는 부차적인 차이에 주로 관심을 기울인다. 우리는 세례의 방법, 선호하는 성경 번역, 사역 내에서 남성과 여성, 영적 은사, 또는 천년왕국에 대한 견해와 같이 부차적인 문제에 대해서는 서로에게 관대해야 한다. 이러한 영역에서 헌신된 성도 사이에 존재하는 다양성은, 그리스도인 공동체를 만들어 내고 지속시키는 이 빛나는 **신약의 핵심 믿음**을 절대로 흐리지 않는다. 간단하게 이 믿음들을 요약해 볼 것이다. 왜냐하면 이러한 핵심 믿음들은 신약 편지들의 가르침에 중심이기 때문이다. 살펴보았듯이 예수의 제자들은 예수께서 이스라엘의 약속된 메시아이시며, 지금도 높임 받으신 주로서 성부 하나님의 우편에서 다스리신다는 것을 확신하며, 이러한 핵심 믿음들에 기꺼이 목숨을 걸어야 한다. 예수께서는 손대지 아니한 돌로서 온 세계를 가득 채우실 것이다.

예수는 메시아, 그리스도 주시다

신약에서 가장 중요하고 특징적인 믿음은 예수가 이스라엘의 약속된 메시아라는 것이다. 예수는 신약의 모든 편지를 통틀어 핵심 인물이다. 예수라는 이름은 신약의 편지 스물한 편에서 265차례 나온다. 이 편지들은 복음서와 동일하게 예수가 이스라엘의 약속된 메시아임을 단언한다(마 16:16; 요 20:31). 우리는 예수 + 메시아(예수 그리스도로 번역됨)라는 용어의 조합이 신약에서 가장 간결한 신앙 고백이라는 점에 주목했다. 그리고 이 조합된 용어(예수 그리스도 또는 그리스도)는 신약의 편지에 200번이 넘게 등장한다. 저자들이 예수의 이름을 언급할 때, 예수가 기름 부으심을 받은 왕이며, 약속된 다윗의 자손이며, 통치하시는 하나님의 아들임을 확언하지 않는 것은 거의 볼 수 없다. 또한 신약의 편지들은 예수 그리스도가 주라는 것을 강조한다. 구약을 헬라어로 옮길 때, "주"라는 단어는 하나님을 표현하는 고정 단어였다. 예수 그리스도를 "주"로 칭한 것은 예수의 신성과 권세와 영광을 확언하는 것이다(사 45:23; 롬 10:9; 빌 2:9-11). 언약의 주이시자 세상의 주로서, 예수는 모든 민족의 기쁜 순종을 끌어내신다. **파란 왕관 그림**은 약속된 메시아를 고대하던 구약의 바람이 이제 그리스도 안에서 실현되었음을 나타낸다.

그리스도를 믿는 믿음으로 의롭다 함을 입음

우리가 논했던 **신약의 핵심 믿음** 두 번째는 믿음으로 의롭다 함을 입음이다. 신약의 편지들은 그리스도의 죽음이 세상의 죄에 대한 속죄가 되었다고 확언한다. 죄에 대한 하나님의 진노는 사랑하는 아들이 십자가에서 기꺼이 제물이 되심으로써 만족이 되었다(롬 3:21-25; 요일 2:2). 그리스도의 부활은 죄에 대한 예수의 제물을 받으셨다는 하나님의 결정을 선포하는 것으로서, 이는 하나님이 "죄를 알지도 못하신 이를 우리를 대신하여 죄로 삼으신 것은 우리로 하여금 그 안에서 하나님의 의가 되게 하려 하심이라"(고후 5:21)는 바울의 선언으로 정리된다. 죄인인 우리가 그리스도를 믿는 믿음으로만 의롭게 된 것이다(엡 2:8). 믿음으로 의롭다 함을 입음에 해당하는 그림은 구원이 **선물**임을 우리에게 일깨워 준다(롬 5:16). 이는 또한 믿음으로 의롭다 함을 받은 아브라함을 떠올리게 하는데, 아브라함은 신약의 성도들에게 본보기가 된다(창 15:6, 롬 4:3, 갈 3:8).

성령의 내주하심

신약의 핵심 믿음 세 번째는 성령의 내주하심이다. 구약의 선지자들은 하나님이 자신의 영을 모든 민족에게 부어 주실 그날을 바라봤다(욜 2:28-29). 신약의 편지들에서는 성령을 175차례 언급한다. 하나님의 임재가 이스라엘을 다른 모든 민족과 구분했듯이, 성령의 임재는 하나님의 백성인 그리스도인 공동체를 확인한다(출 33:15-16; 엡 2:22). 성령은 우리가 그리스도 안에서 하나님의 자녀가 되었음을 확증한다(갈 4:6; 롬 8:15). 성령은 우리에게 그리스도께 순종할 수 있는 힘을 준다(롬 8:11-14). 성령은 우리에게 기도하도록 가르치시며, 고난 가운데 기쁨을 주시며, 그리스도를 우리 주위 사람들에게 드러내시며, 우리에게 죄를 깨닫게 하시고, 우리를 그리스도의 몸과 연합하게 하시며, 성경 말씀을 감동하시고, 우리를 예배하게 하신다. 성령의 은사는 그리스도의 몸을 세우는 데 사용된다(고전 12:7). 은사들은 하나님이 직접 아들의 진리를 증언하시는 것이다(히 2:4). 성령의 임재에 해당하는 그림은 하나님의 임재를 나타내

가르침 시대Ⅲ

는 **불을 내뿜는 구름**이다(출 19:9; 행2).

유대인과 이방인은 "그리스도 안에서 하나"

우리가 신약의 편지 전반에서 살펴본 네 번째 **신약의 핵심 믿음**은 유대인과 이방인이 그리스도 안에서 하나가 되었다는 점이다. 성경은 창세기 1장에서 전 세계를 조망하며 시작한다. 아담의 죄는 세상에 심판을 초래한다(창 3장; 롬 5:12-21). 하나님의 구속 계획은 하나님이 우상을 섬기는 아브라함과, 아이를 낳을 수 없는 사라를 믿음으로 인하여 은혜로 말미암아 구원하심으로 시작된다(창 12:1-3, 15:6). 영광의 하나님은 스스로를 그들에게 나타내시고 별과 같이 많은 자손을 약속하신다(창 15:5; 출 32:13; 신 1:10, 10:22). 하나님은 아브라함이 "여러 민족"(창 17:4-5)의 아버지가 될 것이라고 약속하신다. 신약의 편지들은 이 약속이 그리스도 안에서 성취되었다고 가르친다. "너희가 그리스도의 것이면 곧 아브라함의 자손이요 약속대로 유업을 이을 자니라"(갈 3:28-29; 롬 4:16-17). 유대인과 이방인 모두 그리스도의 죽음을 통해 용서를 얻는다. 그들은 함께 하나님의 한 백성이 된다. 새로운 언약의 징표인 세례를 통해 "우리가 유대인이나 헬라인이나 종이나 자유인이나 다 한 성령으로 세례를 받아 한 몸이 되었고 또 다 한 성령을 마시게 하셨느니라"(고전 12:13)고 한다. 하나님의 전체적인 의도는, 그리스도 안에서 위대한 신비가 드러나 이방인(세상의 민족들)이 "복음으로 말미암아 그리스도 예수 안에서 함께 상속자가 되고 함께 지체가 되고 함께 약속에 참여하는 자"(엡 3:6)가 되는 것이다. 신약의 편지를 쓴 저자들은 이 현실을 교회 안에서 실현해 내기 위해 많은 목회적 역량을 발휘했다. 유대인과 이방인이 그리스도 안에서 하나가 되었음을 나타내는 그림은 아브라함에게 **약속된 별과 같이 많은 후손들**이다.

이방 민족들이 믿음으로 순종함

신약의 핵심 믿음 중 다섯 번째는 이방 민족들이 믿음으로 순종하는 것이다. 로마서를 시작하는 문장은 예수 그리스도를 통해 "우리가 은혜와 사도의 직분을 받아 그의 이름을 위하여 모든 이방인 중에서 믿어 순종하게"(롬 1:5-6; 참고 롬 15:18, 16:25-27) 되었다고 선포한다. 순종은 기독교 신앙에서 부차적인 것이 아니다. 오히려 새로운 언약의 핵심적인 특징이다(렘 31:31-34). 에스겔 선지자는 순종이 성령이 내주하시는 결과임을 보았다(겔 36:26-27). 순종은 진정한 믿음에서 자라난다. 예수는 말씀하셨다. "너희가 나를 사랑하면 나의 계명을 지키리라"(요 14:15). 베드로는 그리스도인들을 두고 "하나님 아버지의 미리 아심을 따라 성령이 거룩하게 하심으로 순종"(벧전 1:2)하게 된 자들이라고 한다. 성령의 능력으로 그리스도께 기쁘게 순종하면 우리는 즐겁게 하나님을 찬양하게 된다. 신약의 편지들은 반복해서 하나님의 뜻을 행하는 것이 중요하다고 가르친다. 그렇게 새롭게 되는 생명은 오직 내주하시는 성령으로 말미암아 가능하다. 시간의 흐름에 따라 그들이 그리스도를 닮도록 변화되는 것은 하나님이 새롭게 하신 인류가 참으로 시작되었다는 현실을 입증하는 것이다. 믿음의 순종에 대한 그림은 예레미야에 해당하는 그림으로 **마음에 쓰인 하나님의 말씀**이다.

"거룩한" 산 제물

여섯 번째 **신약의 핵심 믿음**은 그리스도인들이 "거룩한" 산 제물로 드려지도록 부름 받았다는 것이다. 거룩함이란 세상에서 하나님을 섬기기 위해 "하나님께 구별"되었다는 뜻이다. 신약 편지 대부분은 믿는 자들을 "성도", 즉 "거룩한 자"라고 칭한다. 거룩함이란 믿는 자들이 삶의 모든 면에서 하나님의 영광을 드러내야 한다는 뜻이다. "거룩하다"라는 말은 구약에서 선지자, 제사장, 제단에서 드려지는 희생 제물에 사용되었다(출 28:36, 30:10; 레 11:44-45; 신 7:6; 13:2; 롬 1:5). 우리는 신약의 저자들이 스스로를 "복음을 위하여 택정함을 입었다"(롬 1:1; 딤후 2:21)고 하는 것을 봤다. 그들은 믿는 자들에게 자신의 몸을 "하나님이 기뻐하시는 거룩한 산 제물"(롬 12:1; 벧전 1:15-16)로 드리라고 한다. 그러한 성별(聖別)에

가르침 시대 III

는 고난, 자기 부정, 그리고 어떤 경우에는 그리스도의 대의를 위해 순교까지 수반된다(골 1:24). 그러한 성별은 또한 하나님을 사람에게, 그리고 사람을 하나님께 인도하는 왕 같은 제사장으로 살아야 함을 의미한다(출 19:6; 벧전 2:9). 바울은 자신을, 이방인을 하나님께 제물로 드리는 제사장으로 여겼다(롬 15:16). 바울은 자신이 당하는 고난을 하나님께 드리는 전제로 본다(빌 2:17; 딤후 4:6). 믿는 자들은 모두 우리의 위대한 대제사장이시며, 세상을 위해 자신을 온전히 하나님께 제물로 드리신 예수를 닮아가도록 부름을 받았다(빌 2:5-11; 히 4:14). 산 제물에 해당하는 그림은 주님 앞에 계속해서 **타오르는 제단**이다.

예수는 영광 중에 심판주로 오심

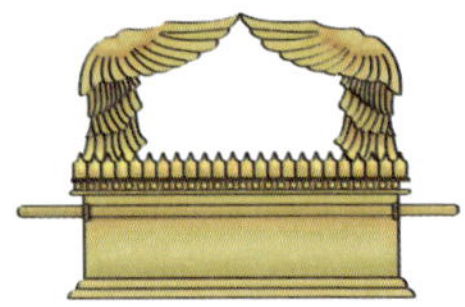

신약의 핵심 믿음 중 일곱 번째는 그리스도가 심판주로 영광 중에 돌아오신다는 것이다. 우리는 연구 내내 신약의 편지들이 예수 그리스도의 성육신, 죽음, 부활로 말세가 시작한다고 가르치는 것을 봤다(고전 10:11; 딤후 3:1; 히 1:1-2; 벧후 3:3; 요일 2:18; 유 1:18). 예수는 죽은 자들 가운데 장자이자 새로운 창조 세계의 첫 열매가 되셨다(고전 15:20). 시대의 전환점, 즉 선지자들이 "마지막 날"(사 2:1; 호 3:5; 히 1:2)이라고 한 때가 시작된 것이다. 이방인들을 한데 모을 때가 가까이 왔다. 기독교 선교는 그리스도가 심판주로 영광 중에 다시 돌아오신다는 확신 가운데 굉장히 긴박하게 수행되었다(행 1:11; 빌 3:20-21; 살전 1:10; 딛 2:13). 그리스도인들은 "우리가 다 반드시 그리스도의 심판대 앞에 나타나게"(고후 5:10) 된다는 사실을 알고 모든 민족에게 회개하고 믿어 그리스도께 돌아올 것을 촉구한다. 이는 히브리인들에게 보낸 편지에 강조되어 있다. "한번 죽는 것은 사람에게 정해진 것이요 그 후에는 심판이 있으리니 이와 같이 그리스도도 많은 사람의 죄를 담당하시려고 단번에 드리신 바 되셨고 구원에 이르게 하기 위하여 죄와 상관없이 자기를 바라는 자들에게 두 번째 나타나시리라"(히 9:27-28; 참고 빌 3:20; 살전 1:10). 그리스도의 재림은 하나님이 정하신 끝을 역사로 만들 것이다. 악은 정죄될 것이다. 죽은 자가 일어나 영생을 얻을 것이다. 의인은 죽지 아니함으로 옷 입을 것이다. 하나님은 의가 다스리는 새 하늘과 새 땅에서 영원히 자기 백성과 거하실 것이다(벧후 3:13). 영광 중에 그리스도가 돌아오심에 해당하는 그림은 **언약궤**, 즉 모든 사람이 언젠가 서게 될 **하나님의 보좌**다.

이 일곱 가지 **신약의 핵심 믿음**은 "예수 그리스도의 얼굴에 있는 하나님의 영광을"(고후 4:6) 반영한다. 그리스도인들은 예수가 메시아, 그리스도 주이심을 선포한다. 예수는 이스라엘의 소망을 성취하시고 모든 민족의 바람이 되신다. 믿는 자는 모두 예수를 믿음으로만 의롭게 된다. 성령의 내주하심은 죽은 자들에게 새 생명을 주셔서 우리로 하여금 하나님의 길을 따라 걷게 하신다. 유대인과 이방인은 그리스도 안에서 하나이며, 그들이 한데 모인 교회는 하나님이 세상에서 거하시는 곳이다. 새 언약 공동체는 믿음의 순종을 특징으로 한다. 이교도들은 그들의 우상을 버리고, 부유함과 천한 즐거움을 폐기해야 한다. 열심당원들은 그들의 우상을 버리며 자신의 죄를 고백하고 모든 민족에게 마음을 열어야 한다. 그리스도인 공동체 구성원들은 자신을 거룩한 산 제물로 드려야 한다. 그들은 세상에서 성별된 그리스도의 종으로서 모든 것을 바쳐 그리스도를 섬겨야 한다. 그들은 기꺼이 고난, 증언, 심지어 죽음을 통해 그리스도의 남은 고난을 채워야 한다. 그리스도인의 사명은 그리스도가 산 자와 죽은 자의 심판주로 다시 오심을 분명히 고대하며 시급하게 수행된다. 충실한 기독교 가르침은 포학하고 망가진 세상을 치유하며 우리로 하여금 앞으로 임할 것을 준비하게 한다.

우리는 이제 **가르침 시대** 마지막까지 왔다. 우리는 신약 편지들을 연구하면서 가르침이 세계 선교와 지역 교회의 생명에 필수적인 요소임을 살펴봤다. 그리스도인 공동체들이 세워질 때, 성령은 초기 기독교 지도자들을 감동하셔서 편지를 쓰게 하시고, 이를 통해 가르침을 주게 하셨다. 다음 장을 시작하기 전에 신약의 편지들을 다 읽어 보도록 권한다. 읽으면서 하나님의 말씀을 연구하고 가르치는 일에 전념하겠다고 새롭게 다짐하라. 대립되는 소리와 문화적으로 우리를 혼란하게 만드는 것들이 너무 많은 오늘날 상황에서 성실한 연구와 신실한 가르침은 후순위로 밀려나기 십상이다. 가르침은 예수께서 제자들에게 주신 대사명의 일부이고, 오늘날 교회의 책임이기도 하다. 하나님이 새롭게 하신 인류는 그리스도 안에서 시작한다. 그리스도의 지혜는 죄악 되고 포학하고 망가진 세상 가운데 환하게 빛난다. 하나님이 우리에게 은혜와 능력을 주셔서 이 거룩한 일에 참여하게 하시기를! 전 세계 모든 민족이 살아 계신 하나님께 나아와 하나님의 길을 따라 걷는 법을 배우기를! 신실한 기독교 증인들이 사회적 박해와 거짓 가르침 및 마귀의 탄압을 이겨내기를! 우리는 이제 아직 임하지 않은 마지막 시대에 있을 역사를 통한 하나님의 구속 계획의 영광스러운 결말로 나아갈 준비가 되었다.

9장 아직 임하지 않은 시대 I

Yet-To-Come

이 장을 읽을 때 신약 연대표를 앞에 두기를 권한다. **아직 임하지 않은 시대** 부분에 있는 모든 소제목은 연대표에 있는 항목들과 동일하다. 또한 이 장 내내 관련 말씀을 주가로 제시할 것이다. 이 책과 함께 이 구절들을 읽으면 큰 유익을 누릴 수 있을 것이다. 무엇보다도 예수 그리스도께 집중하자. 요한계시록에서 우리는 현재 예수 그리스도의 모습을 있는 그대로 보게 될 것이다. 그리스도의 능력, 권세, 그리고 지금 세상에서 행하시는 구원의 활동을 더욱 더 확신하도록 하자. 예수께서 주시는 사랑의 질책을 달게 받고 약속하신 상급도 받자. 성령이 하나님의 영광의 빛으로 여러분의 상상력을 정결하게 만드시도록 하자. 거짓된 권세를 사랑하는 마음을 모두 떨쳐 버리자. 그리스도의 모습을 보고, 그리스도에 대한 헌신을 새롭게 하자. 세상이 우세한 것같이 보일 때라도 그의 강력한 은혜를 신뢰하자. 어린양의 피와 당신의 증언으로 이를 이기자. 어린양이 어디를 가시든 그를 따르자. 그분이 나라들을 추수하실 때 당신의 삶을 사용하게 해 달라고 기도하자.

미리 보는 아직 임하지 않은 시대

아직 임하지 않은 시대는 영광스러운 종말에 대한 환상으로 역사를 통한 하나님의 구속 계획을 완성한다. 신약은 하나님의 궁극적인 목적이 그리스도 안에서 진정으로 시작했다는 좋은 소식을 선포한다. 예수는 하나님 나라가 임하였음을 선포하며, 인사를 고대하던 이스라엘의 대망을 성취한다. 예수의 공생애 사역은 신유, 축사, 예언의 징표를 통해 하나님 나라의 현실성을 증명한다. 예수의 대속 죽음은 새로운 언약을 발효시킨다. 예수께서 십자가에서 거두신 승리는 모든 통치자들과 권세들을 무력화하신다. 또한 예수의 부활은 하나님의 새로운 창조의 여명을 밝힌다. 그리고 예수는 승천하셔서 높임 받으신 주님으로 보좌에 앉으신다. 예수는 하늘의 권세로, 자기 백성에게 모든 사람을 가르치라고 명하신다. 예수는 성령을 부어 주셔서 그 증인들에게 능력을 주신다. 예수는 모든 민족으로 교회를 삼으셔서, 그리스도 안에서 하나님이 새롭게 하신 인류를 보여 주신다. 우리는 지금까지 신약을 연구하며 이 놀라운 주제들을 탐구했다.

그런데 신약은 이러한 성취와 동시에, 하나님이 뜻하신 목적의 온전한 성취는 아직 임하지 않았음을 알린다. 하나님 나라는 곡식과 가라지 사이에서 자라난다. 교회의 지도자들은 사람들의 삶에서 그리스도가 이루어지기까지 수고의 고통을 겪는다. 교회는 여전히 온전해지는 과정 중에 있는 신부다. 하나님 나라는 포학을 당하고, 믿지 않는 세상은 교회를 박해한다. 거짓 가르침은 하나님의 진리를 맡은 교회를 공격한다. 말세는 진정으로 시작되었지만, 여전히 적그리스도의 영이 세상에 존재한다. 하나님 나라는 시작했지만 온전히 완성되지는 않았다. 여전히 극심한 영적 전투가 진행 중인 것이다.

성경의 마지막 책은 "계시"(계1:1)로 하나님의 백성에게 힘을 준다. 이 단어가 복수가 아닌 단수라는 점에 주의하자. "계시"라는 용어는 "베일 뒤를 보다"라는 뜻이다. 헬라어 단어 *아포칼립시스*(apocalypsis) 역시 동일한 의미다. 요한계시록은 베일을 걷어 내어, 우리로 하여금 하늘의 성소에서 하나님이 주신 하나의 장대한 환상을 볼 수 있게 한다. 우리는 하나님이 보좌에 앉으신 것을 본다. 하나님은 아름다운 거룩함 가운데 예배를 받으신다. 천국 천사와 모든 나라에서 구속받은 셀 수 없이 많은 무리가 하나님을 둘러싸고 있다. 하나님이 모든 것을 다스리신다. 하나님의 목적은 하늘과 땅에서 온전히 성취될 것이다.

더 구체적으로, 성경의 마지막 책은 "예수 그리스도의 계시"(계 1:1)다. 요한계시록은 기본적으로 "말세"가 아닌, 예수 그리스도에 관한 책이다. 하나님은 그리스도의 현재 통치와 미래의 영광을 드러내신다. 이 현실이 소망을 만들어 내고 괴로움의 시대에 우리의 마음을 굳건하게 하는 것이다. 예수는 높임 받으신 인자이자 교회의 주님으로 나타나신다. 예수는 하늘에서 예배를 받으시고, 하나님의 영원한 목적을 이루시기에 합당한 분이시다. 예수는 사람들을 자신에게 불러 모으시지만, 정하신 진노를 내리신다. 예수는 사탄의 거짓 왕국과의 영적 전투에서 승리하신다. 그리고 영광 가운데 다시 오셔서 최후 승리를 거두실 것이다. 또한 악을 심판하시고 의가 있는 곳인 새 하늘과 새 땅을 창조하실 것이다. 그러면 남편을 위해 단장한 신부처럼 새 예루살렘이 내려올 것이다. 결국, 우리는 성경의 가장 처음으로 돌아가게 된다. 하나님은 자기 백성 가운데 거하신다. 하나님의 형상으로 만들어진 인류는 생명나무에 접근할 수 있게 된다. 그리고 우리를 위해 죽임 당하신 어린양을 영원히 사모할 것이다. 이러한 내용들을 증언하신 이가 말씀하신다. "내가 진실로 속히 오리라." 그러면 하나님의 백성들은 소망 가운데 답할 것이다. "아멘 주 예수여 오시옵소서"(계 22:20).

하나님이 모든 것을 분명하게 밝히시기 위해 요한계시록을 주셨다는 점을 기억해야 한다. 그리스도인 독자들은 때로 생소한 이 책의 양식 때문에 어찌할지 모르는 경우가 있다. 요한계시록은 묵시 문학의 한 예다. 고대에는 묵시 문학이라고 할 것이 굉장히 많았지만, 신약에는 딱 한 편이 실려 있다. 묵시 문학은 이 세상에 대한 하늘의 관점을 드러내는 문학 양식이다. 그러한 글은 계시를 담고 있으며, 상징적인 표현을 광범위하게 사용한다. 묵시 문학은 다음 질문에 답하는 것이다. "이 세상을 다스리는 주님은 누구신가?" 독자는 계시된 하늘의 관점에 비추어 자신들이 살고 있는 세상에 반응하도록 도전을 받는 것이다.

요한계시록에 나타나는 하늘의 관점은 하나님이 모든 것을 다스리신다는 것이다. 하나님은 오늘도 보좌에 앉으셔서 세상에서 일하시며, 모든 민족에서 날마다 셀 수 없이 많은 무리를 불러 모으신다. 현재 상황이 어떻게 보이든지 하나님의 대의는 결국 승리를 거둔다. 믿는 자들은 신실한 증인이 되어 끝까지 인내할 것을 권고 받는다. 또한 이 세상과 타협하지 말라는 경고를 받는다. 그들은 그리스도께 신실함을 지켜 이기는 모든 사람에게 주시는 하나님의 약속을 확약 받는다. 두려워 할 이유는 없다.

하나님은 이러한 예수 그리스도의 계시를 주셔서 박해와 시험의 때에 교회를 굳건하게 하신다. 교회는 포학하고 적대적인 세상 가운데 그 대안인 하나님 나라를 대변한다. 하나님의 백성은 하나님이 그리스도 안에서 새롭게 하신 인류의 현재 실재를 보여 준다. 또한 미래에 있을 그리스도의 재림을 생각하며 모든 민족에게 복음을 넓혀 나간다. 하나님은 그리스도의 현재 통치와 미래의 영광을 드러내는 이러한 계시를,

"그의 천사를 그 종 요한에게 보내어 알게 하신(문자적으로는 "나타내신") 것"(계 1:1)이다. 요한계시록에 나오는 모든 상징은 기존에 있던 성경의 심상들, 특히 구약의 심상들에 근거한 것이다. 상징의 대부분은 분명히 구약 내에서 해석된다. 요한계시록에 나타나는 상징적인 심상들을 본래 독자가 이해할 수 없을 방식으로 해석해서는 절대로 안 된다. 우리 하나님은 무엇을 감추기 위해 비밀리에 말씀하신 것이 아니라, 드러내기 위해 공개적으로 말씀하신다.

신약 연대표의 **아직 임하지 않은 시대** 부분에서 우선 역사적 배경을 살펴본 후에 요한계시록의 문학적 구조를 다룰 것이다. 이 시대의 핵심 연도는 주후 95년과 그리스도의 재림이다. 주후 95년은 요한계시록이 기록된 대략적인 연도다. 간략하게 살펴보겠지만, 이 시기는 로마 황제 도미티아누스(Domitian, 주후 81-96년)가 통치하던 기간으로, 박해의 때였다. 그리스도가 재림하시는 정확한 때는 우리 아버지의 인자하심과 지혜로 말미암아 우리에게 알려지지 않았다. 믿는 자들이 마지막에 있을 사건들의 순서를 다르게 해석한다고 해서 교회가 분리되는 일은 절대로 없어야 한다. 그리스도인들은 예수 그리스도가 만유의 주로서 영광 중에 다시 오실 것을 믿는 사람들일 뿐이다. 모든 눈은 그를 볼 것이다. 모든 무릎이 그 앞에 꿇을 것이다. 모든 피조물이 예배하며 그를 사모할 것이다. 우리는 동일하게 신앙을 고백하고 소망을 공유하며 그리스도가 재림하신다는 확신으로 교회를 하나로 통일해야 한다.

아직 임하지 않은 시대에 해당하는 그림은 **하늘에서 임하는 새 예루살렘**이다. 그 도성의 중앙에는 생명나무가 보이고, 그 나무에 접근할 수 있다. 이 그림은 구약 연대표에서 직접 따온 중요한 그림을 발전시킨 것이다. 새 예루살렘은 모든 사람에게 들려주시는 하나님의 구속 이야기, 즉 에덴동산에서 시작하여 한 도성에서 끝나는 그 이야기를 상기시킨다. 그 하나님의 도성은 신부가 남편을 맞이하듯 임할 것이다(계 21:2). 그 성문 내부에는 하나님의 보좌에서 생명수가 흘러나온다(계 22:1-2). 하나님과 어린양은 우리가 다시 생명나무에 접근할 수 있도록 하실 것이다. 모든 나라에서 셀 수 없이 많은 무리가 모여들면서 그리스도에 대한 증언은 영원히 확장될 것이다. 에덴에서 상실되었던 하나님 임재의 복이 이제 영원히 회복된다(창 2-3장; 계 22장).

하나님이 아들의 현재 통치와 미래의 영광을 드러내시다

아직 임하지 않은 시대 부분 상단에 굵은 글씨로 된 이 제목은 하나님이 이 시대에 행하시는 주요한 구속 활동을 밝힌다. 요한계시록은 그리스도의 현재 통치와 미래의 영광을 드러낸다. 그리스도는 "이제도 계시고 전에도 계셨고 장차 오실"(계 1:4) 분이다. 그는 "알파와 오메가요 처음과 마지막이요 시작과 마침"(계 22:13)이시다. 그리스도는 지금도 땅의 임금들을 통치하신다(계 1:5, 11:17). 그분은 높임 받으신 교회의 주로서 보좌 우편에 앉아 계신다(계 1-3장). 그분은 죽임 당하신 어린양으로서 하늘의 영광 가운데 영원히 예배 받으신다(계 4-5장). 그분은 구속받은 자들의 허다한 무리를 불러 모으시지만, 정하신 진노를 세상에 내리신다(계 6-11장). 그는 날마다 뱀이 세운 거짓 나라와 영적인 전투에서 승리하시고 참소자는 내쫓긴다(계 12-15장). 동시에 그리스도는 장차 영광 중에 돌아오실 것이다. 악은 심판당할 것이다. 거짓 선지자들은 잠잠해질 것이다. 착취하던 짐승의 통치는 끝나고, 인자의 의로우신 통치가 영원히 지속된다(계 17-20장). 사람의 도성은 하나님의 도성에 밀려난다(계 21-22장).

믿는 자들은 그리스도의 현재 통치와 미래의 영광을 함께한다. 그리스도는 그들을 사랑하셔서, 자신의 피로 죄에서 자유롭게 하셨다. 그리스도는 "아버지 하나님을 위하여 우리를 나라와 제사장으로"(계 1:6; 참고 출 19:6) 삼으신다. 믿는 자들 역시 "땅에서 왕 노릇"(계 5:10, 11:15) 한다. 그리스도는 민족들을 불러 모으실 때 믿는 자들을 그 손의 도구로 삼으신다. 동시에, 믿는 자들은 "예수의 환난과 나라와 참음에 동참"(계 1:9) 한다. 그들은 "어린양의 피와 자기들이 증언하는 말씀으로써"(계 12:11) 영적 전투를 벌인다. 그들은 반드시 "어린양이 어디로 인도하든지 따라"(계 14:4)가야만 한다. 그리스도를 믿음으로 이기는 모든 사람은 그리스도의 장차 영광을 함께 누릴 것이다. 그들은 하나님의 낙원에 있는 생명나무의 열매를 먹을 것이다(계 2:7; 참고 창 2:9). 그들은 영광의 옷을 입을 것이다(계 3:5; 참고 출 28:2). 그들은 자신의 몸에 그리스도의 이름을 쓸 것이다(계 3:12, 출 28:36-38). 그들은 영원한 생명을 받고 그리스도와 함께 영원히 다스릴 것이다(계 3:21; 참고 출 15:18).

"이제도 계시고 전에도 계셨고 장차 오실 이"(계 1:4)가 주시는 은혜와 평강

우선 요한계시록은 로마의 소아시아 주에 속한 일곱 개의 그리스도인 공동체에서 돌려 본 글이다. 계시가 전해지는 과정이 있는데, 먼저 주님이 천사를 통해 요한에게 전하시면 그 후에 요한이 교회에 전하는 것이다. 먼저 하나님이 예수의 지상 사역을 목격한 요한 사도에게 계시를 주신다(요 20:30-31, 21:24-25; 요일 1:1). 그렇게 요한이 예수의 현재 통치와 미래의 영광에 관한 하늘의 계시를 받으면서, 그 충만하신 하나님의 구속 계획이 밝혀진다. 그리고 요한은 교회들에 "이제도 계시고 전에도 계셨고 장차 오실 이"가 주시는 "은혜와 평강"(계 1:4)으로 인사한다. "은혜와 평강"이라는 표현은 신약의 다른 편지들에서 살펴봤던 그리스도인들만의 특별한 인사를 떠올리게 한다. 그리고 주님을 이제도 계시고 전에도 계셨고 장차 오실 이로 밝힌 것은 불타는 떨기나무에서 모세에게 주신 하나님의 이름 "나는 ~이다"를 떠올리게 한다(출 3:14). 이 하나님의 이름은 하나님의 영원하신 존재, 언약에 따른 임재, 미래에 나타나심을 강조하는 것이다. 또한 요한은 교회들에게 "그의 보좌 앞에 있는 일곱 영"(계 1:4)도 문안한다고 전한다. 이는 전 세계에서 활동하시는 성령에 대한 상징적인 표현이다. 마지막으로 요한은 "충성된 증인으로 죽은 자들 가운데에서 먼저 나시고 땅의 임금들의 머리가 되신 예수 그리스도"(계 1:5)의 문안을 전한다. 그분은 "우리를 사랑하사 그의 피로 우리 죄에서 우리를 해방하시고 그의 아버지 하나님을 위하여 우리를 나라와 제사장으로 삼으신"(계 1:5-6) 분이시다. 그의 영광과 권세는 영원무궁하다. 그분은 하나님의 영광으로 다시 돌아오시며, 그때에 영원한 인자의 통치가 온전히 드러날 것이다(계 1:7; 참고 단 7:13).

이처럼 요한의 인사는 그 형식이 삼위일체를 따른다. 하나님은 성부, 성자, 성령으로 알려지신다. 그리스도인의 삶은 주 하나님을 확실히 신뢰하는 것이다. 하나님의 목적과 성품과 영광과 능력은 변하지 않는다. 하나님은 전능하신 주 하나님이시며 전에도 계시고, 이제도 계시고, 장차 임하실 분이다. 요한계시록 내내 이런 식으로 하나님의 이름을 언급하는데, 이는 신실한 자들을 격려하기 위한 반복 구절이다(계 1:4,8, 4:8, 11:17, 15:3, 16:7,14, 19:6,15, 21:22).

• 도미티아누스 황제가 로마를 통치하다(주후 81-96년)

요한계시록의 역사적 배경은 주후 1세기 말을 향해 가는 때다. 2세기의 초기 기독교 지도자인 이레나이우스(Irenaeus)는 요한이 도미티아누스의 통치 말기인 주후 95년 부근에 요한계시록을 봤다고 기록한다. 도미티아누스는 주후 51년 베스파시아누스의 막내아들로 태어난다. 그는 10대의 나이에 아버지와 함께 유대 전쟁에 참여한다. 그는 형인 티투스의 그늘 아래 성장한다. 티투스는 예루살렘을 멸망시켜 수훈을 쌓았고, 개선식에서도 사람들의 칭송을 받는다. 베스파시아누스가 황제가 된 후, 티투스는 제위 계승자로 임명되어 호민관으로 아버지와 권력을 나눴다. 그는 일곱 차례 집정관을 역임했고 근위대 지휘권도 받는다. 하지만 도미티아누스는 명예직과 도시 제사장직만 맡았을 뿐 실제적인 권력은 전혀 없었다. 티투스는 주후 79년 베스파시아누스의 뒤를 이어 황제가 되었고, 원로원과 군대 및 로마 시민들에게 엄청난 인기를 누렸다. 비록 주후 79년 베스비우스 화산이 폭발하여 충격이 있었지만, 티투스는 주후 80년 플라비우스 원형 경기장(후에 콜로세움으로 알려짐)을 완공한다. 그는 100일 동안 검투 대회를 열어서 이를 기념한다. 대회가 끝난 직후 티투스는 갑자기 몸이 나빠지더니 열병으로 죽고 만다. 그가 남긴 마지막 말은 자신이 "살면서 단 하나의 실수"를 저질렀다는 것이었다. 도미티아누스가 형에게 모의를 꾸몄다는 의혹이 제기되지만, 그는 바로 다음 날 황제로 임명된다.

• 제국 전반에 걸친 기독교인의 박해

베스파시아누스(주후 69-79년), 티투스(주후 79-81년), 도미티아누스(주후 81-96년)로 이어지는 플라비아누스 왕조는, 예루살렘 성전의 파멸로 귀결된 유대 전쟁(주후 66-70년)을 성공적으로 수행하여 권좌에 오른다. 로마 사회는 유대인을 타락한 믿음을 지닌 패배한 적군으로 여기며 점차 적대적인 태도를 취한다. 유대인들은 성경을 따라 예루살렘 성전에 연보를 드리는 대신, 강제로 로마에 특별 세금을 납부해야 했다. 게다가 유대에서 발흥한 것으로 여겨진 그리스도인들 역시 로마의 근본적인 요구 사항에 대해 의문을 제시하는, 야만적이고 미신적인 집단으로 치부되었다. 특히 동방에서는 신격화된 황제들을 섬기는 제국 종교가 로마에 대한 충성심을 시험하는 방법으로 사용되었다. 도미티아누스는 자신의 신상을 만들고 신으로 섬길 것을 명령한다. 그는 자신을 "주와 신"(dominus et deus)이라는 칭호로 부를 것을 요구했다. 고대 문헌을 보면, 그는 외로운 사람으로서 의심이 많고 잔인한 사람으로 기억된다. 기록에 따르면 파리를 잡아서 찔러 죽이는 일을 즐겼다고 한다. 그는 여자와 난쟁이 사이에 검투 경기를 열기도 했다. 또 정적들뿐 아니라 가족들까지도 무신론을 믿는다든지 또는 유대의 풍습을 따른다든지 하는 이유로 죽인다. 이는 그리스도의 제자가 된 자들에게 흔히 붙이는 죄목이었다. 초기 교회 역사가인 에우세비우스에 따르면 도미티아누스는 네로를 이어 교회를 박해한 두 번째 로마 황제였다. 박해는 로마에서 시작하였고 속주별로 그 강도는 상이했다. 그리스도인들은 강제로 황제 숭배에 참여해야 했다. 거부하는 자는 공개적으로 구타를 당하거나, 재산을 압수당하거나, 추방, 또는 심지어 죽음을 당하기까지 했다. 도미티아누스는 마귀에 사로잡혀 자신의 신성을 주장했기 때문에, 우리 책에서는 이 시대를 그리스도인들에게 극심한 시험의 때로 구분한다. 그리스도인들은 진정한 신인 한 분 왕만을 섬겼다. 그들은 죽을 운명인 인간에게 생명을 바치거나 예배를 드릴 수 없었던 것이다.

• 유배 중인 요한이 "예수의 환난과 나라와 참음"에 동참하다

요한 사도는 에베소에서 소아시아의 그리스도인 공동체들을 목회하는 중에 로마 제국의 박해를 당한다. 그는 "하나님의 말씀과 예수를 증언하였음으로 말미암아"(계 1:9) 밧모라는 작고 황량한 섬에 유배된다. 로마는 마치 후에 영국이 호주를 그렇게 했듯이, 밧모 섬을 일종의 유배지로 삼았다. 밧모 섬은 육지에서 58킬로미터 떨어진 바위섬으로 천혜의 감옥이었다. 요한은 그곳으로 추방을 당했고, 자신이 그렇게 사랑하던 사람들이 육지에서 계속 환난을 당하고 있음을 알았다. 요한은 스스로를 가리켜 "너희 형제요 예수의 환난과 나라와 참음에 동참하는 자"(계 1:9)라고 한다. 목회 리더십은 우리를 고난에서 격리시키는 것이 아니라, 오히려 우리에게 참여할 것을 요구한다. 요한은 그리스도가 다스리는 왕국의 현실인 현재의 환난에 동참하였고, 믿는 모든 사람에게 요구되는 오랜 참음에도 함께했다. 예전에 바울이 그러했듯이 요한도 감옥에서 사역을 계속한다. 그는 "주의 날에"(계 1:10) 그들과 예배한다. 그리고 요한은 그리스도가 자신에게 계시해 주신 모든 것을 그들에게 쓴다.

• 높임 받으신 인자가 교회의 주님이시다(계 1-3장)

주의 날에 요한이 성령에 감동되어 있을 때 뒤에서 나팔 소리 같은 큰 음성을 듣는다. "네가 보는 것을 두루마리에 써서 에베소, 서머나, 버가모, 두아디라, 사데, 빌라델비아, 라오디게아 등 일곱 교회에 보내라"(계 1:10-11). 요한이 누가 말씀하고 있는지를 보려고 몸을 돌이키자, 높임 받으신 인자이며 교회의 주님이신 예수가 보였다(계 1:12-16). 예수는 하늘의 성소를 밝히는 금 촛대 사이에 서 계신다. 그분은 다니엘이 수 세기 전에 본 그대로 영광스러운 인자의 모습으로 나타나신다(단 7:13-14). 그분은 긴 옷과 금띠를 하고 계신다. 그 머리는 양털과 같이 희다. 그의 눈은 불꽃과 같고, 그의 발은 단련한 놋쇠와 같다. 그의 목소리는 하나님의 권세가 있는데 많은 물소리와 같이 울려 퍼졌다. 손에는 일곱 개의 별을 쥐고 있으며, 입에서는 날카로운 양날의 검이 나온다. 얼굴은 해가 강렬하게 비치는 것 같다. 주님을 본 성경의 모든 사람과 마찬가지로 요한도 주님의 영광에 압도당한다(계 1:17; 참고 창 15장; 출 3장; 사 6장; 겔 1장; 마 17장; 행 9장). 요한은 주님의 발 앞에 죽은 것같이 엎드린다. 하지만 높임 받으신 예수는 그를 불러 생명을 주신다. 예수는 오른손을 요한에게 얹고 말씀하신다. "두려워하지 말라 나는 처음이요 마지막이니 곧 살아 있는 자라 내가 전에 죽었었노라 볼지어다 이제 세세토록 살아 있어 사망과 음부의 열쇠를 가졌노니"(계 1:17-18). 우리는 여기에서 전체 성경을 이해할 때 그리스도의 죽음과 부활의 중심성을 다시 한 번 확인한다. 예수는 십자가에서 죽으심으로 사망을 이기셨다. 예수는 이제 살아 계셔서 자신의 부활로 영원히 다스리신다.

예수는 요한에게 "네가 본 것과 지금 있는 일과 장차 될 일을"(계 1:19)

기록하라고 하신다. 예수는 또한 요한계시록의 장대한 환상 내내 나타나는 하늘의 예배자들과 이 땅의 그리스도인 공동체가 연결되어 있음을 설명하신다. 그 성소의 촛대들은 소아시아에 모인 교회들을 상징한다. 또한 별은 이 땅에서 신실함을 지킬 것을 격려하기 위해 그리스도가 보내신 하늘의 사자(문자적으로는 "천사")를 의미한다. 그리스도의 거룩한 말씀은 그리스도의 종인 요한이라는 인간의 중개를 통해 교회에 닿게 된다.

• 예수께서 높임 받으신 주님이자 오실 왕으로서 일곱 교회에 말씀하시다 (계 2-3장)

요한계시록 2-3장에서 예수는 소아시아 지역에 있는 일곱 교회에 말씀하신다. 예수는 높임 받으신 주님이자 오실 왕으로서, 하늘의 권세를 가지고 이야기하신다. 이 도시들이 실제로 존재하는 곳이라는 점을 반드시 기억해야 한다. 이 회중들 역시 실제로 존재하는 이들이다. 그곳의 믿는 자들 또한 우리가 신약을 연구하며 접했던 박해, 거짓 가르침, 세상과 타협과 같은 동일한 유혹에 직면한다. 그리스도는 신약의 여타 편지와 동일한 방식으로 요한이라는 인간의 중개를 통해서 자신의 신부에게 이야기하신다. 요한계시록이라는 편지는 그 지역의 상황, 지형, 사람들에게 특화된 것이다. 하지만 이 편지는 바울의 편지가 오늘날 교회에도 지속적인 깨달음을 제공하는 것처럼, 여전히 모든 곳에 있는 모든 믿는 자들에게 적용할 수 있는 것이다. 본문에는 이 교회들이 교회사에서 연속되는 시대를 대변하는 것이라고 해석할 근거가 없다.

또한 요한계시록 내내 하늘에서 예배하는 이 장면을 벗어나지 않는다는 점을 반드시 인식해야 한다. 예수는 그 성소에서 높임 받으신 인자로서 일곱 교회에 말씀하신다. 각 편지는 요한계시록 1장 10-16절의 환상에 나타난 예수의 모습에서 직접 따온 서두로 시작한다. 그러고 나서 예수는 각 교회의 영적 상태를 말씀하시고 그들을 향한 자신의 뜻을 드러내신다. 각 편지는 순종하지 않은 자들에 대한 경고와, 믿음으로 이기는 자들에게 미래의 복을 약속하시는 것으로 끝난다. 예수는 편지 내내 요한계시록 1장에 나오는 성소의 환상 내에서 말씀하시고 약속하시며, 이는 요한계시록 21-22장에서 성취된다. 이렇게 요한계시록은 반드시 높임 받으신 예수께서 자기 신부에게 말씀하시는 하나의 장대한 계시로 이해해야 한다. 즉, 요한계시록의 구조는 영광스러운 결말을 향해 흘러가는 하나의 이야기로 파악해야 하는 것이다. 요한계시록의 심상 역시 일관적으로 이 포괄적인 환상 내에서 해석해야만 한다. 요한계시록은 한 시간 정도 사이에, 한 상황에서 일어난 것으로 읽고 이해할 때 가장 좋다. 또한 그 목적은 우리의 상상력을 정결하게 하고, 우리의 소망을 고양하고, 우리를 감동하여 신실함을 지키고, 두려움을 버리게 하는 것이다.

예수는 오늘날 셀주크 지역인 에베소에 첫 번째 편지를 보내신다. 에베소는 로마 세계에서 네 번째로 큰 도시로 인구가 250,000명에 달했다는 사실을 기억할 것이다. 바울은 그 지역에서 광범위하게 세 번째 선교여행을 펼쳤었다(딤전 1:3). 초기 기독교 전통에 따르면 요한은 교회를 굳건하게 세우기 위하여 로마가 예루살렘을 포위 공격하기 직전인 주후 70년에 에베소로 이주했다고 한다.

예수는 에베소 교회에 자신을 "오른손에 있는 일곱 별을 붙잡고 일곱 금 촛대 사이를 거니시는 이"(계 2:1)라고 밝히신다. 예수는 그 교회를 아시고, 그들이 선한 일을 하고 열심히 노력하며 인내한 것을 칭찬하신다(계 2:1-2; 참고 엡 2:10). 그들은 지치지 않고 거짓 교사들을 시험하여 그들을 분별해 냈다(계 2:2-3; 참고 행 20:28-31). 하지만 에베소인들은 진리를 위한 전투를 벌이다가 그리스도에 대한 처음 사랑을 잃어버리고 말았다(계 2:4; 참고 엡 3:14-19). 예수는 그들에게 떨어져 버린 그 높은 사랑을 기억하고, 회개하며, 처음에 했던 일을 행하라고 권고하신다. 마지막으로, 예수는 그들에게 죽어 버린 정통주의를 고수하면 예수께서 오셔서 그들의 촛대를 옮길 수밖에 없다고 경고하신다. 예수는 그들에게 말씀에 순종하여 이기면, "내가 하나님의 낙원에 있는 생명나무의 열매를 주어 먹게 하리라"(계 2:7; 참고 창 3:22-24; 계 22:14)고 약속하신다.

예수는 서머나에 두 번째 편지를 보내신다. 서머나는 현재 이즈미르에 해당하며 에베소에서 북서쪽으로 60킬로미터 떨어진 지역이다. 이곳은 보호 태세를 잘 갖춘 중요한 항구 도시로서 헤르메스 벨리(Hermes Valley)까지 이르는 내륙 무역로의 시작점이었다. 이 도시는 로마와 경제 동맹을 유지하며 상당한 유대 공동체의 본거지가 되었다. 또한 이 도시의 자랑은 황제 숭배를 위해 헌정된 신전이 있다는 것이었다.

예수는 서머나 교회에 자신을 "처음이며 마지막이요 죽었다가 살아나신 이"(계 2:8)로 밝히신다. 예수는 그들이 당하고 있는 환난과 궁핍, 그리고 지역 회당에서 일어나고 있는 자칭 유대인들의 비방에 대해서도 알고 계신다(계 2:9). "사탄의 회당"이라는 말은 유대교 전반에 대한 공격으로 이해해서는 안 되고, 그리스도인은 "참된 유대인"이 아니라고 비하하는 자들을 지칭하는 것으로 이해해야 한다. 유대인들은 고대 풍습 때문에 로마의 황제 숭배에 면제되었기 때문에, 이러한 비난은 그리스도인들을 박해에 노출되게 하는 것이었다. 예수는 서머나 교회가 곧 크게 고난을 당하게 될 것을 아신다. 몇몇은 투옥될 것이다. 몇몇은 예수를 증언하다 순교를 당하기도 할 것이다. 하지만 예수의 주권적인 손 아래, 환난의 시간은 정해진 때가 있고 결국에는 큰 영광을 누릴 것이다. 예수는 그들에게 권고하신다. "네가 죽도록 충성하라 그리하면 내가 생명의 관을 네게 주리라"(계 2:10). 이 소중한 구절은 2세기 서머나의 주교였던 폴리캅의 순교에서 20세기 한국의 순교자들에 이르기까지, 믿는 자들의 마음을 움직여 끝까지 신실함을 지키도록 만들었다. 마지막으로 예수는 약속하신다. "이기는 자는 둘째 사망의 해를 받지 아니하리라"(계 2:11; 참고 계 20:6).

예수는 버가모에 세 번째 편지를 보내신다. 버가모는 현재 베르가마에 해당하며, 서머나에서 북쪽으로 110킬로미터 떨어져 있고, 내륙으로 25킬로미터 들어가 있는 지역이다. 150,000명에 달하는 많은 인구를 거느린 이 도시는 주위를 둘러싼 협곡 너머로, 300미터 가량 우뚝 솟은 원뿔 형태인 지대에 자리 잡고 있었다. 버가모라는 명칭은 "탑" 또는 "성"이라는 뜻이다. 장관을 이루는 이 성채에는 도시의 수호신들을 위한 신전이 여럿 있었다. 또한 버가모는 소아시아에서 처음으로 황제 숭배를 위해 신전이 건설된 곳이기도 했다.

예수는 버가모 교회에 자신을 "좌우에 날선 검을 가지신 이"(계 2:12)로 밝히신다. 예수는 하나님의 권세 있는 말씀을 휘두르신다. 예수는 이 교회가 사탄의 권좌가 있는 곳에 위치하고 있음을 아셨다(계 2:13). 사탄의 권좌는 아마도 그 도시에 만연한 우상들을 숭배하는 신전들의 집합체를 일컫는 말일 것이다. 예수는 안디바와 같은 교회의 구성원들이 순교를 당하면서도 예수의 이름을 굳게 붙잡고 믿음을 저버리지 않았음을 칭찬하신다. 하지만 예수는 성적 부도덕과 우상 숭배로 하나님의 백성을 꾀어 주님을 떠나게 만들었던 발람의 가르침에 대해서 경고하신다(계 2:14; 참고 25:1-3; 벧후 2:15; 유 1:11). 예수는 또한 박해를 피하기 위해 이교도 사회에 수응한 니골라당의 가르침을 따르는 자들을 질책하신다(계 2:15). 예수는 그들에게 세상을 향한 그러한 위험한 자세를 회개할 것을 강권하시고, 그렇지 않으면 "내가 네게 속히 가서 내 입의 검으로 그들과 싸우리라"(계 2:16)고 말씀하신다. 예수는 자신의 말씀에 순종함으로 이기는 자에게는 "감추었던 만나를 주고 또 흰 돌을 줄 터인데 그 돌 위에 새 이름을 기록한 것이 있나니 받는 자밖에는 그 이름을 알 사람이 없느니라"(계 2:17; 참고 계 22:3-4)고 하신다. 새 이름은 주님의 이름을 의미하고, 그 돌은 하나님의 도성인 새 예루살렘에 입장할 수 있는 권리를 말하는 것이다.

예수는 두아디라에 네 번째 편지를 보내신다. 두아디라는 현재 아크히사르에 해당하며, 버가모에서 남동쪽으로 40킬로미터 떨어진 곳이다. 두아디라는 버가모와 사데 사이에 있는 넓은 평지에 위치한 중요한 상업 도시였다. 바울이 빌립보에서 만난 루디아가 두아디라 출신으로서, 꼭두서니*(madder root)로 물들인 값비싼 자색 옷감을 팔았다(행 16:14). 수많은 동업 조합들이 도시 생활에 엄청난 영향력을 미치고 있었다. 동업 조합의 회원이 되려면 우상 숭배에 참여해야 한다는 조건이 있었기 때문에 그리스도인은 타협을 해야 했다.

* 꼭두서닛과의 여러해살이 덩굴풀

예수는 두아디라 교회에 자신을 "그 눈이 불꽃 같고 그 발이 빛난 주석과 같은 하나님의 아들"(계 2:18)이라고 밝히신다. 예수는 그들이 행한 일을 아신다. 예수는 그들의 신실한 섬김과 인내를 아신다(계 2:19). 하지만 "내 종들을 가르쳐 꾀어 행음하게 하고 우상의 제물을 먹게 하는"(계 2:20) 이세벨의 가르침을 용납한 일을 질책하신다. 이세벨은 이스라엘의 여왕으로서 우상 숭배와 부도덕 때문에 엘리야에게 심판을 받은 사람이다(왕상 16:31). 예수는 두아디라 교회에 세상적인 것을 수용하려는 영적인 타협에 대해서 경고하신다. 예수는 교회가 회개하도록 만드시기 위해, 회개하지 않았던 이세벨에게 어떤 파국적인 결과가 임했는지를 언급하신다(계 2:21-23; 참고 왕하 9:29-37). 예수는 교회에 영적으로 타협하지 말고 자신이 올 때까지 자신의 가르침을 굳게 붙들라고 권고하신다(계 2:25). 예수는 신실하게 순종하여 이기는 자에게 만국을 다스리는 자신의 권세를 주실 것을 약속하신다(계 2:26-27; 참고 시 2:9). 그들은 "새벽 별"을 받을 것인데, 이는 그리스도의 영원한 통치에 그들이 참여하게 됨을 뜻한다(계 2:28; 참고 민 24:17; 벧후 1:19; 계 22:16).

예수는 사데에 있는 교회에 다섯 번째 편지를 보낸다. 사데는 현재 사르트에 해당하며, 두아디라에서 56킬로미터 떨어진 곳이다. 사데는 부유함으로 유명한 크로이소스(Croesus) 왕이 통치했던 리디아 제국의 수도였다. 그 도시는 유사 이래 기습으로 단 두 차례만 정복당했을 뿐이었다. 그래서 사데는 안일함과 부족한 경계심으로 유명했다.

예수는 사데 교회에 스스로를 "하나님의 일곱 영과 일곱 별을 가지신 이"(계 3:1)로 밝히신다. 예수는 지금도 세상에 계시고, 일하신다. 예수는 사데 교회의 행위와 살았다 하는 이름을 가졌음을 아신다. 하지만 실상 그들은 죽어 있다. 예수는 그들에게 "일깨어 그 남은 바 죽게 된 것을 굳건하게 하라 내 하나님 앞에 네 행위의 온전한 것을 찾지 못하였노니"(계 3:2)라고 권고한다. 예수는 "만일 일깨지 아니하면 내가 도둑같이 이르리니 어느 때에 네게 이를는지 네가 알지 못하리라"(계 3:3; 참고 마 24:43-44; 살전 5:2-8; 벧후 3:10)고 경고하신다. 사데 교회는 태만함과 무심함에 따르는 영적 위험을 보여 준다. 예수는 능동적으로 신실함을 지키며 자신을 따라 걷는 자들에게 "흰 옷을 입을 것이요 내가 그 이름을 생명책에서 결코 지우지 아니하겠다"(계 3:5; 참고 단 12:1; 계 6:11, 7:9, 13:8, 20:12)고 약속하신다. 생명책은 하나님의 도성의 시민 명부를 상징한다(계 21:27; 참고 눅 10:20; 빌 4:3; 히 12:23). 그리스도에게 신실함으로 이기는 자는 절대로 하늘 도성에서 시민권을 잃지 않을 것이다. 예수는 아버지와 천사들 앞에서 저를 시인하실 것이다(계3:5; 참고 마 10:32; 눅 12:8).

예수는 빌라델비아에 있는 교회에 여섯 번째 편지를 보내신다. 빌라델비아는 현재 알라세히르에 해당하며, 사데에서 남동쪽으로 50킬로미터 가량 떨어져 있다. 이 도시는 리디아 왕 아탈로스 2세(Attalus II)가 세웠다. 이 왕은 자신의 형제인 에우메네스(Eumenes)에게 변함없이 충실함을 지켰기 때문에, "필라델푸스"(형제의 사랑)이라는 별칭을 얻었다. 빌라델비아는 몇몇 주요 도로가 교차하는 상업의 중심지에 위치했다. 그 도시는 소아시아의 고지대 중앙 평원으로 안내는 관문 역할을 했다. 주후 17년 발생한 큰 지진 후, 겁에 질린 거주민들은 어쩔 수 없이 그 도시를 떠나 몇 달간 주변 지역에 거주한다.

예수는 모든 권세로 빌라델비아에 있는 교회에 자신을 "거룩하고 진실하사 다윗의 열쇠를 가지신 이 곧 열면 닫을 사람이 없고 닫으면 열 사람이 없는"(계 3:7) 이로 밝히신다. 다윗의 열쇠는 통치 권력을 상징한다(사 22:20-21; 마 16:19). 예수께서는 그들의 행위를 아시고 모든 권세로 그들 앞에 선교에 열린 문을 두시는데, 누구도 이를 닫을 수 없다(계 3:8; 참고 행 14:27; 고전 16:9). 예수는 그들이 자기 말씀을 지키고 자기 이름을 부인하지 않았다고 칭찬하신다. 예수는 그리스도인 공동체를 비방하는, 그 지역 회당에 속한 자들을 경고하신다. 머뭇거리던 요셉의 형제들처럼 그들은 언젠가 "네 발 앞에 절하게 하고 내가 너를 사랑하는 줄을 알게"(계 3:9; 참고 창 37:10; 사 49:23, 60:14) 될 것이다. 편지들을 통해서 우리는 땅에서 일어나는 일과 하늘에서 일어날 일들 사이에 상관관계를 보게 된다. 그리고 이는 빌라델비아 교회에 아름답게 표현된다. 예수는 그들에게 "네가 나의 인내의 말씀을 지켰은즉 내가 또한 너를 지켜 시험의 때를 면하게 하리니"(계 3:10)라고 확약하신다. 시험은 진정한 그리스도인들을 제련한다. 유혹은 믿음을 정결하게 한다. 예수는 우리를 보호하사 거침이 없게 하시고 그 보좌 앞에 흠이 없이 서게 하신다(유 1:24). 하나님은 환난 중에 만날 상존하시는 도움이다(시 46:1). 예수는 교회에게 확약하신다. "내가 속히 오리니 네가 가진 것을 굳게 잡아 아무도 네 면류관을 빼앗지 못하게 하라"(계 3:11). 예수는 신실함으로 이긴 자들에게 약속하신다. "이기는 자는 내 하나님 성전에 기둥이 되게 하리니 그가 결코 다시 나가지 아니하리라 내가 하나님의 이름과 하나님의 성 곧 하늘에서 내 하나님께로부터 내려오는 새 예루살렘의 이름과 나의 새 이름을 그이 위에 기록하리라"(계 4:12; 참고 계14:1, 21:10, 22:4). 그들은 하늘의 도성에 굳건히 세워질 것이다. 어떤 지진이 일어나도 그들은 달아나지 않아도 된다. 그들은 안전하게 영원히 그리스도와 함께 거할 것이다.

예수는 라오디게아 교회에 일곱 번째 편지를 쓴다. 라오디게아는 현재 데니즐리 지역에 해당하며, 빌라델비아에서 남동쪽으로 65킬로미터 떨어져 있다. 라오디게아는 골로새와 불과 몇 킬로미터밖에 떨어져 있지 않기 때문에 라오디게아에서도 바울이 골로새인들에게 보낸 편지를 읽었다(골 4:16). 라오디게아는 셀레우코스 왕조인 안티오코스 2세가 세운 곳으로서, 부인인 라오디케(Laodicea)의 이름을 따라 명명됐다. 라오디게아는 리쿠스 강의 수원지 인근에 있는 두 개의 주요 도로와 메안더 계곡(Meander Valleys)이 교차하는 지역에 있었다. 그래서 이 도시는 상업 금융의 중심지로 번성했다. 라오디게아는 주후 60년 지진을 겪은 후에도 당당하게 자신들의 자금만으로도 도시를 재건할 수 있다고 자랑하며 로마 원로원의 재정 후원을 거절한다. 라오디게아는 유명한 히에라폴리스(현재는 파묵칼레)의 온천 지대에서 남쪽으로 10킬로미터 거리에 있었다. 또한 동쪽으로 20킬로미터 거리에 골로새가 있었는데, 이곳은 냉천으로 유명했다. 라오디게아는 로마의 송수관을 통해 그 물을 받았는데, 도시에 도착하면 그 물은 미지근해 있었다.

예수는 라오디게아의 교회에 자신을 "아멘이시요 충성되고 참된 증인이시요 하나님의 창조의 근본이신 이"(계 3:14)로 밝히신다. 예수는 라오디게아인들을 질책하시는데 그 이유는 "네가 차지도 아니하고 뜨겁지도 아니하도다 네가 차든지 뜨겁든지 하기를 원하노라"(계 3:15)는 것이었다. 그들은 사람을 치유하는 온천의 특징도, 사람의 기분을 전환시키는 냉천의 특징도 없었다. 그들은 뜨겁지도 차갑지도 않고 미지근했다. 예수는 "내 입에서 너를 토하여 버리리라"(계 3:16)며 경고하신다. 예수는 "나는 부자라 부요하여 부족한 것이 없다 하나 네 곤고한 것과 가련한 것과 가난한 것과 눈 먼 것과 벌거벗은 것을 알지 못하는도다"(계 3:17)라고 파괴적인 표현을 사용하시면서 그들의 교만과 자기만족을 폭로하신다. 예수는 그들에게 그리스도에게서 부를 축적하라고 권하신다. 예수는 불로 연단한 금과, 수치를 가리는 흰 옷과, 눈에 발라 보게 해 주는 안약을 제공하신다. 예수께서 라오디게아에 하신 강력한 말씀은 사랑에서 나온 것이었다. 주님은 사랑하시는 자들을 징계하신다(계 3:19; 참고 신 8:5; 잠 3:12; 히 12:6). 예수는 그들에게 열심을 내어 회개하라고 강권하신다. 예수는 그들을 받아 주실 준비가 되어 있음을 다음과 같은 충격적인 심상으로 드러내신다. "볼지어다 내가 문 밖에 서서 두드리노니 누구든지 내 음성을 듣고 문을 열면 내가 그에게로 들어가 그와 더불어 먹고 그는 나와 더불어 먹으리라"(계 3:20). 예수는 신실함으로 이기는 자들에게 "내가 내 보좌에 함께 앉게 하여 주기를 내가 이기고 아버지 보좌에 함께 앉은 것과 같이 하리라"(계 3:21; 참고 계 7:10, 20:11-12, 22:1-3)고 하신다. 겸손히 그리스도의 책망을 받아들이는 자들은 그와 함께 영원히 보좌에 앉을 것이다.

교회들에게 보낸 일곱 편의 서신은 "예수 그리스도의 계시"(계 1:1)에서 중요한 부분을 차지한다. 예수는 우리 앞에 높임 받으신 인자와 교회의 주님으로 나타나신다. 예수는 우리와 동떨어진, 침묵하는 남편이 아니시다. 우리는 예수께서 우리의 구체적인 상황을 친밀하게 아시며 신부에게 말씀하시듯 하신다는 사실을 상기해야 한다. 예수는 언제 격려하고, 언제 질책해야 하는지를 아신다. 예수는 이 세상의 유혹과 시험을 익히 아신다. 예수는 고난 받는 증인들에게 힘을 주셔서 죽음도 감내하게 하신다. 예수는 안일한 자들을 깨우신다. 신실한 자들은 높이시고 후한 상을 주신다. 무엇보다 예수는 계속해서 교회들에게 자신의 목소리를 듣도록 청하신다. 모든 편지는 "귀 있는 자는 성령이 교회들에게 하시는 말씀을 들을지어다"(계 3:22; 참고 신 6:4; 요 10:16)라는 동일한 청함으로 마무리된다.

◆ 높임 받으신 인자가 하늘에서 경배 받으시다(계 4-5장)

요한계시록 4-5장에서는 요한이 하늘 성소 내부로 청함을 받으면서 예수 그리스도의 계시가 이어진다. 요한은 열려 있는 문을 보는데, 요한계시록 1장에서 들었던 것과 동일한 목소리가 들려온다. 이스라엘의 선지자들과 같이 요한은 하늘의 천상 회의에 서서 하나님이 보여 주시는 하나님의 뜻을 본다(계 4:1; 참고 암 3:7). 요한은 하늘의 보좌가 있는 곳에 들어섰고, 전능하신 주 하나님이 영광 가운데 보좌에 앉으신 모습을 본다(계 4:2-3). 이 장면은 매우 경이롭고 역동적이다. 하나님의 영광이 귀중한 보석처럼 빛을 발한다. 그분의 목소리는 물이 세차게 흐르는 소리 같다. 이사야, 에스겔, 다니엘이 하나님 앞에서 그러했듯이, 요한은 주님이 왕의 위엄 가운데 하늘의 천사 무리에 둘러싸여 있는 것을 본다(사 6장; 겔 1장; 단 7장). 보좌 옆에 있는 생물들은 외친다. "거룩하다 거룩하다 거룩하다 주 하나님 곧 전능하신 이여 전에도 계셨고 이제도 계시고 장차 오실 이시라"(계 4:8; 참고 사 6:3). 성소 안에는 24장로들이 그 앞에 있다(계 4:4; 참고 대상 24:3-19, 25:1-31). 그들은 주님 앞에 금관을 드리며 선포한다. "우리 주 하나님이여 영광과 존귀와 권능을 받으시는 것이 합당하오니 주께서 만물을 지으신지라 만물이 주의 뜻대로 있었고 또 지으심을 받았나이다"(계 4:11). 하나님은 만유의 창조주로서 알려지고 경배를 받으신다. 우리는 우리 하늘 아버지가 어떤 분이시며, 그 능력이 어떠한

지를 언뜻 볼 수 있다. 우리는 하나님이 모든 것을 다스리신다는 확신을 얻는다. 우리는 모든 위험에서도 안전하고 안심할 수 있다. 하나님의 목적과 계획은 확실히 이루어진다.

• 예수는 하나님의 뜻이 담긴 일곱 인으로 봉인된 두루마리를 열기에 합당하다

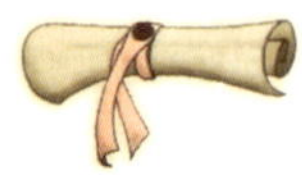

요한이 놀라서 바라보는데, 하나님의 오른손에 들린 **두루마리**가 보인다. 이 두루마리는 하나님의 뜻을 나타낸다. 이 두루마리는 앞뒤로 기록되어 있는데 일곱 개의 봉인이 되어 있다. 한 천사가 큰 소리로 외친다. "누가 그 두루마리를 펴며 그 인을 떼기에 합당하냐"(계 5:2). 그 천사는 하나님의 뜻을 행하기 합당한 자가 있는지 묻는다. 하지만 하늘과 땅 위에 그리고 땅 아래 그 누구도 이 두루마리를 펴거나 볼 수 없었다. 요한은 하나님의 뜻이 이해되고 그대로 이루어지기를 사모하는 마음에 크게 울기 시작한다. 바로 그때 장로들 중 한 사람이 요한에게 다가와 외친다. "울지 말라 유대 지파의 사자 다윗의 뿌리가 이겼으니 그 두루마리와 그 일곱 인을 떼시리라"(계 5:5). 모든 민족이 순종하게 될, 유다의 혈통에서 난 메시아가 임하신 것이다(창 49:10 참고). 모든 민족에 징표가 될, 그 다윗의 자손이 이기신 것이다(삼하 7:14; 사 11:1-10 참고). 이분이 바로 예수 그리스도로서, 하늘은 그가 나라들을 구원하시려는 하나님의 뜻을 드러내고 실행하기에 합당하다고 선포한다.

• 모든 나라의 사람들을 사신 하나님의 어린양이 죽임 당하시다

요한은 하나님의 보좌를 쳐다보는데, 일찍이 죽임 당하신 어린양이 서 있는 것을 본다(계 5:6). 예수는 세상의 죄를 지기 위해 자신의 생명을 주신, 왕으로 오신 메시아다(사 53:4-5; 요 1:29). 예수는 부활하신 후에 하늘 영광 중에 보좌에 앉으신다. 예수는 다윗의 자손이며 고난 받는 종이시다. 예수는 나라들을 위해 죽으심으로 나라들을 이기신다. 예수의 죽음과 부활은 성경 이야기의 핵심이다(고전 15:3-4). 이 다스리시는 어린양은 일곱 뿔과 일곱 눈이 있는 것으로 묘사되는데, 이는 그분의 통치가 온 땅을 넘어 우주적 범위에 이른다는 것을 나타낸다(계 5:6; 참고 시 72:8). 그는 아버지에게서 두루마리를 받아 아버지의 주권적인 뜻과 목적을 성취하실 준비를 한다. 하늘의 궁중은 찬양으로 화답한다. 하나님의 보좌 부근에 있는 자들이 새 노래를 부른다. "두루마리를 가지시고 그 인봉을 떼기에 합당하시도다 일찍이 죽임을 당하사 각 족속과 방언과 백성과 나라 가운데에서 사람들을 피로 사서 하나님께 드리시고 그들로 우리 하나님 앞에서 나라와 제사장들을 삼으셨으니 그들이 땅에서 왕 노릇 하리로다"(계 5:9-10). 우리는 유월절 어린양의 피로 모든 족속과 방언과 나라 가운데에서 하나님의 구속을 받은 자가 된다(창 12:3; 출 12:21-23; 고전 5:7).

예수는 우리를 자신과 함께 영원히 다스릴 제사장 나라와 거룩한 백성으로 삼으신다. 이 소명은 에덴동산에서 가장 처음에 인간에게 주신 사명(창 1:28), 그리고 시내 산 아래에서 이스라엘에게 주신 사명과 반향을 일으킨다. 하나님의 목적이 실현되면 물이 바다를 덮듯이 하나님의 영광을 아는 지식이 온 세상을 덮으리라는 선지자들의 소망이 성취된다(사 11:9; 합 2:14). 큰 목소리를 내며 수많은 천사가 합류하면서 보좌에서 하나님을 찬양하는 소리가 발하여 나온다. "죽임을 당하신 어린양은 능력과 부와 지혜와 힘과 존귀와 영광과 찬송을 받으시기에 합당하도다"(계 5:12). 그러고 나서 하늘과 땅의 아래와 바다에 있는 모든 피조물이 참여하여 하나님과 죽임 당하신 어린양을 경배한다. 그리고 모두 함께 선포한다. "보좌에 앉으신 이와 어린양에게 찬송과 존귀와 영광과 권능을 세세토록 돌릴지어다"(계 5:13).

이 영원한 예배의 광경으로 당신의 마음을 채우라. 시간을 내서 당신을 위해 죽임 당하신 어린양을 사랑하는 마음을 품자. 예배는 우리의 가장 고귀한 즐거움이다. 예배야말로 우리 인류가 존재하는 참된 의미다. 예배야말로 세계 선교의 궁극적인 목적이다. 민족들은 우상 숭배에서 자유롭게 되어 살아 계신 하나님을 예배하고 섬기게 될 것이다. 요한계시록의 다음 부분은 어떻게 높임 받은 인자이신 예수 그리스도가 하나님의 뜻을 행하시고, 나라들을 추수하시며 그들을 불러 모으시는지를 보여 준다.

• 높임 받으신 인자가 진노를 발하시고 백성을 모으신다(계 6-11장)

요한은 유다의 사자이자 죽임 당하신 어린양인 예수 그리스도께 시선을 고정한다. 우리도 똑같이 해야 한다. "예수 그리스도의 계시" 내내, 우리는 성소에 관한 하나의 포괄적인 환상 가운데 하나님의 보좌 앞에 있는 것이다. 요한계시록 6-11장에서 예수 그리스도는 일곱 개의 인을 떼시고 하나님의 뜻을 실행하기 시작하신다. 이 장들은 점진적으로 진행된다. 각 인을 뗄 때마다 심판과 구원을 베푸시는 하나님의 주권적인 목적이 알려진다. 또한 이 장들에는 반복되는 형식이 있는데, 핵심 개념을 되풀이함으로써 동일한 주제를 드러낸다. 이는 묵시 문학이 공통적으로 지니는 특징이다. 이 부분에서 우리는 높임 받으신 인자가 백성들을 자신에게로 불러 모으시는 동시에 세상에 정하신 진노를 내리시는 모습을 보게 된다. 하나님이 인자를 베푸셔서 자신의 진노를 완전히 쏟아 부으시지 않는 이유는 나라들을 회개하게 만들기 위함이다(롬 2:4, 9:22-23; 벧후 3:9, 15 참고). 하나님의 구원은 세상에 있는 교회들의 신실한 증언으로 나라들에게 알려진다. 이 기본적인 구조가 세 차례 반복되는데, 일곱 개의 인, 일곱 번의 나팔 소리, 일곱 우레, 그리고 마지막으로 일곱 대접을 통해 정하신 심판을 내리신다. 각 과정의 마지막은 구속 받은 자들이 셀 수도 없이 큰 무리를 이룬 모습을 생생하게 묘사하며 끝난다. 이러한 심상은 출애굽 당시 하나님이 애굽에 내리신 일련의 심판들이 많은 무리를 구속하며 마무리되는 것을 상기시킨다. 이 부분의 상징들은 성경에 깊이 뿌리 내린 것이기 때문에, 본래의 독자에게 무의미한 현대의 용어로 재구성하지 말아야 한다.

• **많은 수가 구속받으며 땅의 4분의 1에 내리는 심판의 일곱 인(계 6-7장)**

요한계시록 6-7장에서는 첫 번째 심판들이 땅의 4분의 1에 내리며 많은 무리가 구속을 받는다. 하나님의 뜻이 담긴 두루마리의 봉인이 열리면서 하나님의 심판이 드러난다(계 6:1-17). 그리스도는 첫째 인을 떼고 흰말을 타고 활을 든 자를 부르시는데, 그는 세상에 나가서 전쟁을 벌인다. 그리스도는 둘째 인을 떼고 붉은 말을 타고 큰 칼을 든 자를 부르시는데, 그는 평화를 없애는 일을 한다. 그리스도는 셋째 인을 떼고 검은 말을 타고 저울을 든 자를 부르신다. 그 땅에 기근이 어찌나 심한지 밀 한 되가 하루 일당에 해당하는 가격으로 판매된다. 이는 주후 1세기 후반 당시 평균적인 밀 가격에 열다섯 배나 되는 액수다. 하지만 어린양의 진노는 모든 것을 고려하여 정해진 것이었다. 왜냐하면 감람유와 포도주는 해를 입지 않기 때문이다. 그리스도는 넷째 인을 떼고 청황색 말을 타고 있는 자를 부르는데, 그 이름은 사망이라고 하고 음부가 그 바로 뒤를 따른다. 그는 검과 기근과 죽음과 들짐승으로 그 땅의 4분의 1에 심판을 내린다(계 6:8). 그리스도는 다섯째 인을 떼시니 교회에 박해가 일어났다. 요한은 "하나님의 말씀과 그들이 가진 증거로 말미암아 죽임을 당한 영혼들"(계 6:8)을 본다. 그들은 제단 아래에 모여 큰소리로 부르짖는다. "거룩하고 참되신 대주재여 땅에 거하는 자들을 심판하여 우리 피를 갚아 주지 아니하시기를 어느 때까지 하시려 하나이까"(계 6:10). 그리스도는 그들을 흰 두루마리로 입히시고, 그리스도를 위해 그리스도의 종들이 죽임 당한 수가 온전히 차기까지 해야 한다고 말씀하신다. 그리스도가 여섯째 인을 떼시면서, 피조 세계의 질서에 대격변이 일어난다. 엄청난 지진이 일어난다. 해가 어둡게 된다(아마도 화산재로 인하여). 하늘의 달은 빛을 잃고 피와 같이 붉어진다. 별들은 떨어지고 하늘이 시야에서 사라진다. 이는 하나님의 심판이 이 땅에 임하였다는 두려운 현실을 묘사하는 종말론적 표현으로서, 구약에서 묘사된 내용들과 반향을 일으킨다(참고 학 2:6-7). 이러한 상징들은 지나치게 문자적으로 해석하지 말아야 한다. 이러한 상징들은 하나님의 진노라는 두려운 현실을 나타낸다. 이는 이 땅의 왕들, 부유한 자와 권세 있는 자, 노예와 자유자들이 산들에게 부르짖는 모습에서 분명히 드러난다. "우리 위에 떨어져 보좌에 앉으신 이의 얼굴에서와 그 어린양의 진노에서 우리를 가리라 그들의 진노의 큰 날이 이르렀으니 누가 능히 서리요"(계 6:16-17).

땅의 4분의 1에 내리도록 하나님이 정하신 진노는, 구속 받은 엄청난 무리에 우리의 시선을 고정하면서 마무리된다. 요한은 네 천사가 땅의 네 모퉁이에 서서 바람을 붙잡고 있는 것을 본다. 다시 한 번, 온 땅이 시야에 들어온다. 하지만 이제는 한 천사가 심판의 인이 아니라 살아 계신 하나님의 인을 가지고 동편에서 올라온다(계 7:2). 그 천사는 전진하면서 구속받은 자들의 이마에 하나님의 인을 친다. 이 인은 소유권을 나타낸다. 대제사장의 이마에 여호와의 이름이 있었듯이(출 28:36-38), 구속받은 자들의 이마에는 하나님과 어린양의 이름이 있을 것이다(계 14:1). 에스겔서 9장을 보면 하나님이 천사들에게 자기에게 속한 모든 자의 이마에 표를 그리라고 하시는데, 이 내용이 요한계시록의 배경이다. 요한은 우선 자신이 속한 인종 중에 인침을 받은 자들을 본다. 요한은 이스라엘의 열두 지파에서 각기 12,000명씩 하나님의 보좌 앞에 나온 것을 인식한다. 열두 지파 모두 1,000배가 곱해진 것이다. 이는 그리스도를 신뢰하고 하나님의 진노에서 구원받은 수가 엄청나게 많음을 보여 준다. 그러고 나서 요한은 각 나라와 족속과 백성과 방언에서 온 셀 수 없이 많은 무리를 본다(계 7:9). 천국에서는 인종에 따른 정체성이 없어지는 것이 아니라, 오히려 그 인종도 구속된다는 점에 주목하자. 각 나라에서 온 사람들이 흰 옷을 입고 손에는 종려 가지를 들고 보좌와 어린양 앞에 선다. 그들은 큰 목소리로 외친다. "구원하심이 보좌에 앉으신 우리 하나님과 어린양에게 있도다"(계 7:10). 이스라엘과 모든 나라에서 구속을 받은 이 엄청난 무리는 환난과 고난과 땅에 임한 심판을 겪은 자들이다(계 7:14). 애굽을 탈출할 때 바다에 대로가 난 것처럼, 구속받은 자들은 어린양에게 구원을 받아 하나님이 거하시는 곳까지 인도된 것이다. 그들은 의복을 씻고 어린양의 피로 희게 한다. 그들은 하나님의 보좌 앞에 있으며 밤낮으로 하나님의 성전에서 하나님을 섬길 것이다. 그들은 하나님의 임재의 보호 안에 거한다. 그들은 목마르지도 않고 주리지도 아니한데, "이는 보좌 가운데에 계신 어린양이 그들의 목자가 되사 생명수 샘으로 인도하시고 하나님께서 그들의 눈에서 모든 눈물을 씻어 주실 것"(계 7:17; 참고 사 25:8; 계 21:4)이기 때문이다.

• 백성들이 인침을 받고 심판의 일곱 나팔이 땅의 3분의 1에 임하다(계 8-11장)

우리가 막 살펴봤던 이 형식이 이제 하나님의 보좌 앞에 일곱 천사가 일곱 나팔을 부는 소리에 따라 요한계시록 8-11장에서 반복된다. 우리가 여전히 "예수 그리스도의 계시"(계 1:1)라고 하는, 하나의 전체적인 성소의 환상 내에 있다는 사실을 잊지 말자. 성소의 휘장이 제거되면서 우리는 그리스도가 영광과 권세로 보좌에 앉으신 것을 본다. 그리스도는 하늘과 땅에서 아버지의 뜻을 실행하신다. 하늘의 천사들과 셀 수 없이 많은 구속받은 자들의 무리가 그리스도를 예배한다. 자기 백성의 수가 날마다 더해지고, 그리스도는 그들의 기도를 듣고 응답하신다(계 8:3-5). 그는 이제 땅의 3분의 1에 정하신 분노를 내리신다. 첫 네 천사가 나팔을 불자 우박과 불이 나와 땅의 3분의 1을 태워 버린다(계 8:7). 그리스도는 바다의 3분의 1, 생명을 가진 피조물의 3분의 1에 정한 분노를 내리셨고, 심지어 배들도 3분의 1이 파괴된다(계 8:8-9). 강의 3분의 1이 쓰게 되어 사람을 죽게 만든다(계 8:11). 또한 해의 3분의 1과 달의 3분의 1과 별들의 3분의 1이 어두워진다(계 8:12). 이러한 심판은 또다시 출애굽 시 임했던 재앙들의 심상과 목적을 상기시킨다. 공중에 날아가는 독수리가 세 차례 경고를 한다. "땅에 사는 자들에게 화, 화, 화가 있으리니"(계 8:13). 다섯 번째 천사는 무서운 황충 재앙을 땅에 내리지만 하나님의 인침을 받은 자들은 보전된다(계 9:1-12). 여섯 번째 천사는 엄청난 마병대를 소집하여 사람의 3분의 1을 죽인다(계 9:13-19). 하지만, 이러한 재앙을 겪으면서도 살아남은 자들은 우상 숭배와 부도덕함을 회개하지 않는다(계 9:20-21; 참고 출 8:15).

하나님의 정한 분노가 땅에서 고조되어 가자, 하나님의 위대한 구속 목적이 다시 한 번 뚜렷이 보이기 시작한다. 여섯 번째 인을 뗀 후에 구속받은 자들의 셀 수 없는 무리가 보인 것처럼(계 7:1-17), 여섯 번째 나팔 이후에 고난을 당하지만 승리한 증인들이 보인다(계 10:1-11:13). 영광으로 옷 입고 해같이 빛나는 강력한 한 천사가 하늘에서 내려온다. 요한은 유배당한 섬에서 자신이 알고 사랑하던 공동체가 육지에서 영적 전투에 참여하고 있는 모습을 본다. 하나님이 보내신 천사가 그를 보고 있는데, 오른발로는 바다를 디디고, 왼발로는 땅을 디디고 서 있었다. 그 천사는 하나님의 뜻이 담긴 두루마리를 들고 있는데, 이는 이기신 어린 양이 펴셨던 것이다(계 10:2; 참고 계 5:5-10). 천사는 큰 목소리와 일곱 우레로 말을 한다. 일곱 우레에 대해서는 기록되어 있지 않지만, 분명히 그리스도가 이 땅의 절반에 보내기 위해 정하신 분노를 묘사한 것으로서(계 10:3-4), 하나님이 온 땅에 내리시는 진노를 완성할 일곱 대접에서 유추할 수 있다(계 16장). 그 강한 천사는 손을 들어 맹세하는데, 더 이상 지체하지 않을 것이며 하나님의 비밀이 이루어진다고 한다(계 10:6-7). 하나님의 비밀은 하나님의 구속 계획이 온전히 실현된다는 것이다. 하나님은 그리스도 안에서 하늘과 땅에 있는 만물을 통일되게 하시는 것이다(엡 1:10).

이 계획은 각 나라에서 온 구속받은 자들 가운데서, 그리고 그들을 통해서 성취되는데, 그들은 하나님을 찬양하여 하나님의 영광을 드러내기 위해 창조된 존재다(사 43:7, 21; 엡 3:10). 교회는 이제 계시된 하나님의 뜻을 위임받아 이 땅에서 그리스도 안에 있는 하나님의 진리를 드러내는 살아 있는 증거가 된다. 요한은 이 거룩한 사명을 예수 그리스도에게 직접 받는다. 주님은 그에게 두루마리를 취하여 먹으라고 명하시며 다시 말씀하신다(계 10:8-9). 하나님의 뜻이 담긴 그 두루마리는 꿀처럼 달지만, 하나님의 진노의 메시지 때문에 쓰다(계 10:10). 에스겔 선지자처럼, 요한은 두루마리를 먹고 "많은 백성과 나라와 방언과 임금에게"(계

10:11; 참고 겔 3:1-3, 10) 예언을 하라는 사명을 받는다.

교회가 증언하는 이 예언은 요한계시록 11장에서 생생하게 묘사된다. 요한이 갈대를 받고 성전과 제단과 그 안에서 경배하는 자들을 측량하라는 말씀을 들을 때, 우리는 여전히 성소의 계시 안에 있는 것이다(계 11:1). 이 환상의 초점은 교회의 신실한 증거다. 요한계시록 내내 교회가 나라들을 회심하게 하는 도구 자체로서 존재한다는 사실을 봐야 한다. 모든 나라에서 오는 셀 수 없는 무리(계 5:9)는 모든 나라에게 베풀 예언을 한다(계 11:3-13). 구속받은 공동체가 담당한 예언의 책무는 두 증인의 이야기를 통해 상징적으로 기술되어 있다. 그들의 이야기는 묵시록의 심상들을 결합해 놓은 것이다. 이러한 심상들은 요한계시록에 등장하는 다른 상징들과 마찬가지로 성경에 그 분명한 의미가 있기 때문에 순전히 현대적인 상황에 그 배경을 끼워 맞춰서는 안 된다. 그 두 증인은 분명히 두 촛대와 동일하다(계 11:4). 요한계시록의 상징적 심상 내에서, 촛대는 세상의 교회를 대표한다(계 1:12, 20). 두 증인의 이야기는 아마도 문자적으로 두 개인이나 일련의 사건을 말하는 것은 아닐 것이다. 오히려 이는 그리스도의 재림까지 이르는, 세상에서 교회가 예언의 증언을 하는 본질과 결과를 말하는 것이다(계 11:15-18).

두 증인이 있는데, 그들은 성소에서 신실하게 증언한다. 그들은 바깥 마당에 있는 나라들에게서 반대와 박해를 받는다(계 11:1-3). 두 증인이 등장하는 것은, 적어도 두 명 이상이 증언을 해야 사실로 인정받는다는 성경의 필요조건을 충족한다(신 19:15). 증인들은 회개를 상징하는 베옷을 입고 있다. 그들은 나라들에게 예언할 수 있는 권세를 받았다. 그들은 우상 숭배와 부도덕에 탐닉하는 세상을 향해 회개를 촉구한다. 그들의 사역은 출애굽 당시 모세와 아합과 이세벨이 다스리던 어두운 시절에 활동한 엘리야를 떠올리게 한다(계 11:5-6). 그 두 증인은, 여기에서 처음 등장하는 짐승에게서 나온 사탄의 힘과 싸우다가 순교를 당한다(계 11:7). 그들의 죽음은 예수의 십자가 죽음을 상기시킨다(계 11:8). 백성들과 족속들과 방언과 나라 중에서 사람들이 그 시체를 바라본다. 땅에 사는 자들은 그들의 죽음을 보고 기뻐하며 서로 선물을 교환한다(계 11:10). 하지만 3일 반 후에 그들은 죽은 자 가운데서 살아나 발을 딛고 일어선다(계 11:11). 하늘에서 큰 목소리가 있어 그들을 하늘의 영광으로 부른다. 이렇게 그 두 증인은 모든 나라들이 보는 가운데 메시아의 죽음과 부활을 그대로 되풀이한다. 요한계시록 11장에 나오는 이 농축된 묵시적 심상 가운데에서, 우리는 성경의 전체 이야기에 그리스도의 죽음과 부활이 절대적인 중심이 된다는 사실을 깨닫는다. **빈 무덤**(CASKET EMPTY)은 이 핵심을 여러분 앞에 제시하여 하나님의 구속 목적이 그리스도 안에서 성취되었음을 인식하게 한다. 이 목적은 믿음으로 받는 것이며, 세상에 신실하게 증언하여 실천되는 것이다.

교회가 예언의 증언을 하면서 영광스러운 결과가 나타난다. 많은 사람이 하나님의 공의로운 진노로 사라져 버렸지만, 남은 자들은 회개하고 믿게 된다. 그들은 하나님을 두려워하고 하나님께 영광을 돌린다(계 11:13). 이 용어는 요한계시록에서 회심과 영원한 복음에 대한 진정한 반응을 설명하기 위해 사용한 것이다(계 14:6-7). 계속되는 심판에도 회개하지 않는 자들(계 9:20)과는 대조적으로, 교회의 신실한 증언을 통해 나라들이 모여든다. 우리가 책에서 내내 살펴봤듯이, 하나님은 성령을 부어 주시고 자기 백성에게 온 나라에 복음을 가르치는 사명을 주신다(행 1:8). 교회는 복음을 확상하고, 선지자처럼 모든 나라에게 회개하고 믿을 것을 촉구한다(눅 24:47; 행 17:30). 신실한 증인은 반대와 적대 세력에 부딪힌다. 박해는 때로 순교를 요구하기까지 한다. 그럼에도 불구하고 교회 역사 내내, 죽음도 불사하는 신실한 증언을 통해 복음의 증인이 되어 복음의 반응을 낳는 새로운 지평을 일궈 낸다.

• 온 땅에 일곱 대접 심판이 임하다

> 세상 나라가 우리 주와 그의 그리스도의 나라가 되어 그가 세세토록 왕 노릇 하시리로다(계 11:15)

일곱 번째 천사가 그리스도의 재림 시에 승리의 나팔을 불 때까지 세상에서 교회의 신실한 증언은 계속된다. 하늘에서 큰 목소리가 들려 하나님의 구속 계획이 완전히 이루어졌음을 선포한다. "세상 나라가 우리 주와 그의 그리스도의 나라가 되어 그가 세세토록 왕 노릇 하시리로다"(계 11:15). 여기에서 우리는 요한계시록의 첫 번째 절정에 도달한다. 하늘의 궁정이 전능하신 주 하나님께 드리는 찬송과 감사 가운데 터져 나온 것이다(계 11:16). 그는 엄청난 권능을 취하시고 통치를 시작하신다. 그는 모든 나라에서 일부를 구속하신다. 이 세상 나라는 이제 예수 그리스도께 복속된다. 믿는 자들은 모두 그의 영광스러운 나라로 옮겨 간다. 이 땅의 나라들은 하나님과 하나님의 교회에 분노하지만, 최후의 심판과 상급의 때가 임했다. 땅을 망하게 하는 자들은 멸망당할 것이다. 하나님의 신실한 종들은 후한 상급을 받을 것이다(계 11:18; 참고 사 62:11; 마 25:31).

요한계시록에 나오는 성소에 관한 이 영광스러운 계시는 모두에게 열린 하나님의 성전으로 귀결된다. 언약궤, 속죄소가 모든 이에게 보인다. 하나님의 이름이 언급되자, 번개와 음성들과 우레와 지진과 큰 우박이 생긴다(계 11:19; 참고 출 19:16-20). 하나님은 자기 백성들 사이에 있는 보좌에 앉으신다. 그분은 하나님이시며, 다른 이는 없다. 그분은 하나님이시며, 그와 같은 이는 없다. 그는 처음부터 그리고 만물이 창조되기 전인 옛적부터 마지막을 선포하셨다. 왜냐하면 하나님은 분명히 자신이 계획하신 바를 성취하시기 때문이다(사 46:10). 요한계시록 11장은 우리에게 미리 마지막을 보여 준다. 하나님의 주권적인 구속 계획은 온 땅에서 온전히 실현될 것이다. 이는 절대적인 사실이기 때문에 교회가 나라들의 마음을 얻기 위해 영적 전투를 벌이는 오늘날, 우리가 신실할 수 있는 것이다. "예수 그리스도의 계시"에서 다음에 나올 부분은 이 영적 전투의 본질과 어린양의 궁극적인 승리를 그린다.

10장 아직 임하지 않은 시대 Ⅱ

Yet-To-Come

이 장을 읽을 때 신약 연대표를 앞에 두기를 권한다. **아직 임하지 않은 시대** 부분에 있는 모든 소제목은 연대표에 있는 항목들과 동일하다. 또한 이 장 내내 관련 말씀을 추가로 제시할 것이다. 이 책과 함께 이 구절들을 읽으면 큰 유익을 누릴 수 있을 것이다. 무엇보다도 예수 그리스도께 집중하자. 요한계시록에서 우리는 현재 예수 그리스도의 모습을 있는 그대로 보게 될 것이다. 그리스도의 능력, 권세, 그리고 지금 세상에서 행하시는 구원의 활동을 더욱 더 확신하도록 하자. 예수께서 주시는 사랑의 질책을 달게 받고 약속하신 상급도 받자. 성령이 하나님의 영광의 빛으로 여러분의 상상력을 정결하게 만드시도록 하자. 거짓된 권세를 사랑하는 마음을 모두 떨쳐 버리자. 그리스도의 모습을 보고, 그리스도에 대한 헌신을 새롭게 하자. 세상이 우세한 것같이 보일 때라도 그분의 강력한 은혜를 신뢰하자. 어린양의 피와 당신의 증언으로 이를 이기자. 어린양이 어디를 가시든 그분을 따르자. 그분이 나라들을 추수하실 때 당신의 삶을 사용하게 해 달라고 기도하자.

◆ 하나님과 뱀과의 영적 전투(계 12-15장)

아직 임하지 않은 시대 2부에서 주님은 요한에게 교회가 참여하는 영적인 전투를 보여 주신다. 요한계시록 12-15장을 보면, 이 영적인 전투는 하나님과 뱀, "곧 마귀라고도 하고 사탄이라고도 하며 온 천하를 꾀는 자"(계 12:9) 사이에서 일어나는 것으로 묘사된다. 이 장들은 요한계시록의 마지막에서 해결될 요한계시록의 포괄적인 주제에 새로운 심상들을 더한다. 임신한 여자가 막 출산을 하려고 하는데 거대한 붉은 용이 그 아이를 삼키고자 한다(계 12장). 치명적인 상처를 입은 한 짐승이 바다에서 일어나고, 또 한 짐승이 땅에서 일어나 죽임 당하신 어린양을 따르는 이들과 격렬하게 맞선다(계 13장). 하나님의 이름으로 봉인되었던 자들이 나타나는데, 이들은 짐승의 표식을 받은 자들과 대조를 이룬다(계 14장). 마지막으로, 우리는 땅에 부으실 하나님의 진노로 가득한 대접을 들고 있는 일곱 천사를 본다(계 15-16장). 갈등이 극렬함에도 불구하고 하나님 나라는 승리를 거둔다. 하나님의 진노는 땅에 부어지고 악은 심판을 받는다. 구원을 이루시려는 하나님의 목적은 모든 나라에 알려지고, 하나님의 의로우신 통치가 영원히 세워진다.

하나님의 진노와 구원의 목적이 온전히 드러나면서, 그리스도의 신부는 바벨론의 음녀들과 극명한 대조를 이룬다(계 17-18장). 새 예루살렘과 큰 바벨론이 경쟁하는 도시로 나타난다(계 21장). 생명나무는 불못과 대조를 이룬다(계 22장). 요한계시록에 나오는 모든 상징에 관해서 중요한 원칙이 있다. 이러한 심상들은 성경에 그 분명한 의미가 제시되어 있으며, 상황에 맞게 해석해야 한다는 점이다. 그 심상들은 대조되는 짝으로 제시된다. 즉, 하나님의 진리를 사탄이 모방하는 것이다. 하나님의 진리는 거룩함과 희생적인 사랑으로 아름답게 묘사된다. 하지만 사탄이 만든 모조품은 그 원색적인 죄와 포학한 착취로 인해 폭로된다. 요한계시록에서 마귀에게는 창조 능력이 전혀 없다. 마귀는 단지 하나님이 만드신 것을 속이고, 왜곡하고, 타락시키기만 한다. 하나님만이 창조를 행하시고, 자신의 형상을 따라 복음의 능력으로 만드신 인간을 새롭게 하신다. 우리는 **아직 임하지 않은 시대**의 극적인 결말을 향해 가면서 대조를 이루는 이러한 짝들을 탐구할 것이다.

• 하나님이 뱀의 방해를 받다

요한계시록 12장 1절에서 요한은 하늘에서 "큰 이적"을 본다. 여기에서 "이적"이란 용어를 분명하게 사용한 것은, 요한계시록의 심상이 상징적인 것이며 문자적으로 끼워 맞추면 안 된다는 점을 다시 한 번 일깨워 준다. 이 책을 시작하는 문장부터 우리에게 예수 그리스도의 계시가 상징을 사용하는 독자들에게 "알게 하신" 것이라고 한다(계 1:1). 우리는 하나님이 요한에게 주신 환상을 해석할 때 항상 그것이 상징하는 핵심에 시선을 두어야 한다. 요한계시록 12장에서 요한은 범상치 않은 한 여인을 본다. 그 여인은 해로 옷을 입고, 달을 발아래 두며, 머리에는 열두 별로 관을 하고 있다. 또한 그 여인은 임신하였고 막 해산을 할 참이다(계 12:2-3). 여인이 해산을 하는 순간, 요한은 또 다른 "이적"을 본다. 머리가 일곱 달리고 뿔이 열 개 달린 붉은 용이 등장하는데, 이는 강력한 권세를 지닌 세상 권력이 등장했음을 상징한다. 그 용은 하늘의 별 중 3분의 1을 끌어다가 땅에 던지는데, 이는 하나님의 백성에 대한 이 세상의 극심한 박해를 묘사하는 것이다(참고 단 8:10-12, 12:3). 그 용은 "그가 해산하면 그 아이를 삼키고자"(계 12:4) 여인 앞에 서 있다. 그 용의 위협이 커져 가지만 여인은 남자아이를 출산한다. 그 아이 역시 범상치 않다. 그 아이는 철장으로 만국을 다스릴 자다(계 12:5). 이 심상은 약속된 메시아인 하나님의 아들이 그 뱀을 물리치는 모습을 그려 낸 것이다(창 3:17; 시 2:7-9; 단 7:13-14). 용이 태어나는 아이를 삼키려고 하는 것도 놀랍지 않은 일이다! 하지만 그 아이는 곧 하나님 앞에 들려 올려져, 하나님의 하늘 보좌에 함께 앉는다(계 12:5). 아들이 높임 받자 그 여인은 광야로 도망하는데, 하나님이 그곳에서 여인을 보호하시고 지키신다(계 12:6). 이제 하늘에 전쟁이 발발한다. 그러면서 큰 용, 즉 "옛 뱀 곧 마귀라고도 하고 사탄이라고도 하며 온 천하를 꾀는 자"는 땅으로 내쫓긴다(계 12:7-9; 참고 눅 10:18). 하늘에서 들리는 큰 목소리가 이렇게 선포한다. "이제 우리 하나님의 구원과 능력과 나라와 또 그의 그리스도의 권세가 나타났으니 우리 형제들을 참소하던 자 곧 우리 하나님 앞에서 밤낮 참소하던 자가 쫓겨났고"(계 12:10). 이 극적인 계시는 메시아의 탄생이 곧 용의 패배임을 보여 준다. 메시아가 높이 들리심으로 마귀의 참소하는 능력은 영원히 사라진 것이다. 하나님의 백성들은 오늘날에도 이러한 현실 가운데 두려움 없이 살아간다. 비록 용이 그리스도를 믿는 모든 사람에게 분을 내기는 하지만 말이다.

용은 땅에 떨어지면서 자신에게 남은 시간이 길지 않음을 알고 난폭하게 여인을 좇는다(계 12:12-13). 용은 하나님의 심판을 위조한 사탄의 심판인 물을 토해 내어 여자를 빠뜨리려고 한다(계 12:15). 하지만 하나님이 의로운 심판을 내리실 때와 다르게 땅이 입을 벌려 그 물을 삼킨다. 뱀은 분노하여 그 여자의 남은 자손, 곧 "곧 하나님의 계명을 지키며 예수의 증거를 가진 자들"(계 12:17)과 전쟁을 벌인다. 하지만 그들은 죽기까지 생명을 아끼지 않고 싸우며 "어린양의 피와 자기들이 증언하는 말씀으로써"(계 12:11) 뱀을 이긴다. 격노한 뱀은 바다의 모래에 서서 예수의 증거를 가진 자들을 물리칠 방법을 찾는다(계 12:18).

요한계시록 12장의 환상은 뱀이 어떻게 하나님께 맞서는지를 보여 준다. 이는 결코 호적수 간의 대결이라고 할 수는 없다. 성경은 우리에게 죄의 근원에 대해 알고 싶은 모든 것을 말해 주지는 않는다. 하지만 사탄은 에덴동산에도 존재했으며, 하나님의 형상으로 만들어진 인류를 속이고, 타락시키고, 더럽히려고 했다(창 3:1). 사탄은 처음에 승리를 거두었지만 이조차도 하나님이 약속하신 영원한 패배의 전조일 뿐이다. 하나님은 약속하신다. "내가 너로 여자와 원수가 되게 하고 네 후손도 여자의 후손과 원수가 되게 하리니 여자의 후손은 네 머리를 상하게 할 것이요 너는 그의 발꿈치를 상하게 할 것이니라"(창 3:15). 사탄은 여자의 후손에게 패배당할 것이다. 사탄의 참소 능력은 십자가에서 영원히 제거될 것이다. 요한계시록 12장의 묵시록적 심상은 메시아, 그리고 예수께 신실함을 지킨 자들에 대한 사탄의 분노를 드러낸다. 해와 달과 열두 별로 설명되는 여인의 모습은 요셉의 꿈을 떠올리게 하는데, 아마도 이스라엘을 가리키는 것으로 이해해야 할 것이다(창 37:9; 사 66:7-9). 이 약속의 계보에서 메시아가 나신다(마 1:1; 롬 9:5). 이 계시는 하나님의 명령을 지키고 예수의 증거를 붙잡는 자들에게, 그리스도의 승리가 확실함을 알고 계속 신실할 것을 촉구한다. 이 세상의 나라들은 당연히 예수께 속한 것이다(계 11:15).

• 짐승이 인자의 흉내를 내다

요한계시록 13장에서 요한은 모래에 선 분노한 뱀이 바다에서 한 짐승을 불러내는 것을 본다. 이 모습은 분명히 세상의 왕들을 상징하는 네 마리의 혼종 짐승들이 연속으로 등장하는 다니엘서 7장을 상기시킨다. 그들의 포학하고 일시적인 통치는 인자의 영원한 지배와 완전히 대조된다(단 7:13-14). 다니엘서에 나오는 이 네 짐승이 바벨론, 바사, 헬라, 로마로 진행되는 역사적 흐름을 상징한다는 사실을 기억할 것이다. 다니엘의 환상에서 이 네 왕국은 결국 하나님의 영원한 나라에 의해 멸망당하고 만다. 요한계시록 13장의 짐승은 다니엘서 7장에 나오는 네 짐승을 더욱 흉하세 뒤섞은 모습이다. 이 심승은 열 뿔이 나 있는데, 표범의 외관을 하고 있고, 발은 곰의 발이며, 입은 사자의 입을 하고 있다(계 13:1-2). 그중에서도 가장 거슬리는 것은 이 짐승이 용에게서 능력과 권세를 받는다는 점이다. 인류를 타락시키고 주님을 예배하지 못하게 하는 모든 인간 권력 뒤에는 마귀가 있는 것이다. 그 짐승이 교만하게도 하나님을 모독하는 말을 하자 온 땅이 놀랍게 여긴다. 사람들은 어쩔 수 없이 그 짐승을 경배하며 말한다. "누가 이 짐승과 같으냐 누가 능히 이와 더불어 싸우리요"(계 13:4). 이는 이스라엘이 홍해에서 하나님께 드린 노래를 사탄이 교묘하게 바꾼 것이다. "여호와여 신 중에 주와 같은 자가 누구니이까 주와 같이 거룩함으로 영광스러우며 찬송할 만한 위엄이 있으며 기이한 일을 행하는 자가 누구니이까"(출 15:11).

이 짐승은 여러 가지 면에서 인자를 모방한다. 죽임 당하신 어린양을 흉내 내듯, 짐승은 치명상을 입은 뒤에 곧 회복된다(계 13:3, 12장, 14장; 참고 계 5:6). 그 짐승은 그리스도의 희생적인 사랑과는 대조적으로 공포를 통해 강제로 자신을 예배하게 만든다. 그 짐승은 인자의 우주적 통치를 모방하여 모든 족속, 나라, 언어, 민족에서 권세를 잡고자 한다(계 13:7; 참고 단 7:14). 짐승은 영원한 통치를 꿈꾸지만, 그의 지배는 마흔두 달로 제한되어 있다(계 13:5). 마흔두 달은 1,260일, 음력에 따르면 3년 반에 해당한다. 요한계시록에서는 3년 반을, 한 때와 두 때와 반 때로 표현하기도 한다(계 11:2-3, 12:14). 이 숫자들은 모두 동일하다. 이러한 시간 표현은 묵시 문학에서 악의 존속 기간과 그 범위가 제한되어 있음을 나타낼 때 사용하는 표현이다. 짐승의 때는 언제나, 하나님의 변치 않는 안식일인 일곱의 반이다. 하나님의 섭리와 주권적인 계획에 따라 그 시간은 제한되어 있지만 짐승은 성도들에게 전쟁을 일으키고 그들을 싸워 이기려 한다(계 13:7). 많은 사람이 크게 고난을 받고, 몇몇은 사로잡혀 가고, 몇몇은 요한 본인과 같이 유배를 당하기도 한다. 또한 어떤 자들은 검으로 죽임을 당한다. 이는 악이 순간적으로 우위를 점한 것 같을 때에도 하나님의 백성에게 포기하지 말고 인내하라는 부르심이다(계 13:10).

요한은 그러고 나서 "용처럼 말을"(계 13:11) 하는, 두 뿔이 달린 어린양 같은 짐승이 땅에서 올라오는 것을 본다. 땅에서 올라온 그 짐승은 후에 거짓 이적을 행하면서 사람들을 속여 짐승을 예배하게 만드는 거짓 선지자로 밝혀진다(계 13:12-14, 16:13, 19:20). 거짓 선지자는 짐승을 위하여 우상을 만들고 하나님의 진리를 조롱한다(계 13:14). 그 우상은 생기를 받는데 이는 창세기 2장을 마귀의 방식으로 전도시킨 것이다. 짐승의 우상은 말을 하며 경배를 요구한다. 짐승의 우상을 경배하지 않는 자들은 죽임을 당한다(계 13:15).

요한계시록 13장에 나오는 짐승의 묘사는 1세기 후반, 로마가 황제 숭배를 강요하던 현실을 반영하는 것이다. 율리오 가이사나 아구스도 같은 예전의 황제들은 죽고 나서 신격화되었다. 하지만 1세기 후반에 접어들면서, 네로나 도미티아누스와 같은 황제들은 살아 있을 때에도 자신들을 경배할 것을 명령한다. 황제 숭배는 종교적인 기능뿐 아니라 정치적 기능도 담당했다. 이는 국가에 대한 충성을 시험하는 방편이었다. 이에 참여하기를 거부하면 경제적 형벌, 추방, 심지어 죽음까지도 초래할 수 있었다. 하지만 그리스도를 믿는 자들은 그리스도만을 경배하도록 요구받았다. 오늘날 믿는 자들로서 우리는 예수께서 이 땅의 왕들을 다스리는 통치자라는 확신을 굳건하게 할 "예수 그리스도의 계시"가 필요하다. 예수는 모든 나라의 경배를 받기에 합당하신 분이다. 그분의 통치는 영속한다. 그분의 지배에는 제한이 없다. 사탄이 만든 모조품은 언제나 엄청난 권세를 지닌 것처럼 군다. 그리고 전혀 경배 받을 가치도 없으면서 경배를 강요한다. 그들은 자신들의 시대가 짧다는 것을 알기 때문에 우리에게 즉각적인 결정을 강요하고 죽일 수 있다고 위협한다. 하지만 참된 왕은 오히려 그들을 위해 죽어 주심으로 원수를 이기신다. 왕은 우리를 자신에게로 이끄시고, 믿는 모든 자에게 영생을 약속하신다. 하나님 나라는 대립되는 환상, 즉 짐승과 거짓 선지자로 대변되는 이 땅의 권세를 파괴한다. 이는 1세기에도 사실이었고, 폭력 및 권력의 신성화를 통해 통치하려는 어떤 현대적인 권세에 대해서도 여전히 사실이다.

• 인자의 표를 따라 짐승의 표를 만들다

대조되는 심상 중 중요한 것이 또 하나 있다. 바로 인자의 표를 따라 짐승의 표를 만드는 것이다. 우리는 요한계시록 7장에서 하나님의 종들이 이마에 인침을 받는 모습을 봤다(계 7:2; 참고 출 28:36-38; 겔 9:4). 아들의 표는 하나님과 어린양의 거룩한 이름이다(계 14:1). 이 인은 하나님께 속함을 나타낸다. 믿는 자들은 하나님의 주권적인 보호하심과 언약에 따른 돌보심 아래 있는 것이다. 그들은 하나님의 소유이고, 아무도 하나님의 손에서 그들을 빼앗아 갈 능력이 없다(요 10:28). 예수는 아버지에게 기도하신다. "내게 주신 아버지의 이름으로 그들을 보전하고 지키었나이다 그중의 하나도 멸망하지 않고"(요 17:12). 인자의 표(인)는 지금까지 요한계시록에서 가장 중요한 것이다. 예수 그리스도의 이름을 지니는 모든 자는 절대로 두려워하지 않는다. 그들은 가장 강력하고 사랑 많으신 주권자에게 속한 자들이기 때문이다. 그들은 순간적으로 그분을 놓칠 수도 있지만, 그분은 영원히 그들을 놓치지 않으신다.

거짓 선지자는 하나님의 소유권을 나타내는 이러한 표식도 모방한다. 그는 모든 사람에게 사회적 또는 경제적 부류와 관계없이 "오른손에나 이마에 표를 받게"(계 13:16) 한다. 이 짐승의 표는 인자의 표와 동일하게 이름이다(계 13:17). 하지만 그 짐승은 우리의 찬양을 받기에 합당하지 않다. 오직 찬양을 강제할 수 있을 뿐이다. 찬양을 거부한 자들에게는 경제적 피해를 가하겠다고 위협한다(계 13:17). 그들은 순응하지 않았다는 이유로 사회에서 상업 활동에 참여할 수 없다. 짐승의 표를 받지 않는 자들은 공익에 위험이 되는 자, 국가의 원수, 번영의 시대에 배신자로 낙인찍힌다. 이러한 압력이 가해지는 구체적인 현실을 파악할 수 있는 지혜가 요구된다. 요한은 독자들에게 강권한다. "총명한 자는 그 짐승의 수를 세어 보라 그것은 사람의 수니 그의 수는 육백육십육이니라"(계 13:18).

요한은 여기에서 게마트리아(gematria)라는, 묵시 문학에서 사용하는 해석학적 기술을 적용한다. 헬라어 자모의 첫 글자인 *알파*(alpha)는 숫자 1에 해당한다. 두 번째 글자인 *베타*(beta)는 숫자 2에 해당한다. 세 번째 글자인 *감마*(gamma)는 숫자 3에 해당한다. 이것이 바로 게마트리아(감마=트리아 즉 "3")라는 용어의 의미다. 이러한 헬라식 셈법에서는 어떤 명사에도 숫자를 입힐 수 있다. 따라서 한 사람의 이름에 있는 글자의 숫자값을 다 더한 수로 한 사람의 이름을 나타낼 수 있는 것이다.

짐승의 수가 의미하는 정확한 정체가 누구냐에 대해서는 교회사 내내 여러 가지 추측이 있었다. 우리는 요한계시록이 모든 것을 분명히 밝히기 위해 기록되었다는 점을 기억해야 한다. 따라서 요한은 당연히 독자들이 그 의미를 이해한다고 생각했다. 우리가 살펴봤듯이 요한복음 13장에 나오는 짐승에 대한 묘사는, 로마의 황제 숭배를 요구하는 마귀의 행위에 상응하는 것이다. 1세기에 하나님만을 예배하는 그리스도의 성도들에게 포학을 자행한 상징으로는 네로 황제가 유력하다. 이 숫자의 의미를 따질 때에는 고대에는 이름에 숫자 값을 부여할 수 있었다는 사실을 기억해야 한다. 이러한 배경을 고려할 때, "네로 가이사"를 히브리어로 옮긴 헬라식 이름은 666에 해당한다. "짐승의 표"는 아마도 제국의 권세를 나타내는 그의 이름을 상징한 것으로서, 하나님의 이름과 권세를 모방한 것이다(계 14:1). 또한 요한계시록의 상징적인 심상 내에서 보자면, 숫자 666은 하나님의 완전을 나타내는 수인 7에 계속해서 이르지 못했다는 의미이기도 하다. 즉 짐승의 표는 그리스도 안에 있는 하나님의 진리를 마귀가 모조한 것이다.

이제 요한의 눈앞에 진정한 권세와 영광이 예수 그리스도에게서 펼쳐진다. 요한은 죽임 당하신 어린양을 본다. 그 어린양은 부활하신 후 시온 산에 서 계신다. 요한은 "이마에는 어린양의 이름과 그 아버지의 이름을 쓴 것"(계 14:1)을 본다. 찬송 가운데 하늘의 경배 소리가 울려 퍼진다. 구속받은 자들의 엄청난 무리가 보좌 앞에서 새 노래를 부른다. 그들은 우상 숭배로 더럽혀지지 않은 자들이다. 그들은 언약의 왕과 결혼식을 거행한다. 그들은 어린양이 어디를 가든 따른다(계 14:4). 그들은 하늘의 사자와 같은 권세를 누리고, "땅에 거주하는 자들 곧 모든 민족과 종족과 방언과 백성에게 전할 영원한 복음"(계 14:6)이 맡겨진다. 그들은 세상에 예언한다. "두려워하며 그에게 영광을 돌리라 이는 그의 심판의 시간이 이르렀음이니 하늘과 땅과 바다와 물들의 근원을 만드신 이를 경배하라"(계 14:7; 참고 창 1:1). 그들은 이 땅에 속한 권세는 그 생명이 길지 않음을 세상에 알린다. 사람이 이룬 도시는 언젠가 무너진다. 그들은 나라들에게, 짐승을 경배하고 그의 표를 받은 자는 하나님의 진노의 포도주를 마실 것이라고 경고한다(계 14:10). 마귀의 권세와는 중립도, 타협도 있을 수 없다. 오직 예수 그리스도만이 주님이시다.

높임 받으신 예수는 이 세상에서 교회의 신실한 증언을 통해 나라들을 추수하려고 하신다. 그 추수는 두 가지 심상으로 묘사된다. 즉, 곡식의 추수(계 14:14-16)와 포도주의 추수다(계 14:17-20). 이 두 심상 모두 성경에서 하나님의 구속의 목적이 온전히 실현되었음을 묘사한다. 곡식을 수확하여 거두어들이는 것은 구원이라는 긍정적인 심상이다. 높임 받으신 인자는 곡식을 거두어들이시는데, 이는 모든 나라에서 구속받은 자들을 상징한다. 하나님의 백성은 "처음 익은 열매로 하나님과 어린양에게 속한 자들"(계 14:4; 참고 레 23:9-14:1; 고전 15:20)이다. 예수는 이 땅에 낫을 휘두르시고 곡식을 창고에 들이신다(계 14:16; 참고 마 3:12, 13:30). 이렇게 하나님의 백성에 대해 긍정적으로 묘사하는 것과는 대조적으로, 포도를 수확하는 것은 심판이라는 부정적인 심상이다. 수확한 포도는 하나님의 진노의 큰 포도주 틀에 던져진다(계 14:20). 예수는 모든 믿는 자를 위해 하나님의 진노의 잔을 마시셨다(눅 22:42-44). 따라서 예수께 속하고 예수의 이름을 지닌 모든 자에게는 정죄 및 장래의 심판 또는 앞으로 임할 진노의 두려움이 전혀 없다.

요한계시록 12-15장에 묘사된 영적 전투는 궁극적으로 찬양과 경배로 귀결된다. 일곱 천사가 하나님의 공의의 진노가 담긴 금 대접을 가지고 나타난다(계 15:1). 하나님이 정하신 진노는 구속받은 많은 무리를 드러내었다. 그들은 그리스도에게 신실하여 짐승, 짐승의 우상, 그 이름의 숫자를 이겼다. 그들은 함께 모세의 노래와 어린양의 노래를 부른다. "주 하나님 곧 전능하신 이시여 하시는 일이 크고 놀라우시도다 만국의 왕이시여 주의 길이 의롭고 참되시도다"(계 15:3; 참고 출 15:1).

• 바벨론의 음녀가 그리스도의 신부를 흉내 내다

요한계시록의 나머지 장에서 하나님의 구속 목적이 펼쳐지면서, 우리는 추가로 세 개의 대조적인 심상을 보게 된다. 즉 그리스도의 신부와 바벨론의 음녀, 새 예루살렘과 큰 바벨론, 생명나무와 불못이다. 요한은 우선 바벨론의 음녀가 그리스도의 신부를 흉내 내는 것을 본다. 이 의인화된 여성 인물들은 경쟁 관계에 있는 공동체, 즉 하나님의 백성과 뱀의 백성을 상징한다. 그리스도의 신부는 흰 옷을 입는다(계 3:5, 6:11). 창녀는 자줏빛과 붉은빛 옷을 입고 금과 보석과 진주로 꾸민다(계 3:4-5, 7:13-14, 17:4). 그리스도의 신부는 한 신랑과 약혼한다(계 21:9). 그 음녀는 땅의 임금들과 음행을 저지른다(계 14:4, 17:2). 그리스도의 신부는 순결하다. 창녀는 성도들의 피에 취한다(계 14:4, 17:6). 그리스도의 신부는 결혼식을 준비한다. 창녀는 포도주에 취한 채로 붉은 짐승을 탄다(계 17:3, 19:7-9). 신부는 남편의 이름을 지닌다. 창녀는 "큰 바벨론이라, 땅의 음녀들과 가증한 것들의 어미"(계 17:5)라는 이름을 지닌다. 이 두 심상이 이루는 극명한 대비는 매우 의미심장하다. 즉, 우리는 우리가 예배하는 대상과 같아진다는 것이다(시 115:3-8). 인간은 살아 계신 하나님의 형상대로 만들어졌다. 하나님은 거룩하고, 의로우시며, 신실하고, 정결하시다. 하나님께 속한 자는 하나님의 성품과 모양을 반영한다. 뱀은 처음부터 거짓말쟁이다. 따라서 그를 따르는 자는 필연적으로 그의 모양을 지니게 되는 것이다.

• 새 예루살렘과 큰 바벨론

두 번째 대조되는 심상은 새 예루살렘, 즉 하나님의 도성과 그 모조품인 큰 바벨론, 즉 인간의 도성이다. 요한계시록의 묵시록적 심상 내에서 보자면, 이 두 도성은 서로 대적하는 정체성과 힘의 구조를 대변한다. 이 둘은 대조되는 나라 및 삶의 양식을 상징한다. 역사적으로 요한계시록이 기록된 순간에는 하나님의 백성들이 로마 제국 아래 고난을 당하고 있었기 때문에, 음녀의 도시가 우위를 차지한 것처럼 보인다. 그렇기에 하나님의 도성을 드러낼 필요가 있었던 것이다. 즉, 반드시 하나님의 도성이 보이고 선포되어야만 하는 것이다. "바벨론"은 일곱 개의 언덕, 즉 로마의 도시를 상징하는 묵시록적 암호로 사용된다(계 17:9; 참고 벧전 5:13). 1세기에 바벨론과 로마는 우상 숭배와 부도덕성, 그리고 성전을 파괴했다는 점에서 긴밀한 연결성이 있었다. 주전 586년에는 바벨론의 느부갓네살이 성전을 파괴했고, 주후 70년에는 로마의 티투스가 성전을 파괴했던 것이다.

새 예루살렘은 하나님이 직접 세우신 영광스러운 도성이다(계 21:2-3; 참고 히 11:10). 성경은 동산, 즉 에덴의 낙원에서 시작한다. 하나님의 구속 계획이 진전되면서, 우리는 마침내 왕의 도성이 그 동산을 수반하는 것을 보게 된다. 그 도성은 아름답고, 안전하며, 그 안에는 인간 공동체가 융성한다. 반면에 바벨론은 우상 숭배와 폭군의 본거지로서 이러한 이상을 왜곡한다. 그 도성은 어둡고, 포학하며, 거주하는 모든 이를 억압한다. 그렇기 때문에 바벨론은 요한계시록에서 멸망할 수밖에 없는 것이다(계 14:8, 18:2). 마귀가 만든 모형은 반드시 정체가 드러나게 되고, 나라들은 하나님의 진정한 도성으로 끌릴 것이다.

일련의 생생한 대조를 통해 이 두 도성의 본질이 드러난다. 새 예루살렘은 남편을 맞기 위해 준비한 신부와 같다(계 21:2). 반면에 바벨론은 땅의 임금들과 음행을 저지른 음녀와 같다(계 17:2). 새 예루살렘은 하나님의 영광으로 단장한다(계 21:11-21). 반면에 바벨론은 가증한 것과 부도덕함으로 모습이 추하다(계 17:4-5). 새 예루살렘은 만국에 빛을 비추어 그 빛을 따라 걷게 한다(계 21:24). 반면에 바벨론은 만국을 속여 그 멸망에 참여하게 한다(계 18:23). 새 예루살렘에서는 만국이 기쁜 마음으로 자신의 것을 드린다. 반면에 바벨론은 나라들을 상업적으로 착취하여 약탈한다(계 18:11-18). 새 예루살렘은 생명과 치유를 준다(계 22:1-2). 반면에 바벨론은 죽음의 문화가 있는 곳으로서, 선지자들과 성도들과 더불어 이 땅에서 죽임 당한 모든 자가 흘린 피로 가득하다(계 18:24). 나라들은 새 예루살렘으로 들어가도록 부름 받았다(계 22:14). 반면에 하나님의 백성은 바벨론을 떠나도록 부름 받았다(계 18:4). 두 도성이 이루는 이러한 대조는 그때나 지금이나 요한계시록을 읽는 모든 사람의 마음을 강력하게 도전한다. 바벨론의 기만적인 유혹은 반드시 폭로되어, 우리는 새 예루살렘의 진정한 매력을 볼 수 있어야 한다.

• 생명나무 대(對) 불못

세 번째 대조되는 심상은 생명나무와 불못이다. 새 예루살렘에서 자라는 생명나무는 열두 종류의 열매를 내는데, 달마다 열매가 맺힌다. 그 나무 잎사귀는 만국을 치료한다(계 22:2). 더 이상 저주받은 것이 존재하지 않는다. 하나님은 자기 백성과 함께 거하신다. 그들은 하나님의 얼굴을 보고 하나님을 영원히 예배할 것이다(계 22:3-4). 이 모든 심상은 성경의 가장 처음을 떠올리게 한다(창 1-3장). 인류는 하나님의 형상대로 만들어졌다. 우리는 하나님과 교제를 나누기 위해 창조되었다. 우리는 하나님을 알고, 찬양 가운데 하나님께 반응하도록 만들어졌다. 하지만 우리의 불순종으로 인하여 죄와 사망과 저주가 하나님이 지으신 세상에 들어왔다. 이제 죄의 저주는 어린양의 대속 죽음으로 제거되었다. 하나님의 임재하신 곳에서 축복이 흘러나오며, 온 땅이 하나님을 아는 지식으로 새롭게 된다(계 22:1-3; 참고 사 11:9; 겔 47:1, 12; 합 2:14).

생명나무는 불못과 대조된다. 그 못은 어떤 것도 살 수 없는 곳, 유황이 끓는 곳이다. 불못은 심판이라는 두려운 심상이다. 그 못은 언약에 따른 저주와 관련되어 있다. 공중의 새들은 거기에서 죽은 자들의 살을 먹고 배를 불린다(계 19:21; 참고 신 28:26). 불못은 둘째 죽음에 비유된다(계 20:14-15). 이는 뱀과 짐승과 거짓 선지자들의 마지막 종착지다. 어린양의 생명책에 그 이름이 기록되어 있지 않은 모든 자는 그곳에서 밤낮 영원히 고통을 당한다(계 20:10, 15). 하나님의 최후 심판이라는 이 두려운 현실은 생명나무에 대한 소망을 일깨운다. 그리스도가 없는 모든 자에게 분명히 임할 이 심판은 우리에게 선교의 동기를 부여한다. 이 영원한 복음만이 용서, 구속, 치유, 영원한 생명을 주기 때문이다.

이 대조되는 심상들을 마무리하면서, 요한계시록을 읽을 때 가장 큰 유익은 우리의 상상을 정결하게 하는 것임을 기억하자. 우리는 이미지로 점철된 시대를 살아가기 때문에 현실을 바라보는 우리의 시야는 왜곡되기 쉽다. 우리는 세상의 폭력을 보며 두려워한다. 우리는 뽐내고 위협하는 세상의 권세를 보며 침묵을 지킨다. 우리는 세상적인 것을 매력적이라고 보며, 맹목적으로 밝고 인공적인 빛을 따라간다. 우리는 문화적으로 타협하는 것이 필수적이라고 생각하면서도 우리의 사명에는 무관심하다. 우리는 악을 보면서도 자신을 옹호할 생각만 한다. 우리는 짐승들과 거짓 선지자가 경제적으로 우리를 보장해 주기만 한다면 얼마든지 그들을 용인한다. 사람의 도성만 보다 보니 하나님의 도성은 더 이상 보이지 않게 되었다. 그 가려진 것을 들춰 내고 하나님의 현실을 보기 위하여 우리에게는 "예수 그리스도의 계시"가 필요한 것이다. 우리가 하나님에 대한 비전과 세상에서 교회가 담당한 역할로 새롭게 되면 우리는 새롭게 분명히 볼 수 있다. 악이 폭로되면 유혹은 그 힘을 잃는다. 십자가의 성취를 바라볼 때 소망이 솟는다. 신실한 증인이 되려는 마음이 동하고 복음이 공공연히 선포된다.

• 높임 받으신 인자가 영광과 최후 승리 가운데 돌아오신다

요한계시록의 마지막 장들은 그리스도가 영광과 최후 승리 가운데 돌아오시는 모습을 묘사한다. 다시 요한계시록의 이야기로 돌아갈 때, 이 책은 성소를 본 하나의 포괄적인 환상이라는 점을 기억해야 한다. 요한계시록 1장에서 예수는 거룩한 곳에 있는 촛대 사이를 걸으시며 말씀하시는 모습으로 처음 드러나신다(계 1장). 그러고 나서 예수는 높임 받으신 주님이자 오실 왕으로서, 성소에서 일곱 교회에 말씀하신다(계 2-3장). 예수는 그들에게 세상에서 신실하고, 인내하며, 타협하지 않는 증인이 되라고 촉구하신다. 예수는 세상에서 신실하게 순종하고 그리스도의 증언을 굳게 붙잡아 이기는 자에게 큰 상급을 약속하신다.

그러고 나면 그 성소 안으로 들어가 보좌에 앉으신 주님을 보게 된다(계 4-5장). 죽임 당하신 어린양이 하나님의 뜻을 실행하기에 합당하신 분으로 나타난다. 우리는 여전히 보좌 앞에서 높임 받으신 인자가 나라들을 자신에게 불러 모으시며 정한 분노를 내리시는 모습을 본다(계 6-11장). 그의 교회는 신실하게 복음을 선포하면서 나라들을 회심시키는

데 중추적인 역할을 한다. 하나님과 뱀 사이에 벌어지는 영적 전투는 대조되는 심상들로 묘사되는데, 하나님의 진리를 사탄이 모방하는 양상으로 나타난다(계 12-15장). 한 쌍을 이루는 이 묵시록적 심상들은 독자들로 하여금 어느 편이 우리의 경배를 받기 합당한지 결정할 것을 요구한다(계 13:4, 15:4). 중간 지대는 없다. 이제 성소가 우리 앞에 열렸고, 하나님의 영광으로 가득하다(계 15:8; 참고 출 40:34-35; 왕상 8:10-11). 금 대접을 지닌 일곱 천사는 하나님의 진노를 붓는 일과 만국의 추수를 마무리할 준비가 되어 있다(계 15:1).

요한계시록 16장 1절에서 주님은 이제 다시 한 번 성전에서 말씀하신다. 하나님의 진노를 온 땅에 쏟아 부으실 때가 온 것이다. 일곱 천사는 계속되는 재앙을 통해 점차 커지는 진노를 붓는다. 다시 한 번 출애굽이 그 시각적, 신학적 배경을 제공한다. 재앙들은 하나님의 의로운 심판을 내뿜고, 결국 구속받은 수많은 무리가 돌아오면서 마무리된다(계 15:3-4; 출 15:11-13). 첫 번째 대접은 짐승을 경배하고 짐승의 표시를 한 자들에게 고통스러운 종기가 생기도록 한다(계 16:2). 두 번째 대접은 바다를 피로 바꾸어 모든 생물이 죽게 된다(계 16:3). 강과 샘에 쏟아진 세 번째 대접은 물을 피로 바꾸고, 천사의 목소리가 들려 하나님의 심판이 자기 백성에 대한 정당한 보응이었음을 선포한다(계 16:4-6). 바로가 하나님의 장자(이스라엘)를 죽였기 때문에 자기 아들을 잃었듯이(출 4:22-23), 하나님은 "그들이 성도들과 선지자들의 피를 흘렸으므로"(계 16:6) 세상을 피로 바꾸신다. 네 번째 대접은 해를 더욱 극심히 타게 한다. 하지만 사람들은 하나님을 저주하며 회개하지 않는다(계 16:8-9). 다섯 번째 대접은 짐승의 왕국을 어둡게 만들지만, 사람들은 여전히 하나님을 저주하고 회개하지 않는다(계 16:10-11). 여섯 번째 대접은 큰 강 유브라데를 말려 큰 전투가 일어날 길을 예비한다(계 16:12). 우리는 용, 짐승, 거짓 선지자가 뱉은 더러운 영이 전능하신 주 하나님에 대항해서 세상의 왕들을 규합하는 모습을 본다. 그들은 므깃도에 모일 준비를 하는데, 므깃도는 히브리어로 *하르 므깃도*(Har-Megiddo, "므깃도의 산")라고 한다. 따라서 마지막 전장은 아마겟돈이라고 알려지게 된다(계 16:16).

일곱 번째 대접 때, 주님은 성전에서 말씀하신다. "되었다!"(계 16:17). 전능하신 주 하나님은 눈에 보이도록 영광 중에 나타나신다. 번개가 치고 주님의 목소리가 천둥처럼 울리는데(계 16:18), 이는 시내 산에 하나님이 임재하셨던 일을 상기시킨다(출 19:9). 땅이 흔들리고 도성들이 무너진다. 산이 넘어지고 섬들이 없어진다. 큰 우박이 하늘에서 내려 땅에 있는 자들로 하나님을 저주하게 한다. 바벨론은 하나님의 진노의 잔을 마신다. "우주적 격변"을 묘사하는 이러한 언어는 묵시 문학의 특징으로서, 하나님이 나타나실 때 발하시는 도저히 형용할 수 없는 능력을 전할 때 사용한다. 이스라엘의 선지자들은 하나님의 진노, 주님의 날에 임할 악의 심판을 묘사할 때도 유사한 "우주적 격변"의 용어를 사용했다(겔 38:19-20; 욜 2:1-3; 학 2:6-7). 동시에, 주님의 날은 구속받은 자들에게는 구원의 날이 된다. 악이 심판받으며 그들의 정당성이 입증된다. 하나님의 최후 승리는 하나님의 영광을 드러내고, 의가 거하는 새롭게 된 하늘과 땅으로 인도한다(계 21:1; 참고 사 65:17; 벧후 3:13). 그리스도가 다시 오실 것이 확실하기 때문에 우리는 신실함을 지키기로 결심하며, 희생적으로 섬기려는 마음이 동한다. 최후 승리를 주시겠다는 그리스도의 약속은 우리의 모든 두려움을 없애 버린다.

• 바벨론의 음녀에 임한 그리스도의 심판(계 17-18장)

요한계시록 17-18장은 바벨론의 음녀에게 임한 그리스도의 심판을 묘사한다. 인간의 도성은 반드시 무너지게 되어 있으며, 그리하여 하나님의 도성이 땅을 채우게 된다. 일곱 천사 중 하나는 요한을 청하여 "많은 물 위에 앉은 큰 음녀가 받을 심판을 네게 보이리라 땅의 임금들도 그와 더불어 음행하였고 땅에 사는 자들도 그 음행의 포도주에 취하였다"(계 17:1-2)고 한다. 그는 성령에 이끌리어, 술에 취한 여자가, 일곱 머리와 열 개의 뿔이 달려 있고 몸은 하나님을 모독하는 이름으로 가득한 짐승을 타고 있는 역겨운 모습을 본다(계 17:3; 참고 계 12:3, 13:1). 그 여자는 값비싼 옷을 입고 장신구를 걸쳤다. 그 여자는 가증한 것, 성적 부도덕, 예수의 증인들의 피로 가득한 금잔을 들고 있다(계 17:4-6). 이마에 붙은 이름으로 식별할 수 있는데, "비밀이라, 큰 바벨론이라, 땅의 음녀들과 가증한 것들의 어미"(계 17:5)라고 쓰여 있다. 바벨론이라는 이름은 "신비"이기 때문에 독자들은 이를 문자적으로 받아들이는 것이 아니라, 로마 제국의 권력에 대한 비유적인 표현으로 해석해야 한다. 그 여자가 일반적으로 로마의 도시를 나타내는 표현인 일곱 언덕에 앉아 있다고 묘사하기 때문에 이 점은 분명하다(계 17:9). 천사는 설명한다. "네가 본 그 여자는 땅의 왕들을 다스리는 큰 성이라"(계 17:18).

요한은 짐승을 타고 있는 여자의 괴기한 모습에 놀란다. 천사는 그 표적은 하나님의 진리를 마귀가 교묘하게 따라한 것이라고 분명히 설명한다. 즉, 이 짐승은 "이전에 있었다가 지금은 없으나 장차 나올" 것으로서 "이제도 계시고 전에도 계셨고 장차 오실"(계 17:8; 참고 계 1:4, 8) 전능하신 주 하나님을 위조한 것이다. 이 짐승은 무저갱에서 나와 멸망으로 들어갈 것이다. 하지만 주 하나님은 하늘에서 오셔서 영원히 다스리실 것이다. 짐승을 보고 처음에 경탄한 자들은 후에 그들의 이름이 생명책에 기록되어 있지 않음을 보게 될 것이다. 교회 역사 내내 일곱 왕에 대해 다양한 해석이 있어 왔다. 하지만 요한계시록의 심상들 내에서 보자면, 그 핵심은 짐승의 한정된 지배력이 그 끝에 다다르고 있다는 것이다. 세상의 왕들이 전쟁을 일으켜도, 어린양은 그들을 이기신다. 왜냐하면 어린양은 "만주의 주시요 만왕의 왕"(계 17:14)이시기 때문이다. 그는 택함을 받으셨고 신실하시다. 그와 함께 서 있는 자는 그의 모양을 할 것이다. 짐승은 그 여자, 그리고 그 여자가 대변하는 도성의 세속적인 매력을 통하여 백성과 무리와 민족과 언어들의 순종을 얻어 내려고 하지만 헛될 뿐이다(계 17:15). 그들은 결국 여자에게서 돌아서고 여자는 혼자 버려진다(계 17:16). 셀 수 없이 많은 무리가 그 여자의 도성을 떠난다. 그들은 어린양이 가는 곳마다 어린양을 따른다. 그들은 하나님의 도성에 들어가 하나님과 영원히 기뻐한다.

요한은 또 다른 천사가 하늘에서 엄청난 권세와 빛나는 영광으로 임하는 것을 본다(계 18:1). 이 천사는 "큰 바벨론"(계 18:2)의 몰락을 선언한다. 로마는 마귀와 더러운 영들이 거하는 곳으로 드러났다. 세상의 민족들은 그 음행으로 빚은 포도주에 취하였고, 그 여자와 음행을 저질렀고, 땅의 상인들도 그 사치의 세력으로 치부하였다(계 18:3). 하나님의 백성들은 그 도성을 떠나라는 음성을 듣는다. "내 백성아, 거기서 나와 그의 죄에 참여하지 말고 그가 받을 재앙들을 받지 말라"(계 18:4; 참고 사 48:20; 렘 51:6, 45). 그 도성의 죄는 완전히 찼고 하나님의 의로우신 심판의 때가 임했다(계 18:5; 참고 창 15:16). 하나님의 심판은 단 하루, 아니 단 한 시간에도 신속하게 임할 것이다(계 18:8, 10, 19; 참고 단 5:22-31). 이 땅의 왕들은 멀리 서서 자신들의 경제적 손실을 슬퍼한다(계 18:11).

사치스러운 수입품 스물여덟 개를 나열한 것은 착취를 통해 쌓은 부, 그리고 과도한 소비로 인해 정신이 흐려지는 현상에 대한 강력한 선지자적 비판을 반영한다(계 18:12-13). 로마는 나라들을 약탈함으로써 부를 늘려 나갔다. 금은 서바나에서 수입되었는데, 로마는 서바나 금광을 국가 재산으로 몰수했다. 1세기 부유한 로마 가정들은 금을 사치스러운 물품의 특징으로 삼았다. 보석들은 인도에서 수입했다. 진주는 바사 만과 인도에서 수입했다. 로마인들은 다이아몬드 다음으로 진주를 높이 쳤지만, 가장 크고 귀한 진주는 그 어떤 보석보다도 귀했다. 네로는 때로 로마 백성들에게 진주를 뿌리기도 했다. 또한 연회 자리에서 곧잘 식초에 녹인 진주를 삼키고는 했는데, 한 모금에 그렇게 엄청난 금액을 소비해 없앴다는 짜릿함 때문이었다. 뿔고둥에서 채취한 자줏빛 염료는 굉장히 비쌌기 때문에 지위와 부유함을 나타냈다. 비단은 중국에서 수입되었다. 시트론 목재는 북아프리카 해안을 따라 자라는 감귤 나무에서 나온 것인데, 그 독특한 나뭇결 때문에 귀하게 여겼다. 탁자는 연회 자리에서 빠질 수 없는 것이기 때문에, 로마 제국 초기에는 시트론 나무로 만` 탁자가 가장 비싼 물품이었다. 로마는 아프리카, 애굽, 헬라에서 돌로 을 수입했다. 아구스도는 다음과 같은 유명한 말을 남겼다. "

만든 로마를 받았고, 대리석으로 만든 로마를 남겼다." 포도주는 공급이 넘쳤기 때문에 도미티아누스는 포도 재배지를 거의 절반 정도로 줄이는 법을 통과시키기도 했다. 밀은 아프리카와 애굽에서 대량으로 수입되었다. 수천 편의 선박이 로마와 알렉산드리아를 오가는 곡식 무역에 참여했다. 동물과 병거는 여흥에 관한 로마의 욕망을 충족시키기 위한 것이었다. 이때 남획으로 중동과 메소보다미아 지역에서 사자가 사라졌다. 콜로세움을 개장하는 날 하루에만 동물 9,000마리를 죽였다. 그중에서도 가장 충격적인 화물은 "사람의 영혼"(계 18:13)이다. 로마는 정복을 통해 쉴 새 없이 노예들을 잡아들였다. 유대 전쟁만으로도 97,000명의 노예가 생기는 바람에 시장에 과잉 공급이 일어나 가격이 떨어졌다. 노예의 다른 공급원은 버려진 아이들로서, 부모가 팔아넘긴 자녀들, 빚 때문에 스스로를 팔아넘기는 성인들, 심지어 인신매매도 있었다. 노예들은 제국의 전체 인구 중 30-40퍼센트를 차지했다. 로마 원로원은 노예들에게 구별되는 옷을 입히자는 법이 올라오자 부결시켰는데, 노예들이 자신들의 수가 많음을 인식하지 못하게 하려는 의도였다.

주님은 그 도시의 타락, 악함, 착취에 대해 의로운 심판을 선포하신다. "네 영혼이 탐하던 과일이 네게서 떠났으며 맛있는 것들과 빛난 것들이 다 없어졌으니 사람들이 결코 이것들을 다시 보지 못하리로다!"(계 18:14). 성경의 하나님은 노예들을 자유롭게 하신다(출 6:5-7; 신 7:8). 하나님은 가난한 백성의 편을 들며, 궁핍한 자의 자손을 구하시며, 억압하는 자를 꺾으신다(시 72:4). 하나님은 공의로 "정직으로 세상의 겸손한 자를 판단할 것이며 그의 입의 막대기로 세상을 치며 그의 입술의 기운으로 악인을 죽일 것"(사 11:4)이다. 예수는 제자들에게 이렇게 선포하셨다.

> 심령이 가난한 자는 복이 있나니 천국이 그들의 것임이요 애통하는 자는 복이 있나니 그들이 위로를 받을 것임이요 온유한 자는 복이 있나니 이 땅을 기업으로 받을 것임이요(마 5:3-5)

따라서 믿는 자들은 사람의 도성 밖으로 나가 하나님의 도성 안으로 들어올 것을 요청받는다. 사람의 도성은 사람을 착취하고 타락시킨다. 하나님의 도성은 사람을 구하고 회복시킨다. 사람의 도성은 권력을 집중시키고 개인의 부를 축적한다. 하나님의 도성은 인간의 존엄성을 높이고 사회를 변혁시킨다. 하나님 나라는 절대로 개인의 부를 늘리는 수단으로 격하될 수 없다. 소위 번영 복음은 성경에 대한 거짓 해석을 중개하는 일이다. 이는 가르치는 자나 따르는 자 모두에게 제자도를 요구하지 않는다. 이는 우상 숭배의 핵심 신학을 그대로 따르는 것으로서, 타락한 인간이 개인의 유익을 위해 신을 조종하려는 것이다. 하나님의 말씀은 돈을 사랑하는 것이 위험한 일이며 부를 추구하는 것은 절대로 우리의 가장 고귀한 덕이 될 수 없다고 경고한다. 예수 그리스도의 복음은 우리로 하여금 종과 같이 섬기고, 윤리적으로 일하며, 이 땅에서 하나님의 선교를 후원할 때는 극단적으로 베풀 것을 요구한다.

• 메시아가 짐승, 뱀, 사망에 최후 승리를 거두신다(계 19-20장)

요한계시록을 총괄하는 묵시적 환상 내에서, 바벨론의 급격한 몰락은 구속받은 자들 사이에 엄청난 기쁨을 불러일으킨다. 요한은 엄청난 무리가 의로운 심판을 내리신 하나님을 찬양하는 소리를 듣는다. "할렐루야 구원과 영광과 능력이 우리 하나님께 있도다 그의 심판은 참되고 의로운지라 음행으로 땅을 더럽게 한 큰 음녀를 심판하사 자기 종들의 피를 그 음녀의 손에 갚으셨도다"(계 19:1-2). 하늘의 성소는 예배를 뿜어낸다. 하나님의 모든 종이 하나님을 찬양한다. 그 환호하는 소리는 많은 물소리나 큰 우렛소리에 비유된다. "할렐루야 주 우리 하나님 곧 전능하신 이가 통치하시도다"(계 19:6). 하나님의 의로운 심판에는 후회하심이 없다. 우리는 하나님의 공의를 찬양하고 우리의 구속을 기릴 것이다. 하나님이 악에 대해 마지막으로 승리를 거두시며 우리의 마음은 기뻐하게 된다. 하나님의 성품과 하나님의 아름다운 도성은, 메시아가 베푸는 연회인 결혼 잔치에 비견된다. 하나님은 우리를 초대하셔서 사랑하는 아들의 결혼 잔치 자리에 우리를 앉히신다(계 19:7-9; 참고 마 8:11). 하나님은 우리에게 빛나고 깨끗한 세마포 옷을 입히신다. 하나님은 우리를 부르셔서 함께 즐기게 하신다. 우리는 하나님의 얼굴을 보며 하나님과 영원히 함께할 것이다.

결혼 잔치를 준비하는 마지막에, 예수 그리스도가 짐승, 뱀, 사망 자체에 최후 승리를 거두시기 위해 말을 탄 채로 오신다. 요한은 하늘이 열리며 백마와 "충신과 진실"이라는 말 탄 자를 본다(계 19:11). 요한계시록 1장에서 보면 높임 받으신 인자의 눈은 불꽃 같다. 그 머리에는 많은 관을 쓰셨다. 또한 하나님의 이름을 몸에 지닌다. 그의 옷은 구속하시는 피에 물들어 있다. 그는 하나님의 말씀이다. 하늘에 있는 군대들이 행렬 가운데 그를 따른다. 그는 예리한 검으로 만국을 치고 철장으로 다스리신다(계 19:12-15; 참고 시 2:8-9; 계 1:16). 그는 하나님의 맹렬한 진노의 포도주 틀을 밟으신다. 그는 "만왕의 왕이요 만주의 주"(계 19:16)시다. 그는 하나님의 용사이며, 구원의 능력이 있으시며, 모든 길에 의로우시다(출 15:3; 사 63:1-5; 눅 11:21-22).

요한은 예수 그리스도와 전쟁을 벌이기 위해 짐승과 거짓 선지자가 군대와 함께 선 것을 본다(계 19:19). 마지막 전투의 결과는 의심의 여지가 전혀 없다. 긴장감이라고는 전혀 없다. 그 모든 충돌 과정은 단 세 구절에 불과하다. 하나님의 백성은 그저 서서 주님의 구원을 볼 뿐이다(계 19:20-21; 참고 출 14:13-14). 짐승과 거짓 선지자는 사로잡힌다. 그들은 산 채로 불못에 던져진다(계 19:20). 아들에 반역하던 자들은 말 탄 자의 입에서 나오는 검에 죽는다(계 19:21). 그 저주를 생생하게 묘사하듯, 공중의 새가 죽은 자들을 먹고 배불린다(계 19:21; 참고 신 28:26; 마 24:28).

메시아의 최후 승리는 용과 옛 뱀 또한 패퇴시킨다. 뱀은 모든 시대에 나타나는 짐승들의 능력 뒤에 있는 배후 세력이다(계 13:1-2). 예수 그리스도는 약속된 여인의 후손으로서 뱀을 으깨 버린다(창 3:15). 짐승의 권력은 그대로 빼앗겨 인자와 그 백성에게 주어진다. 하나님 나라에 속한 모든 족속이 나라들을 유업으로 받는다(계 7:9 참고 시 2:8). 요한은 짐승과 뱀의 패배가 하나님의 백성에 대한 보응과 밀접한 관계가 있는 것으로 본다. 요한은 한 천사가 "무저갱의 열쇠와 큰 쇠사슬"(계 20:1)을 가지고 임하는 것을 본다. 마귀이자 사탄으로 밝혀진 그 뱀은 천 년 동안 붙잡혀 있고 더 이상 나라들을 속이지 못한다(계 20:2-3; 참고 고후 4:4).

요한은 하늘 궁정이 심판의 자리에 있음을 본다. 이 심상은 다니엘서 7장 9-14절에서 따온 것으로서, 하나님의 백성을 박해하던 짐승은 정죄를 받아 그 권세를 박탈당한다. 인자는 높임을 받고 정당하게 권세의 자리에 오른다. 짐승에게서 빼앗은 모든 통치, 영광, 영원한 나라가 하나님의 백성에게 주어진다. 이 틀이 요한계시록 19-20장에서 묘사되는 내용의 전체적인 특징이다. 요한계시록 19장 11-21절에서 짐승은 이 땅의 왕들 및 착취와 폭력에 참여한 자들과 함께 패배한다. 요한계시록 20장 4-6절에서 인자는 순교자들과 예수의 증언을 붙잡은 자들과 함께 정당한 보응을 받는다(계 20:4-6). 예수를 증언하고 하나님의 말씀 때문에 박해받았던 모든 자는 이제 안전하게 살아간다. 짐승을 경배하지 않고 그의 표시를 받지 않은 모든 자는 생명으로 나아와 그리스도와 천년 동안 다스린다(계 20:4-6).

그리스도인들마다 천 년(millennium 라틴어로 "1,000"을 의미)에 대한 이해가 다르지만, 우리는 요한계시록을 총괄하는 환상 내에서 천 년의 의미에 집중해야 한다. 그리스도가 자기 백성과 함께 새롭게 된 땅을 다스린다는 이 심상은, 뱀과 짐승을 통한 마귀의 교묘한 패러디를 뒤집어엎어 버린다. 요한계시록의 상징적인 환상 내에서 보자면, 그리스도가 자기 백성과 천 년 동안 다스린다는 것은 짐승과 뱀에 대한 하나님의 심판과 대조되는 긍정적인 대응물이다. 뱀은 옥에 갇혀 있다. 반면에 하나님의 백성은 속박에서 자유롭게 된다. 짐승과 뱀은 둘째 죽음이라는 불못에 던져진다(계 19:20, 20:10, 14). 반면에 하나님의 백성은 다시 살아나 영생을 누리고 둘째 죽음은 그들에게 아무런 능력도 없다. 짐승의 일시적인 왕국은 사라졌다. 반면에 하나님의 백성이 멸망하지 않는 영원한 왕국을 물려받는다(계 11:18). 이 땅의 왕국들도 이제는 그리스도와 그의 백성에게 속하였다(계 11:15). 그리스도의 백성들은 그리스도와 함께 제사장 나라로서 영원히 통치할 것이다(계 20:6; 참고 단 7:18, 27; 계 5:10). 하나님이 자기 백성에게 주신 소명이 그리스도 안에서 성취된다(창 1:28; 출 19:6). 최후 심판 직전에 뱀이 옥에서 풀려나지만 뱀의 패배는 정해져 있다. 뱀은 다시 한 번 절박하게 나라들을 속이며 자기 세력을 모은다(계 20:7-8). 하지만 뱀은 완전히 실패한다. 뱀은 영원히 저주를 받아 불못에 던져진다(계 20:10).

메시아의 최후 승리는 죽음 자체를 이기신 것이다. 바울은 고린도 성도들에게 이렇게 썼다. "맨 나중에 멸망 받을 원수는 사망이니라"(고전 15:26). 하나님은 생명의 주시다(행 3:15). 하나님은 죽은 자의 하나님이 아니라 산 자의 하나님이시다(마 22:32). 하나님을 둘러싼 모든 것, 심지어 그 보좌까지도 살아 있다(겔 1:5). 요한은 성소 중앙에 주님이 보좌에 앉으신 것을 본다(계 20:11). 요한은 영광의 왕이 임재하신 곳에 죽은 자들이 모여 있는 것을 본다(계 20:12). 사망과 음부는 그 가운데서 죽은 자를 내어 준다(계 20:13). 지금까지 살았던 모든 인간이 이제 의로우신 구주이자 하늘의 심판주이신 예수 앞에 선다(마 25:31-32; 행 17:31). 이 장면은 너무나 놀랍기 때문에 깊이 생각해 볼 필요가 있다. 책들이 펼쳐져 있고 각 사람은 그에 따라 해명을 해야 한다(계 20:12). 주님은 각자에게 행위대로 심판하신다(계 20:13; 참고 마 16:27; 고후 5:10). 하나님의 심판은 공정하다. 하나님의 모든 길은 의롭고 참되다(계 15:3-4). 사망, 그리고 사망의 문화를 함께한 자들은 불못으로 던져지며 생명의 궁극적인 승리에 길을 내준다(계 20:14-15).

요한은 또한 생명책, 즉 어린양에 속한 자들의 이름이 모두 기록되어 있는 책을 본다(계 20:12, 15; 참고 빌 4:3). 그를 신뢰한 자는 절대로 수치를 당하지 않을 것이다. 그들의 이름은 절대로 지워지지 않을 것이다(계 3:5). 그들의 이름은 이미 창세전에 기록되어 있었다(계 13:8, 17:8). 그들은 용서를 받고 그리스도가 흘리신 피로 구속함을 얻는다(계 5:9). 그들은 그리스도와 함께 살며 영원히 다스린다(계 5:10). 그는 자기 음성을 듣는 모든 자에게 약속하신다. "내가 그들에게 영생을 주노니 영원히 멸망하지 아니할 것이요 또 그들을 내 손에서 빼앗을 자가 없느니라"(요 10:28).

하나님의 최후 심판을 설명하는 이 부분을 너무 빨리 지나쳐서는 안 된다. 우리 모두가, 높임 받으신 인자이신 예수 그리스도 앞에 서게 될 것이라는 이 분명한 사실은 우리로 하여금 우리 영혼의 상태를 다시 한 번 생각해 보도록 만든다. 이스라엘의 선지자들은 하나님의 심판을 죄와 악에 대한 불타는 분노와 강력한 홍수로 묘사했다. 하나님은 세상을 정결하게 하시는 연단하는 자의 불과 표백하는 자의 잿물로 나타나실 것이다. 선지자들은 바른 질문을 던졌다. "그가 나타나는 때에 누가 능히 서리요"(말 3:2; 참고 나 1:6). 땅의 왕들은 하나님의 진노의 큰 날에 묻는다. "누가 능히 서리요"(계 6:17). 이 가장 중요한 질문에 대한 대답은 구속받은 많은 무리에게 있다. 그들은 보좌와 어린양 앞에 선다(계 7:9). 그들은 어린양이 십자가에서 행하신 일을 믿음으로 말미암아 의로움의 옷을 입었기 때문에 그곳에 서 있는 것이다. 그들은 신실하게 고백하며 외친다. "구원하심이 보좌에 앉으신 우리 하나님과 어린양에게 있도다"(계 7:10). 어린양은 그들이 영원히 찬양할 대상이시다. 세상 죄를 없애신 하나님의 어린양, 나를 위해 죽임 당하신 하나님의 어린양, 나의 마음을 당신 안에서 기쁘게 하신 하나님의 어린양!

◆ 하늘과 땅의 새 창조(계 21장)

성경의 마지막 장면은 우리를 다시 가장 처음으로 데려간다. 하나님이 악과 죄와 사망에 승리하신 후, 하나님은 "새 하늘과 새 땅"(계 21:1)을 창조하신다. 이 말은 처음으로 "천지를 창조"(창 1:1)하신 하나님을 소개 받게 되는, 성경의 첫 문장을 상기시킨다. 하나님은 자신이 지으신 창조 세계를 기뻐하시고 이 물질 세계를 "심히 좋았더라"(창 1:31)고 하신다. 인간은 하나님의 형상으로 창조되어 하나님을 알고 찬양으로 하나님께 반응하도록 부름 받은 존재다. 그들은 일을 하고 문화를 발전시키면서 하나님의 창조성을 닮아야 했다. 그들은 하나님의 형상을 지닌 자로서, 의로우심과 진실하심을 반영하며 이 땅에 충만해야 했다. **빈 무덤**(CASKET EMPTY) 연구를 통해 알게 된 것처럼, 하나님이 지으신 이 좋았던 창조 세계는 악과 죄로 타락한다(창 3장). 창조 세계는 하나님의 저주 아래 시들고 만다(창 3:14-19). 사망과 흉포함이 땅을 덮는다(창 6:5).

이스라엘의 선지자들은 하나님이 하늘과 땅을 다시 창조하시고 의가 거하게 하실 그날을 고대했다(사 65:17-15). 악과 죄는 사라질 것이다. 사망과 흉포함도 더 이상 존재하지 않을 것이다. 새 하늘과 새 땅은 구속받은 모든 자가 예배를 드리는 성소로 언제까지나 있을 것이다(사 66:22-23). 성경적인 소망은 개개인에게 육체와 괴리된 영적인 상태를 제시하는 것이 아니라는 점을 분명히 강조해야 한다. 새 하늘과 새 땅에서는 몸의 부활이 일어난다. 하나님의 뜻은 완전히 새로운 우주를 창조하시는 것일 수도 있지만, 창조 세계를 새롭게 하셔서 악과 죄와 사망을 없이하시는 것일 가능성이 더 높다. 하나님의 백성들은 이제 다시 살아나서 육체의 몸을 지닌 채로 영생을 얻는데, 그 몸은 늙지도, 아프지도, 죽지도 않는다. 거기에는 더 이상 우상 숭배가 존재하지 않는다. 왜냐하면 그날에 주님은 홀로 한 분이시며 주님의 이름도 홀로 하나가 되기 때문이다(슥 14:9). 주님의 이름을 더럽히는 것도 더 이상 존재하지 않을 것이다. 살인, 간음, 도둑질도 존재하지 않는다. 거짓말도 없을 것이며, 저주도, 욕심도 존재하지 않을 것이다. 하나님을 아는 지식이 온 땅을 덮을 것이다(사 11:9). 모든 나라가 주님의 빛을 따라 함께 걸을 것이다(사 2:5, 요일 1:7). 우리는 하나님의 백성으로서 창조주, 구속주, 구주가 되시는 전능하신 주 하나님을 찬양하며 의미 있고 영원한 삶을 살 것이다. 우리는 새 하늘과 새 땅의 중심이자 하나님의 영원한 도성인, 새 예루살렘에서 동료 시민들과 함께 이 삶을 나눌 것이다.

• **새 예루살렘이 신랑을 맞는 신부처럼 내려오다**(계 21장)

요한은 하나님의 거룩한 도성인 새 예루살렘이 신부가 남편을 위하여 단장한 것처럼 내려오는 것을 본다(계 21:1-2). 그 도성은 하나님이 자기 백성과 거하시는 곳이다. 그들은 하나님과 영원한 언약 관계를 누리게 되는데, 이는 "나는 그들의 하나님이 되고 그들은 내 백성이 될 것이라"(렘 31:33; 참고 겔 37:28; 계 21:3)는 공식(formula)과 반향을 일으킨다. 주님은 그들의 눈에서 모든 눈물을 닦아 주실 것이며, 더 이상은 사망이 없을 것이다. 거기에는 더 이상 애통하는 것이나 곡하는 것이나 아픈 것이 다시 있지 않을 것인데, 처음 것들이 다 지나갔기 때문이다. 주님은 약속하신다. "내가 만물을 새롭게 하노라"(계 21:5).

하나님의 도성은 거룩하고, 하나님의 영광으로 빛난다(계 21:11). 이 도성은 크고 높은 성곽에 둘러싸여 있기 때문에 안전하다(계 21:12). 고대에는 모든 도성에 성곽이 있었다. 또한 성곽에는 입구가 있어 도시로 출입할 수 있는데, 밤에는 보통 거대한 문을 닫아서 거주민들을 안전하게 지켰다. 새 예루살렘에는 기초가 든든한 아름다운 성벽과 열두 개의 입구가 있다. 하지만 그 입구에는 문이 없다. 그 입구는 절대로 닫히는 일이 없다(계 21:25). 거기에는 위험도, 악도, 도성의 거주민을 위협하는 것도 전혀 없다. 그들은 자유롭게 일하고, 즐기고, 주위를 다닐 수 있다. 그들은 어느 때나 도성에 돌아와 입구 안으로 들어갈 수 있다. 도성의 각 면마다 세 개의 입구가 있는데, 이는 새롭게 된 땅이 모든 방향으로 우리 앞에 펼쳐져 있다는 것을 암시한다. 그 도성에는 고귀한 유산이 있어 구약의 열두 지파와 신약의 열두 사도의 이름을 하나로 묶는다(계 21:12-14). 그 도성은 각 면이 12,000스타디온, 약 24,000킬로미터에 달하는 엄청난 규모다(계 21:16). 그곳에는 빛을 따라 걷는, 모든 족속과 나라에서 구속받은 셀 수 없이 많은 무리가 거할 수 있는 충분한 공간이 있다(계 21:24). 이 땅의 왕들은 그 도성을 장식하기 위하여 자신들의 영광을 가져온다. 만국의 영광을 가지고 그 입구로 기꺼이 들어간다(계 21:26; 참고 창 49:10; 사 60:1-7).

하나님의 도성은 정육면체의 형태로 되어 있다. 성경에 나오는 또 다른 정육면체로는 예루살렘 성전의 지성소가 있다(왕상 6:20; 겔 41:4). 이 도성의 규모는 새 예루살렘이 하나님이 거하시는 곳이며, 그 도성이 새 하늘과 새 땅을 채운다는 사실을 전한다. 도성에는 성전으로 구분된 곳이 따로 없다. 왜냐하면 온 도성이 전능하신 주 하나님과 어린양의 성전이기 때문이다(계 21:22). 하나님의 영광이 하나님의 임재에서 나오는 광채로 그 도성을 비춘다.

그 도성은 귀한 석조와 보석들로 지어졌는데, 이것들은 처음으로 에덴동산과 관련하여 언급된 것들이다(계 21:18-21; 참고 창 2:10-15). 역사를 통한 하나님의 구속 목적은 왕의 동산, 즉 하나님의 낙원에서부터 시작한다(창 2:8). 이제 우리는 왕의 도성인 새 예루살렘에 그 동산이 수반하는 것을 분명히 본다. 하나님의 도성은 새로운 관계가 존재하는 곳이다. 하나님과 인류는 화목되었다. 그 도성에는 더 이상 괴로움이 없다. 고통도 비극적인 사망도 없다. 하나님의 형상으로 만들어진 인간은 그들의 손으로 이룬 것을 즐긴다. 사망의 저주는 뒤집어졌다. 동물들 사이에서도 존재하는 화목함은 모든 생명이 새롭게 되었음을 시적으로 묘사한다. 창조 세계는 썩어짐에서 해방되어 하나님의 자녀들이 누리는 영광스러운 자유를 함께 누린다(롬 8:21). "뜻이 하늘에서 이루어진 것같이 땅에서도 이루어지이다"라는 기도가 온전히 응답된다(마 6:10). 구속받은 인류는 하나님과 영원히 살며 다스린다(계 22:5).

• 구속받은 인류가 생명나무에 접근할 권한을 얻다(계 22장)

새 예루살렘의 내부에 대해 성경은 "수정같이 맑은 생명수의 강을 내게 보이니 하나님과 및 어린양의 보좌로부터 나와서"(계 22:1)라고 전한다. 하나님이 거하시는 곳에서 흘러나오는 강은 도성의 길 가운데로 흐르며 땅을 새롭게 한다(계 22:2; 참고 창 2:10; 겔 47:1). 그 맑은 생명수 주위에는 생명나무가 자란다(계 22:2). 그 나무는 열두 종류의 열매를 맺는데, 달마다 열매를 낸다. 그 나무 잎사귀는 만국을 치료한다. 인간이 에덴동산에 있는 생명나무에 접근할 권한을 잃어버렸다는 사실을 기억할 것이다(창 3:22-24). 죄의 속임수로 인해 하나님과 인간이 나누던 친밀한 교제가 산산조각 났다. 하지만 구속받은 인류는 이제 생명나무에 접근할 수 있다. 더 이상 어떤 저주도 없을 것이다(계 22:3). 하나님의 백성은 하나님의 복 아래 살게 될 것이다. 그들은 자신들의 창조주와 구속주를 경배할 것이다. 그들은 하나님의 얼굴을 볼 것이다. 하나님의 영광의 빛이 그들을 비출 것이다. 그의 이름이 그들에게 있을 것이다(계 22:4-5; 참고 민 6:24-27). 그들은 새로운 삶을 살아갈 것이다. 그들은 땅을 사랑하고 지혜롭게 돌봄으로써 하나님의 형상을 반영할 것이다. 그들은 거룩한 옷을 입고 처음 받았던 명령을 성취하며 하나님께 영원히 영광 돌릴 것이다(창 1:28; 시 86:2; 계 5:9-10).

“내가 진실로 속히 오리라 하시거늘 아멘 주 예수여 오시옵소서!”(계 22:20)

예수 그리스도의 계시는, 요한계시록에 묘사된 내용을 따를 때 아직 임하지 않은 모든 것을 열렬히 고대하는 모습으로 마무리된다. 하나님의 말씀은 신실하고 참되다(계 22:6). 높임 받으신 인자는 신부에게 이렇게 약속하신다. “내가 진실로 속히 오리라”(계 22:7, 12). 하나님의 백성들은 그리스도의 재림을 고대하며 살아야 한다. “때가 가까”(계 22:10)웠기 때문에, 요한계시록의 말씀은 분명하고 이해할 수 있다. 예수는 백성들에게 자신이 오실 그날까지 신실한 증인이 되라고 강권하신다. 예수는 악을 응징하시고 자신을 사랑하는 자들에게는 후한 상급을 주실 것이다. 그분은 “알파와 오메가요 처음과 마지막이요 시작과 마침”(계 22:13; 참고 사 44:6; 계 1:8)이시다. 예수의 주권적인 구속 목적은 성취될 것이다(사 46:10). 예수는 자기 피로 옷을 씻은 모든 자를 축복하셔서 생명나무 열매를 먹고 그 열린 문을 통해 새 예루살렘에 들어가게 하신다. 거짓을 사랑하고, 거짓을 행한 자는 영원히 성 밖에 거하게 될 것이다(계 22:14-15). 예수 그리스도는 다윗의 뿌리이자 자손이며, 광명한 새벽별이시다(계 22:16; 참고 민 24:17; 사 11:1; 벧후 1:19). 예수는 오늘날도 만민의 깃발이 되시고, 예수께서 거하시는 곳은 영광스럽게 된다(사 11:10).

그리스도의 신부인 하나님의 백성은 믿음으로 반응하여 외친다. "오시옵소서!" 예수 그리스도의 계시를 듣는 자마다 이렇게 말할 것이다. "오시옵소서!" 목마른 자들은 생명수로 나와서 마음껏 마시라는 초청을 받는다(계 22:17). 요한계시록은 경고의 말씀으로 정경의 마지막을 선포한다. 누구든지 무언가를 성경에 더하면 하나님이 이 책에 나온 재앙을 더하실 것이다. 누구든지 무언가를 성경에서 빼면, 하나님이 생명나무와 거룩한 성에 참여하지 못하게 하실 것이다(계 22:18-19). 성경의 정경은 완전하다. 새로운 계시는 없다. 추가되는 책도 없다. 우리를 위해 죽임 당하신 어린양이신 예수 그리스도에게서 우리의 관심을 돌릴 미래의 어떤 선지자도 없다. 그분만이 죽은 자 가운데서 살아나셨다. 그분은 지금도 계시고, 영원히 살아서 통치하신다. 그분은 영원한 권세로 선포하신다. "내가 진실로 속히 오리라"(계 22:20). 신실하게 그를 기다리는 신부는 이렇게 답한다. "아멘 주 예수여 오시옵소서!"

신약을 읽다

초판발행 2017년 11월 1일
초판 2쇄 2022년 4월 20일
지 은 이 데이비드 파머
옮 긴 이 이대은
발 행 인 손창남
발 행 처 죠이선교회(등록 1980. 3. 8. 제5-75호)
주 소 02576 서울시 동대문구 왕산로19바길 33
전 화 (02) 925-0451 (출판부)
(02) 925-3655 (영업팀)
팩 스 (02) 923-3016
인 쇄 소 송현문화

I S B N 978-89-421-0385-0 04230
978-89-421-0371-3 04230(세트)

이 도서의 국립중앙도서관 출판예정도서목록(CIP)은 서지정보유통지원시스템 홈페이지(http://seoji.nl.go.kr)와 국가자료공동목록시스템(http://www.nl.go.kr/kolisnet)에서 이용하실 수 있습니다.(CIP제어번호: CIP2017026896)